田园革命

章继刚 著

中国农业大学出版社
·北京·

内 容 简 介

新农村建设、精准扶贫、脱贫攻坚、乡村振兴，中国乡村正在经历一场广泛而深刻的田园革命。本书共分七个部分：田园经济、美学经济、创意生活、创意农业第一村、田园新经济的未来、从乡村振兴到乡村繁荣、打造中国创意农业之都，通过大量优秀案例细致周密地阐述了现代中国创意农业发展的先进经验和遇到的问题。作为全国首部百科全书式创意农业教材，本书适合作为大中专院校旅游管理、创意农业、休闲农业、康养农业、观光农业等专业教学教材，也可供创意农业、乡村休闲旅游从业人员参考。

图书在版编目(CIP)数据

田园革命 / 章继刚著. —北京：中国农业大学出版社，2019.12

ISBN 978-7-5655-2321-2

Ⅰ.①田… Ⅱ.①章… Ⅲ.①乡村旅游-旅游业发展-研究-中国 Ⅳ.①F592.3

中国版本图书馆 CIP 数据核字(2019)第 281521 号

书　名 田园革命

作　者 章继刚 著

策划编辑 张 玉 张 蕊　　**责任编辑** 张 玉 郭建鑫

封面设计 郑 川

出版发行 中国农业大学出版社

社　址 北京市海淀区圆明园西路 2 号　　**邮政编码** 100083

电　话 发行部 010-62733489，1190　　读者服务部 010-62732336

编辑部 010-62732617，2618　　出 版 部 010-62733440

网　址 http://www.caupress.cn　　**e-mail** cbsszs@cau.edu.cn

经　销 新华书店

印　刷 涿州市星河印刷有限公司

版　次 2019 年 12 月第 1 版　2019 年 12 月第 1 次印刷

规　格 787×1 092　16 开本　17 印张　425 千字

定　价 85.00 元

全国创意农业精品教材暨乡村振兴丛书
编辑委员会

编委名单

全国创意农业精品教材暨乡村振兴丛书
总序

每个人都有一种田园情结。

田园是生活，田园是浪漫，田园是文化，田园是快乐。

杜甫一句“清江一曲抱村流”，把幽静浪漫的乡村生活描写得淋漓尽致，他在《江村》中说，“清江一曲抱村流，长夏江村事事幽。自去自来堂上燕，相亲相近水中鸥。老妻画纸为棋局，稚子敲针作钓钩。但有故人供禄米，微躯此外更何求。”

田园美，是一种生活美。田园诗人陶渊明在《归田园居》中这样写道：“种豆南山下，草盛豆苗稀。晨兴理荒秽，戴月荷锄归。道狭草木长，夕露沾我衣。衣沾不足惜，但使愿无违。”种豆南山下的田园劳作之情，在他笔下成为一种优美人生。

田园美，是一种写意美。唐代大诗人王维在《渭川田家》中用夕阳西下、牛羊回归、老人倚杖、麦苗吐秀、桑叶稀疏、田夫荷锄等白描式手法，充分展现了田园诗画特色：“斜阳照墟落，穷巷牛羊归。野老念牧童，倚杖候荆扉。雉雊麦苗秀，蚕眠桑叶稀。田夫荷锄至，相见语依依。”

唐代孟浩然欣然把酒话桑麻，让人对田园生活十分向往，他在《过故人庄》中写道：“故人具鸡黍，邀我至田家。绿树村边合，青山郭外斜。开轩面场圃，把酒话桑麻。待到重阳日，还来就菊花。”

田园革命是美学的革命。

人人对诗意般的田园和神韵山水充满向往，农耕生活、田园放歌是艺术治疗的理想方式，也是养心怡神的舒心之旅。五千年的农耕文化，五千年的田园颂歌，打造美学田园，需要诗意般的生活，发展创意农业，需要更多更好的乡村诗歌。诗人与田园结缘，文化与乡村联姻，是乡村振兴的希望。

未来十年，乡村艺术消费将保持连年增长态势。

望得见山，看得见水，记得住乡愁，村里人不想走，城里人一有时间就来村里住。

让番茄听懂音乐、草莓听小夜曲、猪听交响乐，快乐农业越来越流行。

从创意农业大数据、创意农业5G场景经济、农产品电商全球单品冠军打造、跨境电商产业园构建，到“一带一路”农产品产销对接、“成都＋跨境电商”成功模式、农产品跨境电商国际联盟搭建，成都乡村传统产业正在步入国际化发展之路。

田园革命需要大力发展创意农业4S经济。

20世纪80年代以来，中国创意农业1.0版以农科村、农家乐为代表；创意农业2.0版以成都五朵金花艺家乐创意集群为代表；创意农业3.0版以中国南京农业嘉年华和成都温江区全域旅游田园综合体、战旗村一二三产业融合发展整村打造为代表。创意农业4.0版将以成都公园城市建设为代表，“农商文旅体养”融合发展为基础，以世界文化名城和世界旅游目的地建设为目标，以“天府三九大，安逸走四川”为追求的全域旅游、全域审美、全域康养、全产业链创意建设为标志，推进幸福美丽乡村由“一处美”向“一片美”、由“生产美”向“生活美”、由“形态美”向“创意美”迈进，不断满足人民对美好生活的向往。

打造创意农业4.0版，要以建设世界级优美乡村为基础，打造世界创意农业名城为目标。世界级创意农业名城的4S经济——首经济、赏集群、尚产业、诗田园将蔚然成风。首经济：发展首城经济，建设首善之城，推进资源要素向产业头部和首店经济集中，呈现“首长”重视，引进城市首店、培育首店经济，通过首企（总部企业）支撑，呈现首展众多、首秀精彩、首城繁华“七首共聚”的动人局面。赏集群：建设一批“国际范”的赏花基地、赏果基地、赏美基地，发展赏花摘果旅游产业集群，打造发展面向世界的赏花经济、桃花农业和康养农业。尚产业：推进“时尚＋”战略，大力发掘农业时尚资源，培育农业时尚元素，促进时尚消费由城市向农村延伸，构建形式多样、生动活泼的时尚农业产品、时尚生活方式和服务体系，大力发展“农业时尚经济”，积极探索具有浓郁天府文化特色的时尚农业发展模式，建设中国时尚农业第一城。诗田园：将乡村文化融入乡村发展的细微肌理，用美色、美味、美形、美质、美感、美景、美心“创意农业七美”标准构建现代田园生活方式，推进养生养老、养心养美和寿养康养型美学经济，把田园风光、秀美乡村变成聚宝盆，展现“诗”和“远方”的融合，让人们通过旅游获得审美上、心灵上、精神上的享受。

中国创意农业发展论坛自2008年在四川师范大学举办以来，连续举行十二届。作为国内外公认的首个“一带一路”最有影响力的创意农业高层次智库和创意农业高端品牌论坛，带来大量人流、物流和信息流，将有力促进优势资源向创意农业产业聚集，带来了创意农业产业投资新机遇。十二年的坚持，来源于对“三农”的情怀，对美学的热爱，对创意的追寻，对乡愁的眷恋。

作为全国首部百科全书式创意农业教材，在编辑出版过程中我们十分注重对创意农业和乡村振兴专业课程体系、教材使用、课程大纲和内容进行严格梳理和评估，力争编辑出版适合中国国情、村情，受到全国大学生和新型职业农民欢迎的高质量高水平教材，以服务于乡村产业振兴、乡村人才振兴、乡村文化振兴、乡村生态振兴和乡村组织振兴，推动创意农业发展。

全国创意农业精品教材暨乡村振兴丛书是我国创意农业学和乡村振兴领域第一次量身定做的权威性教材。本教材编写内容以推进乡村振兴和发展创意农业为主线，作为大学本科、专科院校农学、农业经济学、风景园林学、乡村旅游学、康养农业、休闲农业学和农业管理学等学科专业学生的首选教材，同时也是新型职业农民、“大学生村官”、农业农村干部和涉农人员的重要参考教材。出版本教材的中国农业大学出版社是教育部主管、中国农业大学主办的中央级重点大学出版社，标志着创意农业学正式进入大学本科教育，对呼应新时代全国城乡居民发展新期待、引领农业现代化发展和社会主义新农村建设以及农民教育科技文化进步，培养造就一支懂农业、爱农村、爱农民的“三农”工作队伍有着现实的意义。

十三年来，不能忘却的是全国政协副主席厉无畏先生的大力支持，民革中央副主席钮小明先生的热情鼓励，还有已经离开我们的四川省社会科学院副院长万本根先生的积极参与和推动。特别感谢来自北京大学、清华大学、中国农业大学、中国农业科学院、南京大学、南开大学、浙江大学、武汉大学、安徽大学、四川大学、电子科技大学、西南交通大学、西南财经大学、四川农业大学、四川师范大学、四川旅游学院、成都大学、成都信息工程大学、成都农业科技职业学院、宣汉职业中专学校和民革中央、四川省政协、民革四川省委、四川省农业农村厅、成都市农业农村局、成都市科协等单位的众多专家学者，以及家人的关心支持！感谢中国农业大学出版社副总编刘军，中国农业大学出版社职业教育部主任张蕊、编辑张玉对全国创意农业精品教材的关心和付出。特别感谢朋友们为创意农业和农业农村发展做出的巨大贡献！

2006 年 2 月 21 日，新华社全文公布了以“建设社会主义新农村”为主题的 2006 年中央一号文件《中共中央　国务院关于推进社会主义新农村建设的若干意见》。2006 年 9 月 19 日，全国工商系统推进社会主义新农村建设经验交流会在四川省成都市召开。感动于中国共产党新农村建设工程的伟大，我将美学融入新农村建设与发展，创建了“创意农业学”，从此，为创意农业美学惠及广大农民而坚持不懈，并得到了无数人的支持与鼓励。要特别感谢我心中的恩师——中国美学大师王朝闻教授，这位受到毛主席称赞的美学家，在我十八岁那一年走进我的人生。从学习《美学概论》的1982年，我在王朝闻大师的影响下踏上美学人生。后来又学习了朱光潜的《谈美书简》、宗白华的《美学散步》、李泽厚的《美的历程》，改变了我的人生观。特别是深受王朝闻大师的影响，把美学研究当作最值得坚持的爱好，一直到现在美学是我最喜欢的研究方向。无论在泸州小乡村，还是在成都大城市，我都没有间断对美学的学习和研究，37年始终如一。

城市需要优雅，农村需要创意，农民需要美学，人生需要美感，心灵需要美养。

让城乡“各美其美、美美与共”。

章继刚

2019年5月6日于成都

新农村建设、精准扶贫、脱贫攻坚、乡村振兴，中国乡村正在经历一场广泛而深刻的田园革命。

党的十九大报告在阐述乡村振兴战略时明确提出，要按照“产业兴旺、生态宜居、乡风文明、治理有效、生活富裕”的总要求，建立健全城乡融合发展体制机制和政策体系，加快推进农业农村现代化。发展创意农业是建设美丽乡村、丰富居民生活的重要途径。创意农业能够充分整合农村“三生”资源，与自然山水深度结合，与产业发展相互交融，将农业农村发展路径从偏重依赖资源投入和环境消耗转变到绿色协调可持续发展上来，有利于打造美丽田园景观，推动美丽乡村建设，加快农村生态文明建设。发展创意农业必须以“绿水青山就是金山银山”理念为指引，以资源环境承载力为基准，以推进农业供给侧结构性改革为主线，尊重农业发展规律，强化改革创新、激励约束和政府监管，转变农业发展方式，优化空间布局，节约利用资源，保护产地环境，提升生态服务功能，全力构建人与自然和谐共生的农业发展新格局，推动形成绿色生产方式和生活方式，实现农业强、农民富、农村美的目标。

2005 年 8 月 15 日，时任浙江省委书记的习近平同志在安吉县余村考察时，首次提出了“绿水青山就是金山银山”的科学论断。2017 年 10 月 18 日，中国共产党第十九次全国代表大会开幕，习近平总书记在党的十九大报告中指出，“建设生态文明是中华民族永续发展的千年大计。必须树立和践行绿水青山就是金山银山的理念，坚持节约资源和保护环境的基本国策，像对待生命一样对待生态环境。”“两山”理念已经成为引领我国走向社会主义生态文明新时代的重要指导思想。应当通过创建一批“两山学院”，凝聚校内外研究力量，促进干部教育特色发展、内涵发展，使其成为“两山”理念的研学基地、“两山”理念转化最新实践成果的传播基地、引领“两山”理念研究的学术高地、推进乡村人才振兴的培训基地，成为发展创意农业服务地方经济发展的新型智库。

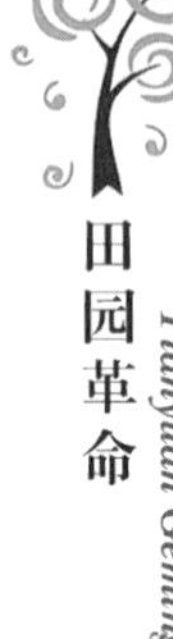

创意农业是指以增加农产品附加值、培育农业美学经济为目标，在农产品研发、生产、加工、营销、服务过程中，以及在农业节庆、农业科普、农业电子商务、农业总部经济、农业审美、农业旅游、农业创新创业和农事体验活动中，进行生产创意、生活创意、功能创意、科技创意、产业创意、品牌创意和景观创意，通过营造优美意境和养心养美场所，创造农民独特增收模式，构建农业与二、三产业交叉融合的现代产业体系，推进乡村振兴，以实现农业增产、农民增收、农村增美、产业倍增和旅游倍增的新型农业生产方式、生活方式、消费方式与发展方式。创意农业是农业产业与美学经济、创意经济的跨界融合，既是农业发展理念的创新，也是农业生产方式、生活方式、消费方式、旅游方式和发展方式的转变，已经成为农业现代化建设的新视角、新趋势和现代农业发展的新理念、新方向。国内外诸多实践经验表明，推进创意农业发展，对推动农业供给侧结构性改革、农业转型升级、农民增收致富、农村增美、市民增乐具有重要的现实意义。

成都是中国创意农业发源地。成都市乡村旅游经历了自主发展、规模发展、规范发展、提升发展等四个发展阶段，形成了以锦江区三圣花乡为代表的“都市休闲农业”模式、以郫都区妈妈农庄为代表的“创意农业体验旅游”模式、以崇州市道明竹艺村为代表的“创意农业＋文创”模式以及以大邑安仁古镇为代表的“创意农业＋农商文旅体融合”四种主要发展模式。第十届中国社会生态农业（CSA）大会举办地战旗村位于成都市郫都区、都江堰市、彭州市三地交界处的柏条河畔。战旗村全村面积2.06平方千米，有533户、1 704人，在2014年第七届中国创意农业发展论坛上，该村被授予“四川创意农业第一村”。战旗村从2010年初开始，在我的指导下，十年如一日，按照“持之以恒发展创意农业、不搞大开发”的理念，通过展现“诗”和“远方”的结合，让人们通过创意农业旅游获得审美上、心灵上、精神上的享受，达到“天人合一、知行合一”的境界；抓住一批具有标志性、引领性、创意性、带动性的会展旅游和田园文化品牌，真正让游客行之顺心、住之安心、食之放心、娱之开心、购之称心、游之舒心；打好“人文”牌，保护好、利用好人文财富，让传统文化“活”在当下，彰显生命之美、生活之美、人文之美；打好“乡村”牌，把发展旅游与振兴乡村结合起来，把田园风光、秀美乡村变成聚宝盆。

创意农业美学经济，从根本上讲，是一场田园革命。在农产品研发、生产、加工与营销过程中，要推进以创意生产和审美愉悦为核心，以农产品附加值为目标，以美学景观化、经济市场化、产业高端化、田园艺术化和生活美学化为取向，以满足消费者的情感需求、审美需求和创意旅游需求，促进农业增效、农民增收、农村增美、产业倍增。战旗村在发展创意农业过程中，把发展壮大村集体经济、提高村民收入作为首要任务，以总量带增量、以集体带个体，实现全体村民增收致富、农村增美。创意农业已经进入到聚焦人民日益增长的美好生活需要的新发展阶段，战旗村作为全国率先发展创意农业的“试验田”，虽然已经取得一些成绩，但也需要进一步总结经验，探索创意农业新模式、培育创意农业新品牌、拓展创意农业的新内涵。

美丽的田园风光、山水景色，是农村区别于城市的显著特征，是农村吸引游人的直接动因，也是美丽乡村的外在表现。应加快推进乡村旅游标准化建设，把吃、住、行、游、娱、购等各种配套服务提供好、建设好。

农村美起来了，但也容易出现“走过一村又一村，村村像城镇”的弊端。在推进乡村振兴过程中，要遵循农村自身的规律，尽量保留山、水、林、田、路、房等乡村自然风貌，着力守护乡土本色，注重突出村庄个性化特点，依托自然风貌、人文历史打造“一村一品”。要以农村人居环境整治为突破，推进宜居乡村串产业、串田园、串景区、串林盘、串社区，打造“有颜值”的新乡村。培育和扶持以休闲农业、乡村度假、古镇村落、特色民宿为代表的乡村旅游新业态，推动乡村旅游由观光式向体验式转变，让更多人在乡村坐下来、住下来、静下来、慢下来。

“道法自然”，就是要尊重自然规律，让人们望得见山、看得见水、记得住乡愁。习近平总书记提出了一个重要的思想观点：“人的命脉在田，田的命脉在水，水的命脉在山，山的命脉在土，土的命脉在树”。山水林田湖草是一个生命共同体，共同发挥着生态保护、生态修复的功能。在打造“美丽乡村”过程中，要善做山的文章、善做水的文章，多给自然“种绿”、多给生态“留白”，保护好湖泊、湿地、溪流等生态细胞，形成“浓妆淡抹总相宜”的水墨山水格局。眷恋故乡、思念父母，是中华民族最质朴的情结。要以深化农业农村改革为抓手，坚决破除制约乡村振兴的体制机制弊端，让真山真水处处有，乡音乡愁时时有。在工业化、城镇化过程中，不要毁田园搞公园，不要砍树栽盆景，不能让农村成为荒芜的农村、留守的农村、记忆中的故园。要悉心保护传统村落，修旧如旧、传神传形，让乡村与城镇、自然与人文各美其美、美美与共。

推进乡村振兴应当全面建立职业农民制度，培养新一代爱农业、懂技术、懂创意、善经营的新型职业农民，优化农业从业者结构，大力实施新型职业农民培育工程，支持新型职业农民通过弹性学制参加中高等农业职业教育。要创新培训组织形式，探索田间课堂、网络教室等培训方式，支持农民专业合作社、专业技术协会、龙头企业等主体承担培训。要加大“三农”领域乡村创意师等实用专业人才培育力度，提高农村专业人才服务保障能力，探索公益性和经营性农技推广融合发展机制，允许农技人员通过提供增值服务合理取酬，全面实施农技推广服务特聘计划。应当进一步加强涉农院校和学科专业建设，大力培育创意农业科技、科普人才。应当以乡情乡愁为纽带，引导和支持企业家、党政干部、专家学者、医生教师、规划师、建筑师、律师、技能人才等，通过下乡担任志愿者、投资兴业、行医办学、捐资捐物、法律服务等方式服务乡村振兴事业，允许符合要求的公职人员回乡任职。继续实施“三区”（边远贫困地

区、边疆民族地区和革命老区）人才支持计划，深入推进“大学生村官”工作，因地制宜实施“三支一扶”、高校毕业生基层成长等计划，开展乡村振兴“巾帼行动”、青春建功行动，建立城乡、区域、校地之间人才培养合作与交流机制，全面建立城市医生教师、科技文化人员等定期服务乡村机制。

推进城乡融合发展应当坚持农民增收、共享发展，建立利益共享发展机制，促进工商资本与农民利益紧密联结，鼓励和支持农民创新创业，实现多主体共赢获益。应当优化乡村营商环境，加大农村基础设施和公用事业领域开放力度，吸引社会资本参与乡村振兴；要规范有序盘活农业农村基础设施存量资产，回收资金主要用于补短板项目建设。应当继续深化“放管服”改革，鼓励工商资本投入农业农村，为乡村振兴提供综合性解决方案。应当鼓励利用外资开展现代农业、产业融合、生态修复、人居环境整治和农村基础设施等建设。积极推广一事一议、以奖代补等方式，鼓励农民对直接受益的乡村基础设施建设投工投劳，让农民更多参与建设管护。应当推动创意农业成为农业供给侧结构调整的引领产业、农民持续增收的战略产业和繁荣农业农村经济的新型支柱产业，培育多元创意主体，创建一批全国有较高知名度的主题创意农业园，打造一批以农商文旅体融合为核心的创意农业示范镇、村；健全创意产业体系，分级培育一批创意农业研发中心，大力培训创意农业专业人才和新型职业农民，建立完善创意农业营销推介服务平台；放大创意品牌影响，培育一批创意农业节庆知名品牌，在国家中心城市和区域中心城市建设一批创意农业示范中心、创意农业中央公园。

党中央坚持农业农村优先发展，为实现农业强、农村美、农民富构建了宏伟蓝图，要建设现代化农业和现代化农村，离不开人才培养，人才培养离不开好教材。作为全国首部百科全书式创意农业教材，本书在编写过程中注重对创意农业和乡村振兴专业课程体系、教材使用、课程大纲和内容进行严格梳理和评估，旨在编辑出版适合中国国情、村情，受到全国大学生欢迎的高质量高水平教材，服务于乡村产业振兴、乡村人才振兴、乡村文化振兴、乡村生态振兴和乡村组织振兴，推动创意农业发展。

本教材以推进乡村振兴和发展创意农业为主线，共分七个部分，内容适合大中专院校旅游管理、创意农业、休闲农业、康养农业、观光农业等专业的教学，也可供创意农业、乡村休闲旅游从业人员参考。由于著者水平所限，书中难免有疏漏或不当之处，恳请读者提出宝贵意见和建议，以便再版时修正和完善。

章继刚

2019 年 5 月 27 日于成都

目录
Contents

第一章

田园经济

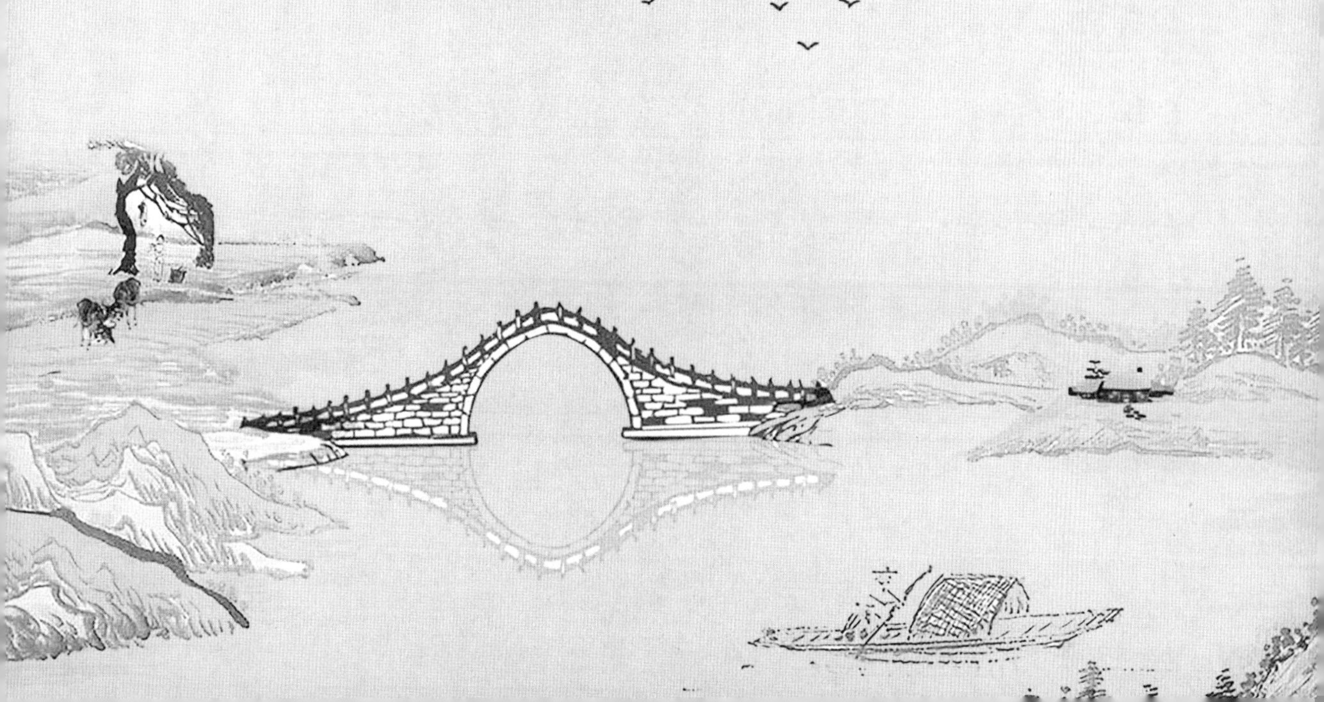

田园经济风起云涌

“日出而作。日入而息。凿井而饮。耕田而食。帝力于我何有哉。”这首名为《击壤歌》的民歌描述了远古的尧舜禹时期人们的田园生活场景。

东晋时期著名的思想家、文学家、诗人陶渊明被后人称作“中国第一位田园诗人”，在其代表作《饮酒（其五）》中写道：“结庐在人境，而无车马喧。问君何能尔，心远地自偏。采菊东篱下，悠然见南山。山气日夕佳，飞鸟相与还。此中有真意，欲辨已忘言。”

与陆游、杨万里、尤袤并称为“中兴四大家”的南宋著名诗人范成大在《四时田园杂兴·夏日田园杂兴》中写道：“昼出耘田夜绩麻，村庄儿女各当家。童孙未解供耕织，也傍桑阴学种瓜。”范成大通过农村夏日生活中的一个场景，写出了一种田园乡居的惬意情味，表达了诗人对田园风光和村居生活的宁静、平和、自然、质朴的爱恋。

“田园”即田园风光、田园建筑、田园文化、田园创意、田园生活、田园意境。田园经济是指以田园为核心的生态型、创意型乡村经济。田园经济是以乡村振兴理论和社会主义生态文明核心价值观为指导，构建农业与二、三产业交叉融合的现代产业体系，打造特色产业、特色生态、特色文化，塑造田园风光、田园建筑、田园生活，建设美丽乡村、宜居乡村、活力乡村，利用创意农业理念、生态理念和生态技术、创意农业技术构建乡村新兴产业和改造传统农业，推进农业智能化、健康化、创意化、绿色化、安全化生产，实现农产品加工业产值倍增、乡村旅游倍增、农民收入倍增的经济形态。

发展田园经济要注重空间、生态、基础设施、公共服务和特色产业规划的有机融合，尤其要注重在现有基础上，培育壮大有优势、有潜力、能成长、以农业为基础的特色产业。注重提升设计建造品质，突出更加深入细致、反映本土特性、体现因地制宜、表达乡村丰富性的设计。做好山水田园环境、重要节点空间、公共空间、建筑和景观的详细设计，注重乡土文化挖掘、保护、传承和利用，发挥乡村建设技能型人才作用，用好乡土建设材料，新建建筑与乡村环境相适应，彰显田园乡村特色风貌。

发展田园经济要积极开展用地保障制度创新，探索旅游休闲生态观光建设项目用地，实行点状布局开发，建立符合产业发展特点的科学化、差别化、精细化、生态化的土地利用制度。对特色田园乡村产业用地，结合产业特色及当地实际，鼓励采用长期租赁、租让

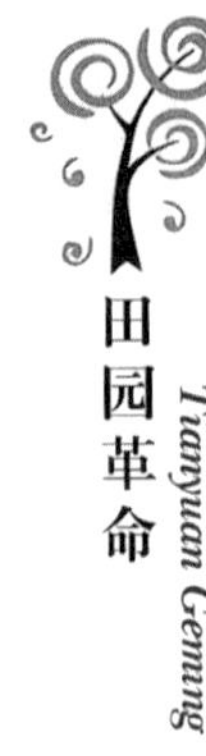

结合、先租后让、弹性出让等多种方式灵活供应，降低土地使用成本，提高使用效率。对特色田园乡村的主导产业项目用地，优先保障用地供应。大力支持回归乡贤等返乡下乡人员，按照相关用地政策开展设施农业建设和经营。鼓励返乡下乡人员依法以入股、合作、租赁等形式使用农村集体土地发展创意农业产业，依法使用农村集体建设用地开展创业创新。在符合农村宅基地管理规定和相关规划的前提下，允许返乡下乡人员和当地农民合作改建自住房。要围绕农业增效和农民增收，因地制宜保护耕地，允许在不破坏耕作层的前提下，对农业生产结构进行优化调整，仍按耕地管理。鼓励农业生产和村庄建设等用地复合利用，发展休闲农业、乡村旅游、农业教育、农业科普、农事体验等产业，拓展土地使用功能，提高土地节约、集约利用水平。

发展田园经济要以生态环境承载力为基础，以产业发展生态化、生态建设产业化为手段，发展新型生态产业，改造传统优势产业，加快产业转型升级，保护山水基底、历史肌理、空间形态，重塑城乡关系、挖掘乡村魅力和特色，倡导全民树立生态信仰，弘扬生态文化，使“繁华都市”与“田园乡村”交相辉映，全面推进生态文明建设，实现经济、社会与自然协调可持续发展，努力走出一条符合规律、契合实际的“田园牧歌”式的乡村发展与复兴新路子。

建设田园经济的目标是：

生态优　打造一批田园观光类、民俗风情类、农业体验类、民宿度假类等特色鲜明的旅游名村和主题园区。乡村生态环境得到有效保护、修复和改善，田园景观得到有效挖掘和充分彰显，形成自我循环的乡村自然生态系统，拥有天蓝、地绿、水净的自然环境。

村庄美　培育一批传承优秀乡村文化、留住乡愁记忆的新载体。村落与环境有机结合，保持传统肌理和格局，村庄尺度适宜，建筑风貌协调，地域特色鲜明，基础设施配套齐全。

产业特　农业供给侧结构性改革有效推进，农业结构得到优化调整，经营体系不断健全，生产水平和综合效益大幅提高。打造“一村一业”“一村一品”升级版，形成特色产业和特色农产品地理标志品牌。

农民富　产业富民、创业富民效应进一步凸显，农民收入显著提高，职业农民队伍不断壮大，农民在挖掘传承传统技艺的同时实现增收。

集体强　重点改革深入推进，村集体经济活力充分激发，收入来源持续稳定，乡村治理能力得到提升，基层党组织的凝聚力和向心力明显增强。

乡风好　社会主义核心价值观深入人心，家庭和睦、邻里和谐，村民自治、干群融洽，传统文化得到继承和发扬，形成富有地方特色和时代精神的新乡贤文化。

发展田园经济就是要着眼于田园资源的经济化、品牌化、创意化、优美化和综合效益最大化，大力推进发展田园经济、培育田园城市、建设田园乡村、培育田园美学、保护田园生态、经营田园风光、弘扬田园文化七大任务，用绿色、美丽、共享和文化实现经济社会的全面跨越发展，探索一条符合时代发展主旋律的生态、绿色、创意发展路径。

发展田园经济要支持有基础、有优势、有特色、有规模、有潜力的乡镇（村）、特色片区，全域统筹开发，按照“政府引导、市场主体”的原则，选择农民合作组织健全、农业龙头企业和新型农业经营主体带动力强、农村特色优势产业基础较好、生产组织化程度较高、区位和生态等资源环境条件优越、核心区集中连片、开发主体已自筹资金投入较大且自身有持续投入能力、发展潜力较大的片区，开展乡村田园综合体工作。要按照现代乡村田园综合体要求，认真选择好试点项目建设内容。积极发展循环农业，充分利用农业生态环保生产新技术，提高农业资源利用效率和农业生产经济效益，促进生态环境友好型农业可持续发展。大力发展智慧农业，充分应用现代信息技术与农业生产集成融合的新成果，加快推动传统农业向现代农业生产方式转变。稳步发展创意农业，开展农事体验活动，创新农业生产过程、场景和农产品的展示形式，融合农业文明、园艺展示和人文价值、生活趣味等文化要素，结合旅游休闲、展览演示等活动方式，引导社会大众参与农事体验活动，展现推介农村农业新功能，让人们从中感到农业是充满希望的现代产业、农民是令人羡慕的体面职业、农村是宜居宜业的美好家园。

要适应农业供给侧结构性改革需要，做大做强传统特色优势主导产业，推动土地规模化利用和一二三产业融合发展，强化品牌和原产地地理标志管理，促进当地农产品提质增效。积极推进农村电商、物流服务业发展，拓宽农民增收致富的新通道。依托宜居宜业美丽乡村建设成果，发挥乡村优质生态环境、美丽田园风光和优秀传统文化等独特资源优势，开发与保护并重，推进农、林、牧业与休闲观光、康养农业等产业深度融合，推动农村（牧区）绿色发展，打造一批环境美、产业兴、品牌响、农民富、生态优，具有浓郁“田园牧歌”风情的乡村田园综合体。

美丽乡村散发着优雅的气息，色彩斑斓的花海孕育着乡愁的回忆。

游名村名镇，赏乡村美景，优美乡村与优美产业共同推进，创意农业促进了乡村旅游和美学经济的融合发展，拉近了城市与农村的距离，创意农业美学经济以优美乡村建设和创意农业旅游为平台，将地方资源优势转化为产业资本优势，带动优美产业的高端化经营、全产业链构建、可持续发展，代表了未来农业经济的发展方向。

创意农业以审美体验为主题，具有养生养美、体验品味功能和快乐高效的特点，目的是让农民增收、农村增美、企业增效、城市增辉。创意农业让生活更美好，美学经济让生活更幸福。

在“美丽乡村”建设中，北京通过将美学经济发展与“美丽乡村”建设结合起来，按照“生产美、生活美、环境美、人文美”标准，把新观念、新时尚带入了农民的生产和生活，挖掘当地的资源文化创意与生态资源，展现创意农业美学经济独特的魅力，充分彰显北京乡村创意农业文化的特色和韵味，已评选出“北京最美的乡村”，引领乡村旅游发展的时代方向。

广州市在推进名镇名村建设中，围绕高端、生态、养生、创意，依托当地乡土风情和自然风光，充分发掘地方文化，重点选择一批文化底蕴深厚的镇、村作为名镇和名村的建

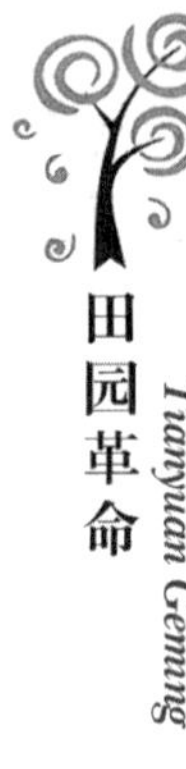

设点，统一规划，商业运作，将人文景观、乡村摄影、农家采摘、意境审美、农耕教育等融入自然生态体验之中，建设成集旅游度假、康体娱乐、现代购物于一体的岭南文化生态旅游名镇，实现创意旅游业倍增、农业产业倍增、农民收入倍增，打造体现广州创意农业发展和创意农村建设水平的“名片”，充分诠释了最完整、最时尚的乡村创意生活。广州的 47 个规划行政村在“美丽乡村”建设过程中，努力培育“一村一品”，突出发展创意农业产业、建设特色村庄，参加了第三批市级“美丽乡村”的试点建设工作并全部达标，释放出了生机勃勃的旅游魅力。

由创建美丽，到经营美丽，再到产生美丽效益，实现从美丽乡村向美丽经济转化。要增强乡村自身的“造血”功能，做好新产业发展规划，推动创意农业发展，引导科技、人文等元素融入农业，发展农田艺术景观、阳台农艺等创意农业，积极探索农产品个性化定制服务、会展农业、农业众筹等新型业态，实现美丽乡村与产业发展相互促进、创建美丽与经营美丽相互结合，让乡村百姓实实在在享受到美丽乡村带来的经济红利。

农业发展进入新阶段，农产品市场需求结构呈现多元化和优质化趋势。随着城乡居民收入的增长，人们对农产品的营养功能、保健功能和安全性等个性化特殊需求逐步增加，丰富多样的创意农产品倍受市场青睐。优化创意农产品区域布局，加速现代生产要素向优势区定向聚集，有利于用现代高新技术改造传统特色农业，加快优势区域现代农业建设，充分挖掘区域特色资源潜力，尽快形成新的创意农业生产能力，增加优质创意农产品供给，满足日益细分的市场需求，提高人们的生活质量。

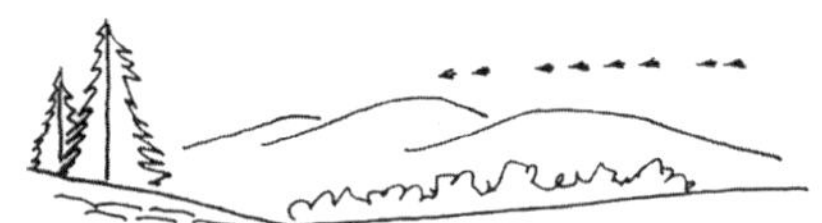

田园文化推动产业升级

“田上有田紫鹊界，稻梦世界心净界”，在以“始祖梯田”紫鹊界、“蚩尤祖山”大熊山为优秀旅游资源代表的湖南新化，至今保留着最原始的山地农耕生态环境、最淳朴的手工耕作方式和纯天然的自流灌溉系统，从开垦到耕种，从未留下现代农耕的一丝痕迹，让优秀的传统文化精华及稻种基因得以保存并传承至今。

世界文化遗产地安徽省黟县宏村镇，背倚黄山余脉羊栈岭、雷岗山等，地势较高，常常云蒸霞蔚，时而如泼墨重彩，时而如淡抹写意，恰似山水长卷，融自然景观和人文景观为一体，被誉为“中国画里的乡村”。宏村镇以世界文化遗产地宏村为小镇核心，紧扣创

建国家级旅游度假区和全国历史文化名城，以“艺术体验和休闲度假”为建设主题，引进有农生态园、宏川蓝莓基地、协力花卉等新型农业经营主体，以发展休闲观光农业，丰富旅游业态，辐射带动卢村、塔川、木坑、龙江区域，重点打造艺术写生基地、摄影影视创作基地、现代艺术交流基地和高端休闲度假基地。加快秀里影视村二期、屏山文旅综合开发、屏山御前侍卫精品艺术酒店、黟县徽州艺术体验馆等项目建设，促文旅融合提升旅游品位；通过微博、微信等新媒体扩大《宏村·阿菊》实景演出剧知名度，形成旅游特色文化品牌。通过“旅游＋体育”模式，以国际山地车节等赛事活动为载体，多元化设计体旅产品，整合全镇特色资源，开发赏花骑行、定向拓展、游学、毅行、亲子户外、山地车特训营及徽州民俗体验等特色新兴体育旅游产品。宏村还成立了乡村客栈联盟，集中收集、安装小户型三级油污隔离设备，对农家乐经营户产生的污水、油烟进行统一处理，保护遗产资源和环境风貌。同时，以宏村为中心，整合卢村木雕楼、塔川秋色、木坑竹海等周边景点资源，实行统一环境整治、统一经营管理、统一产品设计，着力将宏村打造成集遗产保护、居住观光、文化体验、休闲度假于一体的社区型“旅游＋”特色小镇。

割水稻、包粽子、扎稻草人……海南省琼海市大路镇委、镇政府通过举办“天使成长季”亲子社区、海岛旅游工作室、“琼海大路大米文化节”、“巧手包大路粽”、“创意稻草人”，让家长和孩子化身“农夫”，进行“快乐小农夫”收割大比拼，在当地专人指导下体验收割、打谷，感受劳作乐趣。以农耕文化为主题的大路镇，近年来通过品牌化打造，富硒健康的大路科十三原生米、甜脆的大路莲雾、清新的大路珍珠番石榴、鲜嫩的大路牛肉、大路粽子成为大路镇的“五朵金花”，精致酸甜的圣女果、流油喷香的咸鸭蛋，还有天然压榨的健康花生油，可谓农产品的“三新贵”。未来，大路镇还将打造乡村体验游路线图，把休闲农庄、乡村主体庄园、精品乡村、特色农产品等美景、美食串联起来，让更多市民和游客在“无处不田园、无处不风情”的大路镇感受农耕文化。

“中国十大最美乡村”成都市郫都区三道堰镇青杠树村。“两江碧水抱村流，百岁青杠挽渔舟。半岛天成无雕饰，千古田园有遗风。”在小规模、组团式、生态化、微田园的新农村综合体示范样板建设中，青杠树村全村932户被划分为9个组团，聚居到一栋栋新修的现代化民居里，同步规划配套的水、网、电、路等基础设施、社区公共服务和社会管理设施功能齐全，将村民生产生活半径缩短至10分钟以内。徜徉村中，茂林修竹、绿水环绕、花开遍田，村民们搞起茶馆、农家乐。一栋栋古香古色的川西民居院落在绿树中错落有致，小青瓦装饰成鱼鳞纹窗花，四合院地面上铺着青石板，院落间的草坪修剪整齐，地面干净整洁，院后还种着各式蔬菜，远处田里是一片花海，一幅川西田园山水画跃然纸上。村里设置了水车、牌坊、亭子等，让房屋错落有致地点缀在山水田园之间。村主任钟家旭说：“这些年我想得最多的就是如何改善村民的生产生活条件。2012年，我们村启动农村土地综合整治，村落改造是大家反映最强烈的，我们就首先搞这个。”“当时政府给了我们很大自主权，但明确了一条，就是要保住川西民居的灰瓦白墙。”村里为此定了一条铁的规定——“不改变田园肌理，不破坏河流沟渠，不砍伐成型竹木”。

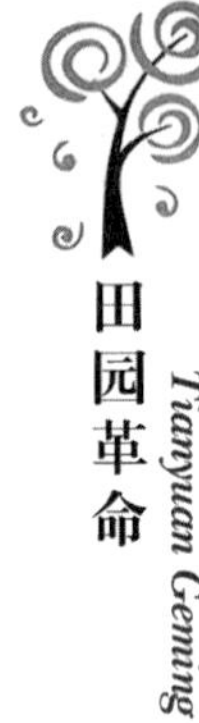

在2016年12月3日举行的第二届中国（深圳）国际旅游博览会国际候鸟旅居健康产业发展论坛上，国际候鸟旅居组织评价中心发布“首届中国候鸟旅居县口碑榜”，高安市榜上有名，是宜春市唯一上榜的县级市。高安市入选“诗意田园”十佳榜单，与婺源县共同获得该殊荣。“候鸟旅居县”是气候生态环境宜游宜居目的地的代名词。“候鸟旅居县口碑榜”主要以气候、物候资源对旅居活动的不同影响为导向，将不同特色的代表性候鸟旅居县域（包括县级市、区）细分为温暖猫冬、凉爽消夏、清新御霾、温泉康养、森林乐活、草原牧歌、五谷丰登、瓜果采摘、秋耳夏菌、惬意踏春等24个特色类型，择优向中外旅游者推荐。每个类型评选出10个环境特征比较明显，舒适度、美感度、轻松度比较高，游客体验口碑、专家评价口碑、媒体纪录口碑较好的目的地。在安仁稻田公园，创意休闲元素的注入，农耕文化的挖掘，新技术在这里推广，创业激情在这里点燃，成为集农业示范、农耕体验、科普教育、旅游观光、休闲娱乐于一体的综合平台，放大了稻田的农业价值，挖掘了更多生态价值、创意价值和旅游文化价值。稻田既是一方美景，更是人人分享的美学课堂。

当前，我国经济发展进入新常态，农业和旅游发展进入新阶段。发展休闲农业，推进农村一二三产业融合发展，是在资源环境硬约束背景下加快转变农业发展方式、推进生态文明建设的战略要求；是在经济增速放缓背景下拓宽农民增收渠道、全面建设小康社会的战略选择；是在城镇化深入发展背景下打造农村经济“升级版”、培育国内消费新增长点、实现城乡经济社会一体化发展的战略举措；是在扶贫开发工作进入“攻坚拔寨”的冲刺期背景下引入扶贫新兴业态、促进贫困地区贫困群众脱贫致富、确保2020年如期实现全面脱贫目标的战略措施。休闲农业在助推农业强起来、农民富起来、农村美起来、建设美丽中国和美丽乡村中具有重大作用，应当进一步提高思想认识，完善政策措施，加大工作力度，切实推动休闲农业的发展。

休闲农业作为农村一二三产业发展的融合体，近年来发展迅猛，已成为一种新型产业形态和消费业态，在促进农业提质增效、带动农民就业增收、传承中华农耕文明、建设美丽乡村、推动城乡一体化发展方面发挥了重要作用。但因发展时间较短，也存在服务设施不足、经营主体融资不畅、基础设施建设滞后、人员素质亟待提升等问题，严重影响了产业的持续健康发展。

要深入贯彻党中央、国务院的有关部署要求，紧紧围绕促进农业提质增效、农民就业增收、居民休闲消费的任务目标，以农耕文化为魂，以美丽田园为韵，以生态农业为基，以创新创造为径，以古朴村落为形，将休闲农业发展与现代农业、美丽乡村、生态文明、文化创意产业建设、农民创业创新融为一体，注重规范管理、内涵提升、公共服务、文化发掘和氛围营造，推动农村一二三产业的融合发展。

发展休闲农业要始终坚持以下原则：一是以农为本、促进增收。要以农业为基础，农村为载体，突出农民的主体地位，科学构建农民利益分享机制，增强农民自主发展意识，激发农民创业创新活力，促进农民持续稳定增收，不能以办农家乐名义乱占农地、搞高档度假村。二是多方融合、相互促进。休闲农业发展要与农耕文化传承、美丽田园建设、创意农业发展、传统村落传统民居保护、精准扶贫、林下经济开发、森林旅游、乡村旅游、新农村建设和新型城镇化等有机融合、相互促进、协调发展，推动城乡一体化发展。三是因地制宜、突出特色。要结合资源禀赋、人文历史、交通区位和产业特色，在适宜区域，因地制宜、突出特色、适度发展。四是规范管理、强化服务。要加大教育培训、宣传推介力度，文明出行、诚信经营、确保安全，制定规范标准，引导行业自律，实现管理规范化和服务标准化。五是政府引导、多方参与。要发挥市场配置资源的决定性作用，更好发挥政府在宏观指导、规范管理等方面的作用，调动各方积极性。六是保护环境、持续发展。要按照生态文明建设的要求，遵循开发与保护并举、生产与生态并重的理念，统筹考虑资源和环境承载能力，加大生态环境保护力度，实现经济、生态、社会效益全面可持续发展。

到 2020 年，要实现产业规模进一步扩大，接待人次和营业收入不断提升；布局优化、类型丰富、功能完善、特色明显的格局基本形成；社会效益明显提高，从事休闲农业的农民收入较快增长；发展质量明显提高，服务水平较大提升，可持续发展能力进一步增强，为城乡居民提供看得见山、望得见水、记得住乡愁的高品质休闲旅游体验。

休闲农业的发展方向是，不仅要发展以休闲农业为核心的一二三产业聚集村，在适宜区域发展以拓展农业功能、传承农耕文化为核心，兼顾度假体验的休闲农庄，建设具有科普、教育、示范以及传统农耕文化展示功能的休闲农园，而且要注重乡村文化创意资源挖掘，强化休闲农业经营场所的创意设计，推进农业与文化、科技、生态、旅游的融合，提高农产品附加值，提升休闲农业的文化软实力和持续竞争力，培育一批“叫得响、传得开、留得住”的休闲农业知名品牌。要保持传统乡村风貌，传承农耕文化，留住乡村内在美丽。同时要做好农村文化遗迹和传统村落、传统民居的保护，发展具有文化内涵的休闲乡村，加快乡土民俗文化的推广、保护和延续。要努力培养规划设计、创意策划和市场营销人才，提高休闲农业设计水平。促进休闲农业发展要积极发展农村电子商务，增强线上线下营销能力，鼓励社会资本参与休闲农业宣传推介平台建设，加快构建网络营销、网络预订和网上支付等公共服务平台，全面提升行业的信息化水平，建设创意农业电商新村、电商新镇，充分发挥物联网和电子商务降低流通成本的作用，推动互联网与农业全产业链渗透融合，紧紧围绕促进农业提质增效、农民就业增收、居民休闲消费的任务目标，以农耕文化为魂，以美丽田园为韵，以生态农业为基，以创新创造为径，以古朴村落为形，将休闲农业发展与现代农业、美丽乡村、生态文明、文化创意产业建设、农民创业创新融为一体，注重规范管理、内涵提升、公共服务、文化发掘和氛围营造，推动农村一二三产业的融合发展，形成农业新的竞争优势；休闲农业发展应当以农业全产业链创意为根本，通过开展农业研发创意、种植创意、农产品营销创意、产品功能创意、品牌创意、会展创意、旅游创意，围绕休闲农业发展的新模式、农民与工商资本在发展休闲农业过程中探索的利益联结新机制、一二三产业融合发展的新业态、农耕文明传承的新方式等，加大经验总结，形成可复制、可借鉴、可推广的典型，实现农业产业倍增、乡村旅游倍增。

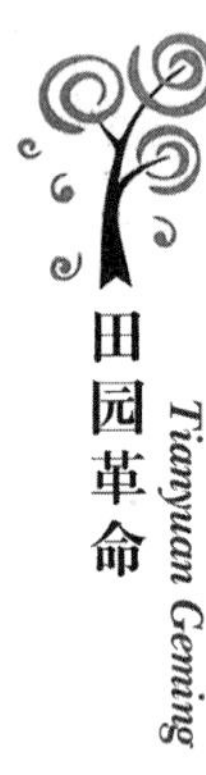

田园文化、田园审美，田园创意，田园成为许多乡村文化热爱者的梦想实现地。如今，乡村面临着资源外流、活力不足、基本公共服务短缺、人口老化和空心化、乡土特色受到冲击和破坏等严峻挑战。昆山市祝甸砖窑文化馆举行的“当代田园乡村建设实践研讨会”上，参会代表集体呼吁当代规划建设者和农民一起，顺应经济社会发展潮流，科学引导当代乡村的理性建设，促进人口、资源、技术等要素向乡村流动，提升乡村内生活力，实现乡村的发展与复兴。《当代田园乡村建设实践倡议书》指出，当代田园乡村建设既是乡村生产生活方式螺旋上升后的回归，也是生产、生活、生态“三生”空间的融合，更是从农业文明、工业文明向生态文明跨越的探索。

在成都市温江区，举行“恋恋温游乡”田园野餐春日集，开展春日野餐、草坪音乐节和田园市集活动，花木编艺、多肉盆栽、亲手插花、制作风车、品玫瑰茶，打造全域旅游“最美花园乡村（院落）”，并围绕乡村旅游品质提升、特色产品打造、精品线路重组，将独具温江特色的旅游资源创新重组并实现产品化，形成贯穿全年的产品线路，游客有机会在全年体验到独具温江特色的主题乡村旅游线路。

尊重乡村实际，尊重乡村发展规律，尊重乡村传统空间肌理，尊重乡村风土人情，尊重农民生产生活方式和时代发展需求，充分发挥农民主体作用和首创精神，以互动式参与的方式，引导村民、社会和政府形成合力，充分调动农民建设家园的积极性，共同参与建设和维护美好家园，增强家园的认同感和自豪感。立足现实改善。尊重乡村个性、发展条件与潜力，因地制宜、因村施策推动乡村基本公共服务均等化和人居环境改善。以分类施策、渐进改善、有机更新的方式，对一般村庄着重通过环境整治改善居民基本生活条件；对有特色的村庄着重突出风貌塑造，保护历史文化资源和自然景观，凸显乡村美景和田园风光；对重点发展的村庄着重提升基础设施与公共服务设施配置水平，增强村庄发展动力和活力。传承乡土文化，学习借鉴传统乡村营建智慧，保护乡村传统空间肌理和传统建筑，传承乡土文化传统，保存乡村景观格局。以“轻介入、微改善”的本土设计理念和形式新颖、类型丰富的田园文化活动重塑“山水田林人居”和谐共生关系，促进承载乡愁记忆、富有传统意境、充满桃源意趣的当代田园乡村的形成。

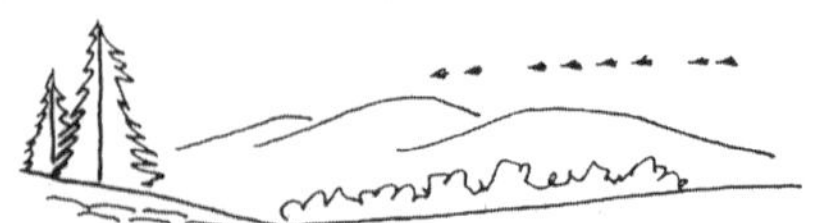

发展田园经济，建设世界优美乡村

城市与乡村相辅相成、融合发展、不可偏废。发展田园经济既是展现城乡融合发展成

果的现实路径，又是传承乡愁记忆和田园文化的审美体验，也是培育发展创意农业、优美产业、乡土文化传播和休养生息的空间载体，其发展过程还是动员农民参与、建强农村支部和培育新业态、培养新乡贤、发展新经济、打造新乡村、回归新田园的有效途径。

乡村振兴的时代呼唤世界优美乡村建设。乡村是中华优秀传统文化的土壤，积淀了中华民族灿烂的农耕文明，见证了千百年来社会发展变迁，寄托着无数华夏儿女的乡愁记忆。乡村是农耕美学经济的载体，也是田园文化传承的载体，是中华五千年文明之根。优美的生态环境，是城市带不走的记忆。重构新型城乡关系、培育田园美学经济，成为时代的呼唤。发展田园经济最需要的，不是简单的推进城市扩张，而是要加快推进乡村生态文明建设。小乡村大世界、小田园大美学，重构新型城乡关系，已是大势所趋。

乡村不能成为抛荒的乡村、遗忘的乡村、逃离的故园。我们必须重新认识田园经济的价值和意义，重新发现田园之美，更加重视田园保护、更加重视田园经济投入。培育乡村生态文明，建设世界优美乡村，就是要发挥乡村独特禀赋，实现田园生产、田园生活、田园生态和田园美学的有机结合，促进传统文化与田园文化的有机融合，成都“西控”区域成为不砍树、不拆房、不占田、不贪大、不求洋，因地制宜在地化、小组微生优美化、田园时尚国际化“三化”发展的典范，让农业农村现代化成为记得住乡愁的现代化。

破解统筹城乡发展面临的现实问题需要推进世界优美乡村建设。采菊东篱下，悠然见南山，乡村有着古朴悠远的田园情调，更有神采飞扬、生机盎然的时尚气息。近年来各地统筹城乡发展和创意农业发展有目共睹，但在田园文化、美学经济、社会治理、文化传承等方面都面临着不少问题和挑战。乡村不能、也不应成为经济发展的落后地区、文化传播的薄弱环节。世界优美乡村建设，就是要凸显底气，对接地气，以田园生产、田园生活、田园生态为核心，依托原住地、原住房、原生态、原产地，依靠原村民，构建人与自然和谐共生的关系，展现人工与自然相互融合的美，让市民在宁静和悠然自得的“田园牧歌”式的生活情趣中，获得审美享受和情感升华，让田园充满吸引力。

中国创意农业第一城成都已经具备建设世界优美乡村、推进乡村振兴的生态本底。成都是全国最早发展创意农业的城市之一，令人惊艳的“成都蓝”“夕阳红”时常刷爆朋友圈，涌现出一大批有个性、有创意的创意农业优美乡村。清新的空气、泥土的气息、宁静的环境、优美的风光、纯朴的民风、有趣的创意活动，让成都进入创意农业产业发展、打造世界优美城市的更高阶段。这些年来，成都市将农产品与文化、艺术创意结合，大力构建创意生产、创意生活、创意生态，推进农商文旅体融合、统筹城乡发展、共享现代文明的创意农村发展模式，增收增美、城乡融合发展的态势更趋明显。推进特色田园文化建设、促进乡村振兴，不论是在产业发展上，还是在生态环境建设上，成都已经具备良好的发展条件。积极探索乡村振兴的成都路径，努力推进天府文化与田园乡村交相辉映的美学经济发展形态，以田园创意营造田园风貌，凸显世界文化名城和中国创意农业发源地的底气，对接时尚化创意、在地化发展、花墅化居住、田园化养心的地气，推进绿色发展、创意发展、优美发展。

传播乡土文化，顺势而为做好转型升级文章。幸福美丽新村建设，赋予乡村更加丰富的精神文化内涵，依托文化创意打造创意农业旅游品牌，对乡土文化、对自然、对村民的更多尊重与呵护，吸引城里的匠人、文化创意人及普通旅游者前来乡村驻足、与村民互动，形成具有鲜活气息的生态圈和生活方式。传播乡土文化，在探索幸福美丽新村实践中将美丽乡村和公共艺术结合，使得村民有积极心态和自主的发展要求，树立文化自信和自觉，让农村多美丽、让农民更富裕、让农业有创意。“西控”区域要顺势而为、顺势而上，做好转型升级文章，在“生态人居、生态环境、生态经济、生态文化、生态文明”建设中发挥典型示范作用。在保留和维护传统空间肌理与建筑风貌的前提下，彻底对古村进行内涵挖掘、文化灌注，实现乡村遗产空间的功能再造，盘活乡村的“不动产”，同时也赋予传统村落的精致内涵，让乡村以绿色、田园、生态、时尚的新姿出现在市民的视线。使优美家园、田园风光、诗意山水成为诗意栖居的生活新风尚，牧歌式、慢节奏的乡村生活越来越成为市民的新追求。

田园培训经济：培育乡村新业态

四川乡村人才振兴教育培训模式引发全国关注

2018 年 3 月 8 日央视《新闻联播》头条新闻报道，习近平总书记参加山东代表团审议时强调，实施乡村振兴战略是党的十九大做出的重大决策部署，是一篇大文章，要统筹谋划、科学推进。3 月 8 日上午，中共中央总书记习近平参加山东代表团审议时指出，要深刻认识实施乡村振兴战略的重要性和必要性，扎扎实实把乡村振兴战略实施好。习总书记在讲话中提出“五个振兴”的科学论断，即乡村产业振兴、人才振兴、文化振兴、生态振兴、组织振兴。这是总书记对实施乡村振兴战略目标和路径的明确指示，必将极大推进乡村振兴工作。乡村振兴关键在人、在人才。习总书记明确要求，要打造一支强大的乡村振兴人才队伍，在乡村形成人才、土地、资金、产业汇聚的良性循环。四川省成都市、自贡市、巴中市南江县和恩阳区等地积极探索乡村振兴研究和人才培训示范基地、农村党员教育培训、“大学生村官”培训、川西林盘培训、乡村美学设计教育、乡愁文化培训，积极

开发乡村培训经济，培育创意农业高端人才和农业科技推广人才，成功打造乡村人才振兴教育四川品牌，锻造了一支乡村振兴的生力军，走出了一条人才培养新路，值得学习借鉴。

2018 年 6 月，国家行政学院授牌成都村政学院（中共都江堰市委党校）为“国家行政学院经济学教研部、国家行政学院生态文明研究中心乡村振兴都江堰市教学研究和实践基地”；7 月 19 日，省农工委正式批准成都村政学院正式建立“四川省乡村振兴研究和人才培训示范基地”。2018 年 2 月 12 日上午，习近平总书记前往成都市郫都区唐昌镇战旗村考察时指出，战旗飘飘，名副其实，要继续把乡村振兴这件事做好，走在前头，起好示范，让村民收入像芝麻开花节节高。2019 年 2 月 12 日，全国乡村振兴人才培训基地——四川战旗乡村振兴培训学院在战旗村举行揭牌仪式，标志着致力面向全国培养乡村振兴专业型、实用型人才基地正式启动。揭牌仪式上，学院宣布了首批战略合作联盟单位并签署战略合作协议，发布了郫都区（绿色战旗·幸福安唐）乡村振兴指数。同时，该学院被教育部办公厅授牌为“全国中小学生研学实践教育基地”。自贡尖山乡村振兴学院立足多个实训基地，将游学体验和培训教学相结合，意在打造一个集“乡村振兴理论研究、实践指导及人才培养”三位一体的综合性学习教育平台。课程内容涉及育苗技术、特色小镇建设战略规划、农村金融投资、民宿文化开发及法律常识等。四川乡村振兴学院则依托院校的优势资源，结合恩阳实际，深入开展乡村振兴干部、人才培训，积极培养懂农村、爱农村、爱农民的“三农”干部队伍。积极探索乡村振兴模式和具有地方特色乡村发展道路，总结一套成熟且可复制的乡村振兴经验。

从四川战旗乡村振兴培训学院到四川乡村振兴学院、四川新农村建设学院、崇州市农村党员教育学院、成都村政学院，以及四川宝山村庄发展学院、成都川西林盘培训学院、南江县乡愁文化学院、岷江乡村美学设计学院、成都非公企业学院，多家乡村振兴学院落户四川乡村，积极培养有号召力的带头人、有行动力的追梦人、懂技术懂创新懂创意的“土专家”“田秀才”、善经营的“新农人”“农创客”，成为乡村人才振兴的四川现象，开创了全国乡村人才振兴教育培训的多项第一，引发全国广泛关注。

四川战旗乡村振兴培训学院

2019 年 2 月 12 日，全国乡村振兴人才培训基地——四川战旗乡村振兴培训学院在四川省成都市郫都区战旗村举行揭牌仪式。为有效破解乡村振兴存在的人才、技术等发展难题，加快推动产业、人才、文化、生态、组织“五个振兴”，2018 年 3 月，郫都区委、区政府迅速做出了筹建四川战旗乡村振兴培训学院的决定，着力打造立足成都、辐射全省、面向全国的乡村振兴教育基地、新农人学习成长基地，使之成为乡村振兴战略研究、交流、示范、推广基地。该学院建筑面积 6 500 平方米，集展览展示、教学科研、学术交流等功能于一体，能同时容纳 2 000 人培训学习。学院揭牌开始授课后，将围绕产业、人才、

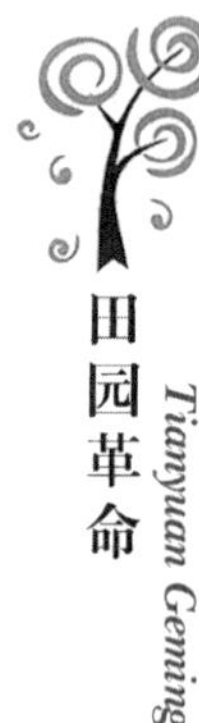

文化、生态、组织“五个振兴”，通过组建一支以高德敏、任建等为首的10大名村专家讲师团，以战旗村、先锋村、青杠树村等名村为现场教学点，培养一批高素质的基层组织引路人、产业发展推动人、乡风文明传承人、农业科技推广人和脱贫致富带头人，2019年力争培训1万人次。

四川战旗乡村振兴培训学院作为依托全国创意农业第一村战旗村兴办的乡村振兴人才培养专业平台，为全国新型职业农民培养和乡村人才振兴提供了很好的借鉴。战旗村党总支书记高德敏介绍说，四川战旗乡村振兴培训学院是在坚持“党委领导、政府支持、市场运作、资源共享”的原则上，经四川省民政厅批准成立，四川省农业农村厅主管的具有独立法人资格的民办非企业单位。学院由唐昌镇战旗资产管理有限公司与郫都区国有资产投资经营公司共同组建的成都蜀源战旗企业管理有限公司作为投资办学主体。学院呈现田园望山、川西林苑风格，是一座集展览展示、教学科研、学术交流等功能于一体的新型多功能智慧学院、绿色学院、平安学院。高德敏表示，四川战旗乡村振兴培训学院作为乡村振兴人才培训基地，致力于培养高素质的基层组织引路人、产业发展推动人、乡风文明传承人、农业科技推广人和脱贫致富带头人，将围绕产业、人才、文化、生态、组织“五个振兴”，常态化创新培训方式，力争到2020年，把学院打造成“接地气、有特色、具实效”的乡村振兴人才实训教育典范。学院的建立，对于加快推进农业农村现代化，建立健全城乡融合发展体制机制和政策体系；巩固和完善农村基本经营制度，构建现代农业产业体系、生产体系、经营体系；健全自治、法治、德治相结合的乡村治理体系意义重大。

该学院常务副院长杨兴红介绍，下一步，学院将深化与清华、同济、川大、川农大、淘宝大学（阿里巴巴）等各大高校、科研院所、商业企业的联系，建立战略合作联盟；进一步拓展培训对象，将机关干部、农村干部、农业新型经营主体、新兴职业农民、关联企业等人群，纳入学员体系。在此基础上，重点开展乡村经营与管理人才、乡村信息化与互联网人才、乡村发展课题研究、乡村发展规划与传统文化艺术传承等业务。力争到2020年，把学院打造成最接地气、最有特色、最具实效的乡村振兴人才实训教育典范。

四川乡村振兴学院

2019年1月22日，四川师范大学与恩阳区联合建设的四川乡村振兴学院在巴中市恩阳区正式成立。四川乡村振兴学院的成立，旨在依托院校的优势资源，结合恩阳实际，深入开展乡村振兴干部、人才培训，积极培养懂农村、爱农村、爱农民的“三农”干部队伍。积极探索乡村振兴模式和具有地方特色乡村发展道路，总结一套成熟且可复制的乡村振兴经验。着力开展“五大教育”，提升“五大能力”，形成“五个一批”实践成果。同时，制定乡村振兴规划、乡村旅游规划、乡村产业发展规划，为恩阳区脱贫攻坚、乡村振兴提供智力支持，加快全区农业农村农民现代化进程。在仪式上，恩阳区还与四川师范大学签订了《校地合作备忘录》，对“四川师范大学·红色文化旅游学院”进行授牌。根据

合作内容，四川师范大学将在基础教育能力提升项目、红色文化旅游学院项目、提供智力支持项目等方面与恩阳区深度合作。

四川新农村建设学院

四川师范大学联合其他高校共同成立了四川新农村建设学院，以各区县各级扶贫干部、中小学校长及学校中层干部、骨干教师，乡村医务人员，农民及农民工为培训对象，对乡村干部定期开展培训，对有创业愿望的中青年开展创新创业培训，对农技站工作人员开展最新农业技术培训，对乡村中小学校长、幼儿园园长开展综合教育能力培养，为农村人才队伍的培养提供科教支持。学院实施“五大教育并五大提升能力”：对农民实施文学艺术教育，提升其人文精神生产的内驱力；对乡村干部实施乡村治理的综合能力教育，提升其对现代农村的卓越领导力，现代化的乡村治理能力；对农村青年实施新型产业技能技术教育，提升其可持续致富的生产力；对乡村中小学校校长实施教育家素质能力教育，提升其现代化和民主化的办学治校能力；对农民实施卫生健康教育，提升其幸福生活的创造力。四川新农村建设学院立足农村，着眼于城乡统筹发展，协同地方政府和企事业单位，瞄准社会主义新农村建设和乡村振兴精准发力，着力实施五大教育。四川新农村建设学院已在南充市仪陇县、绵阳市北川县、广元市苍溪县、达州市达川区、凉山州普格县、甘孜州理塘县挂牌成立，成为我省教育扶贫一张靓丽名片。目前参加培训的乡村干部达 5 000 多人次。

崇州市农村党员教育学院

2016 年 5 月，五星村党委向崇州市委组织部、民政局申请，成立了崇州市农村党员教育学院这一民间非营利性社会组织，采用社会化运转方式，助力新型集体经济发展，以培训带产业。学院首先从培训内容抓起，邀请省委党校等单位的党建专家开发系统的党员教育课程，从学员分类、课程设置、教学组织等方面进行系统研究开发。尤其是在教学内容上，坚持“干什么、学什么，缺什么、补什么，要什么、训什么”等学以致用的原则，注重农村党员教育的实效性，把党性教育与党员作用结合起来，把党内教育与产业发展结合起来，把党员教育与农民教育和新型职业农民培养结合起来。

农村党员教育学院采取“学院＋公司＋农户”的集体经济发展模式，推进产业形态更新，既满足自身培训需要又开展对外培训，发展培训经济，向全省、全国输出了乡村振兴的崇州和成都实践，也为产业发展注入新的动力，取得了较好的政治效益、社会效益和经济效益。省委党校把这里作为全省 4 个乡村振兴现场教学基地之一，省委组织部把这里作为全省 10 个“农民夜校”示范实践基地之一。如今已经获得“省委党校特色现场教学基地”“四川省农民夜校示范实践基地”等诸多荣誉的崇州市农村党员教育学院已经成为诸多党员干部学习交流的“新阵地”。崇州市农村党员教育学院成立一年多来，先后承接四

川省委党校处级领导干部培训，以及来自广东、山东、广西、福建、甘肃、黑龙江等11个省（自治区、直辖市）的党员干部培训，省内外基层党员干部培训100余期、10 000余人次，五星村培训经济不断壮大和发展。

成都村政学院

2013年11月11日，经成都市委组织部批准，成都村政学院正式成立，挂牌中共都江堰市委党校。这是全国首个以提升基层干部队伍素质，探索农村基层社会建设规律为目标，以“村治”为主要培训内容，面向全国乡镇、村（社区）党员干部、“大学生村官”，进行专业化、针对性培训的学院。成都市有2 745个行政村（涉农社区）、687个社区，有村（社区）干部1.5万人，需要专门针对这一群体的培训机构，成都村政学院是全国首个面向村干部群体的培训学校。2005年成都成为国务院统筹城乡配套综合改革试验区，都江堰作为先行试点区，利用中央“农村土地增减挂钩占补平衡”政策，开始试点“拆小院、并大院”农民适度集中居住的美丽新村建设；2008年初都江堰市柳街镇鹤鸣村成为全国农村产权改革第一村，按照“确权颁证、还权赋能”思路，在产权明晰基础上，利用土地综合整治解决了农村发展两大难题：农村基础设施与农民居住条件差、农村公共服务水平低。2017年，都江堰市被财政部定为四川省唯一田园综合体模式试点区（市）县，成为首批15个国家级田园综合体试点区域之一。

收集3.8万份数据资料，开班669次，培训49 263人次，被授予“全国党员教育培训示范先进基地”“四川省乡村振兴研究和人才培训示范基地”等称号，成都村政学院按照“专科、特色、开放、合力”理念，致力打造“村政”培训与研究品牌，成功入选中组部“首批10个全国党员教育培训示范基地”。

创新培训思路，科学设置“三大菜单”。一是课程设置“菜单化”增强培训针对性。结合成都市区域性改革实践经验，整体开发了党性教育、新型城镇化、新农村建设、基层治理和应急管理五大特色课程。在成都全域范围内整合、设计教学线路，打造精品教学点位，形成专题辅导与现场分享、理论与实践紧密结合的特色专科课程。二是师资搭配“菜单化”提升培训系统性。建立农村基层干部教育培训师资库及其讲座菜单，成立5个“名师工作室”，邀请80余名来自中央党校、中国农村研究院等知名院校“大专家”、150余名长期扎根基层一线的“土专家”授课，为基层干部系统讲授理论经验和工作方法。三是教学方式“菜单化”突出培训实效性。以主动纳谏、百姓听音、基层问症为突破，征集培训需求，修正培训方案，综合运用课堂教学、情景模拟、现场参观、交流讨论等多种形式，突出教学互动，确保基层干部听得进、学得会、用得上。

致力基层治理，创新构建“三大平台”。一是建立基层治理“案例平台”。通过问卷调查、纪实访谈、驻村调研等方式，收集了具有文献价值的原始素材6 000余份，形成了涵盖党的建设、基层治理创新、新型城镇化建设、乡村旅游发展等方面的案例库。二是搭建

基层治理“咨政平台”。坚持训研结合，组建咨政团队，通过专家“坐诊”的方式，成功为社区集体资产股份分割、农村集体建设用地入市和村级组织换届选举等问题咨询提供了可行性解决方案。三是开创基层治理“交流平台”。连续举办三届“村政论坛”，通过搭建线上线下“村政”交流平台，实现受训学员与授课专家零距离交流，达到学员“受训一次，终身受益”，专家“授课一次，终身关注”。

坚持学以致用，实现干部“三大转变”。一是夯实理论“强底气”，促进干部工作理念大转变。邀请有深厚理论功底的专家学者和有丰富实践经验的“村官”就基层治理、经济发展、民情热点等课题进行展开探讨、经验交流、案例分析，丰富了学员理论实践知识体系，拓宽了思维方式方法，促进了分析研判能力的提升和工作理念的创新。二是实景课堂“接地气”，促进干部工作方法大转变。在全省范围开拓现场教学基地，目前已建立了党性教育、新型城镇化、新农村建设、基层治理和应急管理等五大专题的36个现场教学基地，着力提升农村干部联系服务群众的能力。三是警示教育“树正气”，促进干部工作作风大转变。科学设置习近平总书记系列重要讲话精神解读、“四风”典型问题剖析、职务犯罪预防警示等专题，通过参观廉政警示教育基地等方式直观教育，真正让基层干部思想受到震撼，灵魂得到洗礼，促进工作作风转变。

启动“新课程、新班次、新现场教学基地”打造提升工程。在优化培训内容方面，先后推出了受到学员欢迎的“村民议事会的规范运行”“罗伯特议事规则的精髓——南塘十三条”“现代化视野中乡村治理机制研究与探索”“互联网＋乡村‘土货’营销”等系列新专题；在任课教师配备上，强化“土专家”、基层领导干部和“名师”的“三结合”师资结构，先后邀请了中央政治局集体学习讲解人、华中师范大学徐勇教授，国内知名电商、渤海商品交易所总经理助理周家宇等“名家”来院讲学；在现场教学点位开发上，注重挖掘开拓教育主题，突破成都“三圈层”地理思维，将点位打造与全域开发有机结合起来，充分整合党建资源。目前学院拥有的30余个重点现场教学点位中，做到了突破区市县乡镇区域地理限制，既重视党性锻炼，又展示、推广原生态、绿色自然资源和丰富、厚重的人文传统，在推进现场教学基地标准化、专业化建设上迈上了一个新台阶。

四川宝山村庄发展学院

2016年9月24日上午，第十六届全国“村长论坛”在西部名村——成都市彭州市宝山村开幕，当天下午举行了四川宝山村庄发展学院成立仪式。四川宝山村庄发展学院是我国第一所培养村庄发展专门人才的非学历专业培训机构。旨在通过培训，深入贯彻落实“五大发展理念”，服务“三农”，推广全国各地农村致富经验、加强村庄合作与交流，是为推进社会主义新农村建设、精准扶贫和全面建成小康社会而打造的乡村合作发展平台。该学院以中共四川省委农村工作委员会作为业务主管单位，四川省彭州市宝山企业（集团）有限公司作为发起单位，四川省社会科学院作为学术、教学支持单位，经四川省民政

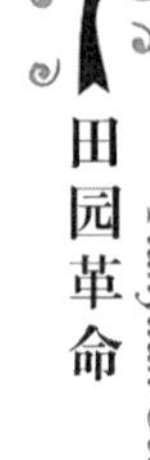

厅批准成立。

四川宝山村庄发展学院依托宝山村坚实的集体经济基础、良好的自然、人文条件和在增进宝山百姓福祉的伟大实践中孕育的“正方精神”，具有以下五个方面的特点：一是菜单式培训。目前，拟开设村级经济发展班、乡村旅游班、基层治理班、基层组织建设班、村规民约实施班、家风家规及乡贤文化班、生态文明建设班、新农村建设班、村干部培训班、村庄文化班、“两学一做”现场教学班等11个班级类型。二是模块式教学。由课堂讲授、现场体验与学习参观、交流互动、专家点评构成，主要教学模块有学术性专题教学、案例教学、参与式现场教学、访谈互动教学、体验式情景教学以及拓展训练。每个班级课堂教学、现场和体验教学各占一定比例。三是个性化服务。根据培训单位实际，量身定制具体的课程教学和现场教学内容。在现场教学方面，安排了宝山梯田、宝山电站、宝山新居、宝山文化中心、“中国名村收藏馆”等考察点；同时，初步设置了社会主义新农村建设、弘扬长征精神、全面创新改革试验、灾后恢复重建等四条教学考察路线。四是规范化办学。形成核心管理团队和骨干教师队伍，打造国内一流精品课程和教学案例。学院授课教师由宝山村干部，国内知名专家学者和有着丰富实践经验的各级党政领导干部组成。同时，邀请全国知名的基层干部和农村致富带头人前来授课。每门课程均有教师专门编印的教材或讲义资料，以及完善的学员学习手册。目前，《中国西部奇迹——正方精神和宝山实践》等教材已由四川人民出版社正式出版。学院要求严格遵守宪法、法律、法规和国家政策，特别是中央八项规定精神，遵守社会道德风尚。五是“三实”效果。即解决实际问题，讲解实用课程，参与宝山实战。为此，学院提出了“三带来、三带回”的办学目标，即带着真实现状来，带着具体问题来，带着急需解决的困难来；带着解决方案回，带着专家顾问回，带着发展资金回。

成都川西林盘培训学院

2018年5月，崇州市开始筹建，6月12日，成都川西林盘培训学院在白头镇五星村挂牌成立。针对约3 100名乡村干部开展川西林盘整治和乡村发展治理专科培训、理论研究以及实践锻炼，为乡村振兴大业打造一支强大的乡村振兴人才队伍。学院主要职能有4个方面，具体包括：

专题培训　主要总结提炼成都川西林盘整治的实践经验，编制科目教材和音像教材，对行业部门、乡镇（街道）、村（社区）主要负责人开展川西林盘整治、天府新林盘建设等方面的培训。

宣传展示　全面落实全市实施乡村振兴，促进城乡融合发展的要求，收集整理成都各区（市）县推进乡村振兴战略落地落实的实践创新典型案例，分层分类建立资源库，集成式、规模化对外展示推介成都发展成果。

理论研究　举办乡村振兴发展论坛，开展城乡社区发展治理、林盘整治、院落改造、

城乡融合发展等方面的理论研究，邀请知名高校、科研院所的学者来蓉就崇州市在乡村振兴方面的热难点问题进行专题调研，提出对策建议。

对外交流　承接市内外各级党政代表团、社会组织、群众组织的参观考察及交流学习等活动，不定期到外地推介宣传成都的乡村振兴发展成就。成都市川西林盘学院是由市委组织部批准设立，崇州市主办的培训学院，旨在为成都各区（市）县川西林盘建设、城乡社区发展治理以及乡村振兴提供理论性指导及实训支撑。

南江县乡愁文化学院

留住乡村“形”、守住乡愁“魂”，提升南江文化品质，呈现巴山夜雨的诗意栖居，讲述革命老区人的乡愁故事，推进乡村文化振兴。2018 年 10 月 13 日，由作者倡导的全国第一所乡愁文化学院南江县乡愁文化学院揭牌暨首期开班仪式在长赤镇禹王宫举行，县委副书记、县长李善君，副县长杜晓莉出席揭牌仪式。成立乡愁文化学院是为“传承发展提升农耕文明，助推乡村文化全面振兴”做出的重大战略决策，是顺应本土文化自觉浪潮和文化寻根运动的重要举措。经县委、县政府研究决定把乡愁学院设在长赤镇禹王宫，这是全县人民的一件大事，是长赤人民的一件喜事。长赤是一块红色土地，长赤人民勤劳、勇敢、朴实，创造了很多历史文化、历史典故，以及长赤精神。老一辈无产阶级革命家李先念同志带领红四方面军曾在长赤浴血奋战，留下了可歌可泣的故事。长赤人杰地灵，涌现出了一批又一批军事、科技、教育、文化、卫生等方面的人才。

南江县乡愁文化学院在长赤镇禹王宫设立学院办公地点和校区，在长赤中学、龙池九义校设乡愁文化学院的分校区。由县委副书记、县长李善君任学院院长，副县长杜晓莉任学院常务副院长，县文广新局局长冉峥嵘、长赤镇镇长董自强为副院长。学院聘请了省、市、县内历史文化、民俗文化、乡贤文化专家、学者、知名人士为培训骨干教师。届时将对全县涉农部门、文化、旅游行业公务员、企事业干部、村组干部、村级后备干部、中小学校师生及愿意研究、了解传统历史文化、乡愁文化的社会各界人士进行乡愁文化的培训，传承、延续乡村的文化脉络。南江文化传承历史久远，李善君号召全县人民共同传承良好的家风，继承良好的家训，发扬好红军精神，在伟大的中国共产党领导下，一步一步走向辉煌，实现中华民族伟大复兴的中国梦。李善君希望，长赤人民能集体参与到乡村文化振兴战略中来，在乡愁记忆的创建过程中，在发扬乡村文化的过程中，把长赤建设成为一个迎接千万游客，乃至迎接世界游客的旅游胜地、观光胜地。南江县乡愁文化学院的建设，对于传承、延续乡村文化起到了积极作用，让人们能够“望得见山、看得见水、记得住乡愁”。

岷江乡村美学设计学院

2018 年 6 月 23 日，由作者倡导的全国第一家乡村美学设计学院——岷江乡村美学设

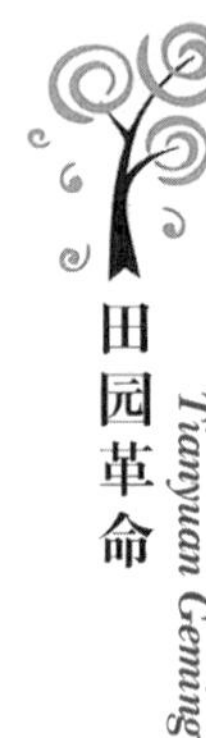

计学院落户温江区岷江村。岷江乡村美学设计学院是顺应时代潮流发展农业新经济，推进农商文旅深度融合的产物，对于探寻新时代条件下成都城乡高质量发展路径具有重大意义。学院的培养对象是全村村民、附近村民，以学习乡村美学设计、乡村创意、乡村艺术为主要课程，学院是在地、内生的、自发的科普大学和田间学校，同时也是一个乡村振兴讲习所，具有以活动带培训或者以会展带培训等多种培训方式。作为全国首家乡村美学设计学院，一是塑造终端型、体验型、循环型、智慧型、创意型新产业新业态，让绿色成为最优质的资产；二是促进农业与加工、流通、旅游、文化、康养、体育等产业深度融合，让乡愁成为最优美的风景；三是推进农业全环节提升、全链条增值、全产业融合，把温江建成世界创意农业旅游目的地，把寿安建成天府国际花艺小镇，把岷江村建成全国乡村美学设计人才基地。

成都非公企业学院

成都非公企业学院是目前全国唯一一所以开展非公企业“党建＋经营管理”复合型特色培训为主的新型学院。自办学以来，已成功举办了“四川省非公企业出资人、社会组织负责人暨党组织书记示范培训班”“成都经开区非公企业党建示范培训班”“福建省宁德市霞浦县‘两新’组织党务工作者示范培训班”等来自全国各地的培训班270余批、15 300多人次。其良好的培训成效，受到了中央组织部、四川省委组织部领导和中共中央党校、中国社科院知名专家的重视和肯定。成都非公企业学院是在由中组部认可的四川省非公企业党建示范基地——成都大宏立机器制造有限公司的基础上建立，充分吸收了成都村政学院、成都社会组织学院、成都城市社区学院等3所学院的经验。学院于2016年初试运行，2017年8月正式注册成立。

2018年9月26日，成都非公企业学院“四川省党员教育培训省级示范学院”授牌仪式正式举行。省委组织部党员教育中心主任张大奇同志，成都市委统战部副部长、成都市工商联党组书记黎邦华同志，成都市委组织部机关党委书记李铣同志出席授牌仪式。改革开放40年以来，非公经济已占全国GDP的一半以上，解决城镇就业已占全国的80%以上，非公企业党建已成为全国基层党建的重要领域。2016年初，成都市在非公企业党建基础较好的大邑县，积极探索创建了全国首家由非公企业党建示范企业党组织书记领办，专业化开展非公企业“党建＋经营管理”复合型特色培训的成都非公企业学院。非公学院采取“一保、三十、三得”的方式开展教学培训，着力提升非公企业抓党建促发展的能力，让党建与企业发展相融共生，有力促进了非公企业科学发展、加快发展，充分激发了非公企业抓党建的动力和活力。2018年1月15日，四川省委组织部确定命名了成都非公企业学院为“四川省党员教育培训省级示范学院”。

成都大宏立机器股份有限公司党总支书记甘德宏，对企业开展党建过程中遇到的问题一直很困扰，“过去，非公企业党建培训主要有两个渠道，一个是到各级党校去培训，另

一个是到高校去培训，但是效果均不明显，回到企业，所学很难落地”。成都非公企业学院副院长陈莉介绍，大邑县委本着“专业的事由专业的人来做、非公企业学院由非公企业党建示范企业党组织书记领办”的思路，积极探索创新办学机制，指导四川省非公企业党建示范企业——成都大宏立机器股份有限公司党总支书记、董事长甘德宏领办成都非公企业学院，探索构建“一保、三+”教学模式，专业化开展非公企业“党建+经营管理”复合型特色培训，增强培训实效，激发非公企业党建活力，让党建与企业发展相融共生。与此同时，大邑县“两新”党工委、大邑县委党校、大邑县经开区党工委等成立了非公企业学院办学指导委员会，对每一期培训班实行严格督导，确保非公学院办学政治方向正确。学院在对非公企业开展培训的过程中，推广成都大宏立公司在全国首创、受到中组部认可的党建与发展“相融共生”模式。据了解，在课程内容的具体设置上，开设了“党建+人力资源管理”“党建+生产管理”“党建+产业转型升级”“党建+创新创业”“党建+新经济”“党建+一带一路”“党建+中国制造2025”“党建+企业文化”“党建+品牌建设”“党建+市场营销”等“党建+”系列课程，有效推进了党建与企业发展相融共生，促进了企业的健康快速发展。陈莉介绍，非公学院实行课堂讲授30%、现场教学70%。现场教学选取全国、全省、全市非公企业党建示范点为教学点，让参训学员既开阔了视野，又掌握了党建促发展的实际操作技能。据了解，该学院还有一项特殊服务，根据单个企业的需求，非公学院派培训小组，开展“党建+经营管理”入企辅导。

自贡尖山乡村振兴学院

2018年6月12日，自贡尖山乡村振兴学院正式揭牌。第一期培训班的42名参训学员，在这里正式接受开班培训。这种创新形式系全市首创，未来，将从这里走出一大批懂农业、爱农村、爱农民的高素质、专业化乡村振兴人才。学院将立足于新时代农村发展实际，整合各方资源，聚力打造集乡村振兴理论研究、实践指导及人才培养为一体的综合性学习教育平台，加快推动全市乡村振兴和经济社会发展。尖山乡村振兴学院作为一所没有围墙的开放式学院，自流井区将整合区内区外教育教学资源和人才培训计划，坚持将农业示范园区各产业阵地整合为教学实训基地，在学用结合中培养新型农民、实用人才。

近年来，四川省委省政府制定了一系列支持乡村振兴的人才培养支持政策。仅自贡市到2022年支持新型职业农民培训人数，就预计达到18 400人，并制定了一系列对新型农业产业项目的支持政策，自流井区制定了支持返乡创业的若干意见、村（社区）干部培训管理办法、社工人才队伍建设实施方案、技能人才队伍建设实施方案、职业农民培养办法、“创业+项目”培训办法和农村劳动力品牌培训办法等政策，支持农业农村人才发展。这些政策可以为振兴乡村学校提供有效的支持。同时，自流井区5个乡镇42个行政村，各类乡镇干部300余人，村组（社区）干部500余人，也急需通过学习提高乡村建设和乡村治理能力，提高自身带头致富的能力。自流井区有丰富的教学资源，卢德铭烈士故居、

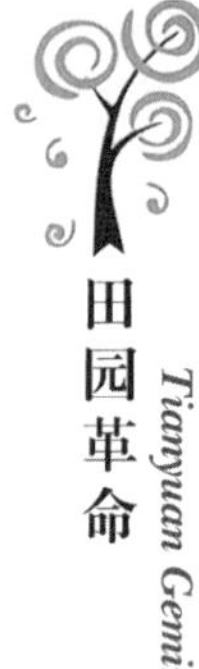

李仲权烈士墓、公民常识学校旧址、1927年自贡市委办公旧址等一批红色文化教育资源，可以作为理想教育、党性教育的教材。由自流井区首创的党组织、经济组织和社会组织融合（简称“三类组织融合”）的乡村治理理念和范例等资源，可以成为推动乡村治理的教材。有国家级彩灯小镇建设、田园综合体范例等，可以给学员以创业创新的启发和可借鉴的经验。

尖山乡村振兴学院是一所组织动员群众，推动城乡融合发展，提升农业产业项目品质，培育乡村振兴人才为宗旨的新型培训学院，学院以理论教学为基础，以实训课程为载体，采用游学体验与技术培训的教学方式，以“课堂在车间、田间即课堂”的方式，组织实施教学活动。预计设立5个教学区，总部坐落在荣边镇尖山村，该学院年承载培训能力最高可达10 000人，可带动民宿经营200户以上，民俗庭院经济和农家乐300户以上。通过学院有效的课程开发和教学，可培训大批乡村干部、农业技术人员、新型职业农民和各类农业项目经营人才，将设立自流井区尖山党性教育基地、农民夜校总校、乡村振兴人才培训基地、尖山科普教育基地、青少年劳动技术实训基地、社会组织培育孵化基地、尖山返乡创业孵化园、尖山高校毕业生创业孵化园、尖山职业技术培训基地、尖山职业农民培训基地、尖山扶贫基地等一系列培训基地，为全市乡村振兴培养输送大量人才。

第二章

美学经济

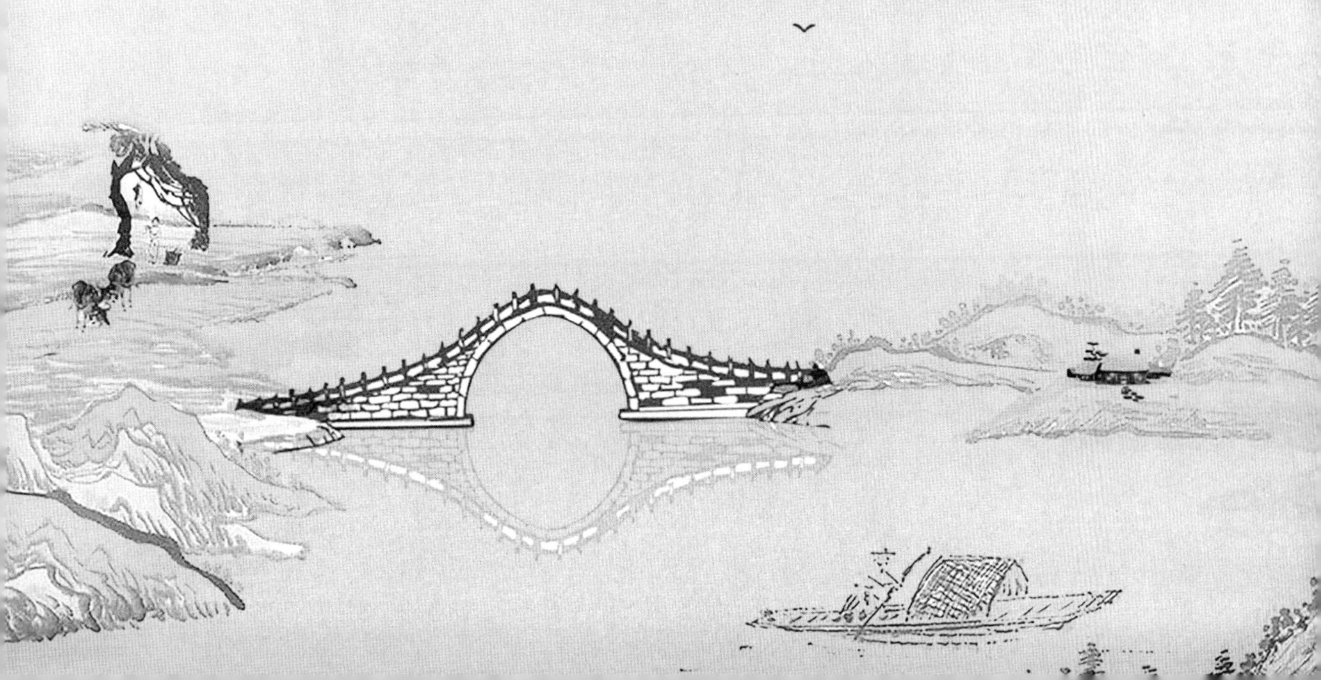

美学经济让创意农业成为养生养美产业

随着消费水平、生活水平和审美水平的提高，人们对审美体验、审美消费、审美交流和审美文化的需求越来越旺盛，“美学经济”受到人们的追捧，成为经济生活中的热点。

美学经济是指以审美体验和文化传播为核心，以创意为导向，以消费教育、消费时尚、美学传播为表现形式，以审美文化、体验为主题，以创意产业为载体，满足消费者情感需求、审美需求、体验需求、消费需求，构筑智慧密集、创意密集、技术密集、体验密集，高回报、高利润和高附加值的体验经济。美学经济作为新经济形态，是继农业经济、工业经济和服务经济之后人类社会所经历的第四种经济形态。

创意农业美学经济已成为农业转型升级、农民就业创业、农村融合发展的创意型生态产业。在江苏，“创意＋品牌”孕育美学经济新业态，各地培育创意文化、创意节庆、创意农田景观、创意饮食、创意民宿、创意农产品，突出发展科技型、文化型、生态型、功能型、服务型“五种模式”创意农业，稻麦田艺术、茶园迷宫、花海花境等创意农业的鲜活典型极具吸引力，阳台农艺、植物窗帘、造型果蔬等创意农产品、手工艺和农业嘉年华为南京市民创意生活增添了浪漫。

创意农业美学经济是指在创意农产品生产和农业生活过程中，以创意生产和审美愉悦为核心，以农产品附加值为目标，以美学景观化、经济市场化、产业高端化、田园艺术化和生活美学化为取向，以满足消费者的情感需求、审美需求和生活方式表达需求，围绕发展“七美产业”（即美色、美形、美味、美质、美感、美景、美心），促进产业倍增，农业增效、农民增收、农村增美，建设社会主义新农村的新型体验经济。

美丽在乡村。对于很多长期在城市居住的人来说，真正的幸福生活是在乡村。2018年是浙江省大花园建设行动计划的开端之年。大花园是浙江自然环境的底色、高质量发展的底色和人民幸福生活的底色，是实现高质量发展和高品质生活有机结合的战略之举，在现代化浙江建设中具有独特地位和作用，凝结着习近平总书记的牵挂和重托，是全面践行习近平生态文明思想的浙江行动。“绿树村边合，青山郭外斜”，浙江省聚焦聚力高质量、竞争力、现代化，突出“串珠成链、共建共享”，举全省之力全面推进大花园建设，加快打造“幸福美好家园、绿色发展高地、健康养生福地、生态旅游目的地”，营造如诗如画

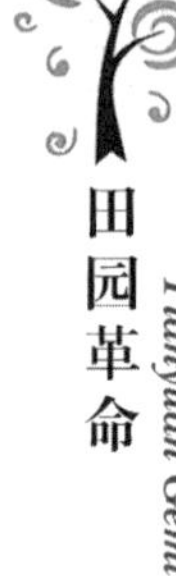

的乡村生活。

浙江省高标准推进全域旅游。把名山大川、著名景点串珠成链，变盆景为风景，以水为纽带，打造浙东唐诗之路、钱塘江唐诗之路、瓯江山水诗之路、大运河（浙江段）文化带；以山为依托，打造十大名山公园；以浙皖闽赣边界为载体，打造生态旅游协作区。浙江高起点打造现代基础设施网络，加快建设大型国际客运枢纽，美丽经济交通走廊，骑行绿道网和水利、信息、能源网络。浙江高品质创造美好生活，让人民群众看见绿水青山、呼吸清新空气、吃得安全放心，在畅游山水意境中涤荡心灵，全力打造“养眼、养肺、养胃、养脑、养心”的大花园。

中国创意农业发源地成都，月月有节会，每节有特色。成都油菜花节、龙泉国际桃花节、成都猕猴桃节、成都采茶节等重大休闲农业节庆活动成为成都文化新名片。

成都市锦江区农村非城市建设用地 17.3 平方千米，按规划不能作为建设用地。该区充分利用城市通风口紧邻大城市的地缘优势，因地制宜地推进城乡一体化，发展创意农业产业，建设成都创意艺术大平台，推动文化创意与观光休闲旅游产业融合发展，创造性地打造了花乡农居、幸福梅林、江家菜地、东篱菊园、荷塘月色“五朵金花”，被国家旅游总局评为4A级风景旅游区，形成了“环境、人文、菊韵、花海”的交融；“荷塘月色”优美的田园风光，成为艺术创作、音乐创作的艺术村。“五朵金花”景区建成的绿地成为市民休闲的开放式公园，形成了以春有红砂之百花、夏有万福之荷花、秋有东篱之菊花、冬有幸福之梅花、江家菜地体验休闲农事的乡村休闲观光旅游新亮点。“五朵金花”是文化创意要素融入传统农业，打造创意农家乐的典范。成都努力培育蜀绣、竹编、棕编、根雕、盆景、藤编等创意农产品，郫都区战旗村、温江区天星村、都江堰茶溪谷、邛崃大梁酒庄、蒲江县明月村积极创建创意农业田园综合体，为发展创意农业美学经济打下坚实的基础，战旗村成为“中国创意农业第一村”。

关键词：创意农业

创意农业是指以增加农产品附加值、培育农业美学经济为目标，在农产品研发、生产、加工、营销、服务过程中，以及在农业节庆、农业科普、农业电子商务、农业总部经济、农业审美、农业旅游、农业创新创业和农事体验活动中，进行生产创意、生活创意、功能创意、科技创意、产业创意、品牌创意和景观创意，通过营造优美意境和养心养美场所，创造农民独特增收模式，构建农业与二、三产业交叉融合的现代产业体系，推进乡村振兴，以实现农业增产、农民增收、农村增美、产业倍增和旅游倍增的新型农业生产方式、生活方式、消费方式、治理方式与发展方式。

创意农业学研究认为，创意农业是通过“四生”即创意生产、创意生态、创意生活、创意生命，推进“三增”，即创意农业产业增优、增名、增汇，创“七美”即美色、美形、美味、美质、美感、美景、美心的目的，以实现资源优化配置，产生更高附加值，促进农业增

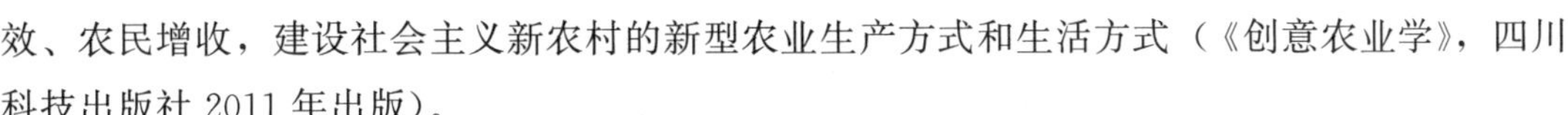

效、农民增收，建设社会主义新农村的新型农业生产方式和生活方式（《创意农业学》，四川科技出版社 2011 年出版）。

创意农业学以美学经济理论、总部经济理论、战略资本理论、附加值文化理论、消费教育理论为理论基础，以附加值文化为理论核心，瞄准世界农业高新技术发展前沿，着力构建创意农业理论创新体系，为形成城乡经济社会发展一体化新格局提供有力支撑，推进社会主义新农村建设。附加值文化理论的出发点和着眼点是充分调动广大农民的积极性、主动性、创造性，大力培育农产品附加值文化，改善农村生活方式，改善农村生态环境，统筹城乡产业发展，不断发展农村社会生产力，达到农业增产、农民增收、农村繁荣，推动农村经济社会全面发展的目标。

中国创意农业美学经济发展存在的问题

农民文化素质较低，严重阻碍创意农业高端产业的发展。农民对信息技术和电子商务的相关知识了解甚少，严重阻碍着农业电子商务的发展。为农民提供电脑培训活动的力度不够。

缺乏活动经费。经费短缺、来源无固定仍然是制约创意农业高端产业发展的核心问题。尽管四川省中国西部创意农业高端产业创新联盟承办的中国创意农业发展论坛已经成为海内外最具代表性、影响力最大的创意农业交流平台，但由于缺少稳定的经费支持，目前资金缺口较大，活动经费不足。

农村土地减少。不断推进的工业化和城市化浪潮导致农村土地减少，农民的利益在土地流转中受到损害，补偿不够。

农产品质量安全问题尚未得到根本解决，影响农产品质量安全的各类因素有待进一步消除。

农业发展方式粗放，经济结构不够合理，农产品加工“小而散”“档次低”等问题突出。龙头企业的市场开拓能力、科技进步与经营管理机制创新不够，市场竞争力不强。

美学经济和创意型人才稀缺，农产品品牌运作方面的高层次专业人才紧缺。乡村创意师、乡村规划师、乡村策划师、农业会展美术师等人才缺乏已成美学经济发展瓶颈。部分创意农业项目文化元素和美学经济含量不高，缺乏精品。

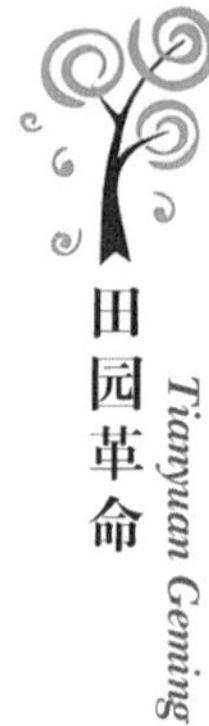

龙头企业和农民专业合作社融资难问题依旧突出。农产品加工业属微利行业，企业自身积累少，资金来源渠道主要靠银行贷款，而银行对规模小的农产品加工企业因抵押物不足，几乎不愿贷款。如成都农民专业合作组织成员总数已经超过 24.7 万个，但是专业合作组织普遍感到资金周转困难，主要反映在贷款难、融资难。

品种单一，创意不突出。目前，能够很好地满足城乡居民的消费需求的农业创意精品不多，如成都创意农业旅游多为农家乐，在产品创意、包装创意、文化创意、园区创意、设计创意、营销创意等方面水平不高，参与性、体验性、观赏性、创意性不够，市场竞争力不强，尤其农家乐同质化特别严重。

由于投入不足和政策扶持少，创意农业发展过程中仍面临一些问题。创意农产品的技术含量和附加值有待于进一步提高，不少农产品品牌的国内市场知名度和认可度不高，缺少国际影响力强的驰名商标、著名商标品牌和高新技术产品品牌；发展和保护创意农产品品牌的政策和环境需要进一步完善；创意农产品品牌运作方面的高层次专业人才紧缺。

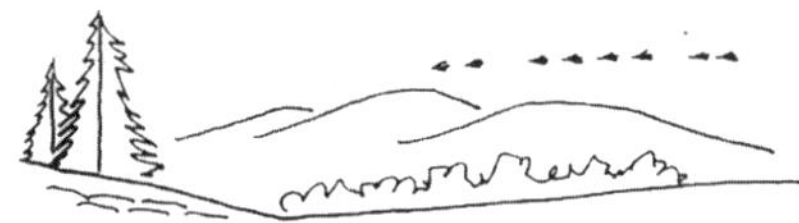

加快中国创意农业美学经济发展的路径

实施中国创意农业富民工程，打造创意农业万亿产业

在全国实施“中国创意农业富民工程”（以下简称“工程”），以农户为基本单位，以创意农产品生产为核心，整合农村各类创意农产品生产技术，坚持“聚集资源、突出重点、形成特色”的思路，以文化支撑产业，以品牌塑造形象，通过农业与艺术的有机结合，赋予农产品以文化内涵，使农产品具有“七美”特性：美色、美形、美味、美质、美感、美景、美心，让人从视觉、嗅觉、味觉、听觉中获得享受，让全社会都来感恩农业，关爱农业，以文化农业与情感农业的理念为农产品寻求新的销售方式，让农业闪耀文化和智慧的光芒，最终达到增加农民收入的目的。“工程”是新阶段促进农村经济、社会发展，增加农民收入，改善农村生态环境，提高农民生活质量的有力措施，是加快促进农业农村现代化建设和全面建设小康社会的现实选择和必由之路。

启动“中国百万创意农民培训工程”，以县为单位，主要培养扎根于农村，利用创意

技术和科技知识开发农村资源、发展创意农业生产的农民致富带头人；免费开展对农场经营者、种养大户创意农产品生产技术培训，对通过农业职业技能培训的农民进行奖励。组织农民讲师团成员和农业专业技术人员开展创意农业知识更新再教育，全面提高农民的综合素质，造就一批学习型、知识型、守法型、创业型、创意型的现代创意农民，实现城乡统筹发展，建设社会主义新农村。

大力推动创意农业优美产业发展的途径

加大资金支持力度 围绕城乡发展一体化、农业现代化和新型城镇化，大力开展农业开发和农村基础设施建设中长期政策性信贷业务。围绕区域优势和特色农业产业建立专营服务机构和专业支行，将更多资金投向农业产业化、农业机械化、农业科技研发推广、农田水利建设等现代农业重点领域。积极开发贷款新品种，拓展经营新模式，支持各类农村生产经营主体发展。积极开展大型农机具抵押、动产质押、仓单和应收账款质押等新型信贷业务。探索开发针对农民合作社、家庭农场的贷款专项产品，健全“企业＋农民合作社＋农户”“企业＋专业大户”“企业＋家庭农场”等农业产业链金融服务模式，发挥龙头企业的主导作用，提高农业金融服务集约化水平。

积极推进创意农业高端产业和产业高端发展 在高端产业方面，着眼于国内国际创意农业前沿技术和新兴产业，重点推进创意农业、生物农业和有机农业发展；在产业高端方面，立足于现有的农业优势特色产业，大力发展产业链上附加值最高的关键环节，占领“微笑曲线”的两端，重点抓好制种育苗、精深加工、现代营销和创意农业高端品牌打造。在创意农业高端产业发展过程中，科学规划，合理布局，深入统筹推进“三个集中”，依托土地整理，大力实施土地规模经营，全面促进广大农民持续增收；以“三品一标”为载体，积极培育农业区域品牌的经营主体，推行“农产品地理标志＋专业合作社（协会）＋农户”的新型农业产业化模式。

建设中国成渝经济区创意农业示范园区 牢牢抓住国家全面发展现代农业这一契机，兼顾新农村综合体建设，以促农增收为目的，积极探索打造“中国红海”“中国花海”等一批中国成渝经济区创意农业示范园区，着力抓好产业发展，结合实际培育创意农业主导产业，推进现代农业产业基地建设和农业产业化经营；紧扣构建以高端产业为主导的现代经济体系目标，发展高端产业和产业高端，突出抓好创意农业花木产业、有机农业等都市型创意农业发展；把农民组织进现代农业产业体系中，通过产业发展实现持续稳定增收，为新农村综合体建设提供有力支撑。

加快建设农业产业技术创新战略联盟 深入推动农业产业技术创新战略联盟发展，大幅度提升创意农业产业核心竞争力。要围绕战略性新兴产业的发展方向和产业优化升级的重大需求，结合技术创新工程“十三五”规划，进一步完善构建联盟的工作布局，突出重点，明确目标。既要注重发挥部门和行业协会在构建农业产业技术创新战略联盟中的引导

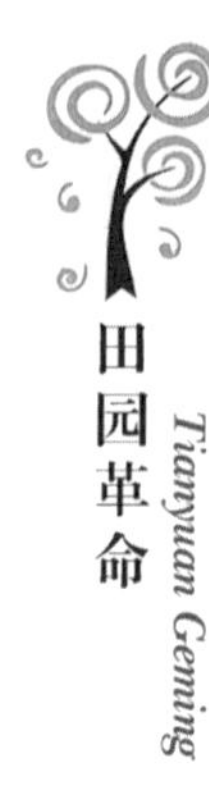

作用，又要充分运用市场机制调动产学研各方的积极性，加强联盟构建，促其健康发展。要依托农业产业技术创新战略联盟贯通科技成果转化的渠道，加速科技成果转化为现实生产力；通过构建创意农业产业技术创新链，支撑企业占领价值链的高端，赢得农业产业发展的主动权。

政府引导与市场机制有机结合 在农业产业技术创新战略联盟构建中要处理好加强政府引导和发挥市场机制作用之间的关系。政府要发挥协调引导和支持作用，营造有利于农业产业技术创新战略联盟发展的政策环境、法制环境和人文环境。要尊重产学研合作单位的自主选择，不搞行政干预和“拉郎配”。要更加注重遵循市场规律，立足于企业创新发展的内在要求和合作各方的共同利益，通过平等协商，建立有法律效力的联盟契约，对联盟成员形成有效的行为约束和利益保障。

着力推进从“卖产品”到“卖环境”的历史性转变

积极开发创意农业旅游文化资源 大力发展创意农业、品牌农业，兴办各类专业市场，促进城市基础设施向农村延伸，基本公共服务向农村覆盖，提升中心镇集聚辐射能力，拓展中心镇发展新空间。实行整体策划、分头包装、结对共建、归口实施。注重财政引领，不断加大对优美乡村的考核和奖励力度，每年安排资金对优美乡村建设村镇实施以奖代补。积极建设创意村镇、着力培育创意农民，以经营优美乡村为目标，以产业转型为途径，大力推进创意农业旅游发展，培育一批有较强区域特色、有竞争优势的创意农业专业特色村和创意农业产业。实施中国优美乡村人才开发计划，加大科技兴农和科技人才培育力度。

建设“中国优美乡村” 在优美乡村保留一批推磨、踏水车、舂米，织布、采摘蔬菜等传统的农业生产方式和农技工艺，为游客提供别样的原生态乡村创意生活体验项目，做活“七要素”文章，抓点成线、串珠成链，把沿线的景点和优美的村落紧密地结合起来，打造创意农业耕读文化、桃花美食文化、养生养美文化、乡土品牌文化、环保科普文化，实现从卖产品到卖环境的历史性转变。

重点发展创意农业旅游 推进传统农产品转向创意商品、农业园区转向创意景区。支持帮助农民依托丰富的自然资源，发展创意农业，涉足创意农家乐，实现从卖产品到卖环境的历史性转变，闯出一条农业强、乡村美、农民富、城乡和谐发展的新路，让全民共建共享幸福；让人人平等、互惠互利，在更有尊严的和谐氛围中舒展幸福。

着力挖掘农业功能，建立“三产”紧密联系的现代产业体系 “接二”，就是推动农业与工业实行对接，以龙头企业、合作组织为依托，大力发展农产品加工业，提高产业附加值。“连三”，就是把农业导入第三产业，开发农业的生态调节、观光旅游、养生养美、文化传承等功能，促进农业生产、农产品加工业、农业服务业协调发展，提高农业资源的附加值，提高农业综合效益。用工业理念发展农业，以市场需求为导向，以完善利益联结

机制为核心，以制度、技术和商业模式创新为动力，以新型城镇化为依托，推进农业供给侧结构性改革，着力构建农业与二、三产业交叉融合的现代产业体系，形成城乡一体化的农村发展新格局，促进农业增效、农民增收和农村繁荣。为此，要做到两个坚持：坚持城乡统筹建设、因地制宜、提升内涵、彰显特色原则，持续加大投入；坚持高起点规划、高端产业拉动、高水平建设、高技术发展和高速度增长，打造成都 100 千米国际鲜花大道，绿藤为“道”，鲜花为“景”，促进绿色自然与城市充分融合，将国际创意农业观光城市建设成为全国创意农业优美产业的示范工程、新农村综合体建设的品牌工程、市民共创共享的民心工程，努力打造创意化、国际化、现代化的优美城市。

引导产业集聚发展　加强农村产业融合发展与城乡规划、土地利用总体规划有效衔接，完善县域产业空间布局和功能定位。通过农村闲置宅基地整理、土地整治等新增的耕地和建设用地，优先用于农村产业融合发展。创建创意农业产业化示范基地和创意农业示范区，完善配套服务体系，形成农产品集散中心、物流配送中心和展销中心。鼓励农产品产销合作，建立技术开发、生产标准和质量追溯体系，设立共同营销基金，打造联合品牌，实现利益共享。扶持发展一乡（县）一业、一村一品，加快培育乡村创意手工艺品和农村土特产品品牌，推进创意农产品品牌建设。依托国家农业科技园区、农业科研院校和“星创天地”，培育创意农业科技创新应用企业集群。

建设一批国家级创意农业科技园区　建议在成都、北京、南京、武汉、长春、兰州、三亚、西安、重庆、长沙、福州、广州等地打造中国创意农业魅力城市和国家级创意农业科技园区，充分利用现有现代农业产业技术体系、学科群重点实验室体系，在全国不同生态类型地区，建立示范性强、带动力大、可复制的创意农业规模化示范区，打造在全国乃至国际上占据主导地位的优势产业，聚焦全局性、战略性和区域性农业重大问题，凝练重大科技任务，明确创新目标和重点方向，形成重大项目建议，加快提升科技创新能力和效率，争取国家和地方支持。采取综合规划、统一指导、区域布局、分步实施的方式，到 2020 年基本建成符合创意农业发展方向的全国第一批以创意农业优美产业、产业创新、养生养美文化为核心的创意农业产业园区，成为中国农业走向世界的窗口。

加快发展创意农业田园综合体

创意农业田园综合体作为推动农业发展方式、农民增收方式、农村生活方式、乡村治理方式的深刻要素，是以农业综合开发为核心，通过推进一二三产业融合发展，培育农业体验经济和创意旅游、创意农业产业，集文创、旅游、科技以及循环农业、创意农业、美学经济于一体的综合发展模式。其中综合开发是核心，融合发展是基础，产业聚合是前提。通过大力发展智慧农业，充分应用现代信息技术与农业生产集成融合的新成果，加快推动传统农业向现代农业生产方式转变。稳步发展创意农业，开展农事体验活动，打造场景农业，培育社交农业，传播农耕文化，创新农业生产过程、生活场景和农产品升级农商

品的展示形式、发展路径，融合农业文明、园艺创意和人文价值、生活情趣等文化要素，结合旅游休闲、演示演出、会议展览等活动方式，引导城乡消费者参与农事体验活动，展现推介农村农业新功能，实现“农村美、产业兴、百姓富、生态优”的综合效益。

江苏省南京市积极推进创意农业“田园综合体”和“特色田园乡村”建设，进一步推进美丽乡村提档升级，深入推进全域美丽乡村建设，加快形成城乡发展一体化新格局。该市贯彻创新、协调、绿色、开放、共享发展理念，围绕“强富美高”的新南京建设总体要求，聚力创新、聚焦富民，统筹推进美丽乡村示范村、田园综合体和特色田园乡村建设，突出点线面结合、差异化建设，完善功能、提升内涵、彰显特色，打造美丽乡村升级版，加快从“一处美”到“全域美”、从“一时美”到“持久美”转变，推动“自然美”和“人文美”融合、“产业美”和“生活美”共享，促进农业增效、农民增收、农村增绿，实现城乡一体化发展。

到 2020 年，南京市累计建成美丽乡村示范村（含宜居村）1 000 个左右、示范区域面积3 000 平方千米，建成村和覆盖面积分别占规划布点村和郊区面积的 50%以上，力争达到 60%；在郊区建成 5 个田园综合体，特色田园乡村建设全省领先；美丽乡村年接待游客超过 3 000 万人次，实现旅游综合收入超过 100 亿元，把美丽乡村打造成全国一流的都市农业新高地、农民幸福乐居地、全域旅游目的地。

在扎实建设美丽乡村示范村基础上，南京市创新田园综合体和特色田园乡村等载体建设，着力打造美丽乡村升级版。示范村突出形态、生产、生活、生态、乡风“五美”的要求，对规划布点村进行高质量、全方位、综合性打造；田园综合体依托美丽乡村建设成果，发挥乡村生态环境、田园风光和民俗文化等资源优势，突出循环农业、创意农业、农事体验，打造“示范村＋农业园＋旅游点”三位一体的综合性乡村旅游项目；特色田园乡村突出特色产业、特色生态、特色文化，塑造田园风光、田园建筑、田园生活，建设美丽乡村、宜居乡村、活力乡村。工作推进中，应遵循以下原则：

全域化推进 串点成线、连线拓面，由自然村向行政村延伸覆盖，由点上示范向全域整体展开，让更多群众享受美丽乡村建设成果。

规范化设计 落实多规合一，形成“规划设计一本通”，做好土地利用规划和村庄规划的衔接，实现空间布局、基础设施、公共服务、产业发展、生态保护规划落图落地。

标准化建设 完善《南京市美丽乡村建设指南》，制定符合南京实际的田园综合体规划建设导则，落实特色田园乡村建设标准，全面推动美丽乡村建设提档升级。

特色化经营 强化自然山水、历史文化、产业发展、建筑风貌特色塑造，继续打造一批树得起、叫得响、推得开的美丽乡村品牌，大力发展美丽经济，拓展提升美丽乡村休闲旅游功能，促进全域旅游发展。

精细化管理 健全完善农村环境长效管护机制，加强村庄环境、河塘道路、绿化美化、垃圾污水处理的精细化管护，推动由重点地带向每个角落延伸，由平面管理向立体管理延伸，实现水清、岸绿、地净、村美。

村庄绿化美化　制定《村庄绿化美化导则》，推广适宜树种，做到林相、植被丰富，形成四季景观，实现村庄绿树成荫、绿化美化；加快农民住房户型指导性设计方案推广，展示南京元素，体现苏南建筑特色。

“三产”融合发展　依托周边现代农业园，发展都市休闲农业创意产业，发展农业电子商务，打造农民电商平台，培育“美丽乡村＋”“互联网＋”产业，促进集体经济发展、农民致富增收；吸引城市创客到农村投资创业，盘活农村闲置资源，加快乡村民宿业发展。

乡土文化塑造　立足寻觅乡土根脉，注重“以小见大”，进一步挖掘传统文化、延续农耕文化、珍视红色文化、弘扬现代文化，善于讲述农村自己的“乡土故事”，营造富有地域特色、承载田园乡愁、体现现代文明的当代田园乡村。

田园综合体建设　选择交通便利、自然禀赋较好、文化底蕴深厚、产业基础扎实的3～5个规划布点村（规划面积控制在6平方千米左右，核心区面积控制在3平方千米左右），通过串点连片、组团建设、集聚开发，实现示范村、农业园、旅游点“三位一体”。每个田园综合体含3个以上美丽乡村示范村、1个市级以上现代农业示范园区、1个高星级乡村旅游区（省级四星以上乡村旅游区或国家级生态旅游示范区）。

田园社区建设　立足全域旅游发展，参照省级四星以上乡村旅游区标准，加强区域内“田园＋村庄”基础设施建设，整合提升交通、供电、通信、污水垃圾处理、游客集散、公共服务等设施配套，持续推进农村“厕所革命”，打造旅游核心景区。

农业功能拓展　优化现代农业园区布局，配套完善乡村旅游设施，推进现代农业与乡村旅游融合发展。积极拓展农业功能，以景观农业为重点，开展田园乡村观光、农耕文明传承、农事活动体验等活动；以经济林果为依托，开发赏花、踏青、采摘等旅游产品；以现代农业科技园区为平台，拓展设施农业、生态农业和高新农业技术的观赏科普功能，让游客零距离接触农业生产、体验农耕文化、感受乡土气息。

特色风光塑造　依托不同山水形势，优化田园湿地景观，加快山体修复、水体治理，完善绿地系统，增加公共空间，提升区域内山水资源特色。优化示范村、农业园、旅游点空间布局和功能分区，实施点线面连接工程，注重区域内旅游线路及周边环境整治提升。按照5～10年后可形成林荫大道的标准，因地制宜栽种直径12～15厘米的乡土树种；道路两侧大力发展经济林果和绿化苗木，在美化环境的同时增加农民收入，争取通过几年努力，建成一批畅通安全、干净整洁、绿树成荫、季相分明的乡村林荫大道。

旅游产业开发　完善旅游基础设施建设，开发更多的特色化、创意化、精品化乡村旅游产品。结合田园景观和民俗文化，积极培育四季赏花地、乡村酒店、休闲农耕体验、房车露营体验、健康养生养老等新型特色乡村旅游观光产品，为游客提供休憩度假、餐饮娱乐、健身康养等服务。加强乡村旅游商品开发和包装策划，支持各地举办有地方特色、文化内涵和市场影响力的乡村旅游主题营销活动。

创意农业成为农业产业倍增新模式

美学经济是一种培育文化、传播创意的优美事业。

美学农业以农兴旅、以旅促建，引导人们树立崇尚绿色生活、亲近大自然、回归大自然，让“农村美起来，农民富起来，农村文化活起来”。江西婺源把全县 3 000 平方千米作为一个文化生态大公园统筹规划建设管理，依托城区、郊区、景区“三区”平台，通过发展乡村美学经济改善古村落生态环境，培育婺源创意农业文化品牌，提升古村落的文化品位，建立了以生态农业、生态工业、生态服务业和文化产业为基础的文化生态经济体系，促进实现农民增收、农村致富基础上的城市化进程，成为全国乡村美学经济发展的新模式。

浙江省仙居县积极建设“村新、业兴、景美、人和”的美丽新农村，形成一批亿元创意农产品主导产业集群，培育独特的杨梅经济、油菜花经济，以农家休闲、旅游、运动、创意等为主题，突出景观亮点，打造特色鲜明的创意村庄，促进仙居创意农业旅游。

江西省赣州市创新实施乡村旅游富民工程，打造橙乡百里乡村游等精品路线，让美丽风光依托创意农业变身“美丽经济”，回到乡村、回归田园、回味乡愁，逐渐成为赣南假日旅游的新主题，让乡村古民居、采茶戏、灯彩等文化元素重新焕发光彩。目前，创意农业旅游已逐步成为赣州旅游业最具增长潜力的新型业态。

湖北省当阳市制订了《当阳市乡村休闲旅游发展专项规划》，大力发展休闲农业、创意农业和乡村旅游。当阳先后打造半月樱花节、庙前蓝莓节、玉泉腊八节、河溶雷竹节、草埠湖果蔬采摘节，建设烟集花海、玉泉花海、王店牡丹园等一批休闲农业基地，年接待游客 50 万人次。该市连续 7 年被评为“全省‘三农’发展先进县”，当阳农产品加工园连续 3 年荣获“全省农产品加工‘四个一批’工程先进园区”称号。“澳利龙”饮品、“长坂坡”蔬菜获中国驰名商标。双莲鸡、清平猪、糜城藕等获国家地理标志证明商标，石马槽和谢花桥大米、双莲荸荠、仙人掌茶叶等获国家地理标志登记产品。楚天大米被国家粮食协会授予“国家放心大米”称号，凤凰王柑橘获“中华名果”称号，长坂坡大蒜获“湖北省名优蔬菜”称号。

成都市双流区是全国最早发展创意农业的地区之一，根据该区农村发展局统计，草莓、枇杷、辣椒、云崖兔均已获准成为国家地理标志保护产品。特别是融观赏、娱乐、体

验、休闲为一体的合江镇冬草莓采摘之旅，彭镇八月有机葡萄采摘月尽情吹生态空调、吃富硒葡萄，九月到云崖感受玉兔美食文化，冬季到黄甲喝羊肉汤、品尝美味的羊肉大餐，……走进新农村、快乐乡村游，接连举办的规模大、效益高；反响好的创意农业节庆活动，充分体现了“巴蜀特色、成都元素”，展示了创意农业的生产、生活和生态功能，成为双流唱响创意农业、舞动美学经济、展示养生养美富裕幸福新农村的一张王牌，吸引了广大前来采摘、赏花、品果、踏青，促进了乡风文明。

山西省盂县“青禾川”稻香田园综合体依据十九大报告中的“三生合一”“三产融合”“人与自然和谐共生”三大原则，打造三产融合的新平台，启动新旧动能转换的新引擎，以北方少见的水稻种植为特色，重现“消失40年的高山稻区”文化，以“稻田景观、稻田混养、亲子体验、山美水美”为吸引核、以“自然生态、时鲜保健、和谐共生”为理念，打造“旅附农”型的田园综合体。“青禾川”稻香田园综合体集循环农业、创意农业、农事体验于一体，以空间创新带动产业优化、链条延伸，实现一二三产业深度融合，推动农业发展方式、农民增收方式、农村生活方式、乡村治理方式的深刻变化，全面提升农业综合效益和竞争力，真正让农业成为有奔头的产业，让农民成为体面的职业，让盂县西潘乡成为安居乐业的美丽家园。

“开轩面场圃，把酒话桑麻”，江苏省将特色田园乡村建设作为发展创意农业、促进乡村复兴的战略抓手，通过融入民俗文化、创意文化、生态文化、历史文化等元素，田园文化、创意农业、乡村旅游相得益彰，唤醒乡村复兴的意识和理性，重新认识乡村文明的价值和使命。江苏省以田园生产、田园生活、田园生态为核心组织要素，发掘创意乡村的个性和特色，遵循乡村外在美和精神内在美的有机统一，在“生态、风貌、文化、创意”四个层面建设上下功夫，在风貌塑造上留住乡村的“形”，在文化传承上留住乡村的“魂”，在宜居宜业上留住乡村的“人”，留住独特的田园牧歌，防止乡村景观“城市化”、乡村建筑“西洋化”、乡村生活“空心化”以及既不像农村，也不像城镇的“四不像”，呈现悠闲的乡村风光、优雅的田园风情、优美的生态环境，孕育出村落的独特气质与性格，展现创意农业魅力，促进乡村经济社会的整体进步，形成更有生命力的“乡村美学”。

创意农产品已成为农民增收重要渠道

四川省以转变农业发展方式，促进农民就业增收为抓手，积极推进创意农业发展，四

川创意农业产业呈现创意农业高端产业集群、创意农业基地、创意农家乐、创意农业科技园区、农耕文化主题园区等发展业态。

如今，四川的四季花海、花田艺术、灵芝盆栽等一批具有丰富文化内涵的创意农产品倍受游客青睐。在温江，青春园林红枫基地的创意红枫、惠美花境的多彩花境、药博园的药田观光，产业创意提升了农业的附加值。四川创意农业集文化、博览、科普、度假、创意、观赏、品尝、教育、商务为一体，从创意生产到创意生活，享受农艺农耕的乐趣，体验乡土生态风情，连片化、规模化、高端化发展，呈现蓬勃发展态势。从成都“五朵金花”到汶川水磨古镇，从西昌“乡村八景”到双流“玫瑰天堂”，从四季花海、彩田艺术到灵芝盆景、竹海根雕，创意农业让农业景观身价倍增，涌现出一大批千万元甚至亿元创意农业生产大户，一批十亿级和百亿级创意农业龙头企业在四川诞生。据四川省农业厅统计，四川省依托休闲农业和创意农业产业发展，带动农民致富的专业村，已超过 3 500 个，占全省乡村总数的 7%，带动 1 000 余万农民直接或间接受益。

享有“国际花园城市”“全国休闲农业与乡村旅游示范区”盛誉的成都市温江区，依托花木生态本底和川西林盘大田景观资源发展观光体验农业，提出了 11 条休闲农业与乡村旅游线路设计，规划了特色美食、有机农产品、温江花木等三大休闲农业品牌，全力构建以花木产业为支撑、有机农业和休闲农业协调发展的现代都市农业产业体系，用 4～5 年实现都市农业产值和农民收入“双倍增”。其中，有融药田观光、科普教育、生态休闲的“芙蓉长卷”中医健康养生产业园，集速度赛马、时尚运动为一体的国际马术体育公园，以激情体验、休闲度假为中心的国色天乡乐园；“健康绿道”将水体、公园、绿地、农田、历史文化遗产有机串联。走进农村感受田园，赏花、骑绿道、吃坝坝宴，拓展了创意农业与乡村旅游的运动休闲外延。“春观红枫，夏游玫瑰，秋品桂花，冬赏年宵花卉”，鱼凫历史遗址保护区、成都平原农业公园、稻田乡村酒店、农耕博物馆由花草树木、田园农舍营造出的画面、意境，别具一格的创意和匠心赋予了农业新的含义，为城市居民提供亲近自然、回归自然的机会，真正实现了“创意提升农业，休闲改变生活”，成为促进温江区花卉苗木产业向彩化、香化、美化转型升级的重要助推力。

成都市温江区通过“产业景观化、景观产业化”，推动了全区创意农业与乡村旅游的发展。以新农村建设为背景，农耕文化为底蕴，民俗文化为特色，乡村风情体验为亮点，围绕花卉苗木、有机农业、特色乡村等主要资源，让游客在农业旅游中体验新奇、时尚等现代休闲娱乐元素，形成“生态基底—创意农业—乡村旅游”良性循环的产业格局，集乡村度假、生态观光、文化体验于一体的“生态休闲健康之都”。

浙江着力于农业生产方式转变和体制机制创新，先后组织实施了产品质量、生态循环、新型主体、设施装备、“两化”（农业现代化和信息化）融合和科技服务六大提升行动和“打造整洁田园、建设美丽农业”行动，大力推进高效生态农业强省、特色精品农业大省建设，农业高效生态发展之路越走越宽。

2010 年浙江在全国率先启动农业“两区”（粮食生产功能区、现代农业园区）建设，粮食生产功能区粮食产量比面上提高 7%以上、现代农业园区亩均产值比区域外高 30%以上，粮食生产功能区建设经验连续 3 年写入中央一号文件并在全国推广。浙江省在全国首批创建的 11 个国家现代农业产业园中，慈溪市和诸暨市双双入围，并分别获得 1 亿元的中央财政支持。浙江积极推进农业“机器换人”，大力发展“智慧农业”。台州绿沃川农业有限公司技术总监陈清辉说：“台州绿沃川农场种植蔬菜不沾泥土，利用机械实现自动化流水线作业，宛如置身现代工厂车间。我们大棚内部的温度、光照、湿度全部由电脑自动控制，采用自动化的无土栽培技术，播种、收割、采摘都是自动化调节，工人只需要在最后包装这一个阶段人工包装就可以了。”绿沃川蔬菜不但亩产翻倍，而且种植时间也更加灵活，打破了蔬菜种植在空间和时间上的制约。创意农业信息技术与美学农业的深度融合，带来了产业的升级，浙江青莲食品股份有限公司打造了全国首个世界名猪文博园，举办世界名猪文化节，建设“农业＋文化”的农业品牌产业，已形成涵盖种猪繁育、生态养殖、屠宰加工、冷链物流、连锁销售、文化旅游等环节的全产业链条，形成横跨一二三产业的产业布局。

乡村审美体验成为乡村振兴靓丽的风景线

乡土文化浓厚的创意农业生活方式让人们趋之若鹜，到乡村体验花草树木、田园农舍营造出的意境，已经成为乡村创意生活家的一种潮流，成为一道靓丽的风景线。未来属于创意时代，文化体验、观光休闲、审美享受更多地进入人们日常生活，网上菜场、有机蔬菜的按需生产和点对点配送，融生产、服务为一体，高起点定位、高标准规划建设要求创意农业项目布局更合理、定位更科学、特色更鲜明。南京“农业嘉年华”与成都“农家乐”、北京“民俗京郊游”、湖南“张家界禾田居”均是创意农业发展的成功经验。

四川省简阳市提出以现代绿色都市农业为目标，坚持高端引领，推进产业升级，促进各产业向高端高质高效发展，打造“天府农谷、生态慢城”，创意、体验、优质、优美成为简阳农业总体目标中的主题词；扶持一批素质高、发展快、带动能力强的新型生产经营主体，培育一批质量好、影响大、市场占有率高的知名品业新格局。

创意农业已成为农业转型升级、农民就业创业、农村融合发展的新型战略性产业。

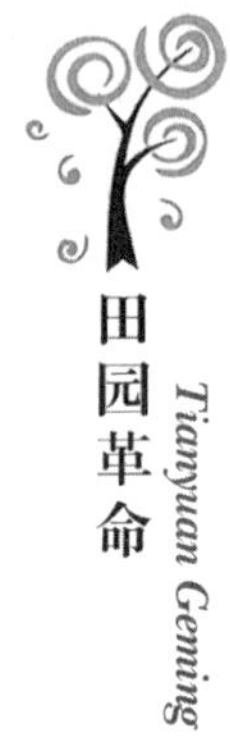

江苏着力培育创意文化、创意节庆、创意农田景观、创意饮食、创意民宿、创意农产品，突出发展科技型、文化型、生态型、功能型、服务型“五种模式”创意农业，稻麦田艺术、茶园迷宫、花海花镜等创意农业鲜活典型极具吸引力，阳台农艺、植物窗帘、造型果蔬等创意农产品和手工艺为市民创意生活增添了浪漫。

在成都温江，创意农业项目如雨后春笋，国色天乡、230 千米田园绿道、泰迪熊博物馆、连二里市、红枫基地、幸福田园、花田喜事、五月玫瑰园、陈家大院、星期八小镇、柏萃西部花木村等近 20 个创意农业旅游景区（景点）成为乡村文化创意中心和城市会客厅，万春镇国色天乡省级旅游度假区和寿安西村省级生态旅游示范区成为农业新经济新创意新业态的好样板。温江推出了“玩出花样”旅游品牌，“玩出彩、玩出趣、玩出格、玩出味”四大产品体系不断丰富。成都温江区永宁镇五月玫瑰园是拥有 1 500 个玫瑰珍稀品种的法式正统庭院玫瑰园，通过举办“玩出彩”系列主题创意活动，让法国、日本、韩国领事馆，有关协会，在蓉企业的国际友人齐聚温江，欣赏国际味十足的精彩演出和精美的绘画艺术展览，被纳入“四川省乡村旅游提升行动计划”，成为集玫瑰优良品种培育、玫瑰艺术体验、庭院文化展示、休闲度假疗养为一体的生态观光创意旅游度假村，成为市民乡村度假旅游目的地。

在中国首个创意农业花木编艺村温江寿安植物编艺公园，农民不再满足于传统种植业的收入，转而注重在花木编艺上不断提升技术性、艺术性、创造性，花木编艺由单一品种制作发展到多品种、多样化、创意化、产业化，推动寿安花木产业提档升级。花木编艺不仅丰富了村民的人生，培养了古小平、何志林、李伦、吴建国、谢书长、罗雨、赵家强、彭浪豪、蔡波、刘纪东等十位“自然艺术家”，寿安编艺创意创新产品还销往英国、德国、荷兰等 20 余个国家，年销售额近 10 亿元，走出了一条以创意农业编艺产业链促进乡村振兴之路。

2018 年 9—11 月，广东省东莞市旅游局、市农业局、东城区街道办事处以“中国农民丰收节”举办为契机，以“畅游东莞 · 四季如歌”全天候旅游活动为载体，推出了 41 项农旅资源，整合了 9 大农旅活动，打造了 7 条乡村旅游经典线路，推动乡村旅游发挥出巨大的经济效益、生态效益、社会效益和文化效益，成为乡村发展的新动能。9 月 29 日至 10 月 3 日，第三届东莞（国际）采香节、2018 年国家级非物质文化遗产——“寮步香市”文化旅游体验周暨寮步镇乡村旅游系列活动隆重举行。其中，作为分会场之一的西溪古村落，蕴含了自明朝以来东莞丘陵地区农民聚族而居的丰富农耕文化，是昔日东莞农村的缩影。此次采香节，西溪古村将以莞香为载体，打造莞版“历史文化艺术古村落”。11 月，东城街道将围绕农业丰收主题，开展丰收亲子体验活动、丰收趣味运动会、创意稻田收割等活动，市民游客不仅可以观赏无边稻田、朴实村居和古老祠堂融为一体的乡村，还可以尽情体验丰收农耕喜悦，亲手制作田园艺术品。在金谷现代生态农业观光园等农业采摘点，市民可以体验采摘瓜果蔬菜的农乐农趣。“寮步香市”中，在原生态沉香树上现场采

香，香婆挑香，举行独特的点香火开幕仪式，再现昔日繁华香墟开街时庄严而神圣的场景。11 月，东城街道围绕农业丰收主题，在周屋创意稻田开展丰收亲子体验活动、丰收趣味运动会、创意稻田收割活动。

创意农业高端产业在农业领域的主导地位和引领作用越来越突出，已成为我国农业农村经济发展的重要支柱和农民增收的重要来源。创意农业是一场以食品安全和美学农业为基础的生活方式的革命。创意灵感在原生态的乡村不断涌现，自然宁静的乡村创意生活，成为开启幸福人生的新境界。

乡村美学经济的岷江实践

岷江村位于四川省成都市温江区寿安镇北部。全村面积 2.4 平方千米，有耕地 2 300 余亩。全村辖 13 个村民小组共 799 户，2 219 人。交通方便，地理位置优越，距镇政府 3 千米，成灌公路横穿其间，上靠江安河一支渠，东临江安河畔，与川西民居陈家桅杆相邻，乌龙岛坐落其中，景色优美，让人流连忘返。

全国第一家乡村美学设计学院落户岷江村。为进一步加强寿安镇乡村振兴步伐，大力构建创意生产、创意文化、创意生态，推进农商文旅融合发展。2018 年 6 月 23 日，成都市温江区寿安镇乡村振兴人才大会暨岷江乡村美学设计学院授牌仪式在寿安镇岷江村村民委员会举行。作为全国第一家乡村美学设计学院，岷江乡村美学设计学院是推进岷江村文化振兴、人才振兴和产业振兴的新平台，学院依托农民夜校、田间学校、农村科普大学和乡村振兴讲习所互动教学、推进城乡融合发展的新课堂，是新时代集创意农业、智慧农业、数字农业、共享农业、美学农业于一体的农业新经济新业态，是促进乡村创意师、乡村设计师、乡村规划师、乡村策划师和新农人自我教育、美学培育、能力提升、创意设计、产业孵化、农商互联、跨境电商、文化传承、节庆会展和农禅养心的新空间，是推进国际花园城市产业升级、集聚发展，营造创意农业生产方式、生活方式、消费方式和产业倍增的众创新平台。

岷江乡村美学设计学院由中国创意农业国家战略推动者、中国创意农业理论创始人章继刚为院长，聘请中国艺术研究院、中国农业大学、四川农业大学、成都农业科技职业学院专家学者还有当地的工匠大师、乡土创意人才作为师资，重点讲授乡村美学设计、乡村创意设计、农产品跨境电商等专业相关课程，以生活美学为基础，以创意设计为前提，提升学员的美学修养和美学设计能力，推动农村电商融合发展。学院的培养对象是以全村村民、附近村民，以学习乡村美学设计、乡村创意、乡村艺术为主要目的，学院是在地的、内生的、自发的科普大学和田间学校，同时也是一个乡村振兴讲习所，学院的规模为每年培训 2 500 人次，每月开展 1 期培训，有以活动带培训或者以会展带培训等多种培训方式。

作为全国首家乡村美学设计学院，岷江乡村美学设计学院通过塑造终端型、体验型、

循环型、智慧型、创意型新产业新业态，让绿色成为最优质的资产；以促进农业与加工、流通、旅游、文化、康养等产业深度融合，让乡愁成为最优美的风景；以推进农业全环节提升、全链条增值、全产业融合，把温江建成世界创意农业旅游目的地，把寿安建成天府国际花艺小镇，把岷江村建成全国乡村美学设计人才基地。

为了解决农村妇女生的就业问题，岷江村党总支书记陶勋花带领村里的妇女们制作手工“大熊猫”。妇女们精心加工，一针一线，产品已然出口德国。“把细活、精细活，全是指尖上的功夫”，岷江村总支书记陶勋花表示，仿真熊猫跟国宝大熊猫“梦梦”“娇庆”一起飞往德国，因为有仿真熊猫出口的知名度，目前除了仿真熊猫系列产品，刺绣、缝纫加工订单比过去多了，没想到指尖上的功夫还能出这么大的成绩。

发展意境产业，加快农民增收农村增美步伐

意境指通过文学艺术或大自然景观表达的审美体验和美学境界。意境产业就是通过运用美学经济与消费经济融合发展，实现美学经济产业化、消费经济审美化、环境经济优美化，形成循环发展、绿色生态的审美文化产业。

创意农业意境产业是通过实施创意农业优美产业发展新模式，提升农业文化软实力，建设美丽乡村，发展优美产业，推动生态建设、创意农业、观光体验同步发展，营造农村生态优美、生产优美、创意优美、生活优美、环境优美的意境产业。

创意农业产业能够进一步促进创意农业与观光体验相结合，实现由产业低端的“农家乐”向以文化创意为重点的高端“创意游”转变，以走马观花的“观景游”向美景美心为重点的“养生养美游”转变，实现从量变到质变的飞跃，最终形成以创意农业促乡村文化发展，以优美环境发展促农民增收农村增美的新格局。

新农村综合体建设通过加快创意农业为核心的乡村创意旅游业发展步伐，大力发展富有艺术气息的创意农业意境产业园，建设创意氛围浓厚意境幽远的创意农业意境区，开发充满诗意的创意农业意境产业带，打造环境优美和谐共生的创意农业意境县、充满时代意境的创意农业意境城市，呈现配套设施现代化、传统耕作农艺化，农业生产高端化、乡村景观生态化的现代化新农村优美景象，打造山清水秀、赏花品果、生活富美、安全舒适、

相处融洽，让人流连忘返，人人幸福的新农村综合体美丽意境。

创意农业意境产业作为美学经济领域的新兴经济形态，是通过文化创意的开发和运用，产生出高附加值农产品，在新农村建设中具有创造财富和就业潜力的产业，促成了农村产业文化化、产品美学化、经济文化一体化发展的新趋势。创意农业意境产业将优美乡村、城乡生态意境与生态环境建设结合起来，集创意生态、创意生产、创意生活于一体，通过旅游与文化、美学的结合，促进循环经济的孵化、自然生态的演化和人文生态的进化；通过整合自然特有的形、神、构、序、气、韵的生态美，弘扬人与自然和谐共生的先进思想文化，构建城乡的生态格局美、文脉肌理美、环境形态美、人居意境美、景观多样美和精神风貌美，享受“水秀荷色美，人鸟乐游悠”的格调，在返璞归真的气质中体验生活的高尚无华，真正实现怡神、悦目、清心、冶情的最高生活意境。

创意农业意境美是一种使人振奋向上的健康美，随着人们生活方式的改变，追求浪漫意境的体验式生态旅游和休闲度假已逐渐取代了单一的观光旅游，利用田园休憩健身的生态旅游度假已风靡世界。创意农业意境园紧紧围绕创意农产品生产，充分利用自然景观、民俗文化，在体现生态美的基础上，积聚优化整合农业产业价值链高端要素资源，运用美学和意境营造技术，通过采摘、赏花、垂钓、品尝、领略自然生态，由创意农业“看点”变“亮点”再变“卖点”，让消费者远离城市喧嚣，写意美好人生。

创意农业意境产业以农产品色彩为基础，构建产业布局优化，审美功能突出、资源优势突出、附加值成倍增长的彩色农业。彩色农业通过色彩演绎农产品的美感，紫色的辣椒、鲜红的草莓、彩色的甘薯、金色的马铃薯、绿色的竹笋……红、白、黑三色花生，黑、红、蓝、紫、咖啡五色小麦，多彩的田地和鲜艳的果实，大批彩色农产品进入了高端市场，成为特色富民产业，彩色农业活跃了农村市场，促进了农民增收。

说到乡村田园意境，人们会想起桂林的山水、栖霞的苹果、大兴的西瓜、安岳的柠檬、大足的石刻、绵竹的年画、安吉的溪流、婺源的农舍，还有滕头村江南水乡民宅灰白黑交织的古朴色彩和艺术美感。小镇水乡、创意农园、快乐农庄，一样的土地，不一样的生活，返璞归真又面向未来的创意农业文化，备受乡村创意生活家的青睐与推崇。

在中国，人们开始对美丽的乡村田园越来越感兴趣，这已经成为促进创意农业文化发展、建设创意农村的不竭动力之一。

创意乡村通过培养创意农民，以创意生产为核心，以美学经济为基础，以发展优质高效的创意农产品为目的。创意乡村是以提升农产品附加值为目标，将农产品与文化、艺术创意结合，大力构建创意生产、创意生活、创意生态，推进工农互促、统筹城乡发展、共享现代文明的新农村发展模式。创意乡村体现在农民生活富裕、民主、文明、和谐；农产品种植、加工、营销和文化、艺术创意结合，实现资源优化配置，改善消费结构，提高农农产品文化“含金量”，大力增加农民收入。

建设创意乡村成为中国农民未来的新追求。在北京市顺义区北务镇，2004 年至今已

连续多年成功举办“绿中名”采摘文化节，以花卉为主题丰富采摘节活动内容，“以花兴业、以花富民”，探索花卉产业与休闲旅游相融合，大力发展花卉相关的旅游产业，完善“从田间到餐桌”的全产业链条，建设集花卉生产、加工、销售、采摘、休闲观光于一体的鲜切花专业镇，打造了北务独特的农产品加工强势品牌。

江苏省无锡市锡山区山联村曾经负债 1 400 多万元，如今山联村春看油菜秋赏菊，建起了无锡最大的赏菊基地，春、夏、秋三季农家乐天天满客，民宿生意兴隆。苏州市吴中区越溪街道旺山村实施文旅融合发展战略，将钱家坞片区整体打造成农家乐集聚区，吸引来一批创意农产品创业者，王森咖啡西点西餐学校被旺山村的宜居度和美誉度吸引，专门将研发中心从城市转移到旺山村。南京市高淳区东坝镇青山村垄上自然村，因为是丘陵地形，比较适合种茶叶，东坝镇依托青山茶文化，植入田园创意和美丽风光，打造生态茶乡慢村，培育乡村慢生活。村民闲置的房屋统一转交第三方南京漫耕投资发展有限公司进行产业运营。村民朱继顺闲置的老房子变身时尚浪漫咖啡馆。村里邀请艺术家将进入村里发展文创艺术，享受乡村诗意生活，垄上村成为远近闻名的创意农业型特色文艺村。

乡村创意公园涵盖美学经济的乡村景观、体现自然之美的郊野田园、让人亲近土地的农耕文化、标准化规模化的组织形式、有机化的农业生产，是一个更能体现创意农村发展的科学模式。在东莞市东坑镇，有重点规划建设农作物种植和农耕文化以及休闲健身和游玩相结合的 10 个乡村小公园，具体包括：农业产业园、月明湖水利公园、亭岗岭公园、初坑郊野公园、马腰岭公园、康和公园、教育公园、福德公园、东坑公园、角社公园。在我国台湾的宜兰县，你会见到房子与稻田相邻；在中山生态农业区有机农场山野打滚，田园嬉戏，迷迭香、柠檬草等香草遍布农场，当远山进入眼帘，没有压力的快乐让人无法忘却；东风休闲农场花香处处的柚树森林里躲着八色鸟、猫头鹰、啄木鸟，让人迷恋。

让美丽田园更具吸引力

2016 年中央一号文件要求推进农村产业融合，大力发展休闲农业和乡村旅游，建设“一村一品、一村一景、一村一韵”的魅力村庄。2017 年中央一号文件首次提到“田园综合体”的概念，指出“建设以农民合作社为主要载体、让农民充分参与和受益，集循环农

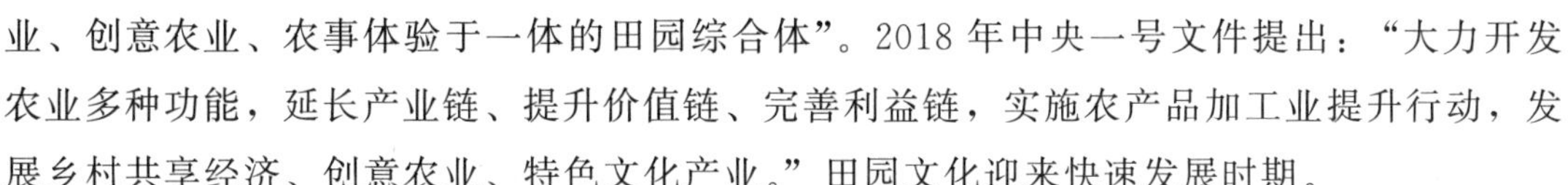

业、创意农业、农事体验于一体的田园综合体”。2018年中央一号文件提出：“大力开发农业多种功能，延长产业链、提升价值链、完善利益链，实施农产品加工业提升行动，发展乡村共享经济、创意农业、特色文化产业。”田园文化迎来快速发展时期。

建设幸福美丽新村是党的十八大以来四川省委、省政府贯彻落实党中央美丽乡村建设重大战略决策，结合四川实际作出的重要工作部署。四川省委、省政府印发的《四川省幸福美丽新村建设总体规划（2017—2020年）》提出，到2020年，全面完成现有存量农村危房改造任务；改造、新建、保护等形式的新村建设覆盖全省所有行政村；贫困村全部退出；全省普遍建成市级或县级“四好村”，60%以上行政村建成省级“四好村”；建成幸福美丽新村3万个，力争突破3.5万个，占全省行政村的80%左右；全省农村基本实现“业兴、家富、人和、村美”建设目标，形成以“小规模、组团式、微田园、生态化”为代表的四川美丽乡村建设模式，树立全国美丽新村建设成功典范。

四川将全面实施扶贫解困行动、产业提升行动、旧村改造行动、环境整治行动和文化传承幸福美丽新村建设“五大行动”。扶贫解困行动被置于“五大行动”首位，四川将因地制宜，聚焦“四大片区”建设彝家新寨、藏区新居、巴山新居、乌蒙新村，加快推动贫困户脱贫、贫困村退出，稳定实现贫困群众“两不愁三保障”，不落下一户一人。四川还将创新新村扶贫机制，把带动脱贫攻坚实效作为检验幸福美丽新村建设成败的标尺，项目资金优先考虑脱贫攻坚，建设规划和“建改保”全面覆盖贫困村、贫困户、贫困人口，坚决防止把贫困户漏掉，防止农民因建房负债致贫。在旧村改造中，强调科学把握“建改保”，宜建则建、宜改则改、应保则保，不搞“一刀切”，同时推广“小组微生”模式，让新村留住青山绿水、记住乡愁。

四川省人民政府提出，继续做好“建设幸福美丽新村”工作：加强农村基础设施建设，全面改善农村生产生活条件。抓好“四好农村路”建设，新改建农村公路6 000千米。推广“小规模、组团式、微田园、生态化”，建成幸福美丽新村5 000个。推进土坯房改造，保护好具有历史文化特点的村落和传统建筑。实施农村人居环境整治行动。开展以村民小组为单位的村民自治试点，健全完善自治、法治、德治相结合的乡村治理体系。实施乡村人才培育聚集工程，培养一支懂农业、爱农村、爱农民的“三农”工作队伍。深入推进“四好村”创建，办好农民夜校，树立文明乡风，让越来越多的乡村山清水秀、村美人和、生机盎然。

目前，四川省已经建成“业兴、家富、人和、村美”幸福美丽新村21 282个，贫困人口从2012年底的750万人下降到2017年底的171万人，贫困发生率由11.5%下降到2.7%，农民人均收入比2012年增长70%以上，群众获得感、幸福感显著提升。

2018年12月18日，山东省农业农村厅、山东省文化和旅游厅发布《关于公布山东省休闲农业和乡村旅游示范创建名单的通知》，正式发布山东省休闲农业和乡村旅游示范县名单、山东省休闲农业和乡村旅游示范点名单、山东省美丽休闲乡村名单、齐鲁美丽田园

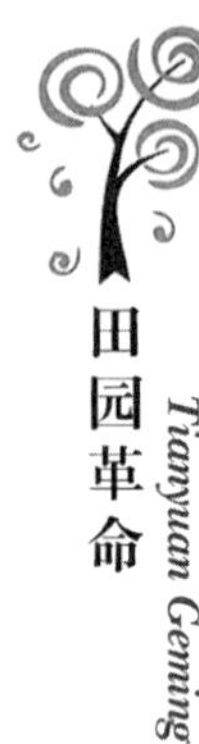

名单、山东省休闲农业精品园区（农庄）名单。为推动全省休闲农业和乡村旅游健康快速发展，经自愿申报、各级相关部门审核和专家评审、网上公示等程序，经研究确定 9 个县（市、区）为省级休闲农业和乡村旅游示范县，21 家单位为山东省休闲农业和乡村旅游示范点，24 个村（社区）为山东省美丽休闲乡村，24 处景观为齐鲁美丽田园，23 处园区为山东省休闲农业精品园区（农庄）。

创意农业成为农业投资的新热点

打造高端农产品、发展高效农业，是实现由传统农业向都市型创意农业转变的一种有效形式。

创意农业高端市场迅速崛起，使得农业奢侈品有着广阔的市场。河北省固安县引进新品种高端蔬菜瓜果，引导农民发展特色果蔬种植，全县 85％的商品果蔬销往北京和天津。辽宁省阜新县积极发展创意农业，加快沈阜 200 万亩农业示范带建设，设立“中韩无农药示范区”，推进设施农业提档升级，阜新农产品进入韩国市场。江西省宜春市打造绿色有机农业产业集群，探索农业转型升级新路，10 个县（市、区）均建有省级现代农业示范区，万载县获批国家级现代农业示范区，丰城市获批国家农业科技示范园；上高县在发展创意农业产业过程中实施“千亿元绿色食品产业”工程，52 家绿色食品集群企业实现主营业务收入超百亿元。

2013 年，四川在全国率先启动实施现代农业产业基地景区化发展战略，让“产区变景区、田园变公园、产品变礼品”，同时以产业基地为基础、创意农业为手段、农耕文化为灵魂要求，以国家现代农业示范区、省级万亩亿元示范区为重要载体，建设农业主题公园、农耕文化展示园区、农业科普教育园区等景区景点，并制定全国首个《农业主题公园建设规范》。目前已成功创建农业主题公园 200 余个，省级示范农业主题公园 80 个，休闲农业景区 4 531 个，发展农家乐 3 万余家、休闲农庄近 2 000 个。

创意农业已成为现代农业的一座金矿。

美丽经济激活乡村产业发展

浙江省为全面整治田园环境，提升田园清洁化、生态化、景观化水平，促进农业现代化和美丽浙江建设，从2016年开始开展打造整洁田园、建设美丽农业行动。全省以绿色发展理念为引领，围绕美丽浙江和绿色农业强省建设目标，坚持政府主导、各方参与，突出重点、分步实施，标本兼治、长效管理，全面整治田园环境，完善田园基础设施，改造提升生产设施，整治各类杂乱杆线，调整优化产业布局，通过2年时间的努力，打造形成基础设施完善、田园环境整洁、农业设施整齐、生产过程清洁、产业布局合理的美丽新田园，田园清洁化、景观化和农业生态化、规模化水平明显提升，切实把农业建设成为最美丽的产业。

推进田园环境整治 浙江省集中清除田园各类积存垃圾，重点整治丢弃于田间地头、公路铁路沿线、沟渠水边的秸秆、农膜、农业投入品包装物等农业废弃物，加强田园日常动态保洁，进一步改善田园生产环境。推进农药废弃包装物的统一回收与集中处置，防止出现农业面源污染。

改造提升生产设施 各地要引导农业生产经营主体及时对建设标准低、使用功能差、布局不合理的设施大棚、栏舍、生产管理用房进行更新、维修、改造。对农业生产区域范围内的违法建筑和设施，要依法予以拆除。对没有实际用途、废弃的设施，要动员和引导业主进行拆除。新建、改建、扩建种养大棚、农业生产管理用房等设施的选址应符合土地利用总体规划和设施农业用地相关政策，设施外观设计、色彩风格要简洁整齐，与自然环境协调融合。

加强基础设施配套 加强农田道路、水利、电力、林网等基础设施配套，着力打造成田成方、树成行、路相通、渠成网、涝能排、旱能浇的新田园。结合市县级粮食生产功能区提标改造、永久基本农田保护、农田地力提升、农村小型水利项目建设等，提高农田基础设施标准化水平。各地要协调电力、广电、电信、移动、联通等单位，按照杆线归属和职责分工，对田园内的电力、广电、通信等各类杆线有计划、有步骤地进行合并、清理、改道或局部改为地下埋设，进一步净化田园空间环境。

推进清洁化生产 按照“一控二减四基本”的要求，大力发展现代生态循环农业，积

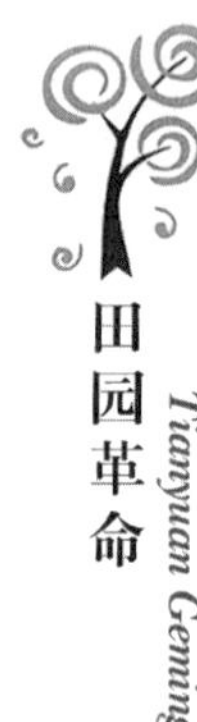

极推行农牧（渔）结合等新型农业种养模式和统防统治、绿色防控、配方施肥、健康养殖等技术，持续推进化肥、农药使用减量化。深入推进农业“两区”土壤污染防治三年行动计划，有效阻止工业性污染物进入农田，严格禁止未经达标处理随意排放养殖污水，切实保护农田土壤、水体安全。以肥料化利用为重点，进一步深入推进农作物秸秆综合利用，落实防控责任，防止出现露天焚烧农作物秸秆的行为。

调整优化产业布局 以农业“两区”为载体，有序推进土地流转，调整优化农作物空间布局，合理搭配品种色彩，减少碎片化种植和季节性抛荒，推动农业规模化、集聚化发展。按照现代生态循环农业建设要求，科学布局种养业，合理确定养殖规模，建设一批美丽牧场、生态牧场，深入推进农牧有机融合。依托农业产业、田园风光等资源，大力发展休闲农业与乡村旅游，进一步推进农旅深度融合。结合平原绿化行动、新植1亿株珍贵树行动和珍贵彩色森林建设，加快推进农田林网提档升级。

建立健全长效机制 强化市、县（市、区）、乡镇政府（街道办事处）的属地管理责任，建立网格化的田园环境整治和保护体系，并将打造整洁田园、建设美丽农业行动纳入相关考核内容。以村为单位，进一步落实管护人员、经费和职责，建立农田基础设施管护和田园环境日常保洁机制。进一步落实农业生产经营单位的主体责任，将打造整洁田园、建设美丽农业行动与相关涉农扶持政策挂钩，建立相应的奖惩机制。

浙江实施“千万工程”，用三个阶段推进田园优美化：2003—2007年为“示范引领”阶段，1万多个建制村率先推进农村道路硬化、垃圾收集、卫生改厕、河沟清淤、村庄绿化；2008—2012年为“整体推进”阶段，主抓生活污水、畜禽粪便、化肥农药等面源污染整治和农房改造建设；2013年以来为“深化提升”阶段，启动农村生活污水治理攻坚、农村生活垃圾分类处理试点、历史文化村落保护利用工作。截至2017年底，浙江省累计约2.7万个建制村完成村庄整治建设，占浙江省建制村总数的97%；生活垃圾集中收集有效处理建制村全覆盖，11 475个村实施生活垃圾分类处理，占比41%；90%的村实现生活污水有效治理，74%的农户的厕所污水、厨房污水和洗涤污水得到治理。浙江已全面形成以县域美丽乡村建设规划为龙头，村庄布局规划、中心村建设规划、农村土地综合整治规划、历史文化村落保护利用规划四项专业规划为基础的“1+4”县域美丽乡村建设规划体系。

2018年浙江省又提出实施创建千个乡村振兴精品村、万个美丽乡村景区村的“新千万工程”。浙江省委书记车俊表示，坚持把办好民生实事、“关键小事”作为乡村振兴的大事来抓，进一步满足农民群众日益增长的美好生活需要。城乡统筹发展水平较高是浙江的一大优势，更可喜的是，现在已经出现了在城市创业务工的能人、有知识有技术的农民工及其“二代”主动返乡二次创业的现象。实施乡村振兴战略，就要深入践行以人民为中心的发展思想，主动适应新情况、新变化，想群众之所想、急群众之所急、解群众之所困，努力让农民群众过上幸福美好的日子。要落实全省“大花园”建设行动纲要，系统推进山

水林田湖草治理，严格落实河长制、滩长制、湖长制、山长制，实施创建千个乡村振兴精品村、万个美丽乡村景区村的“新千万工程”，实现全域景区化。要持续提升农村人居环境质量，加快交通、水利、电力、通信、环保等基础设施建设城乡一体化，加快教育、医疗、社会保障等基本公共服务城乡均等化，特别是下气力办好涉及广大农民切身利益的事情，全面推进农村“污水革命”“垃圾革命”“厕所革命”，巩固农村生活污水治理和消除劣V类水成果，到2022年实现生活垃圾分类处理建制村全覆盖、农户家庭水冲式厕所基本普及。打好城乡治危拆违攻坚战，实施地质灾害隐患综合治理“除险安居”工程，2018年前基本完成农村危旧房治理改造。进一步拓宽农民增收渠道，力争2022年农民收入达到3.5万元以上，城乡居民收入比缩小到2∶1以内。

乡村建设案例

以感受乡土气息、拥抱亲近大自然、品味农家菜为目的休闲农业与乡村旅游越来越受人们的喜爱，“说走就走”的周边短途乡野旅游最为火热。“长三角”各省市顺势而为，主动适应新常态下现代农业发展形势，上海形成了农家乐、休闲农庄、观光农园、农业园区、生态园林、民俗文化等六大类休闲农业和乡村旅游发展模式；浙江农家乐休闲旅游总体上实现了从“点上萌芽”向“遍地开花”、从“单一吃住”向“多元经营”、从“各自为战”向“抱团发展”的转变，最大限度拉长产业链。如何以文化为魂，加速提升发展整体休闲农业与乡村旅游，扶持发展一乡（县）一业、一村一品，加快培育乡村手工艺品和农村土特产品品牌，推进农产品品牌建设，是摆在“长三角”各省市面前的一道难题。不断探索的结果是，不仅有越来越多的休闲农业与乡村旅游具备了优质的生态、丰富的业态和完善的设施，而且深厚的文化、多彩的民俗、淳朴的乡情，更给人留下了深刻的印象和美好记忆。浙江从最早的卖农家菜、卖山货，到如今的卖生态、卖创意，将独特的自然环境、历史人文，通过整合提升，优化农村创业创意孵化平台，建立在线技术支持体系，提供设计、创意、技术、市场、融资等定制化解决方案及其他创业服务，形成了带有区域印迹的民俗美食文化，“老底子味道”的回归，使游客体验“最江南的情怀”和“别样的乡愁”。荻港古村与荻港渔庄、良渚文化与农夫乐园完善创意农业和乡村旅游道路、供电、

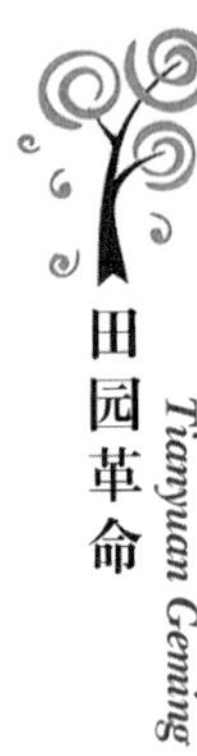

供水、停车场、观景台、游客接待中心等配套设施，突出江南水乡古村古镇和农渔产业文化；普陀、嵊泗的渔家客栈让游客尽情投入大海的怀抱，享受大自然赐予的海鲜美食。

案例：四川省平武县自与清华大学设计研究院西南分院、绵阳师范学院、四川美术学院建立了“结对帮带”机制后，三所高校在平武县豆叩、平通、锁江等8个乡镇分别实行了“校地”结合，“老师（学生）＋农户”的结对帮扶措施。

点评：平武县充分利用三所高校“结对帮带”的机遇，引导农户转变意识，把有条件的农家乐进行改造提升，走精品民宿发展的路子，推进乡村农家乐的升级转型，让游客体验民宿乐趣，像当地人一样生活。保持着古朴风格和农家原味，不仅有耕牛耕田、水车灌溉等观赏景观，还可体验石磨豆腐、摘核桃、摘水果、拔竹笋等休闲活动，更有自制土菜、干菜、猕猴桃、土制玉米酒、野蜂蜜、野菜等农家风味，四川省平武县以宋家大院为代表的农家乐，以绿色生态旅游为主线，以成立旅游合作社为抓手，通过鼓励村民以现金或闲置住房入股成为股东，提供就业岗位、搭建电商渠道等形式，帮扶同村农户发展，探索出了旅游扶贫的新路子，期待更多村民通过经营创意民宿脱贫致富。

激发乡村创新创业热情

城市创客很多，创客空间也很多，但是乡村创客空间却比较少。随着经济进入新常态，农民就业出现新的趋势性变化，结构性矛盾更加凸显。推进农民创业创新，支持有梦想、有意愿、有能力的农民在现代农业和新农村建设中施展才能，在充分实现个人价值的同时，带动更多的农民就近就业增收，有利于实现创新支持创业、创业带动就业的良性互动。让众多乡村创客脱颖而出，引领乡村发展潮流，成为推动创意农业发展和新农村建设的重要力量，具有重要意义。

在鼓励城市创客空间发展的同时，应当全面激发农民工等人员返乡创业热情，创造更多就地就近就业机会，全面汇入大众创业、万众创新热潮。南京市出台《关于加快培育新型职业农民的意见》，规定大学生进入农业领域就业或创业，通过考察和认定后，可以得到其在校学习期间的全额学费补助，鼓励和引导高校毕业生来南京“当农民”。天津第一家乡村创客空间——农创工坊在武清区国家级农作物品种区域试验站建立，第一批9位创客建了温室大棚，开始种植优质蔬菜和花卉。

培养乡村创客，要推进农民创业创新，支持农民适应市场需求，以自身资金、技术和经验积累为基础，创办产业和企业，创新技术、业态和商业模式，为农村经济发展不断培植新的增长点和动力源。陕西省杨凌示范区管委会按照“农业主题、科技底蕴、现代气

息、开放空间”思路，打造国内首个农业主题众创空间——杨凌众创田园，希望用农业研发创意、大数据、农产品检测、投融资服务和创业咖啡吸引更多创客。位于太和古洞景区的“有居”是广东省清远市清新区建设的“清新民宿创客空间”孵化平台，融合了高端民宿、创意农作示范、美食品鉴、农活研修、节庆体验、山地运动等，包括乡村旅游规划展示馆、民宿学校、民宿体验中心，创客在民宿体验中心做实习经理，学习学经营管理民宿。

当前要积极发展乡村创客空间，支持返乡农民工、普通中高等学校毕业生、退役士兵、“大学生村官”、农村能人等创办领办家庭农场、农民合作社和小微企业等市场主体，发展设施农业、规模种养业、农产品加工业、民俗民族工艺产业、创意农业与乡村旅游、农产品流通与电子商务、养老家政服务、生产资料供应服务等农村一二三产业，鼓励创业基础好、创业能力强的返乡人员，充分开发乡村、乡土、乡韵潜在价值，发展创意农业、林下经济和乡村旅游，促进农村一二三产业融合发展，拓展创业空间；鼓励积累了一定资金、技术和管理经验的农民工等人员，学习借鉴发达地区的产业组织形式、经营管理方式，顺应输出地消费结构、产业结构升级的市场需求，抓住机遇创业兴业，把小门面、小作坊升级为特色店、连锁店、品牌店。在成都，温江区“万春智汇·创客空间”立足万春花木、水稻、大蒜等特色地域品牌为核心，形成空间一个创业主体，与万春镇政府、高校、合作社和金融企业的“4＋1”创新服务模式，探索建立“创意—孵化—服务”的模式，获得省级及以上奖励的创业团队可申请3～50亩种植基地，一定期限内减免土地租金等优惠政策。在广元市朝天区在宣河乡打造“清泉村创客驿站”，采用灵活多样的孵化育种模式为广元市朝天区清泉核桃专业合作社、广元市朝天区兰明家庭农场有限公司、广元市朝天区科发中药材种植专业合作社、广元市明兰养殖场等乡村创客团队提供创业服务。

成立全国乡村创客空间联盟。发展乡村创客空间，要搭建一批创业创新平台、培育一批创业创新带头人、树立一批创业创新典型、构建一个公共服务体系，形成农民创业创新发展新格局，为推进农业强、农村美、农民富提供有力支撑，真正让让乡村创客多起来。建议成立全国乡村创客空间联盟，让联盟成为聚集创意、技能、资金、政策的平台，将创新、创业、创投与创客摆在同等重要的位置，让创客更专注于创造，不能简单地“被组织、被创新、被孵化、被辅导、被创投、被创意、被服务、被代言”。要选择一批知名农业企业、合作社、小康村、农产品加工和物流园区以及创意农业电商新村等作为基地，研究资金链引导创业创新链、创业创新链支持产业链、产业链带动就业链的发展模式，推广一批农民创业创新模式和成熟经验，为创业创新农民提供必要的见习、实习和实训服务，帮助其积累工作经验、提高创业创新能力，创业者们应该成为这场社会创新活动的主角。要充分利用电话、网络、微信、微博等，开通服务热线，开展信息引导；鼓励举办农民创业创新创意大赛、论坛、沙龙、大讲堂、训练营等各类公益活动。

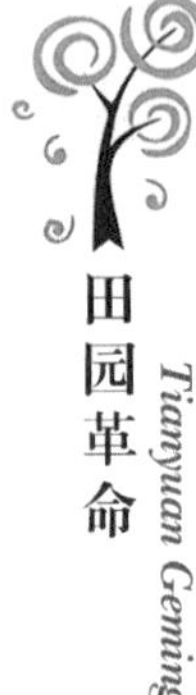

案例：华为技术有限公司高管张攀回到家乡彭州先锋村，将废弃猪圈改造为乡村咖啡厅，带动30余名众筹成员开展创新创业活动，创办了成都市猪圈商务服务有限公司、成都市登峰电子商务有限公司。

点评：张攀在“猪圈”开咖啡厅，开展农业众筹，创办农村电子商务公司，说明人生创业不一定是在知名企业，乡村也可以实现人生梦想。在成都市彭州，剑桥大学博士、教授级高级工程师王涛薪谢绝高薪职业，回到家乡在健康医疗领域创业，创建四川爱迪讯健康科技有限公司。成都理工大学影视学院教师李清泉在彭州市军乐镇办起“不二工坊”生活陶艺馆，做个性化定制陶瓷。根据农业部统计，在返乡下乡人员创办的企业中有80%以上都是发展创意农业等新产业新业态新模式或者一二三产业融合发展的项目，让农民分享到二、三产业的增值收益。传统农业融合美学经济，注入新创意、开辟新渠道、探索新业态、发展新市场，可以使效益低下的产业变成高效优美的时尚产业，张攀就把高大上的创业项目路演放在“猪圈咖啡厅”举办，开创了高校高新技术项目乡村路演的先河。乡村创新创业，不是没有机会，是缺少发现和“一步一个脚印”的精神。

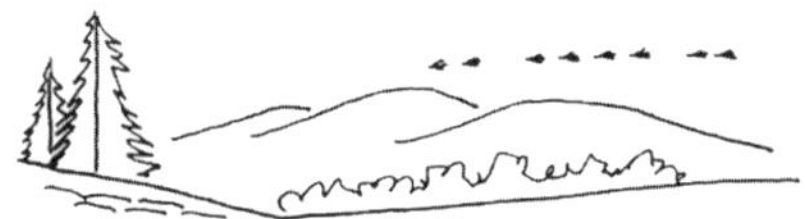

成都农业转型美学经济

全国创意农业第一村

2010年6月6日，成都郫都区战旗村迎来了首届西部中国创意农村财富论坛的召开。在这一具有开创性创意农业财富论坛上，战旗村被授予全国第一个创意农村优美家园试验区——战旗村创意农村优美家园试验区，以及全国第一个创意农家乡村别墅体验中心——战旗村创意农家乡村别墅体验中心。参会代表还共同签署了《中国创意农村财富论坛宣言》，代表们呼吁，除了应加快农业产业转型升级和“三产”互动融合，构建创意农业有

机产业创新联盟，大力发展创意农业有机生产，满足消费者高端需求外，还应当大力推进创意农产品生产，使农产品从传统走向时尚，从体力型农业走向智慧型农业，从低端市场走向高端市场，从低（附加）值高碳走向高（附加）值低碳，从现代生活的配角走向主角，从分散的个体生产走向农业总部经济，从温饱型消费走向审美型消费，从充饥果腹走向美容养生，从传统农业走向现代农业，从一味追求GDP走向创建自然之美、社会公正、城乡一体的世界现代田园城市，实现农业发展方式的根本转变。

2018年10月26—27日，在创意农业连续三年写入中央一号文件之际，2018第十一届中国创意农业发展论坛暨乡村振兴发展峰会在全国创意农业第一村战旗村隆重召开。与会人员纷纷表示，将积极开展“创意农业助力乡村振兴行动”，为形成发展创意农业，为决战决胜脱贫攻坚形成强大的合力，为建设幸福美丽乡村做出自己的贡献。战旗村党总支书记高德敏表示，“8年来，在创意农业生产过程中，我们始终践行创意农业理念，紧紧围绕发展创意农业，建设创意农村优美家园，精彩演绎活色生香的优势创意农业产业和创意农产品的美学内涵，为广大消费者献上别开生面的‘创意农业艺术大餐’，完美解读原汁原味的创意农产品生产和创意生活，让四川创意农业声名远播，让天府之国独具特色的农业文明开出一朵又一朵美丽的创意农业之花。”创意农业是农业产业与美学经济、创意经济的跨界融合，既是农业发展理念的创新，也是农业生产方式、生活方式、消费方式、旅游方式和发展方式的转变，并已经成为农业现代化建设的新视角、新趋势和现代农业发展的新理念、新方向。

从传统农业转型美学经济，战旗村的发展见证了快乐型、审美型经济的魅力。战旗村的实践证明，时尚、优美的会展在乡村举办，更能够吸引人们的目光，带来更多流量。2018年4月22日，战旗村情景院落式商业街区——“战旗第5季·香境”正式开街；5月29日，“2018年蓝莓产业与乡村振兴战略发展研讨会”在战旗村召开；9月16日，“美丽乡村入画来”——郫都区百名儿童长卷共绘美丽乡村活动在战旗村举行；9月28日，“诗说精彩战旗”诗歌朗诵活动在战旗村举行；9月30日，全球第一家豆瓣博物馆——郫县豆瓣博物馆在战旗村乡村十八坊正式开馆；10月10日，主题为“汇聚双创力量　助力乡村振兴”的全国农村创业创新座谈会暨现场交流活动在成都市郫都区战旗村举行；10月26—27日，在创意农业连续三年写入中央一号文件之际，2018第十一届中国创意农业发展论坛暨乡村振兴发展峰会、全国创意农业精品教材暨乡村振兴丛书第一卷《城乡食品安全》首发式、全国创意农业专家联席会在战旗村隆重举行；11月12日“天府源”成都市首届乡村振兴“十大案例”评选活动决赛暨颁奖晚会在战旗村举行。全国创意农业第一村、中国美丽休闲乡村战旗村已经成为名副其实的四川“博鳌小镇”。

成都赏花经济

成都因美闻名、因“锦”而生，秦汉时成都的蜀锦和蜀绣产品已蜚声海内外。三国时

期，蜀汉王朝曾设锦官和建立锦官城以保护蜀锦生产，锦官城之称声名远扬。

如今的“中国新时尚之都”成都，因其成为中国创意农业第一城而备受关注。

锦江近西烟水绿，新雨山头荔枝熟。成都的城市和乡村没有太多界限，只是农村更创意、更优美、更休闲。透过创意农业，我们看到成都这座城市培育新动能、发展农业新经济的巨大潜能，其背后折射的是农业经济向美学经济升级之路。

爱美是成都人的天性。赏花踏青的文化在四川历史悠久，尤其是在重视生态和休闲旅游的当下，作为美学经济形态的赏花经济正在成为朝阳产业。全国各地的赏花经济蓄势待发，以花为媒的旅游项目呈现蓬勃兴起之势，成为拉动地方经济发展、提升城市品位的新兴产业。

成都作为西南花卉重要产区之一，花卉产业规模居四川省第一，全市花卉栽培面积近40万亩，有很好的赏花经济发展基础。

为进一步开发都市现代农业多种功能，通过打造赏花基地促进休闲农业与乡村旅游提档升级，推动赏花旅游带动市民消费、提高市民幸福指数，发展赏花经济实现农业提质增效、农民就业增收、农民增美，2015年4月，成都市人民政府办公厅出台了《关于打造赏花基地推动赏花旅游发展赏花经济的意见》，明确提出要在全市范围内打造一批主题鲜明、富有特色、规模适度、功能完善的赏花基地，以基地促产业、以品牌促形象、以休闲促消费，形成“县县有美景，月月有花赏”的赏花游格局，充分展现天府成都“花重锦官城”的独特魅力，进一步提升成都休闲农业与乡村旅游知名度和影响力，通过大力发展赏花经济助推都市现代农业适应发展新常态。通过3～5年，将其中有条件的基地创建为“全国乡村旅游示范基地”或A级旅游景区，逐步把成都打造成为国内外较知名的赏花旅游目的地。

成都市首批重点打造18个赏花基地。（1）芙蓉花基地，以环城生态区香城湿地、高新绿舟及金融城环状绿地为重点，打造基地规模不低于1 000亩。（2）杏花基地，青白江区福洪乡杏花村景区，打造基地规模13 000亩。（3）李花基地，大邑县雾山乡李花基地，打造基地规模3 000亩；崇州市公议乡李花基地，打造基地规模10 000亩。（4）樱花基地，崇州市三郎镇茶园、凤鸣、欢喜、三台等村，打造基地规模15 000亩；青白江区以凤凰湖湿地公园为核心，辐射福洪、人和、清泉等乡镇，打造基地规模2 000亩；金堂县广兴镇、竹篙镇、又新镇，打造基地规模5 000亩。（5）桃花基地，龙泉驿区山泉、柏合、茶店等乡镇，打造核心景区规模20 000亩。（6）油菜花基地，金堂县三溪镇、赵家镇和淮口镇围绕10万亩粮经高产示范区，打造核心景区规模20 000亩；崇州市隆兴、桤泉、白头镇和重庆路沿线等围绕10万亩稻香旅游环线，打造30 000亩油菜花观赏带。（7）海棠花基地，都江堰市安龙镇，打造基地规模3 000亩；郫都区农科村，打造基地规模2 000亩。（8）梨花基地，新津县永商镇梨花溪，打造基地规模10 000亩；金堂县栖贤乡、官仓镇、赵家镇，打造基地规模5 000亩。（9）牡丹花基地，彭州市丹景山镇、葛仙山镇，打造基地规模10 000亩。（10）薰衣草基地，以成都天府新区太平镇紫颐香薰山谷为核心，打造基地规模5 000亩。（11）玫瑰花基地，以温江区永宁镇五月玫瑰园为核心，打造基地规模

3 000 亩。(12) 荷花基地，崇州市桤泉镇，打造基地规模 3 000 亩。(13) 郁金香、百合花基地，蒲江县石象湖，打造基地规模 3 000 亩。(14) 桂花基地，以新都区桂湖为核心，打造基地规模 3 000 亩。(15) 杜鹃花基地，新津县花舞人间、郫都区新民场镇，打造基地规模 3 000 亩。(16) 菊花基地，新津县花舞人间，打造基地规模 3 000 亩；金堂县以官仓镇玉皇养生谷为核心，打造基地规模 3 000 亩。(17) 山茶花基地，邛崃市夹关镇、宝林镇、孔明乡山茶花基地，打造基地规模 6 000 亩。(18) 梅花基地，锦江区三圣乡幸福梅林，打造基地规模 3 000 亩。

除上述重点发展基地外，鼓励区（市）县根据自身资源禀赋，策划打造新的赏花基地，鼓励中心城区在环城生态区建设以花为主题的公园和打造以花为主题的特色街区。

美学经济带动农业全产业链发展

赏花经济让成都农民尝到了甜头。赏花经济推动了乡村旅游发展，培育了四川自驾赏花节、成都彭州牡丹花节、成都国际桃花节等品牌节会。崇州市王场镇大雨村依托赏花经济建成 500 多亩规模的“稻田养虾”水域，发展以“稻虾体验馆”为载体的“多彩田园、书香大雨”观光体验式创意旅游，带动本乡镇重庆路沿线群众实现增收致富。

为了避免赏花经济“昙花一现”，成都市旅游局 2017 年发布了《成都市赏花旅游经济发展“十三五”专项规划》，提出了打造中国赏花旅游产业发展高地的产业定位和国际赏花旅游目的地的发展定位。到 2020 年，力争年接待赏花游总人数达到 2 000 万人次，赏花游综合收入达到 100 亿元；赏花游从业人员达到 5 万人，带动社会关联就业 20 万人的经济效益目标。

“十三五”期间成都市将构建“一核一圈七廊”的赏花旅游经济空间结构，即以中心城区为主体的都市赏花核心区；城市近郊生态赏花游憩圈；成都—温江—邛崃—大邑赏花走廊，成都—新都—青白江—金堂赏花走廊，成都—龙泉驿赏花走廊，成都—新津—蒲江赏花走廊，成都—郫都—都江堰—崇州赏花走廊，成都—彭州赏花走廊，成都市区—天府新区赏花走廊。在“十三五”期间建成“一县一园”的产业布局，为实现“县县有美景，月月有花赏”的赏花旅游格局奠定了坚实的基础。通过赏花美学经济兴起，发展赏花游基地，“旅游＋”带动乡村振兴，有助于创建赏花游示范村镇，构建完善的旅游产品体系，推动假日旅游经济发展，提升城市文化和艺术内涵，扩大成都市赏花游知名度和影响，全面提升成都旅游业优美化国际化水平，打造世界乡村旅游目的地。

为推进农业全环节提升、全链条增值、全产业融合，从传统的花卉苗木种植转型小而美的微盆景生产，成都温江区天府国际花艺小镇岷江村建成全国第一所乡村美学设计学院岷江乡村美学设计学院，让农民一边生产一边学习乡村美学设计、乡村创意设计、农产品跨境电商等专业知识，以生活美学为基础，以创意设计为前提，提升学员的美学修养和美学设计能力，推动农村电商融合发展。

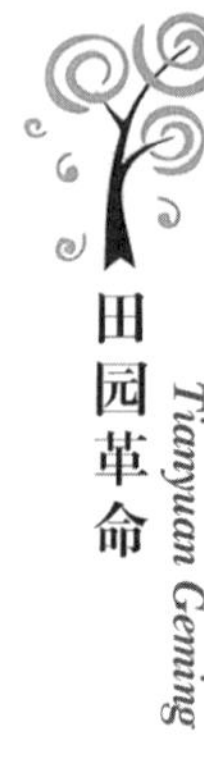

作为全国首家乡村美学设计人才培训基地，通过塑造终端型、体验型、循环型、智慧型、创意型新产业新业态，促进农业与加工、流通、旅游、文化、康养、体育等产业深度融合，让乡愁成为最优美的风景。在 2018 年 11 月 9—12 日第五届成都创意设计周期间，岷江乡村美学设计学院学员用桂花树、老木柱、陶品、盆景、竹帘、植物编艺等设计的“桂漫岷江”天府国际花艺小镇岷江桂花村主题文创馆天天顾客盈门。以“桂花”创意为核心，充分表达川西林盘院落文化美学，岷江创意“微盆景”引来众多参观者，展示了创意农业美学的独特魅力。

创意农业让成都到处都是幸福和安逸。在成都，新经济和创意农业已然成为最热的经济名词。

打造最适宜新经济发展的城市和最适宜生活的优美城市，成都加快建设全面体现新发展理念的城市，鲜明地打起了“发展新经济培育新动能”“营造世界级乡村优雅生活目的地”的大旗。

2008 年以来，成都搭建了全国首个创意农业投资、理论研讨与经验交流平台——中国创意农业发展论坛，并连续十一届在成都隆重召开，面向全国发布了十一个年度的《中国创意农业发展研究报告》；全国第一本创意农业学专著、第一套创意农业精品教材在成都出版，全国第一所村办乡村振兴学院成都建立；在成都还成立了全国第一个创意农业研究中心——中国西部创意农业发展研究中心，以及全国第一个创意农业协会——成都市创意农业协会；创立了第一个创意农业产业技术创新联盟、第一个创意农业教育集团、第一个创意农业协同创新中心；国际花园城市成都市温江区成为全国第一个创意农业全域田园综合体。“中国创意农业发源地”的称号，成都实至名归。

四川省委书记彭清华指出，四川是农业大省，农业资源丰富，农耕文化历史悠久，巴蜀先民在这片广袤的良田沃土上依靠自己的勤劳和智慧，造就了名扬中外的天府之国。如今，成都创意农业产业的数据是，2018 年全市共建设 20 个休闲农业主题公园和 40 个农业文化创意基地，累计建成国家 A 级景区的都市现代农业乡村旅游基地（园区）38 个，提升建设 60 个乡村特色文化酒店和主题民宿，吸引乡村旅游游客 8 451.39 万人次，总收入达 258.69 亿元。

成都，是一座既富有历史文化气息又充满生机活力的魅力之城，优越的自然资源禀赋、雄厚的科研实力、深厚的文化底蕴、浓郁的创新创业氛围，从来就不乏农业创新创业创意的基因，为发展创意农业提供了得天独厚的基础和条件。

“两个黄鹂鸣翠柳，一行白鹭上青天。”未来成都“天府绿道”建成后，将形成“一轴两山三环七带”的市域主干绿道 1 920 千米、城区级绿道 5 000 千米、社区级绿道 10 000 千米，形成全球最大的创意农业优美产业带。生态创意正在以一种全新的形式，改变着成都市民的生活。创意农业让成都到处都是幸福和安逸，被公认为“幸福指数”最高的城市之一。

“九天开出一成都，千门万户入画来。”成都以创意农业养心养美新理念，创新发展现

代农业新纪元。2017 年，成都农民人均纯收入首次超过 2 万元，城乡居民收入差距比从五年前的 2.36∶1缩小到现在的 1.92∶1。创意农业美学经济让成都乡村成为时尚秀丽、风情多姿的代名词。根据《西部文创中心建设行动计划（2017—2022 年）》，到 2022 年底，成都实现文创产业增加值超过 2 600 亿元，占 GDP 比重约 12%，成都文创产业增加值要实现从 5.2%到 12%的跨越。

以全球化视野打造国际美食产业高地和美食城市品牌，建设世界旅游名城。成都不仅是开发商和品牌商最青睐的第三城、中国“领馆第三城”和中国“零售第三城”（仅次于北京、上海），而且连续三年蝉联新一线城市榜首。

建设 60 个运动休闲、文化创意、康养度假、郊野游憩等“新旅游·潮成都”主题旅游示范基地，打造 60 个建筑生态化、管理专业化、住宿特色化、服务国际化的文化主题饭店（旅游民宿），成都正在推动乡村品牌“国际化”，催生一批林盘变景区、农区变景区、农房变客房等示范典型，优化乡村旅游产品供给体系。以天府锦城、天府绿道、川西林盘、都江堰精华灌区为重点塑造天府文化景观体系，高水平建设世界文创名城，成都精心打造天府锦城“八街九坊十景”，高品质规划建设安仁博物馆小镇、川剧艺术中心等一批文创小镇，加快布局建设战旗村、农科村、竹艺村、安龙村等一批体现养心养美、蕴含创意农业理念的世界级优美乡村，为成都人留下乡愁记忆和天府文脉。

高起点建设世界旅游名城，打造“中国川西林盘聚落”“天府古镇”“成都平原四季田园风光”等特色旅游景观品牌，加快推进天府国际旅游度假区、龙泉山国际文化度假区、天府主题度假区、天府芙蓉园等重大项目建设。成都市旅游局将对标和借鉴法国科尔马、英国科茨沃尔德等地区乡村旅游发展经验，打造 4 个主题鲜明、内涵丰富、风格迥异的 3A 级旅游特色镇，创建 20 个突出地域文化特色、可进入可参与、吃住行游购娱于一体的 2A 级及以上林盘景区，建设 30 个领域细分、错位发展，具有产业特色、人文气息、美丽风景、国际品质的乡村旅游精品项目，推进郫都战旗村、农科村、都江堰柳街镇—温江寿安镇和金堂沱江流域乡村旅游精品示范带等集中连片发展，努力把成都建成具有国际影响力的旅游目的地城市。

高品位建设国际美食之都，成都以全球化视野打造国际美食产业高地和美食城市品牌，深度挖掘美食文化附加值，凸显以川菜文化为代表、中外美食荟萃的国际美食之都魅力。成都作为国家现代农业示范区、全国农村改革试验区，以推动乡村创意为关键、以挖掘民俗文化为载体、以打造精品项目为抓手，到 2022 年，农业、林业两个产业总产值均超过千亿元；五年内争取实现乡村旅游总收入超过 600 亿元、接待总人次达到 1.3 亿人次的目标，乡村旅游成为落实乡村振兴战略中的重要力量、重要途径和重要引擎。

在 2018 年“天府源”成都市首届乡村振兴“十大案例”评选活动中脱颖而出的郫都区“绿色战旗·幸福安唐”乡村振兴博览园、崇州市道明竹艺村天府新林盘、新津县中国天府农业博览园、都江堰市天府源田园综合体示范项目、温江区北林生态旅游环线、新都区天府沸腾小镇、蒲江县国家现代农业产业园、金堂聚峰谷油橄榄产业融合发展项目、大

邑天府农业品牌创意孵化园、邛崃幸福峡道·田园绿道、简阳市禾丰镇丙灵村，其有一个共同特点，就是通过营造优美意境和养心养美场所，创造农民独特增收模式，创意农业构建农业与二、三产业交叉融合的现代产业体系；通过发挥农业的产业价值、科学价值和创意价值，推进乡村振兴，以实现农业增产、农民增收、农村增美、产业倍增和旅游倍增。

突出公园城市特点，成都坚持生态优先、绿色发展，以国际视野和世界眼光高标准高水平建设世界优美乡村，重塑乡村经济地理，推动乡村旅游“全域化”，打造成都走向世界的新名片。

彭州是创意农业发展比较早的地区之一，彭州做足“泉水、林盘、农田”三篇文章，突出生态、度假、避暑和文化四大特色，彭州建设以白鹿音乐小镇、新兴古蜀文化小镇、丹景山牡丹文化小镇、龙门山温泉度假小镇、濛阳蔬香小镇、葛仙山田园休闲小镇等为代表，产业集聚、功能复合、连城带村、能级凸显的创意农业特色小镇群，营造了“田成方、树成簇、水成网”的秀美大地景观和大美城乡形态。

彭州白鹿音乐小镇将白鹿音乐季打造为成都“国际音乐之都”的品牌之一，创新推出“白鹿音乐榜”，建设“白鹿星工厂”，打造原创音乐“梦工场”，演绎着动人、诗意的乡村之美。艺术型创意农业产业改变了农业的生产方式，由依靠农村劳动力低成本和技术低门槛为主的竞争转变为以构建创意产业生态圈和创新生态链塑造比较优势，汇聚起实施乡村振兴战略的磅礴力量。

成都积极推进农村土地所有权、承包权、经营权“三权分置”，严格落实第二轮土地承包到期后再延长三十年的政策，进一步放活经营权，引导发展土地股份合作、租赁流转、代耕代种、土地托管等经营方式，推广“农业共营制”“土地预流转＋履约保证保险”“生产全托管、服务大包干”“大园区＋小农场”等适度规模经营模式，提高规模经营质量效益。预计到2022年底，成都农民人均可支配收入达到32 000元，农民财产净收入年均增幅在13%以上，力争达到3 700元。

茶山、竹海、明月窑，成都市蒲江县明月村以川西林盘文化为依托，100多位“新村民”让音乐酒馆、美术馆、陶艺、篆刻、蓝染、剧场和主题民宿等近50多个文创项目组成的创意农业艺术集聚区声誉鹊起；以林盘创意民宿、家庭农场、研学互动体验为特色，成立明月村乡村旅游合作社；村民以陶、茶、竹三大特色发展文创产业及乡村旅游新业态。

成都足球第一村新都区三河村，在2013年成立了第一支业余农民足球队，在民政局注册了成都首个农民足球俱乐部。2015年7月，三河村七人制标准天然草坪球场修建完成，2015年8月15日，首届宝柚杯足球邀请赛吸引了20多支球队参与。如今，“足球村”的名气越来越大，足球餐厅、音乐咖啡馆、创意农场、农产品超市、现代民宿陆续建起来，还聘请了西南石油大学的足球队教练。三河村村支部书记谭杰说，2 100名村民人均年收入较4年前增长了6 000元，而全村吸引的社会资本也从4年前的200万元，增长到现在的1 000万元。“足球＋旅游＋创意农业”，农商文旅体深度融合让三河村进入成都时

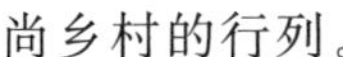

尚乡村的行列。

“结庐在人境，而无车马喧。”这里是川派盆景艺术节的诞生地，这里是中国小微盆景发源地之一，这里成立了全国第一所创意农业电商学院，乡村振兴学校是成都最早创办的乡村振兴学校之一，这就是成都市郫都区安龙村。绿色、艺术、书香、时尚，就在不经意间被安龙创意之美打动，有种久别重逢的感觉。

“莫笑农家腊酒浑，丰年留客足鸡豚。”污水循环利用、瑞典斯德哥尔摩有机肥生产技术、先进绿色生态的生活理念、生态农场的经营模式，安龙村田园美学和独特的文化内涵，让人感到这个小乡村不简单。田夫荷锄至，相见语依依，淳朴、宁静、优美是安龙的本性，“农业＋盆景＋平台”“农业＋文创”，呈现一村一品、一院一格、一步一景的优美场景，自然、生态、静谧，田园风貌型美丽乡村安龙释放的是一种自然优雅的魅力。

成都农业转型美学经济，打造世界优美乡村，建设世界优美城市，加快推进城乡融合，实现经济高质量发展。创意农业是农业产业与美学经济、创意经济的跨界融合，既是农业发展理念的创新，也是农业生产方式、生活方式、消费方式、旅游方式和发展方式的全面转变，已经成为农业现代化建设的新视角、新趋势和现代农业发展的新理念、新方向。实践经验表明，推进创意农业发展，对推动农业供给侧结构性改革、农业转型升级、农民增收致富、农村增美、市民增乐具有重要现实意义。

第三章

创意生活

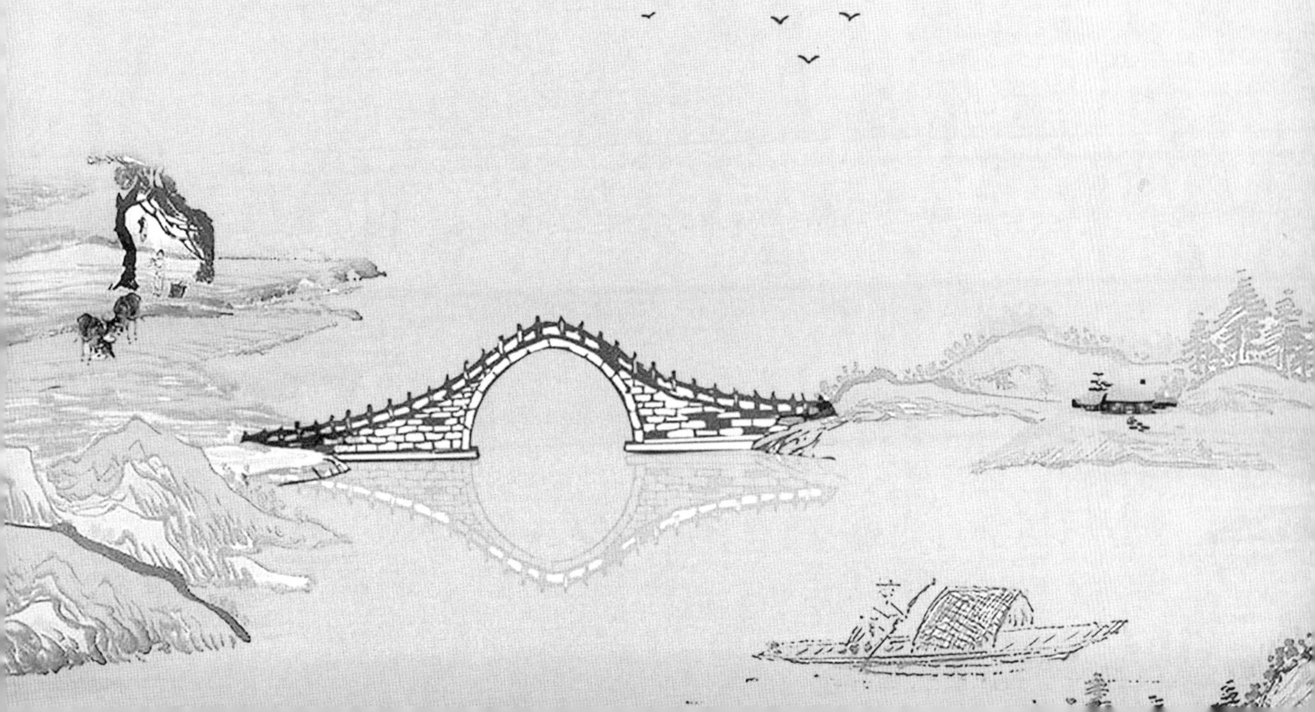

诗意田园，创意生活

“日出而作，日入而息，逍遥于天地之间而心意自得”，在江西省大余县新城镇周屋理学名宗乡村旅游点，每逢周末，约上三五好友，避开拥挤的人群，一起来周屋，哪怕只是过上一天简单的乡村慢生活，也是一种享受。周屋是章江河畔的“原真山乡”，村民世代在这里居住，颇似陶渊明笔下的世外桃源，代表着周氏子孙对潜隐文化的追寻。游走在周屋，你能感受到浓郁的原生态文化和宁静的桃源生活，真正体验到“采菊东篱下，悠然见南山”的惬意。

2018 年 3 月 16 日晚，“陌上花开”美丽乡村音乐节在成都郫都区红光街道举行。在红光街道“陌上花开”都市田园综合体项目区内，除了优美的音乐，还有草地帐篷、农夫集市、亲子游乐、房车体验等项目吸引市民的目光。陌上花开项目是红光街道引进的重大农业产业化项目，项目规模达 5 600 余亩，将瞄准创意农业产业新业态，打造集“都市文旅、观光农业、音乐公园、农业博览、花卉园艺、家庭农庄”为一体的新都市田园综合体。2018 年红光街道围绕郫都建设全国乡村振兴示范区的奋斗目标，致力于“打造新经济发展示范高地”夯实农业本底，提升农业品牌价值，确保在农技攻关、标准制定、品牌打造等方面多出成果；优化多利农庄和陌上花开项目产业定位和规划布局，依托川西林盘自然禀赋，采取活化、序化、美化和多元化手段，加快建设集成农业、科技、文化双创的田园型创新产业聚落，培育构建“百林百业”“百盘百才”新型产业形态，实现乡村连片发展，打造成为田园综合体和都市田园生活的典范。

中国诗歌万里行走进自流井暨第四届尖山桃花诗会“推动乡村振兴·创造诗意生活”主题研讨会，2018 年 3 月 21—23 日在自贡 4A 级旅游景区尖山风景区举行。诗人、中国作家协会诗歌委员会主任、中国诗歌万里行组委会常务副主任叶延滨说，“自贡走出了很多文化名人，希望自贡持续地搞好乡村建设，通过中国诗歌万里行平台的传播，让更多的人来自贡体验美丽的山水和底蕴深厚的文化。”近年来，自流井区确立了生态优先的最高

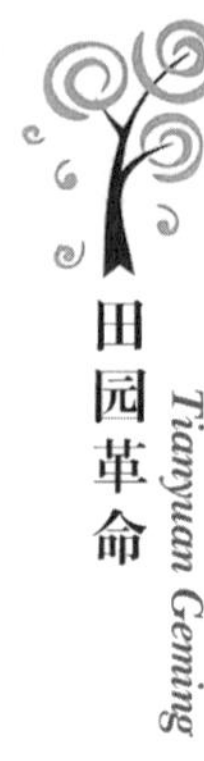

原则，把地域特色贯穿到生态、形态、业态、文态、生活态“五态”之中，以生态保护为根本，以品牌项目为引领，以特色小镇为带动，促进生态资源景观化、资产化、生活化。自流井区委书记曾健表示，在环境改善、产业提升、农民增收、治理加强的基础上，最终目标是在农村创造一种令人向往的生活方式，让每一个人都能够像诗一样栖息在这里，实现精神追求与物质生活的完美融合，为提升品牌文化内涵、加快旅游事业发展、壮大区域经济、创造诗意品质生活贡献无可替代的文化本源力量。

大地景观、水上剧场、乡野民宿、浮空栈道、绿野树屋、诗意公社、骑游道，集滨水休闲、避暑养生、生态度假、乡村旅游、创意农业于一体，这个“城市之肺”“自贡后花园”将彻底改变人们以往对尖山的印象。自流井区将以“诗意尖山”为主题，以自然山水为基底，诗歌文化作为景区文化内核，同时结合彩灯文化的演绎，为自贡休闲旅游品牌注入更多的文化气息，让尖山风景区具有更多的人文积淀，形成独特的文化氛围，提供游客沉浸式诗意文化体验，打造乡村田园生活美学集合体。

美丽田园诗意生长

2016 年 6 月 18 日，中国作家协会副主席廖奔，中国诗歌学会常务副会长程步涛，朗诵家瞿弦和，四川省作家协会主席阿来，以及刘小放、雷霆、蓝蓝、扎西才让、周所同、谭继和、祁和晖、何开四、曹纪祖、周啸天、马培松、蒲小林、雨田、蒋雪峰、蓝晓梅、龙克等知名诗人，来到 2016 年中国诗歌盛典“新诗百年田园诗歌主会场纪念活动暨 2016 中国都江堰田园诗歌节”的举办地都江堰市柳街镇，感受田园诗歌小镇的魅力，用这里的好风景养眼，好生态养心。

唐代以来就有杜甫、陆游、范成大等诗人和文学家在柳街镇吟诗放歌。柳街镇不仅是诗歌之乡、兰花之乡、川西水乡，而且是第一个聘请驻镇诗人的乡镇，是中国第一个田园诗歌小镇。牛放、杨然、瘦西鸿、吕历、蒋雪峰、羊子、凸凹、曾鸣等被聘为“驻镇诗人”。2003 年，改革开放以来中国最早的农民诗社——柳风农民诗社在这里成立，2008 年被国家文化部命名为“中国民间艺术之乡·诗歌之乡”，2015 年被中国诗歌学会授予“中国田园诗歌创作基地”。“湖畔的山语”青城湾情景民乐听享会、“文化的延续”中国田园诗歌讲习、田园诗歌小镇采风、“结缘诗乡”柳街种诗、“诗思泉涌”现场赛事会等一个个活动在这里举行。“乡村旅游＋田园诗歌文化”让柳街创意农业旅游充满诗情画意，中国田园诗歌资料馆、诗人之家、诗歌文化大院、国学诗歌会所、国学诗歌文化主题公园，用原汁原味的乡村民俗旅游组成中国乡村最美的田园诗歌景区。“柳街薅秧歌民俗文化节”“诗意柳街·寄放乡愁”田园诗歌吟诵节、“少年诗乡行”暑期夏令营、诗歌民宿，还有诗意“艺家乐”，这个中国最美诗画文旅小镇让国内外诗人和游客陶醉。

“采莲南塘秋，四联荷花俏。”在贵州省从江县洛香镇四联村，贵州侗乡大健康产业示范区核心区里，荷田就在花桥鼓楼侗家小院旁边，侗族农庄、荷香、青石板步道、侗歌悠

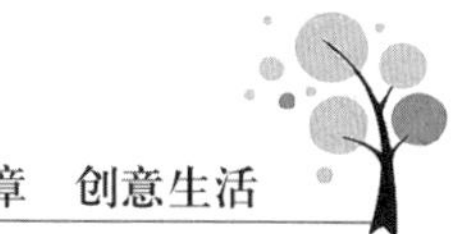

扬、牵牛挑草的农夫，犹如置身电影画面。游人可以钓鱼、游荷园、赏荷景、留荷影，还可以下田捉鱼、参加侗族大歌比赛、摄影采风、下田当农夫，四联村创意生活充满吸引力。

创意农业激起了人们的田园梦想，到美丽的乡村透透气、呼吸新鲜空气、欣赏优美景色、感受创意生活，已成为人们一种新的生活方式和消费方式。在浙江，省委省政府将旅游业作为重点打造的七大产业之一，大力发展生态乡村旅游，更好地诠释和丰满“诗画浙江”的旅游平台，开发满足多层次需求的乡村旅游产品，有效地承接庞大的旅游需求、消费需求，浙江省旅游局和凤凰媒体集团联姻，通过开展多渠道、多平台、全方位、立体式的深度战略合作，共同打造“诗画浙江，美丽乡村”系列活动，通过选取各具特色的乡村，利用视频活动和广告传播的方式充分展现浙江的秀美乡村、历史和人文、风土人情，描绘浙江旅游诗画卷，在实践中将“绿水青山就是金山银山”化为生动的现实，扩大浙江旅游产品在国内外的知名度和美誉度，进一步推动乡村建设。乡村的发展给浙江的旅游业极大的推动力，也真正践行了习总书记“绿水青山就是金山银山”的科学论断，美丽乡村用自己的良好生态和特色旅游方式赢来“金山银山”。浙江美丽乡村集聚了山水之美、人文之美、小镇之美、发展之美，浙江生态旅点亮乡愁、乡味、乡情、乡韵。

成都创意农业——田园乡韵风光美

在成都生活或工作的来自五湖四海朋友们，从家乡取来泥巴，把乡愁和乡情存放在成都。成都新民镇高祖社区的“赤足乡土路”上，成都2015年首届“赤足乡土”旅游季活动面向全国取土，打造“赤足乡土路”这个活动最早是村民和农业园区业主们的自发行为，千名游客在新民镇参与光脚走泥路、播种机驾驶、绿道盲行等趣味活动，感受乡土创意生活。在游人眼中，如诗如画、山水相依、伸手就能触碰到生态创意之美，让人舍不得离去。

在金堂县白果镇回龙湾，两千亩荷塘沁人心脾，十千米镜湖令人神往。白果镇坐拥两千亩优质荷塘，六月一到，洁白透粉的荷花便次第绽放，飘散出沁人心脾的荷香。

新津县安西镇厚院农家乐的水稻田里，“市民稻田徒手摸鱼比赛”吸引了远近游客，大家雀跃着在田灌间体验当地民俗徒手摸田鱼，回味儿时的欢乐。

成都人享受生活、亲近自然的文化基因推进了成都创意农业、乡村旅游大发展。留下的是乡韵，富裕的是村民，成都市按照体现田园风貌、体现新村风格、体现现代生活和方便农民生产的“三体现一方便”要求，以科学规划为基础，以都市现代农业发展为支撑，以基础设施和公共服务设施完善为重点，以川西民居特色风貌塑造为特色，以农民群众自主参与为核心，以体制机制创新为动力，成片成带地推进“小组微生”新农村综合体建设，做到“八个展现”和“七个避免”，即展现小规模、组团式、生态化的规划理念，展

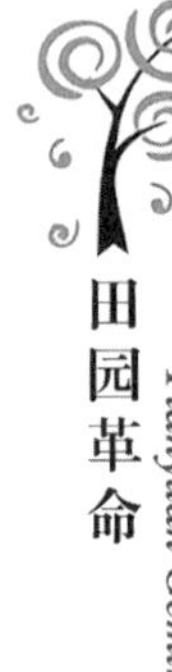

现产业发展的同步推进，展现公共服务和社会管理设施标准化建设的成效，展现基础设施的配套建设，展现农村产权制度改革的成果运用，展现村级公共服务和社会管理改革成果，展现新型基层治理机制建设成果，展现小区自我管理、自我服务的体制机制；避免农民被上楼、避免外墙贴瓷砖、避免采用卷帘门、避免乱建防雨棚、避免滥建防盗栏、避免破坏林盘风貌、避免耕作半径过大。进一步加快转变农民生产生活方式，促进农民持续增收和农村持续发展，建设业兴、家富、人和、村美的幸福美丽新村。成都“小组微生”新农村综合体建设规划做到房屋有前庭后院，在农户自愿前提下开展“微田园”建设，保持“房前屋后、瓜果梨桃、鸟语花香”的田园风光和农村特点，建筑风格充分体现地方民居特色，注重文化传承和生态保护。成都以“小规模、组团式、生态化、微田园”建设的新农村带着那浓浓的乡韵跃然眼前，田园乡韵，美哉乐土。

会展新创意，田园新业态

2018 年 4 月 25—28 日，第六届成都国际都市现代农业博览会在成都世纪城新国际中心举办。展会共吸引 17 个国家 1 500 余家展商参展。本次展会，成都各区（市）县齐聚“成都农业馆”，合力呈现成都都市现代农业成效。其中，蒲江、金堂、简阳、高新、新都、青白江、郫都、新津、崇州、大邑、彭州、龙泉驿、邛崃等市（区）县均以超大特装展位亮相。

郫都展团将带来物联网智慧农业产品、非遗产品、地标农产品、有机农产品等，其中新晋“网红”云桥圆根萝卜也将登场。云桥圆根萝卜被誉为“春不老”，一直是成都人餐桌上少不了的“土人参”，前不久登陆北京高端商超受到热捧。而猕猴桃、丑柑、蒲江雀舌、明月雷竹笋、蓝莓等将抢“鲜”登陆蒲江展团。新津展团除了带来无花果酵素、松茸包、田园食草鸡等特色产品外，还将展示新型的复合耕作体系——鱼菜共生系统。它通过巧妙的生态设计，让水产养殖与水培种植这两种原本完全不同的农耕技术协同共生，从而实现养鱼不换水、种菜不施肥的生态共生效应。

聚焦精准扶贫、精准脱贫是本届展会一大亮点，成都市级部门、各区县将携对口帮扶地联合带来优质农产品，集中展现精准脱贫取得的新经验、新做法、新成果。其中，蒲江将牵手对口扶贫县泸定县，带来大樱桃、羊肚菌、青稞酒、核桃油、生态鸡蛋等高原特色农产品。

“农商文旅融合”的微缩景观。本届成都农博会期间，“农业＋旅游”“农业＋文创”“农业＋康养”“农业＋会展”“农业＋互联网”等各领域发展成果，将在首次设立的“成都农业农村新经济主题展区”上精彩呈现，重点展示乡村新经济新业态的“农商文旅融合发展”典型案例。

邛崃大梁酒庄、郫都多利农庄、大邑天府花溪谷、都江堰茶溪谷、大邑青霞幸福社

区、新都漫花庄园等将亮相展馆，展期内，它们或以微缩景观等形式亮相。京东、果小美等龙头电商企业也将现场集中开展农产品线上线下展示、宣传和营销洽谈。

第六届成都农博会以“大农博”的全新理念，在展会期间与优质旅行社联合推出“成都农博会邀你赏味踏青”特别策划，邀请参展客商、市民游客一起“寻味舌尖，寻梦田园”。展期推出多条乡村游精品路线，涵盖战旗“网红”之旅——郫都青冈树村—唐昌镇战旗村，桃韵凤溪之旅——龙泉桃花故里—洛带古镇—宝胜村—青白江凤凰湖—金堂三溪镇，浅丘林盘之旅——崇州 10 万亩油菜花景区—大邑雾山乡大坪村，花乡田野之旅——三圣花乡—七彩田野等，让海内外客商、市民游客在逛展之余，亲身感受天府成都“岷江水润、茂林修竹、美田弥望、蜀风雅韵”的独特魅力。

花开中国，春天去乡村感受鲜花的浪漫，夏天去田园采莲子，金秋去农家打糍粑，冬天去乡野滑雪，创意农业嘉年华、艺家乐、主题公园、创意民宿……创意生活家成为引领时尚的新名词。2016 年月 9 日，四川省甘孜州首个现代生态农业园区——地处海拔 3 700 多米的濯桑现代生态农业园区在理塘县宣告成立。濯桑现代生态农业园区由甲洼田园综合体、康藏阳光现代生态农业双创中心、圣地农庄原种示范基地组成，规划占地面积 2 万亩，以田园生产、田园生活、田园景观、生态旅游为核心构成要素、将多功能多产业有机结合为一体的空间实体。综合体引入的玛吉阿米农业开发有限公司，已流转土地 200 余亩，建设完工冬暖式蔬菜大棚 10 个，并成功种植辣椒、西葫芦、番茄、黄瓜等有机蔬菜品种，是理塘县“两线一城”产业布局的重要一环，辐射国道 227 沿线甲洼、濯桑、藏坝等乡镇。正如时任中央农村工作领导小组副组长、中央农办主任唐仁健考察湖南省株洲市荷塘区仙庾镇仙庾村“耕食记”农耕文化创意农园时所说，“中央支持有条件的乡村建设田园综合体，以农民合作社为主要载体，让农民充分参与和受益，集循环农业、创意农业、农事体验于一体，努力培育农业农村发展新动能，这是推动农业供给侧结构性改革的重要内容”。在航天科技小康村海南省文昌市龙楼镇好圣村，积极打造中国首个村级全球商业区块链创新联盟村庄，大力发展大数据、物联网、互联网、旅游等区块链产业。文昌市在全省率先启动了“我在海南有农庄”试点建设，把好圣村作为首个建设试点村庄，将通过“互联网+创意农业”技术，打造田园综合体，提供产品认养、托管代种、自行耕种、房屋租赁等多种私人订制服务，海南省农业农村厅休闲农业发展局局长陈良介绍，好圣村作为航天科技小康村，休闲农业资源丰富，同时目前正在打造区块链餐厅、互联网展销中心、航天瓜菜种植、航天创客民宿等新业态板块，以“合作社+农民”的开发形式，推动农村集体土地流转，进一步盘活周边休闲农业资源，使当地农民增收，作为休闲农业的新业态，农庄不仅仅是让游客可以前来游玩采购，还可以通过互联网认养家禽、果木，通过互联网可以参与到农庄的农业生产与管理，现在好圣村的 2 000 多株椰子树，通过互联网平台已经被游客承包认养，当地农民的椰子收入也从每株每年 50 元提高到了 100 元。在成都龙泉驿区，一朵桃花引来千亿汽车产业，同样，在江苏无锡锡山区东港镇山联村，

一朵菊花让 7 000 余村民人均年收入超过 2.6 万元。

全国人大代表、江苏无锡锡山区东港镇山联村主任朱虹认为，抓好龙头产业，深挖旅游特色内涵，带领全体村民共同富裕，让村民的钱袋越来越“饱满”是她最大的心愿。山联村过去人均年收入不到 1 万元。山联村富民合作社统筹规划实施富民项目帮助村民脱贫以来，全村从产业的特色、品牌、规模、影响力等上下功夫，目前除了菊花茶以外，已拓展到菊花枕头、菊花火锅宴、菊花房车基地等，涌现了一系列菊花相关的产品，全村围绕产业特色，将加大以“菊花”为主的特色产业链发展，同时围绕乡村、休闲、全域旅游发展的要求，对现有的旅游现状进行深化和提高。朱虹说，每个乡村都有它独特的本质和内涵，乡村发展要避免千村一面，不能扔了本地的文化历史特色，盲目照搬别人的模式来做。农村的发展不光有硬件设施的改造，更要注重内涵、文化、底蕴、管理创新等软件上的特色。加大对乡村规划、乡村建设的实用性人才培训力度，这是眼下农村所缺乏的。山联村将进一步盘活村级集体建设土地，整理可以复耕的土地及村民的宅基地，让村民充分参与循环农业、创业农业、农事体验于一体的田园综合体项目，增强农民增收新动力。同时将以“金色山联”为主体，大力发展乡村休闲产业，以山联发展模式打造乡村旅游的 4.0 版。如今不仅离开山联村出去发展的人越来越少，以前出去的人现在也都陆续回来了。农村美了，农民富了，文明程度也在提高，幸福指数直线攀升，乡村的吸引力也越来越强。

特色田园打造创意农业新版本

江苏省乡村特色田园建设打造创意农业新版本，“十三五”期间省级规划建设和重点培育 100 个特色田园乡村试点，并以此带动各地特色田园乡村建设。具体目标是生态优、村庄美、产业特、农民富、集体强、乡风好。集中集聚创意农业多要素联动发展，体现和提升农业多功能、农村多元价值的特色田园乡村建设行动，从“园区”到“田园”的生产转型是留住“业”留住“钱”的创新嬗变，满足人们丰富食品“养胃”和新鲜空气“养肺”的物质需求，满足人们“养眼”“养生”“养心”等精神文化需要。强化特色农业多功能性结构优化，做大做强创意农业田园特色产业，留住“家”留住“人”，带旺村庄人气，让村庄更有生机活力。

推进乡村振兴，促进城乡融合，要有好的业态和载体。江苏省把创意农业产业开发、农产品产销与文化创意、科技创新、品牌打造有机结合，在全国首创构建以田园为载体，遵从生态肌理，重构价值组合，做新做强做美特色乡土文化，打造产业特、形态美、功能全、有文化、留住人的特色田园乡村，提升农业产品价值、科技价值、文化价值、生态价值、审美价值体系和“更有质量、更有创意、更有效益、更可持续”的农业供给体系，成为全国创意农业田园文化发展的亮点。从“新境”到“心境”的生态文明，留住“根”留

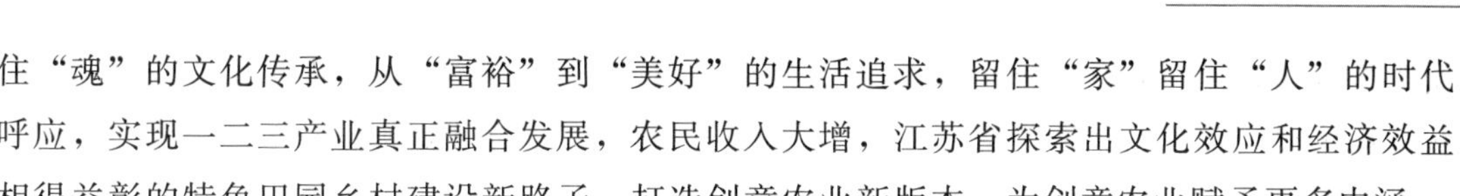

住“魂”的文化传承，从“富裕”到“美好”的生活追求，留住“家”留住“人”的时代呼应，实现一二三产业真正融合发展，农民收入大增，江苏省探索出文化效应和经济效益相得益彰的特色田园乡村建设新路子，打造创意农业新版本，为创意农业赋予更多内涵。

乡愁是乡村的灵魂。大家愿意去乡村旅游，就是希望体验岁月的沧桑、不一样的乡愁。看到青砖黛瓦，鸡犬相闻，优美的田园景象能够让人思念怀想、流连忘返。

一方水土养一方人，文化创意多有共通之处。北京市推动全市创意农业和乡村旅游产业发展，依托农村绿水青山、田园风光、乡土文化等资源，以农耕文化为魂，以美丽田园为韵，以生态农业为基，以创新创造为径，以古朴村落为形，着力打造城乡居民望山看水忆乡愁的好去处，成功举办农业嘉年华，以创意守护乡愁。原生态、草根味的民俗文化，让北京市民尝到儿时家乡的味道，满足居民休闲的个性化需求，打造了市民走进农村、了解农业、关注农民的重要平台，农业嘉年华在加快转变农业发展方式、促进农业现代化和农民就业增收方面发挥了重要作用，使农村真正呈现活力乡村、生态乡村、人文乡村、富裕乡村、幸福乡村之美。在上海乡村，体验农游乐趣感受的是乡村生活的幸福感、满足感、审美感，沥江生态园、寻梦园香草农场、浦江现代农情园、闻道园、花米庄行、上海雪浪湖生态园、（廊下）现金山代农业园区、上海西沙国家级湿地公园、瑞华果园等上海农业旅游经典景点成为“长三角”休闲农业与乡村旅游可圈可点的创意农业目的地，美食、美景、背包、游记、自驾，来一次说走就走的创意农业之旅，感受乡村生态创意之美，不亦乐乎。

让人记忆犹新的梯田石寨，有牧童耕牛犁田的村庄，成为人们心头越来越热烈的向往。行走美丽乡村，江西省武宁县罗坪镇，“红豆杉”景观长廊延伸到农民家门口。广西贺州市黄姚古镇利用当地古桥、古井、古樟、山体、江河水塘等现有资源，依景就势打造了独具特色的乡村旅游景区。“溪以兰名，邑以溪名”，地处浙江省中西部的兰溪因兰江两岸盛产兰花而得名，由姚村、上包、芝堰等村组成的“全国最美马拉松赛道”，把“风景美”变成“风尚美”，串起了一道创意农业美丽经济产业带。

书院：用知识承载乡愁

书院，是点亮乡村希望的明灯，是寄托乡愁的家园，是培养人才的摇篮。

书院在增进村民之间的交流沟通，增强对本土本乡的感情，弘扬优秀传统文化，开展送温暖献爱心活动，帮助孤寡老人、残疾人和留守妇女、留守儿童解决生活困难，促进奖教助学和乡风文明方面具有重要作用，已经成为聚集乡村人力资源、促进社会和谐稳定、承载传统文化的重要依靠力量。

“立身先立德，心中存良善。仁者皆博爱，志远励少年。处世以真诚，重诺千金散。仁义浩天地，公道盈心间。”山东省潍坊市高密经济开发区冯家庄村的小学教师单美华和

丈夫李济远办起“宝德书院”，为孩子们提供学习娱乐的安全场所，解决家长们的后顾之忧。西咸新区启稚书院院长张惠贤创办农耕夏令营，教孩子们唱歌、跳舞、做手工、学习麦秆编织。

安徽省阜阳市颍泉区城乡统筹试验区老家村王国良自掏腰包创办明德书院，为附近中小学生开设国学课堂，传承国学经典。

倡导“晴耕雨读、知行合一”的何慧丽教授到河南省灵宝市焦村镇罗家村，利用废弃的村小学成立弘农书院，举办道德讲堂，成立弘农沃土专业合作社，探索现代乡村建设，促进传统文化与现代乡村建设完美融合，推动了“美丽罗家”乡村文明和产业发展。

山东众森园林集团投资的济南市长清区孝里镇金谷农民书院，以农业为园、以书画为媒，建设现代农业和文化产业融合发展的农业综合体，成为促进文化繁荣、带动农民增收的基地，让孝里这座千年古镇绽放文化异彩。

济南市章丘区文祖镇黄露泉村没有小学和幼儿园，在济南市环保局的支持下，发起成立山东省首个扶贫文化书院，推进国学进课堂、儒学进乡村、传统文化进社区三进活动，通过“结对子、种文化”，建立了黄露书院数字图书馆、电子实验室和传统国学培训堂，大力开展中国特色社会主义和中国梦宣传教育，加强社会公德、职业道德、家庭美德、个人品德教育，打造孵化“教育、旅游、文化”三个品牌，让社会主义核心价值观深入人心，在农民群众中获得自觉的价值认同。黄露书院还拍摄以农村扶贫为主题的电影《乘着歌声微笑》和扶贫文化国学教育励志剧《音乐外卖》，培育富于地方特色和时代精神的乡贤文化，增强农村的文化吸引力和感召力，发展乡村文创产业和创意农业旅游，努力提升农民文明素质和乡村文明程度，把黄露泉村建设成为美丽乡村、文明家园。

成都市通过发展创意农业，端出一道道乡村旅游大餐，推出一系列惠民的政策，大力发展休闲度假、旅游观光、养生养老、创意农业、农耕体验、休闲农庄、特色民宿等休闲旅游产品，推进农业与旅游、教育、文化、健康养老等产业深度融合，推动创意农业和乡村旅游产业优化布局、提升质量、拓展领域，成都市共推进“小规模、组团式、微田园、生态化”幸福美丽新村建设109个，已建成54个。崇州市白头镇五星村以4A级旅游村的标准设计房屋，800多套新房统一采用川西民居风格，保留村庄的自然风貌，变农区为景区、田园为公园、农房为客房、劳动为运动、产品为商品，让游客感受到成都平原乡村旅游的特色，让广大城乡居民养眼养胃养肺养心养脑，感受泥土的芬芳，让农业真正强起来、农民富起来、农村美起来。

发展农民文学社

农村美起来了，农民富起来了，农民对精神生活的需求日益丰富。建设美丽乡村，记住“乡愁”，离不开乡土文学的“好声音”。农民用热爱与坚守，扎根生活，歌颂脚下这片土地，文学社和乡贤文学院就是他们精神生活的理想家园。

乡村是人类文化的发祥地，文化艺术与农耕生活的有机结合，特别是艺术与农家乐的结合，诞生了“艺家乐”；艺术与乡村消费的结合，诞生了艺术消费业态；艺术与乡村阅读的结合，诞生了乡村书院；艺术与乡村民房的结合，诞生了民宿。如何让人们在富起来的同时，离开牌桌、麻将桌，而是学习唱歌跳舞、书法绘画、进行文学创作，甚至让城里人来风景优美的乡村阅读，让老年大学走进新农村？如今一群农民文学爱好者一边扛锄头一边写文章，以生动的笔触，用文学反映乡村的巨变，他们是担起乡土文化传承的志愿者，为当代文学的繁荣与发展注入了活力，他们为传播乡村文明、扩大乡土文学的影响力做出了重要贡献，我们有理由给他们更多的关注与支持，让农民文学社火起来，让农民作家得到更多的尊重。

1984 年 11 月 19 日，由河津农民郝发智倡议筹办的山西首家农民文学社团知春文学社正式成立，凡成员在刊物上发表作品，在社里可领到同等数额的稿费。1985 年 9 月 8 日，湖南省湘乡市龙洞乡乐昌村农民贺显曾创办的仙女山文学社正式成立，开办了创作园地——《仙女山》，贺显曾担任主编、文学社副社长。1986 年 1 月 18 日，重庆市沙坪坝区青木关镇罗成友在小学班主任老师陈善治的支持下，组建滴翠文学社，坚持 30 年不散，被称为最“牛”农村文学社。成都市都江堰柳街镇农民邱岗 2003 年筹办成立柳风农民诗社，是全国最早成立的农民诗社之一。十三年来柳风诗社出版了《柳街镇农民诗歌丛书》15 本、《柳风诗报》29 期，柳街镇成为省级“民间诗歌之乡”。位于北京市顺义区望泉寺村的全国第一个村级文学社团组织望泉寺文学社成立于 2006 年 3 月 16 日，文学社一直以塑造新型农民、促进新农村精神文明建设为宗旨，编辑出版的村级文学刊物《绿港文学》，获得 2007 年度北京新农村建设创新奖。2006 年 10 月 28 日，蒲江青年农民杜荣辉与友人创办鱼凫诗社，《鱼凫诗萃》第一辑面世。2007 年 4 月 15 日，16 个打工的农民工聚到一起，畅谈文学，精心创作，在西安市南郊新后村租住的民房里办起了一个自己的文学社——乡音文学社。2008 年 8 月 7 日，山西省原平农民诗曲社成立，社员遍布全市 100 多个村庄。

2011 年 7 月 22 日，云南省昭通市“星火文学学会”正式成立，编辑出版《星火》季刊和文学报，已累计发表各类文学作品 700 余万字。2011 年 8 月 19 日，北京市大兴区西红门镇热土文学社成立，为文学爱好者搭建了一个交流的平台。2012 年 5 月，广西西林县农民黄志伟在自家成立那劳农民文学社，创办了《金色田园》内部刊物，2015 年，黄志伟被评选为“八桂最美阅读追梦人”。2012 年 10 月，陕西省铜川市耀州区王家砭村王江轩、王全林兄弟两人带头创办的王家砭农民文艺诗社成立，目前社员达到 150 人。2013 年 3 月 10 日，西阳文学社在江苏省常州市金坛区薛埠镇仙姑村委会正式成立，打造凝聚农村青年新模式，2015 年西阳文学社团支部团建项目喜获“常州市农村区域化团建创新项目”荣誉。2014 年 4 月 11 日，河北省承德市宽城满族自治县塌山乡塌山村清河农民文学社成

立，该村的文学爱好者在会长杨润富带领下，创作反映塌山乡的山川风貌、风土人情、传奇故事等，文学作品集《清河颂》带有浓郁的乡土田园气息。2015 年 12 月 30 日，河南省南阳市宛城区红泥湾镇黑土地文化艺术社成立，下设文学、书法、美术、戏剧、舞蹈创作和表演分社，开展送文化下乡活动，丰富群众文化生活，回报文化春风化雨的哺育之恩，回报黑土地的生长养育之情。

艺术消费成为乡村经济新热点

“艺术＋乡村”“艺术＋农业”“艺术＋农民”“艺术＋旅游”，艺术改变农民的命运，改变着农村的未来。

乡村美学体验经济的兴起，艺术与乡村旅游的融合发展，让创意农业方兴未艾。乡村书院、创意民宿、艺家乐、乡村文创综合体、农村电商、养心养美体验，一大批形式多样、特色鲜明的创意消费产品和生活方式产品走进人们的生活。艺术消费将成为拉动农村万亿产业的热点领域，围绕艺术消费为中心的乡村投资增速将超过房地产，成为新的投资热点。乡村投资的热点还将在创意农业、乡村旅游、乡村书院、养心养美、艺术小镇等领域涌现。

“到农村去”，不再是一句口号，而是一种投资机会，一种艺术路径，一种生活方式。

成都郫都区唐昌镇战旗村依靠创意农业花田艺术，“村、企、农、艺”四者合一，互动发展，实现创意农业产业集群和花田艺术产业的融合发展，成功打造“四川创意农业第一村”。“中国川派盆景艺术小镇”“中国海棠艺术第一村”都江堰市安龙镇 70％的土地均种植花木盆景，70％的群众均从事与花木盆景相关产业，70％的收入来源于花木盆景产业，盆景、花木在地产值超过 15 亿元，盆景艺术消费让安龙声名鹊起，实现了盆景产业化、城镇景观化、项目精品化、节庆常态化。

河北馆陶“粮画小镇”寿东村以粮食画为产业，以艺强村、以富促美，体现特色创意和艺术品位，定位是恬静优雅、乡土风情浓郁的时尚艺术小镇，被央视农业频道授予“中国美丽乡村艺术苑创作基地”和“《美丽中国乡村行》栏目拍摄基地”称号。

合肥三十岗乡崔岗村，原来是一个仅有 1 300 余人的贫瘠小村，因为艺术家的到来而改变，艺术展览馆、艺术家工作室、书店、咖啡馆、画廊、瓦房工作室、艺点空间、环艺坊、素陶工社、无用工坊、上水荷，以其独特的艺术魅力，吸引着艺术爱好者的来访，市民纷纷来到这里感受艺术、享受艺术、消费艺术，艺术与村庄共生长，艺术家与农民打成一片，崔岗成为安徽省第一个艺术家村。

打破传统模式，突出艺术个性

农家乐怎样走出农事体验游的传统旅游模式，打造特色鲜明、知名度高的乡村美学经

济品牌？要解决这个问题，满足游客求新求美的消费欲望，就要推行“农家乐＋艺术”模式，让艺术融入乡村旅游，突出艺术个性和艺术主题，体现创意生活、艺术园区和青少年科普的创意农业文化，推广系列艺术主题活动，增添艺术与文化元素，将传统农业与艺术审美相结合，唤起游客农味农趣和童年记忆。给游客带来更新更美的体验，在文化上获得高溢价，是农家乐向艺家乐转型发展的必由之路。

在成都，作为农家乐和艺家乐的发源地，艺家乐既是一种行为艺术，也是一种深度体验艺术。在艺家乐尽情享受田园生态之美，赏景、作画、写生、吟诗，还可以品味美食、观鸟、来一场插花和花艺手工大比拼。

浙江天台县街头镇金满坑村在发展农家乐过程中免费提供颜料、画笔和近 5 万平方米的农民住房墙面给游客涂鸦，把村里的墙面、房屋都作为涂鸦的天然画布，吸引了许多艺术家来村里作画，村舍、溪岸、石阶等涂得五彩缤纷，风景、花鸟、卡通人物出现在村里的各个角落，金满坑村成为美轮美奂的涂鸦世界，涂鸦艺术成为旅游扶贫的重要力量，让这个曾经 201 户人家中有 60 户属于低收入农户的贫困村走出困境。

山东省枣庄市峄城区，中国石榴城书画创作基地落户农家乐“云颐山庄”，通过跨界融合的方式实现了联袂发展。“云颐山庄”以书画艺术创作接待服务为特色，集书画创作展示、书画艺术培训交流、餐饮住宿、商务会议、茶社棋牌、观光采摘、休闲旅游等为一体，努力打造成为峄城区乡村旅游品牌“榴园人家”，进一步增加中国石榴城的文化内涵。

安徽省宣城市是徽文化的发祥地，全市 159 家省星级农家乐初步形成 19 个农家乐（民宿）集聚区，主要有景区依托、城郊休闲、民俗文化、户外运动、乡村体验休憩多种类型，从分散经营到规模化经营转变，从单纯的餐饮服务，到开设国学体验、传统乐器、礼仪、茶道、农耕文化、传统手工艺、亲子交流等课程，吃、住、休闲、娱乐一条龙式的配套服务，“私人定制”崭露头角，开启农家乐的个性化之路；从朴素的田园、山乡风光，到艺术型、体验型经营，凸显特色，让农家乐更有“农村味”“艺术味”，从自发式发展到集群化发展转变，推动由“数量规模型”向“质量做精、档次做高、风格做特”方向发展，满足游客个性化、多样化需求，形成一二三产业高度融合的发展态势，引领更多的农民走上兴农强农的道路。

当生活方式成为一种财富、一种追求，不再把物质占有作为人生的目标，简单而淳朴的乡村生活受到大家的关注。

漂亮的风景不一定在高楼林立的地方，也可能是在美丽的乡村。以跑马观花和购物为主的景点旅游时代已经过去，以生态体验和养心养美为追求的创意生活方式旅游赢得了人们的认可。在成都，春看玫瑰，夏观荷塘，秋赏菊花，冬惜蜡梅，个性化、审美化的艺家乐走进人们的视野。销售乡愁的民宿，改变传统只住不游的思路，精明的投资者把破旧老宅变成了新的业态形式，用原汁原味的乡野生活满足市民的需求。

河北省邯郸市峰峰矿区将以磁州窑文化创意街区为核心的片区确定为美丽乡村建设整

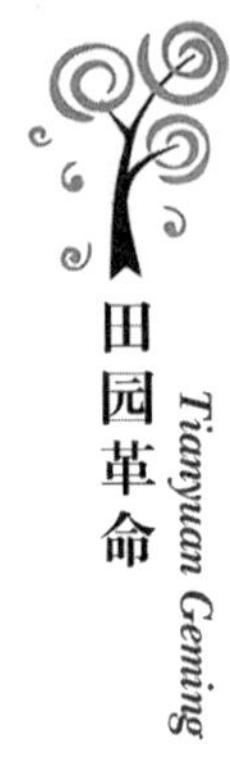

区推进重点片区，促进美丽乡村建设与磁州窑文化艺术产业的融合发展，“中国陶瓷制作技艺大赛”“手工陶瓷制作体验游”“磁州窑文化走进人民大学”等创意活动相继举行，推出三和村仿古文化艺术街区、张家楼陶瓷艺术公社等文化艺术旅游精品线路，营造片区景区化、城乡等值化、寻得到美丽、记得住乡愁的创意生活方式，艺术家、创客纷纷入驻文化创意街区。成都北星干线大丰、斑竹园、马家、新繁、新民、军屯、清流 7 个镇（街道），已经孵化出沁彩农庄、久森农业、滨江农业、丁家大院、锦绣田园等一批创意农庄，这里不仅有篮球场，还有田园足球场。三月看田园、五月看柚花、八月赏桂花、十月吃柚果，成都市新都区斑竹园镇集休闲、观光、体验、度假为一体的开放式乡村公园“花香果居”，成为成都北星干线艺家乐产业集群的佼佼者。成都市浦江县甘溪镇明村，在一批艺术家和教育家的推动下，“农技”变“农艺”，传统小村成为诗画小镇，“种田地”变“卖创意”，成功转型“文创＋农创”的国际陶艺村。

城市生活环境恶劣、空气污染严重、交通拥挤，让艺术家们难以忍受。故乡情，游子心，特别是充满田园风情和童话般美丽的乡村生活方式，正在推动热爱乡土文化的艺术家向乡村大迁移。很多城市的艺术家和中产阶级相信“用艺术可以改变乡村”，重新把目光转向故乡，回到那个返璞归真的桃花源。

发展休闲农业和乡村旅游是实现农业增效、农民增收、农村增绿的有效途径，是打赢脱贫攻坚战、全面建成小康社会的重要举措。随着城乡居民收入水平的不断提高和消费方式的不断转变，作为新型农业产业业态和新型消费业态的休闲农业与乡村旅游，已经成为横跨农村一二三产业的新兴产业，促进农民就业增收和满足居民休闲需求的民生产业，缓解资源约束和保护生态环境的绿色产业，发展新型消费业态和扩大内需的支柱产业。当前，正值“美丽中国”“美丽乡村”建设黄金期，为休闲农业与乡村旅游带来难得的发展机遇，蕴含着巨大的发展潜力。

发展休闲农业和乡村旅游，必须夯实农业的基础地位，挖掘乡间尘封的遗存，唤醒乡村沉睡的资源，激活创业创新的热情。要因地制宜发展特色优势产业，带动传统种养业转型升级；要积极拓展农业的多种功能，延长产业链、提升价值链；要加大示范创建力度，培育一批知名品牌。农业部部长韩长赋表示，要遵循乡村自身发展规律，适度开发，合理开发，科学开发，保护田园风光、保留原始风貌、保持乡土味道，防止农村变成城市的缩小版、防止低水平重复建设。

怎样坚持因地制宜、保护优先的原则，量力而行、合理布局、适度开发，实现人与自然和谐发展？如何突出乡村生态、乡村文化和乡村文化遗产保护，防止资源浪费和环境污染，实现休闲农业与乡村旅游、资源环境的可持续发展？

“安且吉兮”，安吉是习近平总书记“绿水青山就是金山银山”重要理念的诞生地。安吉是首个“国家生态县”，在全国首创“美丽乡村”建设中，为“美丽中国”贡献了第一个实践样本，为全省、乃至全国制定“农家乐”标准体系提供了样板，开启创意农业和乡村旅游

先河。时任浙江省委副书记、省长车俊表示，2017 年首届全国休闲农业和乡村旅游大会在安吉县召开，是对“两山”重要思想的创新实践，也是“三农”工作的创新发展。浙江将按照习近平总书记提出的“秉持浙江精神，干在实处、走在前列、勇立潮头”的要求，认真落实会议精神，学习兄弟省区市的好做法、好经验，深化农业供给侧结构性改革，在农业绿化、农村美化、农民转化上下更大功夫，坚定不移走转型发展、均衡发展、可持续发展、共享发展之路，充分激发农业农村发展新动能。

四川省积极推动乡村各类资源景观化，加强乡村生态环境保护，推进农（林）业园区、森林公园、水利风景、古镇新村等各类乡村资源创建国家 A 级景区和旅游度假区、生态旅游示范区、森林康养示范村镇等旅游品牌，鼓励发展民宿旅游和休闲农庄、养生山庄等特色业态经营点。四川通过全面实施乡村旅游富民工程和“千村万户”“千村万景”旅游富民计划，推动形成红色旅游、民族风情、休闲度假、康体养生、科普教育等系列主题旅游产品。如今，“环成都乡村休闲旅游带”“环重庆乡村休闲旅游带”“秦巴山森林康养经络带”声誉鹊起。泸州市以产业基地景区化建设为突破口，深度融合农业生产、生活、生态功能，将创意元素和农耕文化、乡土文化、民俗文化相结合，积极发展休闲创意农业、体验农业，拓展农业产业功能。以泸州市国家现代农业示范区和省级现代农业畜牧业示范县、重点县为载体，集中打造一批农村一二三产业融合发展示范典型，重点推进江阳区董允坝现代农业示范园、龙马潭区走马慈竹现代农业观光旅游产业园、纳溪区智慧三江现代观光农业科技示范园、泸县海潮万亩现代农业产业园、合江长江村现代农业示范园、叙永县赤水河流域现代柑橘产业示范园、古蔺县海升甜橙标准化示范园区等 15 个产业融合示范园区、5 个休闲农业专业村建设，力争 2017 年休闲农业与乡村旅游收入达到 120 亿元以上。

江苏省围绕地方特色资源开发，推进“一村一品”“一乡一业”，形成了一批市场需求好、生产效益高的地方特色产业。全省近 1/3 的行政村拥有自己的特色农产品，经农业部认定的全国一村一品示范村镇达到 97 个，居全国第三。在江苏，春天，品春茶、看春花、吃长江三鲜；夏天，可以在沿海尝海鲜、看海景，可以品尝葡萄、桃子、梨子等各种农特产品；秋天，光吃螃蟹就能找到多个去处；冬天，还可以在山羊小镇吃羊肉。盐城市大丰区积极推动创意休闲农业与乡村旅游发展，把休闲观光农业作为拓展现代农业功能、提升农村生态环境、增加农业效益、促进农民增收的新途径，新丰镇的荷兰风情街、大桥镇的桃花洲农家大院、大中镇的恒北茱园、草庙镇的鹿苑生态度假村、草堰镇的三元农庄、三龙镇的渔家乐等 124 户农家乐经营户围绕“吃、住、行、游、购、娱”旅游六要素和“文化、生态、休闲、互动”四大主题，推出品农家饭、干农家活、观农家景的系列乡村休闲旅游活动，开发特色旅游商品专卖店 20 多家。荷兰花海郁金香文化月、东方桃花洲油桃采摘节、恒北梨花节、盐土大地蓝色旅游节、梅花湾梅花文化节、丰收大地菌菇美食文化节不断举行，创意农业节庆活动好戏连台。

乡村文化创意：景好、人好、画美

重庆市2016年以来努力推进“美丽乡村”建设，计划每年重点建设市级示范村100个，各区县每年建设区县级示范村3个以上。2017年，重庆建成市和区县两级示范村1 000个以上。重庆市渝北区木耳镇“七彩香村”生态产业园重点发展香花、香果、香草、香树等“香”植物种植，构建起了融生产、研发、旅游为一体的创意农业园区，景区年综合收益达1亿元以上。重庆“点上有特色、面上有规模、整体大变化”的美丽乡村发展格局已初步形成。武隆作为全市农村一二三产业融合发展试点区，以“农业与扶贫示范基地”建设为支点，用3年时间，打造6条农业精品线路，促进农民增收，建设美丽乡村。武隆区委书记何平表示，一产是基点，二产是重点，三产是亮点，要按照“基在农业、利在农民、惠在农村”的原则，“三产”齐头并进，形成一二三产业融合发展新格局。重庆市农委生态处副处长帅鸿彬表示，重庆市全力打造都市功能拓展区——以都市闲情为主题的现代农业观光区，城市发展新区——以巴渝乡情为主题的现代农业景观区，渝东北生态涵养发展区——以山水真情为主题的滨水生态农业体验区，渝东南生态保护发展区——以民俗风情为主题的武陵山民俗特色休闲区，目前已创建8个全国休闲农业与乡村旅游示范县、23个示范点，11个中国美丽田园。

国家现代农业示范区广东省佛山市顺德区，打造8个超千亩的现代农业产业园，集科普、生产、销售、加工、观赏、娱乐、度假等于一体，在顺德农业嘉年华活动中，通过媒体、企业多方合作，让小朋友走进企业了解农副产品生产制作过程，感受农产品质量安全的重要性，搭建起连接城市与农业的桥梁，成为顺德都市型休闲农业产业集群崛起新平台。顺德区农业局副局长叶彩洁表示，嘉年华活动是“1＋1＋N”的模式，在陈村花卉世界举办的嘉年华活动，既有盛大而隆重的启动仪式，也有精品农业风采展等活动，吸引了数万的市民朋友以及亲子家庭去参与。乡村旅游和休闲农业在近年来，已成为传统农业顺应市场特征、创新转型的发展方向，是活化生产、流通、消费营销，充分整合社会资源的重要抓手。

休闲农业和乡村旅游快速发展的过程中，各地因地制宜广泛开展形式各异、内涵丰富的美丽乡村创建活动，不断创新发展模式，拓宽发展领域，涌现出了许多产业特色突出、文化特征明显、品牌知名度高、村容景致独特、精神风貌良好的美丽休闲乡村。农业农村部总农艺师孙中华表示，这些美丽休闲乡村的出现和发展，激活了一片区域、兴起了一批产业、带富了一方百姓。为培育一批休闲农业和乡村旅游知名品牌，提升美丽休闲乡村的知名度和影响力，激发各地建设的积极性和创造性，从2016年起，农业部以原有的中国最美休闲乡村、美丽乡村和全国休闲农业与乡村旅游示范点创建工作为基础，启动开展了中国美丽休闲乡村推介工作，与全国休闲农业和乡村旅游示范县创建、中国重要农业文化遗产、全国休闲农业和乡村旅游精品景点线路推介等工作一起，重点打造“3＋1＋X”的休闲农业和乡村旅游品牌体系。孙中华说，“美丽休闲乡村以农耕文化为魂，以美丽田园为韵，以生态农业为基，以创新创造为径，以传统村落为形，实现了人与自然的和谐发展，成为新时期发展现代农业、带动农民增收、保护生态环境和建设社会主义新农村的典型代表；成为满足城乡居民休闲旅游消费、传承农耕文明和中华民族文化的重要载体；成为农民幸福生活的美好家园和建设美丽中国的经典缩影。”

浙江省桐庐县富春江镇芦茨村，位于富春江畔，森林覆盖率达92%，田园风光秀丽，村内溪流潺潺。由于气候适宜，山林环绕，农民主要从事茶叶种植、传统农业果木等种植业和乡村旅游业。坐拥青山秀水的芦茨村，农家乐和民宿临溪而建，临水而居。加上原生态、原生活、原生产等乡村元素，更是让游客纷至沓来。

四川省成都市郫都区唐昌镇战旗村，依托村集体经济组织，集体资产股份量化，农户土地入股，保底分红，集中经营土地，发展创意农业，实施拆院并院，农户集中居住，培育产业支撑，壮大集体经济，全村充分就业，打造出“村新、业兴、景美、人和”的美丽新农村，实现全村创意旅游业倍增、农业产业倍增、农民收入倍增的目标，被誉为四川创意农业第一村。在三道堰镇青杠树村，一排排粉墙黛瓦的民居错落有致，荷塘旁垂柳随风摇曳。青杠树村由9个川西民居院落组成，面积2.4平方千米，共有11个社932户2 251人，先后被评为全国一村一品示范村、中国十大最美乡村、中国美丽休闲乡村。青杠树村主任钟家旭表示，青杠树村紧紧围绕“双创高地，生态新区”的发展定位，统筹推进新农村综合体示范建设，按照“高端项目为龙头、生态农业为基础、农家旅游为配套”的产业发展思路，建设青杠树景区，打造半岛水乡慢生活体验区，大力发展乡村休闲旅游产业。目前已修建完成滨水生态湿地公园、景观牌坊、农耕博物馆、香草湖等供游客休闲旅游的小景点，同时开展一系列特色活动吸引游客，自2013年美丽乡村修建完成后，青杠树村日均接待高达3 000余人次。在2015年时，青杠树村就通过土地整治，将零星、分散、闲置的集体建设用地集中复垦，同时引进社会企业共同出资成立香草湖景区管理有限公司，促进集体资产保值增值。香草湖景区管理有限公司平台仅2016年就通过房屋租赁、土地租赁、商业管理、停车场运营实现收入234万元，农民按股份分红，实现多渠道增收。

湖南省常德市柳叶湖旅游度假区白鹤镇太阳谷美丽乡村建设示范片区以建设美丽乡村为契机，突出城郊特色，依托柳叶湖、太阳山、红旗水库等自然资源优势，充分挖掘田园景观、特色产业和乡土文化，大力发展休闲农业，着力打造了郑太有机农场、松桂园生态农庄、金荷花山庄等一批休闲业经营主体，成为农业与旅游产业融合发展的典范。山东省

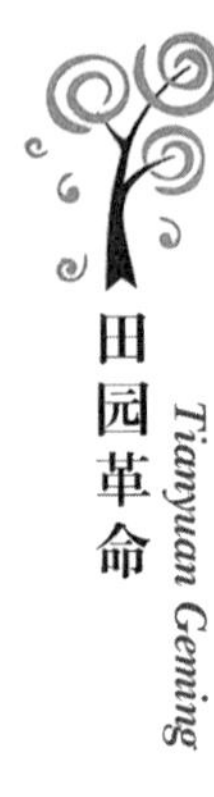

胶州市李哥庄镇纪家庄村充分利用大沽河生态红利，打造休闲健康的自行车驿站，供游客沿沽河骑行，欣赏沽河美景；建设民俗风情体验馆——稼穑坊，实现农业生产、加工、旅游三产融合发展，切身体验感悟劳动光荣理念；为了更好地实现三产联动、融合发展，该村通过“民宿＋民俗”的发展模式，使农产品生产、加工与休闲旅游相结合，带动观光旅游、设施农业、农村电商等关联产业的发展提升，增加村民收入。同时，村里面还设有体验室，游客可以亲自动手磨面粉、磨小米，让游客既可以看到产品，又知其来源。建成百姓大舞台，借助“邻里艺术团”巡演，营造白天看景，晚上看戏的视听享受氛围。

海南三亚市吉阳区中廖村将农业与旅游业相结合，实现资源极化、差异互补，建设现代田园村庄。强调村庄文化特色和资源特色，以“黎族故事”主题为核心，以“黎族风情浓郁、产业结构合理、功能配套完善、环境自然和谐、生产生活便利、村容村貌整洁”为规划总体目标，发展休闲旅游业，增加村民就业机会，提高农民经济收入，改善村庄生活环境，增强村庄活力。根据中廖村的特色和优势，充分挖掘乡村生态、历史文化、乡土民俗的独特魅力，加快发展农家乐乡村旅游服务业，为村民提供更多的创业就业平台和增收机会，让老百姓真正享受到产业发展带来的“红利”。“既富又美”是中廖村打造美丽乡村的底色，未来中廖村将在“特”上做文章，找到适合中廖村发展的产业。

在休闲农业和乡村旅游快速发展的同时，功能单一、主题不明、特色不突出等问题较为普遍。原农业部副部长陈晓华表示，有的盲目复古、简单照搬，缺少历史厚重感和文化乡土味；有的功能拓展乏力，无法满足城乡居民多样性、个性化的需求，采摘园数不胜数，可回味的并不多见。当前中国乡村旅游的基础服务设施还有待于进一步完善。有的进村道路等级低，车多路窄进不了村；有的缺少垃圾处理设施，游客走后垃圾遍地。路难走、网难上、事难问，导致游客留不住、难再来。陈晓华建议，必须按照供给侧结构性改革的思路，从满足需求入手，推进业态功能多样化。一是大力推进“农业＋旅游”，美化山水林田湖、创办农业嘉年华、建设休闲农庄等新模式；二是大力推进“农业＋教育”，开展农业科普、农事体验、农业游学等活动；三是大力推进“农业＋文化”，充分发挥乡村各类物质和非物质资源富集的独特优势；四是大力推进“农业＋康养”，拓展养生养老、健身运动功能。陈晓华说，“各地乡村应通过整合财政资金、撬动金融资金、带动社会资金等多渠道筹集资金，推进基础服务设施现代化。”

创意农业成为富裕农民、提升农业、美化农村的朝阳产业。

山西省怀仁县马辛庄乡鲁沟村，共有253户836人，遵循乡村自身发展规律，补农村短板，扬农村长处，发展创意农业和乡村旅游，推动农区变成景区、田园变成公园、民房变客房、劳动变运动、产品变商品，成为山西省休闲农业与乡村旅游示范点，全国美丽乡村试点村之一。

江苏宜兴湖㳇镇被誉为“最后的深氧界”，天蓝、地绿、水净，安居。“江苏最美乡村”张阳村，唐代茶圣陆羽著《茶经》之所“青塘别业”就在村里的青青茶园里，如今农村闲置的土地利用起来了，农民闲暇的时间充实起来了，创意农业产业、观光度假等业态

逐步完善丰富，有农家乐50多家，并建成华东特色花卉苗木盆景一条街。

精品“童画”村——浙江省乐清市石帆街道万东坑村，有165户663人，利用现有民房，进一步发掘民宿，将创意绘画和自然风光相融合，推进生态人居、生态环境、生态经济和生态文化建设，创建宜居、宜业、宜游的“美丽乡村”，打造乐清首个“童画”村，推动创意农业旅游发展，带动村民致富。山好、景好、人好、画美，万东坑村3D画带来了新商机，人气旺了起来，成为远近闻名的乐业、增收的“美丽乡村”。

在河南，商丘市睢阳区冯桥镇美丽乡村的“美”，不只是外在美，也要内在美。外在美是环境之美、自然之美；而内在美则是生活富裕、文化之美、文明之美。冯桥镇政府所在地曹集村2014年硬化了街道，修建了辅道、下水道、公厕和垃圾中转站，绿化、亮化后，面貌焕然一新，解决了“外在美”，并触及“内在美”，配套建设了文化广场、乡音大舞台、社区服务中心、敬老院、学校等，从基础设施建设向公共服务深入，成立了志愿者服务队，街道卫生保持得干干净净，镇区广播每天进行文明宣传，也通报一些不文明的工商户和居民，好习惯正在养成，美丽的不只是“面子”，还有温暖的“里子”。

在河北涞水，把美丽乡村建设作为培育提升农民致富产业的重要抓手，创造性地走出一条贫困山区发展“美丽乡村＋”产业新模式。依托野三坡旅游资源，将闲置农宅统一包装，引入市场机制统一开发，在最大限度地保留村庄原汁原味的同时，也妆点上有历史记忆、地域特色的魅力元素，形成一幅乡村风情的美丽画卷。南峪村采用“公司＋合作社＋农户”模式，与涿州鹏渤房地产开发有限公司签订投资协议，将闲置宅基地统一打造为明清古民居建筑风格，注册“太行部落”品牌，推进农宅旅游，全村60％的农户年收入达到2万元以上。

“中国美丽乡村建设示范镇”麻涌提出以岭南水乡文化为依托打造“香飘四季”乡村旅游品牌。麻涌自开放旅游以来，游客数量超过200万人次。在四川广汉市西高镇，油菜花田中巨大的“机器猫”“凯蒂猫”“小黄人”“大白”等卡通图案颇为惹眼。这些图案是西高镇“大学生村官”李嘉佳等策划设计，通过在油菜田中套种小麦等方法实施呈现的美丽乡村创意。在南京市栖霞区西岗街道桦墅村，依托农业旅游发展的契机，将文化创意、多业态整合、三产叠加等融入乡村建设，带动村民创业致富，打造出一个生态美、人文美、发展美的“最美桦墅”，获得“国际乡村协会优秀乡村示范奖”、江苏省美丽乡村示范村、省市水美乡村等多项殊荣。

最美乡村建设，赋予美丽乡村建设更加丰富的精神文化内涵，依托文化创意打造创意农业旅游品牌，对乡土文化、对自然、对村民的更多尊重与呵护，南京市栖霞区西岗街道桦墅村的规划定位是“主题式的乡村休闲社区”，二期工程将陆续开放市集区、民俗展览馆等功能建筑，吸引城里的匠人、文化创意人及普通旅游者前来驻足、与村民互动，形成具有鲜活气息的生态圈和生活方式。浙江省玉环市龙溪乡在探索“美丽乡村”实践中将美丽乡村和公共艺术结合，使得村民有积极心态和自主的发展要求，树立文化自信和自觉，让农村多美丽，让农民更富裕，让农业有创意。2016年“相约长沙最美乡村”于4月23

日在开福区沙坪街道拉开大幕，沙坪街道享有“湘绣之乡”的美誉，作为长沙市唯一的少数民族聚居村，汉回村有“农夫集市”展示沙坪特色农副产品和小吃，“民俗集市”展示沙坪精湛的手工艺品，“创意集市”展示其他具有特色的创意作品；“乡村旅游资源认筹”活动，则可以认筹果树、家禽、家畜、菜地等。

成都都江堰市胥家镇金胜社区因在“生态人居、生态环境、生态经济、生态文化、生态文明”建设中发挥的典型示范作用，在“生产发展、生活宽裕、乡风文明、村容整洁、管理民主”方面的综合体现和独特魅力，最终获得2015年四川“最美乡村”荣誉称号。

走进江西婺源篁岭，成群结队的国内外游客进入景区观光、度假、休闲，景区每日游客接待量约2万人。婺源篁岭古村通过社会资本介入，突破传统，以一种婺源特有的古村产权收购、搬迁安置及古民居异地搬迁保护等方式，收集整理荒废的特色民居院落，在保留和维护传统空间肌理与建筑风貌的前提下，彻底对古村进行内涵挖掘、文化灌注，实现了乡村遗产空间的功能再造，盘活了乡村的“不动产”，同时也赋予了传统村落的精致内涵。

浙江嘉兴南湖区凤桥镇不断通过“旅游＋养生”来提高三产服务业的发展水平，同时，六个美丽乡村示范点的特色发展，让凤桥镇以绿色、田园、生态的新姿出现在人们的视线。

位于成都市蒲江县甘溪镇明月村的“明月国际陶艺村”汇聚了众多追求梦想的艺术创客，蒲江明月轩篆刻艺术博物馆（传习所）由川西特色民居建筑和乡村特色建筑组成，是国内第一家非国有篆刻艺术乡村博物馆和传习所。在成都温江，已经形成“国色天乡”乐园、生态田园绿道、泰迪熊博物馆、星期八小镇、连二里市等旅游景区（景点），以及幸福田园、花田喜事、五月玫瑰园、柏萃西部花木村等乡村旅游产品，引进了悦榕庄、归隐万春等精品度假酒店，创建了一批省级旅游度假区、省级生态旅游示范区、省级乡村旅游示范镇（村）、成都市旅游特色村等品牌。温江创建国家级全域旅游示范区，打造全年赏花路线，在四季有花看的基础上形成6条旅游精品线路，以及超过30项旅游活动，实现“月月有精彩，周周有看点”的全年赏花路线，成为田园与花城相依，成为旅游观光、休闲度假、投资兴业的国际化时尚休闲旅游目的地，打造旅游特色村镇，将乡村旅游优化到细胞，在提升旅游服务质量的同时，温江旅游局也采用轻松活泼富有人文气息的方式引导游客领略温江魅力。

创意农业衍生美丽经济，应当积极发展“以美兴业、以文兴村”的创意农业旅游，推动环境美化、乡风传播和修身养美，大力建设美丽农居、创意生活、最美乡村，做大做强美丽产业，带动农民增收、农村增美。江苏省无锡市惠山区桃源村重视发展农业旅游，深挖前寺舍的姓氏文化、家规家训、酿酒文化、石器文化，以及桃源农耕文化、地质科普文化、佛教禅宗文化、儒家书院文化等地域文化特色，全力唱响桃源文化“四季歌”，成功打造“修心在灵山、休闲在阳山”创意农业名片，旅游模式得以推广，桃花仙人种桃树，创意蜜桃赚大钱。陕西省丹凤县在美丽乡村建设中，与特色文化相结合，增添美丽乡村新内涵，特别是丹凤县以龙驹寨现代服务业发展区、商镇统筹城乡示范区、棣花文化旅游开发区、竹林关生态宜居示范区等“四大重点区域”为核心，统筹考虑布局美丽乡村集群建

设，把155个村划分为5个精品村、10个特色村和140个宜居村三种类型，串珠式布局、组团式发展，实行美丽乡村示范、特色引领，以点带面梯次推进，以“古寨、名人、生态游”为重点，通过做强“商於古道·丹凤朝阳”文化旅游品牌，推进乡村公园化、景点化，建设“村新、景美、业盛、人和”的农民幸福家园。

以创意农业闻名国内外的成都平原，田园之美、人文之美、幸福之美在这里触手可及，养心养美经济在这生根发芽，创意农业旅游在此星火燎原，美丽乡村、意境农业和绿色低碳交相辉映，成为四川创意农业发展的生动实践。四川结合“十三五”规划着手编制《幸福美丽新村建设总体规划（2017—2020年）》，提出到2020年，要建成幸福美丽新村35 000个，占行政村总数的80%左右。四川举办中国美丽乡村（天府）论坛，发布《中国美丽乡村（天府）论坛宣言》，农业部科教司同四川省委农工委签订“攻坚幸福美丽新村”框架协议，论坛取得一系列重要成果。建设美丽乡村，创意农业功不可没，作为新农村建设的升级版和中国美丽乡村建设的四川实践，四川从“业兴、家富、人和、村美”四大追求出发，把幸福美丽新村建设同全面建成小康社会结合起来，在补齐农业农村这个短板上下功夫，全面实施扶贫解困、产业提升、旧村改造、环境整治和文化传承“五大行动”，让广大农民群众“住上好房子、过上好日子、养成好习惯、形成好风气”。四川在幸福美丽新村建设中努力讲好创意故事，把耕读文明和创意生产、创意生活、创意生态、创意消费、创意旅游和文化传承结合起来，让乡村成为独具魅力和特色的文化符号、创意高地、情感归宿，望得见山，看得见水，记得住乡愁。四川积极打造创意农业电商新村、电商新镇，建设中国电商农庄、中国创意农庄，引入创意产业，发展乡村文创产业，着力打造文化小镇、产业小镇、创客小镇，实现乡村旅游倍增、农业产业倍增、农产品精深加工倍增、农村电子商务倍增，推动绿色崛起，呈现促进一二三产业融合发展、标准化生产、社会化服务和电子商务品牌化营销的良好格局，成为环境优美、风貌优美、生态优美、人文优美、创意优美、乡愁优美的创意农业四川模式，四川已经成为公认的中国创意农业发源地。

成都创意农业为乡村设计美丽

2019年十月下旬，深秋成都，美景如画。享受着乡村的美丽风景，聆听着鸟儿的鸣叫，蒲江复兴乡庙峰村的金艳猕猴桃开始采摘，郫都区唐昌镇战旗村的乡村客栈焕然一新

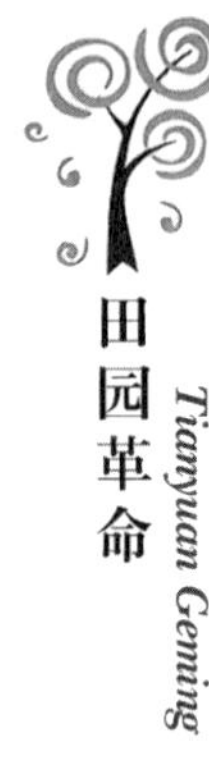

迎接光临四川创意农业第一村的客人，温江区万春镇先锋村美丽的紫薇盆景争奇斗艳，崇州市文井江镇大坪村满山遍野的山菊花迎风开放，向“驴友”们打着招呼，寻找乡愁的人们陆续来到崇州稻香田园重温儿时的记忆。放眼农田，观光摘采、农耕文化体验、休闲游憩，绿油油的菜地别具韵味。成都创意农业带来了生活方式的革命，川西坝子农耕文明正悄然升级，农田正在变成创意园艺示范区和风景区，正以妩媚的田园景观、十里稻香和金秋的喜悦、红叶的烂漫吸引着秋行寻美的眼睛。天府玫瑰谷沿途盛开着鲜艳的美人蕉，西部花乡绿道郁郁葱葱，温江区江安河、杨柳河、金马河、花卉苗木串联起一个个创意农业旅游板块。寿安绿道沿江安河畔沿线听泉瀑布、白鹭岛、河心雾岛绿树环绕、鲜花簇拥，锦江 198 · LOHAS 绿道、LOHAS 单车艺术走廊、LOHAS 广场、田园溪谷、白鹭齐飞、林盘小园、诗语林荫尽情享受“天然氧吧”，健康创意的生活方式让人陶醉。

成都创意农业在“第六产业”上做文章

蜀黍梁园、迷你香猪园、大梁农耕园、千亩高粱地、二十四孝养老院落、稻草艺术主题乐园，邛崃市临邛镇文笔山村通过建设集康养、度假、观光、体验于一体的旅游区，将一二三产业有机融合，做足“第六产业”文章，利用邛崃酒文化优势发展创意农业旅游，为当地带来了人气与收入。

妈妈农庄、薰衣草花田、婚庆服务、拓展训练、乡村客栈、乡村酒店、特色花田、太空果蔬观光大棚、绿色蔬菜农庄、蓝莓创意种植园，草莓、食用菌、有机蔬菜种植的多功能农业景区。郫都区唐昌镇战旗村实施“战旗 · 第五季”生态田园村项目，成立唐昌镇战旗资产管理有限公司，负责对整个村子的资产进行管理和运营，每年的净收益将按照一定比例，作为村公益金、公积金、风险金以及村民共同分配，发展“以旅助农、一三联动”的创意农业新模式，“第六产业”让全村实现了产业倍增、收入倍增。

创意农业花田农耕学院、成都市历史文化名村、电子商务体验馆、农村电商创业园，2014 年以来，崇州市文井江镇大坪村，以农耕文化和创意农业电商新村建设为主题，以国家级生态镇、崇州牛尾笋和崇庆枇杷茶为基础，探索实践创意农业科普产业发展新模式。大坪村自然生态之美受到越来越多旅游者的喜欢，打造出多个以怡养休闲、创意体验、山地观光、有氧运动为主的精品乡村旅游品牌，已然成为成都人“举家漫步竹海，寻找慢生活，让心灵度假”的不二选择。

成都三个村发展创意农业“第六产业”的实践样本说明，要让乡村旅游业跳出传统第三产业的范畴，与一产、二产融合发展，导入创意旅游元素，推动以种植业为依托，集观光、销售为一体的乡村旅游项目，建设以创意农业观光、生态旅游、历史文化旅游为重点的乡村文化产业带，推进“互联网＋新农村建设＋乡村旅游”，建设创意农业电商新村，提供乡村旅游目的地推荐，创意农产品和旅游商品流通服务，创意乡村设计建造，为优质创意农业项目提供金融支持，完善产品服务优势和自身丰富精准的大数据支持，搭建银农

互助平台，在创新涉农在线金融、破解支农关键制约因素上实现实质性的突破，努力发挥“第六产业”的产业带动作用，打造创意农业产业融合发展的新格局。

洛阳三彩国际陶艺村 河南省洛宁县罗岭乡，又名洛阳三彩国际陶艺村，是远近闻名的“水缸文化村”。三彩艺、窑洞、土屋、红灯笼和艺术展厅、露天观景台、“缸文化”小径融为一体，这个村落从民间收集几万口水缸，与陶艺相呼应，成为陶艺村的重要成员。

艺家乐 成都三圣花乡国家4A级风景旅游区，农家乐联姻文创产业的新业态“艺术农家乐”，为市民带来乡村审美的同时，可以无拘无束地分享高雅文化。艺术与农家乐融合发展，让文化和创意成为农家乐发展的灵魂。

“果享青春”创新创意大赛 水果拼盘创意好吃好看，2017年4月19日，沈阳化工大学将开展“Sweet fruits，pretty boys and girls”创新创意大赛。在水果拼盘创意设计环节，每队成员在20分钟内进行水果拼盘制作，并用1分钟的时间介绍作品。以果会友，果汇真情；创新创意，果享青春。

三亚海棠湾水稻国家公园 种水稻也能够创造财富，三亚海棠湾水稻国家公园以创意农业为载体，将稻作文化、农耕场景、农耕乐趣、农庄休闲、亲子慢游、南繁科研融为一体；风情小镇、博物馆、乡村主题精品酒店、民宿酒店、商业街，成为健康休闲体验的新载体，以消费需求来定制农业生产。

“美丽＋农耕文明体验型”乡村 内蒙古鄂尔多斯鄂托克前旗敖勒召其镇三道泉则村灰顶别墅民居让人喜爱，三道泉则村以创意农业田园牧歌景观为亮点，以农家别墅体验为核心，分为“一心两街三板块”，“一心”即三道泉则综合服务中心，“两街”即诗意田园民俗风情街和乡土商贸艺术文化街，“三板块”即“漫步田园”农耕文明观光体验板块、“欢乐田园”亲子娱乐休闲教育板块和“科技田园”高效生态农业示范板块。

闲散宅基成财富田园 江西省万年县珠田乡越溪村村民充分利用小片空地单独打造、成片空地连片设计，在房前屋后建起田园韵味的小果园、小花园、小菜园，使其成为融创意农业、乡土风情、娱乐休闲、文化教育和农事体验于一身的农耕体验公园、农耕乡愁园、美味采摘园，闲散宅基成为财富田园。

“涂鸦＋花海” 花海有很多，涂鸦和花海湖结合在一起的却不多见。湖南省益阳市南县罗文村，因民居墙壁上的涂鸦作品创意非凡成为乡村“网红”，不仅如此，在罗文村已经不满足于一季花海，而是用四季花海迎接客人，扩大涂鸦范围，游客也可以任意涂鸦创作，打造“涂鸦＋花海”的创意农业旅游品牌，让罗文村成为涂鸦文化小镇，以“文化＋生态”培育乡村审美情趣。

建德果蔬乐园 浙江省建德市引进五星级酒店管理模式建设现代农庄，创建了全国首个五星级标准现代农庄。建德市下涯红群草莓农民专业合作社理事长骆红群参照五星级酒店管理标准，制订了《基地星级评定标准》，从接待设施、运营服务、基地特色、安全管理、基地效益5个方面，对各果蔬基地实行严格的定标评级，按1～5星级果蔬乐园基地评定标准，确保基地发展质量。园主骆红群在建德市下涯镇春秋村红群草莓基地创建的海

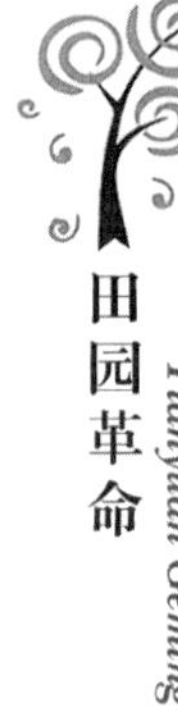

峡两岸草莓文化创意产业园，把小草莓做成了创意农业大产业：从草莓生活馆到草莓餐厅，从草莓科普学堂到草莓游乐场，建起草莓舞台、草莓 DIY 厨房，举办草莓婚礼……以“草莓花田游乐园”为主题，以鲜果采摘为基础，融合亲子娱乐、自然科普、创意农业、农作体验、地方美食、休闲养生、风景观光为一体，带动全镇发展草莓面积 6 450 亩，草莓年产值达到 1 亿余元，全镇莓民仅草莓一项人均增收 300 余元，不断把产业从种植销售向深加工和文化创意领域延伸，成功打造了全国第一个草莓文化创意产业园。

创意农业种植优美图案 油菜、麦子的种植时间、植株高度相接近，浙江省青田县小舟山乡农民将两者采取套种的方式耕种 200 余亩牛耕田、轮回等创意图案，黄色油菜花和绿色小麦呈现了生态立体美。

“首席哈荔官” 曾经是《南风窗》杂志高级记者的陈统奎是一位“80 后”海南返乡创客，2014 年在家乡海口火山村创立了“火山村”荔枝品牌，种植不使用化肥、不使用除草剂、不使用农药的荔枝。2014 年 11 月他公开征集 100 名时尚试客“首席哈荔官”，作为荔枝首席体验官，100%享受到火山村荔枝新品的体验特权，同时可给两名亲友各赠送一份新品，参与相关话题讨论，提供相关建议，帮助火山村荔枝产品迭代进步。“首席哈荔官”像谷歌眼镜的“探索者”一样，来自教师、牙医、电台 DJ、发型师、建筑师、运动员等各行各业，通过品尝、评价、建议，参与到火山村创意农业发展的进程中。

中国最美乡村靠创意走红

陕西省蓝田县委、县政府实施“旅游+”战略，把一个村子当作一个景区来改造，把一个村子当作一个度假区来打造，把一个村子当作一个精品度假酒店进行改造，打造“一村一景”“一村一韵”，建设“人文山水蓝田，丝路生态慢城”。农业变景观，村村是景区，创意农业引领中国未来农村发展新业态。

创意农业成为乡村变景区的热点，养心养美成为乡村度假区的主要卖点。在中国创意农业发源地四川，省政府办公厅印发《关于支持返乡下乡人员创业创新促进农村一二三产业融合发展的实施意见》，鼓励返乡下乡人员大力发展优质粮油、蔬菜、水果等特色产业，打造农业景区景点、农业主题公园、以文化为主的特色风情小镇等。同时鼓励支持返乡下乡人员创办领办家庭农场、农民合作社、农业企业、农业社会化服务组织等，并与实力强

的精深加工企业联合或合作，组建行业组织或联盟，鼓励其直接投资或参股经营组建合作制、股份合作制和股份制企业。乡村景区化、创意化正在四川变成现实。四川创意农业第一村成都市郫都区唐昌镇战旗村积极培育创意农业耕读文化创建4A级旅游景区；中国金花梨之乡四川罗江县金山镇大井村打造“梨山花海飘香、湖面白鹭齐飞、堤岸渔翁垂钓、水中游鱼嬉戏”的原生态田园文化观光乐园；四川巴中市首家五星级乡村酒店通江县鹰歌葡萄庄园建设集葡萄体验采摘、生态养殖、餐饮住宿、茶坊会务、儿童游乐、运动休闲、农事体验于一体的乡村旅游度假区；“全国休闲农业与乡村旅游示范点”成都市新都区花香果居培育“春观柚花，秋品柚果”创意农业旅游品牌，柚花飘香，柚果美味，柚居舒心，实现农区变景区、田园变公园、产品变商品“三变”，成为成都增收增美的一张创意农业旅游名片。

乡村景区化促进了乡村旅游快速发展，但不少乡村景区功能创意不够、文化底蕴不突出，个性化主题不明显，采摘产品单一，好吃好看好玩的不多，缺乏差异化开发，没有深度挖掘创意农业内涵，缺少乡村文化的“根”和“魂”。把村子当作景区来打造需要文化与科技融合发展、农业与旅游齐头并进，设计最美路线、推出最美民宿，推出美食、美人、美事、美拍等最美元素，特别是举办丰富多彩的活动，增强活动的参与性，让游客玩得高兴、住得下来，打造最美乡村旅游目的地。

创意农业应当重视田园景观。在北京市房山区长沟镇，长沟“水岸花田”、韩村河“天开花海”、周口店“迎风花谷”、十渡“婚纱摄影”、蒲洼“高山菊花”成为“四季房山、大美田园”创意农业景观建设的新亮点。每到周末，环绕龙泉湖，遍布周边三座庵、北良、甘池等几个村的景观农业带游人如织。四川汉源发挥光热资源丰富，盛产果蔬的优势，根据“农业景观化、景观生态化、生态效益化”的创意农业发展思路，建立起田园景观系统，推动农旅、农文融合，成为远近闻名的“花海果乡”。花海摄影、亲子娱乐、户外野营、游船赏荷、果园采摘、品农家饭、购土特产，房山区长沟镇借助于农业景观优势，把花田与音乐有机结合起来，每年举办“花田音乐节”，市民既观赏了优美花田景观，还欣赏到优美的音乐，达到亲近自然、愉悦身心的目的。

现磨咖啡，巧克力酱绘制花形图案，木吉他、高脚椅、话筒架、非洲鼓。这里不是城市咖啡厅，而是“味蕴一盏中，香送十里外”的河北省馆陶县粮画小镇寿东村。这个只有188户、713口人，村民祖祖辈辈靠传统种植为生的小村，开起了咖啡屋，女店主林珊珊从县城来到这里，她看好寿东村的未来。寿东村是“2015年中国十大最美乡村”“第四届全国文明村镇”“河北省美丽乡村”“河北省文明村”，农民大多创作粮画，粮艺公司以“公司＋基地＋农户”模式让村民致富，馆陶县有300余人从事粮画制作。老邮局、老磨坊，寿东让传统与时尚交融，赏音乐、看书、品咖啡，享受惬意的“慢生活”。

重庆市以生产“名、特、优、新、精、细、美”农产品为重点，围绕菜、果、鱼、粮、牧五大优势产业，推进专业化布局、精细化生产、标准化管理，大力生产具有地域特色的安全、绿色、优质、鲜活的高端农产品。重点建设园艺作物标准园、水产生态养殖示

范场。实施品牌发展战略，深入开展无公害农产品、绿色食品、有机食品和地理标识认证注册，积极培育国内外知名品牌。加大珍稀农产品开发力度，推进农产品精深加工。重庆市重点发展园区农业、体验农业、科普农业、创意农业、精品农业以及农产品交易市场、配送中心等，为市民提供调节城市生活节奏的休闲生活空间。采用生物科技手段，通过改变农产品形状、色泽和口味等特性，将文化元素融入农产品。开发农副产品加工，变农业副产品为传统工艺品。尝试田间地头超市经营，实现时令农产品与消费者的零距离对接。深度挖掘和拓展农耕文化内涵，开发农业节庆、民俗展览、农耕体验等形式的服务产品。广西玉林市按照中国农业公园的评定标准，深挖浓郁的农耕文化和独特的民俗风情，有效传承历史遗产，通过保护好美丽的乡村风貌，优化生态环境和产业结构，壮大园区内经济实力，因地材、就地利、聚人和，显露山水，融合“山水田林路、一二三产业、生产生活生态、创意科技人文”等多种元素，围绕“起点要高、内容要实、机制要活、动作要快”，按照“两区同建，全域5A，国际慢城”的理念，高起点规划、高标准建设、高效能管理，森林公园、农业高科技展示馆、荷塘月色、荷之源、圆之源等一批景点，建设速度快、建设规模大，走在广西现代特色农业示范区的前列。随着创意农业在五彩田园发展起来，村村有产业，行行有特色，处处有美景，勾勒出一幅现代田园都市靓丽的乡村新画卷，也让村民在家门口就能感受到城里人过的生活。不少市民来到五彩田园旅游观光，呼吸新鲜空气，欣赏田园美景，让市民感受到现代田园都市的气息，“五彩田园”已经成为创意农业产业发展的融合园、农产品交易的展示园、观光休闲的文化园和可持续发展的试验园。

北京、四川、广西等地的田园景观在创意上下功夫，打造山顶绿树戴帽、山间果树成行、山下美丽田园的农业景观，取得了“绿水青山就是金山银山”的双赢目标。在四川汉源，以“农情四季，百里画廊”为主题，涵盖了规划区主要的特色农业资源、休闲观光资源、养生度假资源和历史文化资源，打造四季景观平台，将单一的节庆短时农家观光休闲发展为四季风情农家体验度假，将汉源“赏花月”变成“赏花季”、“品果节”变为“四季椒果采摘节”，使汉源成为“春天是花园、夏天是林园、秋天是果园、冬天是庄园”的四季农业景观公园，将汉源绘就成乡村之画、历史之画、自然之画、田园之画、家园之画“五幅画卷”的美丽田园景观。实践证明，发展创意农业应立足于自然资源、生态资源、农业资源、景观资源，融合产业发展，融合资源开发理念，融合可持续发展、低碳发展的理念。例如北京房山区通过举办花海观光季、麦收节、稻菽节、农田景观游、自驾游、城乡互动和谐游、农家特色美食趣味采摘等系列主题观光创意旅游活动，大力开展文化创意、商务营销、电子商务、创意旅游等特色活动，搭建起城乡文化交流平台，实现农民增收。打破结构单一、花色单一、季节单一的现状，把景观农业做活、做强、做出创意来。北京房山区建设的农田景观以及开发的农业产品多季节、多轮次地增加农民收入，给农民带来种田以外的二次、三次收入，备受农民和市民青睐，创出了品牌。这主要得益于突出地方特色，打造精品和亮点，依托农田景观发展创意农业，要充分应用美学、艺术学、生态学、创意农业等学科的基本原理和方法，将农业与农耕文化、景观与造型艺术相结合，

使其成为具有高品位、特色化、艺术化、文化型的新型创意农产品，促进农产品由实用功能型消费向文化审美型消费转变，时时处处都有景可画、有花可采、有艺可学、有诗可吟，推进农旅深度融合，使企业盈利、农民增收、政府满意。

乡村体育旅游，在运动中养心养美

乡村旅游具有资源潜力大、覆盖面广、受益群体多、市场需求旺盛、综合带动性强等特点。乡村体育旅游是一种新兴的旅游方式，与创意农业相融合，蕴藏着巨大的经济价值。特别是乡村休闲度假、生态健康养生、体育旅游、艺术消费、文化旅游等高度融合的创意农业旅游，已成为刺激乡村旅游和体育旅游产业的“领跑者”。

江西婺源实施“旅游＋体育”战略，加快“国际一流乡村旅游目的地”建设进程，举办了环鄱阳湖国际自行车赛、全国群众登山健身大会暨江西省“登山健、乡村美”群众登山活动、中国婺源“体彩杯”金秋红叶徒步大赛、中国不间断200千米骑行挑战赛暨中国区1 200千米骑行选拔赛、婺源国际马拉松赛等一系列全国性户外运动赛事。天津市宝坻区在林亭口镇小靳庄旅游特色村举办首届体育旅游节，以旅游村为主场地，开展健身舞大赛、大手拉小手趣味运动会、垂钓大赛、骑游、“动力三项”等多个项目，通过全民健身助推乡村旅游业发展。浙江省美丽乡村奥运会系列活动通过运动的方式，展现美丽乡村建设的成就，推行更时尚、更具活力的体育旅游生活方式。

南京市江宁区谷里街道公塘头拥有独特的山水资源和区位优势，依托历史文化资源禀赋，主打乡村趣味运动文化体验，对村内年代久远的老街进行整体改造，在留住文化底蕴的同时加入现代商业气息，打造一批标志性景观和旅游设施，打造全市首个乡村趣味运动文化体验村。四川什邡市南泉镇首届“泉水之旅”乡村趣味运动会，参赛的农民朋友们，在稻田里上演抓稻田鸭、稻田鱼，还进行了环泉水自行车骑游、挖紫薯、钓鱼等地域特色明显的项目竞赛。

江西省靖安县高湖镇古楠村农民以“美丽乡村，幸福生活”为主题，丰收田野做赛场、黄泥浆里比高低，在黄泥浆里进行的拔河、五人六足、过独木桥接力、踩高跷等16个单项的比拼，农民们快乐、幸福的笑声荡漾在丰收的田野上。重庆市南岸区迎龙镇热闹开赛，瓜果投篮，背靠背运粮等贴近生产、生活的比赛，让现场的农民朋友沉浸在欢乐

中。上海市嘉定徐行镇举办农村客堂趣味运动会共设“健康游戏棋”“神投手”“信手捏来”“不倒风火轮”和“毽入佳境”五个比赛项目，活动现场笑声不断。山东省平度市麻兰镇岔道口村村民趣味运动会设置了定点投篮、30 秒跳绳等常规项目，还将斗拐、定点套圈、赶猪跑等极具农村特色的趣味项目融入其中，在运动中养心养美。四川成都市蒲江县光明乡的抓跑山鸡、鸡公车推冬瓜、滚南瓜等比赛活动，吸引了近千群众前往观赏助阵。巴中市通江县云昙乡蒲家坪农民趣味运动会农味、农趣、农情十足，开展夫妻赛配合、婆媳赛默契、丰收抢回家等活动，呐喊声、喝彩声、欢笑声此起彼伏。

成功举办国际乡村慢步大会和国际乡村慢骑赛、国际乡村花样骑行赛的黄山市徽州区，文化底蕴深厚、田园风光优美，开展乡村观光、休闲、度假和体育旅游活动具有较好的基础条件。徽州区以徽州绿道为载体，通过骑行、徒步等形式多样的活动，诠释“绿色、环保、低碳、健康”的科学发展新理念，推进徽州区全域旅游发展，打造游客喜爱的旅游目的地。徽州区委书记程红表示，随着全民创业、全民旅游时代的到来，徽州区抢抓旅游发展机遇，掀起旅游发展高潮，旅游设施日益完善，旅游业态进一步丰富，旅游知名度不断提高。约 1 000 人参加全程 13 千米的唐模骑行穿越活动，选手们穿越千年古村落和谢裕大生态茶园；参加通灵古道徒步的队伍沿着古代徽州先民出行和徽商外出经商的交通要道，穿越灵山水街、梯田和竹海。来自全国各地和国外的选手除了徜徉在山水间，将徽州美景尽收眼底之外，更能收获快乐。徽州区将自然生态、景区景点、人文景观、城镇乡村串联起来，深化“长三角最佳慢生活旅游名城”和“长三角最佳慢生活旅游目的地”的城市形象，持续打造休闲养生和户外运动旅游目的地，并以绿道骑行作为纽带，推动徽州乡村旅游发展，实现了农民增收、农业增效。

第四章

创意农业第一村

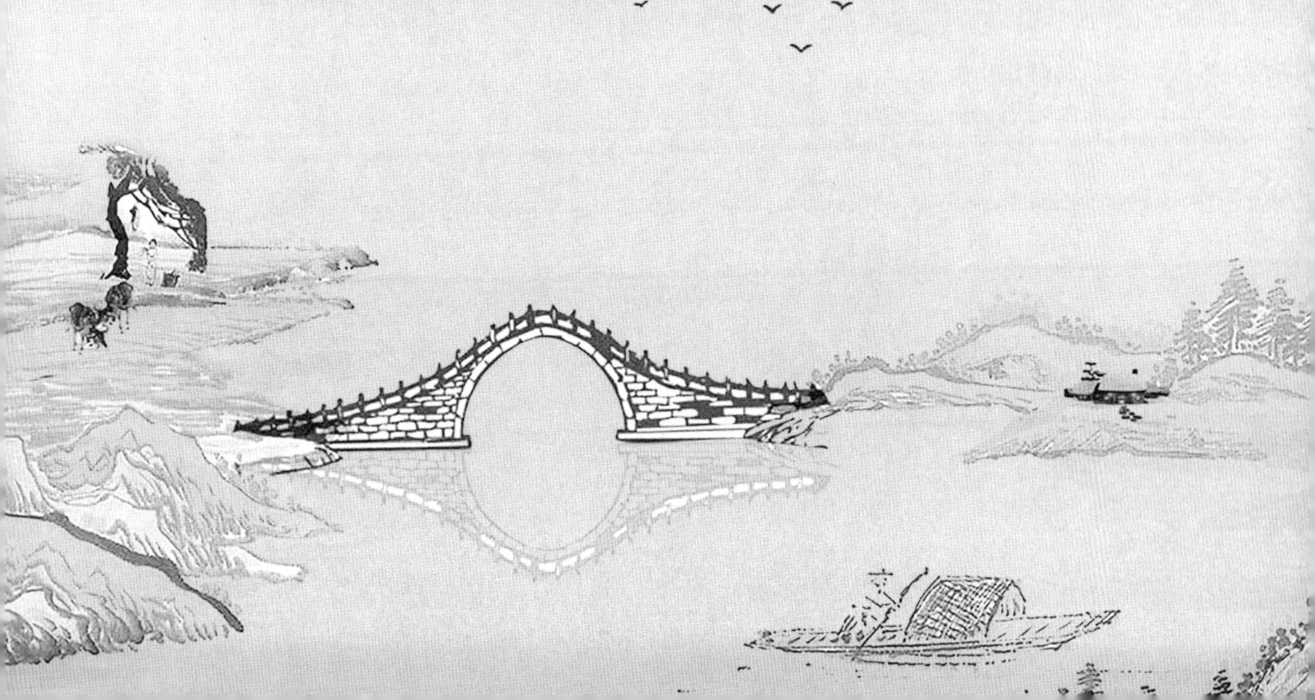

建设新型社区、优美家园

战旗村成立于1965年，地处成都市郫都区西北部边缘，东邻彭州，西邻都江堰，面积2.06平方千米，介于柏条河、柏木河之间，是成都市饮用水保护地、取水源头。全村人口1 704人，辖九个村民小组，耕地面积1 937亩。村设立党总支，4个支部，7个党小组，共有党员83人。

战旗建村经过五十多年发展，到目前可分为5个阶段，一是调田改土，新修水利，提高粮油亩产，解决了吃饭问题；二是军民融合转思想，置换资源创办村集企业，企业增多，农民职业转型，进村办厂务工，其间，坚持发展大集体，顺利进行村企股改集体资产保质增收，夯实集体经济基础；三是解放思想，跨出盆地学习参观，让村民统一认识，抓住机遇实现三集中，完成产改试点，集体经济股份量化；四是抓住机会，完成集体存量经营性建设用地试点改革和宅基地三权分置任务，资源变资本，资本变资金，资金变股金；五是不忘总书记嘱托，走在前列，起好示范作用，争创全国乡村振兴示范点。总书记的关怀指引，各级党委政府领导的关怀指导和八届村支部的带领，以及全村人民共同的努力，成就了今天的精彩战旗。

在中国创意农业第一村，战旗村创意农业产业化、田园城市化、生活创意化，给村民带来了生活巨变。榕珍菌业有限公司，一座颇具规模的农业工厂展示着创意农业的生产形态，目前已成为中国西部最大的集研发、生产、加工和贸易为一体的创意农业珍稀食用菌标准化、规模化、现代化生产基地。以“自然之美、社会公正、城乡一体”为核心理念的世界现代田园城市建设得到充分的诠释。在战旗村观光农业园中，清新的空气、泥土的气息、宁静的环境、优美的风光、纯朴的民风、有趣的民事活动，农业美学使人获得了审美享受和情感升华，从而进入到欢快喜悦的状态。战旗村通过建设和发展创意农家乡村别墅体验中心，“入住农家别墅，体验农家生活，品尝农家饭菜，感受田园城市”，同时合理规划布局，实现自然调节和人工调节相协调，使创意农业生态系统进入良性循环，具有生产、加工、销售、疗养、旅游娱乐、审美体验等综合功能，让人们在此感受中国创意农业的魅力。由成都市小城镇投资公司全额投资8 561万元打造的社会主义新农村建设示范点——战旗村新型社区首期建设面积8.3万平方米，配备必需的道路、医院、学校、商店等一系列的基础设施。中国川菜产业化基地、中国创意农业产业园、创意农业观光园，战

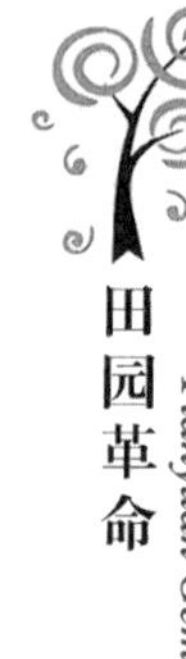

旗村正在全力打造创意农业美学经济，建设高端创意农产品产业基地，成为沙西创意农业产业带的一个重要节点。

漫步在战旗村的创意农业观光园内，蔬菜盆景长势喜人，观光大道两侧，五彩缤纷的蔬菜瓜果，形态各异，数不胜数。观赏养生蔬菜、认养盆景、采摘水果、住宿农家别墅、品农家饭、体验农事，感受创意农村生活方式的魅力。战旗村因新农村建设而闻名，因创意农业而发展。如今，战旗村如诗如画的田园风光，让都市人回归自然，返璞归真，陶冶情操，享受亲近田野舒缓压力、享受种植与收获的乐趣，新农村日趋成为农民的美丽家园、快乐田园。在这里，人与大地自然、艺术相融合，使人亲身感受和参与创意农业生产情趣，顺应农民求知、求乐、求富、求美的愿望，最终达到创意生产、创意生活、创意生态的有机结合，让农民富裕起来、快乐起来。战旗村成为建设创意农村发展创意农业的典型范例、创意乡村生活家的摇篮。

战旗村实施“一三联动、以旅助农”发展战略，以有机蔬菜、农副产品加工、郫县豆瓣及调味品、食用菌等为主导的创意农业产业，以五季花田景区为核心的乡村旅游产业，花田新村、妈妈农庄、婚庆会务、美味果蔬，初步形成了一二三产融合发展格局。2007年战旗村通过土地综合整治实现土地收益 1.3 亿元，即运用乡建设用地增减挂钩、拆院并院，整合节约出 208 亩建设用地，向成都市小城投公司融资 9 800 万元，用于土地整治和新型社区建设。2010 年该村利用土地整治过程中预留的 23.8 亩集体建设用地与成都一家房地产企业合作开发了“战旗第五季妈妈农庄——生态田园村”。战旗村以全资控股的投资平台——成都集凤投资管理公司为平台，打造天府创意农业旅游体验地和生态田园小镇。其中天府风情小镇、农业科技园、乡村十八坊、农业养生等四大板块构成集农业生产、农业生态循环、科技创新、创意农业和休闲餐饮为一体的体验式现代农业园，被评为“四川创意农业第一村”。

2018 年 2 月 25 日，初春时节，阳光照在脸上很温暖，成都市郫都区战旗村大门焕然一新，新落成的乡村酒店古朴典雅。追寻习总书记的足迹，人们睁大眼睛找寻着一处处精彩。战旗村党总支书记高德敏绘声绘色的讲述让大家共同沉浸在幸福中。战旗不仅是农村改革的一面旗帜，也是中国创意农业美学经济和幸福美丽新村的践行者。8 年前，作者结缘战旗村，把创意农业理念带入村里，大学生来了，新乡贤来了，潮涌般的流量来了，企业家趋之若鹜，美学家爱不释手，艺术家为之吟唱，中国最成功的田园综合体和创意农业第一村屹立天府大地。党支部的战斗堡垒，干部和村民的齐心协力，专家学者的群策群力，让青山更绿、碧水长流，农民更富，乡风更美，书写了“两山”理论的财富传奇。战旗村，已经成为中国优美田园优雅乡村的代名词！

送福字、煮汤圆，这些不起眼的平常事，在战旗村其乐融融的优美意境里显得温馨甜蜜。村里的薰衣草田不过百十亩，与动辄数百亩、上千亩的花田相比也显得小气，但在2010 年率先发展创意农业，2012 年就开始打造创意文化节，与市民共享花田之美，人气旺、流量足、口碑好，战旗第五季花田品牌树起来，引起当地政府高度重视和传媒密切关注，小小的妈妈农庄吸引八方游客，做足了创意农业优美产业文章。三届党支部书记紧抓创意农业不放松，大打创意农业招商、优美环境招商、特色文化招商牌，连续两任书记荣获“中国农村创意榜样”，实现创意农业观光园、创意农村优美家园试验区到创意农业第一村的三级跳，参观学习取经者长年不断，终成中国创意农业样板。

2018 年 2 月 25 日，作者访问创意农业第一村

2007 年，成都郫都区唐昌街道办事处战旗村在各级领导的关心和支持下，和成都市惠农投资公司按照“资源换资本”的方式合作，通过整理复垦村民原有的宅基地、院落等，新增 440.8 亩土地，其中 215 亩用于安置村民及基础设施。在新型社区修建中，通过广泛深入发动，在充分尊重农户意愿的基础上，战旗村新型社区于 2007 年 8 月 21 日正式奠基动工。新型社区规划人口 3 000 人，总占地面积 315 亩。社区一期占地 215 亩，投资 9 500 余万元（含全村基础设施配套建设），入驻人口 1 655 人，新型社区共修建低层别墅式楼房 401 套，建筑面积 7.45 万平方米，修建公寓式多层楼房 171 套，建筑面积 1.45 万平方米，修建幼教、商业、供水、污水处理、服务中心等功能配套房 0.24 万平方米。社区已于 2009 年初基本建成，并在 2009 年 4 月 10 日通过民主的方式，一次性成功完成分房。至此，战旗村村民彻底告别“脏、乱、差”的生活环境，开始过上“出门见花草、在家能上网、喝水靠自来、煮饭用燃气”的城市生活。

2009 年，战旗村开展了创新农村治理结构试点工作。通过民主选举方式，建立了村决策机构和监事机构，初步构建起了村级决策、执行、监督相对分离、相互制约的组织体系。由全体村民用投票的方式通过了村民自治章程以及村民议事会实施细则等各项制度，制定了村集体经济发展规划，实现了村民会议（户代表会议）、村民议事会制度，并建立和完善了集体经济组织独立法人治理结构，使经济组织真正成为产权明晰、权责明确、管

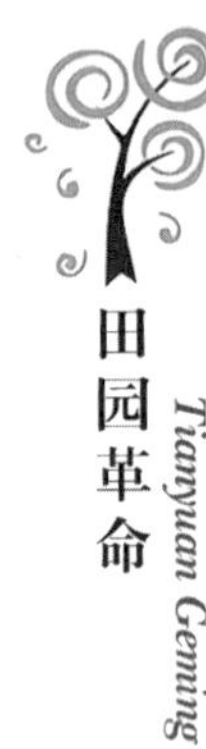

理科学的法人实体和市场主体。村里重大问题的决策，由以前的征求群众意见变为群众直接参与，由以前的干部“议决”变为了群众“票决”。

战旗村完成村级公共服务平台标准化建设。按照“资源整合、系统集成”的思路，完成便民服务室、卫生（计生）服务站、劳动保障工作站、综合文化活动室、警务室等基本公共服务平台规范化配置，形成镇事村办、全程代理、限时办结、全方位覆盖的基层公共服务体系，基本实现村民办事不出村，实现“进一道门、找一个人、办一切事”的目标。创新基层民主实现形式，探索完善“六步工作法”，即宣传动员、征求意见、形成议案、议决公示、组织实施、社会评价。2009年，战旗村按照民主决策、民主管理、民主监督的原则，探索创新“六步工作法”，切实抓好村级公共服务和社会管理20万元专项资金的使用和管理，经民主程序确定的农业园区道路绿化、新型社区公共设施及绿化、新型社区治安维护、聘请文化大院管理人员、大学生进农家活动、老年文体活动等6个项目已实施完毕，通过社会评议，满意度达100%。

2010年以来，战旗村依托年产值超亿元的成都榕珍菌业公司，占地面积600亩以发展农业美学经济、建设中国创意农村精品范例为核心目标的第五季妈妈农庄等一批创意农业项目，以田园文创产业为优势产业，统一规划布局、推进产业融合、实施创意营销，举办中国创意农业论坛，发展融合新业态。如今已经是成都市郫都区第一个4A级景区的战旗村，不断提供更多精细化、差异化旅游产品和更加舒心、放心的创意旅游服务，提升乡村旅游业的现代化、集约化、品质化、国际化水平，更好满足城乡旅游消费需求，辐射火花、先锋、金星、横山、泉水等周边村，形成以第五季花田景区为核心的创意农业花田旅游产业，被称为成都的“普罗旺斯”。

2018年春天，成都市郫都区唐昌街道战旗村大红大紫，成为全国各地学习的对象。8年坚持发展创意农业成就了战旗村在全国创意农业领域的地位。从8年前跟着作者学习创意农业第一课到今天的创意农业第一村，村里始终高举发展创意农业培育创意生活的目标，采用集体经济模式发展创意农业旅游的探索从来没有停过。战旗村通过盘活“沉睡”资源，壮大集体经济，努力破除制约旅游发展的瓶颈与障碍，不断完善全域旅游发展的体制机制、政策措施、产业体系，因地制宜，循序渐进，绿色发展，不贪大求洋。战旗村注重培育农产品的个性化、旅游项目的创意化发展，推行创意农业特色化、差异化推进的全域旅游发展新方式，不搞一个模式，避免千村一面、千景一面；积极做好“优创意、微田园、美环境、壮产业”文章，建基地、创品牌、鼓腰包，不断提升科技水平、文化内涵、绿色含量。

2018年2月12日，习近平总书记在战旗村“精彩战旗”特色产业在线服务大厅视察时花钱买布鞋的新闻，让手工“唐昌布鞋”名扬四海。4月8日，外交部驻香港特派员公署、外国驻港领团、商会和媒体40人组成的参访团开启了四川发现、交流和合作之旅。4月9日，慕名已久的澳大利亚驻香港总领事米凯拉专程来到战旗村购买了一双唐昌布鞋，连声说自己是当天最幸运的人。战旗村党支部书记高德敏说，战旗村牢固树立“绿水青山

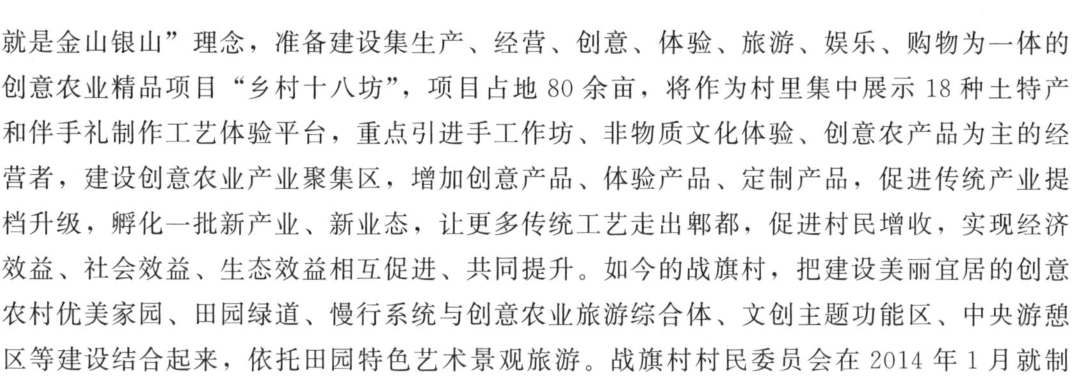

就是金山银山”理念，准备建设集生产、经营、创意、体验、旅游、娱乐、购物为一体的创意农业精品项目“乡村十八坊”，项目占地80余亩，将作为村里集中展示18种土特产和伴手礼制作工艺体验平台，重点引进手工作坊、非物质文化体验、创意农产品为主的经营者，建设创意农业产业聚集区，增加创意产品、体验产品、定制产品，促进传统产业提档升级，孵化一批新产业、新业态，让更多传统工艺走出郫都，促进村民增收，实现经济效益、社会效益、生态效益相互促进、共同提升。如今的战旗村，把建设美丽宜居的创意农村优美家园、田园绿道、慢行系统与创意农业旅游综合体、文创主题功能区、中央游憩区等建设结合起来，依托田园特色艺术景观旅游。战旗村村民委员会在2014年1月就制定了《战旗新型社区管理办法（试行）》，加强战旗村新型社区的村容村貌管理，改善农村生活、居住环境、村容村貌和乡村景观，探索创意农业名村名品和一二三产业融合发展的全域旅游发展模式，一个个带着成都特色的“创意农业＋N”故事在战旗村精彩上演。

战旗村——中国创意农业流量经济引领者

流量经济茅塞开，战旗村荫游人织。乡村需要人潮涌，创富需要流量来。没人流就不会有资金流、物资流、信息流、知识流。战旗村从8年前开始引入创意农业，大力招商引资，以节庆创意会展创意年举办丰富多彩的田园文化活动，从首届中国农村财富论坛、四川“村长论坛”暨村社发展大会到第七届中国创意农业发展论坛，打造妈妈农庄，推进一二三产业融合发展，2014年村里仅停车费月收入就达30万元。与无流量的空心村相比，战旗村观念的变革，产业的转型，多所大学的合作，8年间紧抓农业文创产业不放松，引来众多人流和资金流，创意农业助推流量经济快速发展，流量经济促进产品质量旅游服务质量快速提升，形成流量与经济发展的良性循环。如今，以战旗村为核心创建全球首个世界级优美乡村集群和天府创意农业中央公园核心区，打造中国创意农业第一村，作为全国第一个创意农村优美家园试验区、乡村振兴电影《田园颂》核心拍摄地，战旗村为全国农业农村现代化和城乡融合发展带来了更多期待，并成为新时代中国创意农业流量经济引领者和中国创意农业美学经济发源地。

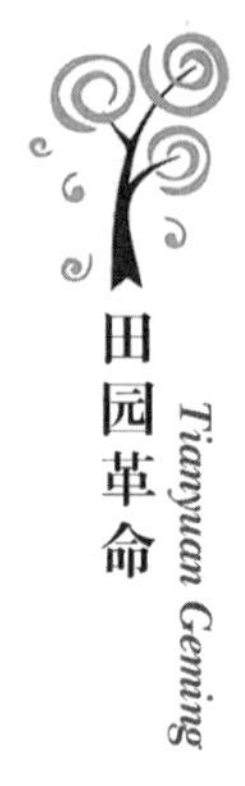

全国创意农业第一村的乡村振兴路径

战旗村位于成都市郫都区、都江堰市、彭州市三地交界处的柏条河畔，在 2014 年第七届中国创意农业发展论坛上，该村被授予“四川创意农业第一村”。

2018 年 2 月 12 日，习近平总书记在四川视察期间，专程来到战旗村视察，并称赞“战旗飘飘，名副其实”，要求战旗村在实施乡村振兴战略中继续“走在前列，起好示范”。近年来，作为全国统筹城乡综合配套改革试验区和全国农村改革试验区，成都市农业供给侧结构性改革、农村集体产权制度改革、农村金融服务综合改革等五项重点改革成效显著，而战旗村则是我国以创意农业为核心的产业链不断延伸、乡村经济向多元化发展、将农村建设成安居乐业美丽家园的典范。

土地制度改革推进产业振兴

党的十八大以来，战旗村坚持以农业供给侧结构性改革为主线，深入实施农村集体产权制度、耕地保护补偿制度、农地流转履约保证保险制度、集体资产股份制、农村产权交易等“五项改革”，推动资源变资产、资金变股金、农民变股东。近年来，战旗村坚持生态先行，牢固树立“绿水青山就是金山银山”理念，坚持以构建创意农业产业生态圈、创新生态链、培育创意链的理念做好经济工作，大力推动农业转型升级、创新发展。

战旗村党总支书记高德敏在家种过田、外出打过工、回乡办过企业，是土生土长的战旗村人。在高德敏带领下，战旗村借助土地入市改革的机遇，决定整合产业，以农村改革为突破口，全面盘活沉睡资产。“成都第五季香境”的前身是原郫都区唐昌街道战旗村村集体所办的复合肥厂、预制厂和村委会老办公楼所在地。2015 年，战旗村将这一闲置集体性建设用地挂牌以 705.97 万元拍卖给四川迈高旅游公司，敲响了四川集体经营性建设用地入市“第一槌”。土地入市后获得的资金可以投入到乡村建设、创意农业产业发展中。随着乡村振兴步伐不断加快，战旗村的改革还在继续，村民成为最大获益者。2017 年，1 704 名村民都领到了 1 700 多元的分红款。

一二三产业融合发展推动农业产业倍增

用眼学是看，用耳学是听，用嘴学是问，用脑学是想，用心学是记。高德敏好学习、擅借鉴，在村上任职以来，多次前往华西村等全国先进村观摩，逐步找到一条属于战旗村的发展方向。李世立、高德敏专门邀请中国创意农业理论创始人章继刚给全体村民上创意农业课。听了章继刚老师的课，最终他们选择办创意农业，创建了创意农业观光园。

2010 年高德敏在北京学习偶遇的一位四川企业家，很赞同他的想法并愿意投资。村里拿出近 600 亩地，沿河打造创意农业观光旅游带。从 2011 年 1 月动工到 2012 年 5 月竣工，一座以薰衣草观景为主，结合婚庆、度假休闲的花田景区落地战旗。景区一面世，便引起各方关注，拥有 1 704 人口的战旗村最多一天接待游客 4 万人次。2012 年 12 月，“第五季花田”景区成功创建国家 3A 级景区，并带动了农业加工副产品的发展，村民经济收入也相应提高，2012 年全村人均收入达到 1.4 万元。战旗村民委员会主任杨勇表示，今天的精彩战旗只是中国创意农业和乡村振兴的起步初期，要实现农业强、农村美、农民富的目标，更需加倍努力。杨勇说，“战旗村见证了创意农业的起步、成长和发展过程，更认识、体会到了创意农业的魅力，我个人对创意农业的感悟是做市场认可的，做别人没做过的。”

这些年来，战旗村始终坚持发展创意农业、培育创意生活的目标，探索采用集体经济模式发展创意农业旅游。战旗村把土地整合起来，避开了一家一户单打独斗的“短板”，让农业规模化、产业化、现代化发展，实现了农业现代化、农村城镇化、农民居民化、生活创意化。2010 年 6 月 6 日，战旗村举办了全国第一个创意农村财富论坛——2010 年首届西部创意农村财富论坛，发布了《中国西部创意农村财富论坛宣言》。

在创意农业生产过程中，战旗村始终践行创意农业理念，紧紧围绕发展创意农业，建设创意农村优美家园，演绎创意农业产业和创意农产品的美学内涵，为广大市民献上别开生面的“创意农业艺术大餐”。在发展创意农业过程中，战旗村将发展壮大村集体经济、提高村民收入作为首要任务，以总量带增量、以集体带个体，实现全体村民增收致富、农村增美。2018 年 8 月 8 日，由战旗村集体自筹资金、自主建成的“乡村十八坊”农事体验街区正式投运。战旗村将以泛战旗五村连片景区建设为基础，联合横山村、火花村、西北村、金星村等周边 2.6 平方千米区域，以战旗村为核心，高质量规划建设由人文休闲核心区、浅丘运动康养片区、田园之翼、林盘之翼组成的“一核一片两翼”泛战旗中国创意农业中央公园景区，按照景区标准实施规范化管理，打造形成集科普研学、参观游览、休闲娱乐、商务会议、审美体验为一体的城市近郊创意农业旅游目的地、全国乡村振兴引领示范点和成都公园城市建设的示范点。

坚持文化先行，推动乡村价值之变

10 年来，战旗村先后举行农村财富论坛、创意农业发展论坛、“村长论坛”，培育乡村会展文化；与成都纺织高等专科学校、西华大学等高校合作，发挥学校的人才智力优势，还开展了“大学生进农家”系列活动，同时邀请知名艺术家创办工作室；与成都市创意农业协会等一批优秀社会组织紧密合作，注入时尚文化；注入新乡贤独特的文化内涵，充分调动广大村民发展创意农业的积极性、主动性、创造性，共建中国创意农业第一村，弘扬耕读文化。该村先后荣获“全国社会主义精神文明单位”“全国文明村”“中国美丽休闲乡村”“省级四好村”“四川集体经济十强村”和省市“新农村建设示范村”等称号。

如今，创意农业已经进入聚焦人民日益增长美好生活需要的新发展阶段，战旗村作为全国创意农业最早的“试验田”，虽然已经取得一些成绩，但也需要进一步总结经验，探索创意农业新模式、培育创意农业新品牌，拓展创意农业的新内涵。随着创意农业的多样化、个性化、优美化、时尚化发展，战旗村应当将乡村振兴与绿道建设、新经济发展、社区治理等工作统筹结合，大力开发绿水青山的生态价值、养心养美的生活价值、怡人宜居的康养价值和大美田园的时尚价值，积极探索农业主题公园、农业嘉年华、教育农园、体验基地、特色小镇、体育健身基地等，提高产业融合的综合效益，打造生产标准化、经营集约化、服务规范化、功能多样化的创意农业产业带和产业集群，努力打造一支懂农业、善创意、爱农村、爱农民的基层干部队伍，进一步探索以党组织为核心的农村改革和社会治理新体制、新机制、新模式，让战旗村成为令人心驰神往的“都市桃花源”。

相关链接一：第七届中国创意农业发展论坛在战旗村成功举办

似火骄阳挡不住人们对创意农业的热情，2014 年 7 月 27 日，由成都市创意农业协会主办，成都农村电子商务协会、中国创意农业产业技术创新战略联盟、四川中国西部创意农业教育集团、创意农业网联合主办，成都市郫都区唐昌镇战旗村承办的第七届中国创意农业发展论坛在战旗村成功举办。

作为 2014 年成都市科学技术年会十大分会场、2014 年成都购物节亮点活动及“美在成都·中国创意农业嘉年华”系列活动，来自福建、湖南、重庆等多个省市以及西藏自治区四川商会、喀什川渝商会等 180 余名企业家、教育家、“大学生村官”和乡镇代表参加了会议。在论坛上，唐昌镇镇长李跃国首先致辞，论坛组委会对 2014 年中国创意农业优秀论文、2014 年支持农产品流通市场建设金融创新奖，2014 年银企对接助推农业产业倍增先进单位、2014 年中国农村创意榜样、四川乡村创意典范、2014 年促进成都农副产品流通先进单位、2014 年促进成都农副产品流通杰出贡献单位、2014 年中国创意农业教学成果奖、2014 年

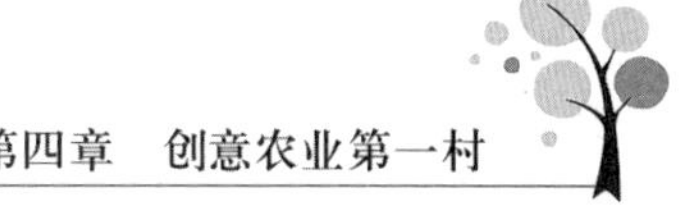

中国关爱三农社会责任企业、创意农业杯2014年首届全国川商最具号召力商会秘书长、2014年农耕农趣教育先进单位进行了颁奖。郫都区唐昌镇战旗村被授予“四川创意农业第一村”称号。

第七届中国创意农业发展论坛举行了“市场引领，创新驱动——2014年中国创意农业科技创新主题报告会”，中国创意农业理论创始人、成都市创意农业协会会长、创意农业产业技术创新战略联盟、四川中国西部创意农业教育集团理事长章继刚发布了《2013—2014年中国创意农业投资价值研究报告》。中国创意农业发展论坛主席章继刚表示，第七届中国创意农业发展论坛将坚持成都搭台、创意唱戏、创新驱动、面向全国的活动定位和服务宗旨，以创意、创新、创富、创美“四位一体”为活动目标，最大程度上涵盖创意农业产业发展的各个层面，服务能力进一步增强，为海内外创意农业产业界提供一个良好的理论探讨、创意农产品交易、项目合作和产业投资的渠道，中国创意农业发展论坛已成为全国一流的现代农业理论交流、科研合作、产品博览与产业投资平台。希望各位朋友特别是农民朋友充分利用这一渠道，沟通信息，学习先进技术，增进相互了解，加强产业合作，实现共富共赢。章继刚认为，我国作为一个拥有13亿人口的农业大国，创意农业产业发展将对我们国家乃至世界产生重要而深远的影响，因此，如何在现代农业产业中推进创意农业发展，实现农民增收、农村增美、城市增辉、企业增效，充分发挥创意农业体验经济的引领示范辐射作用，将是今天以及未来相当长一段时间内的重要课题。针对创意农业产业建设，章继刚在报告中提出七点建议：以创意创新为核心，促进乡村经济转型升级；以家庭农场和农民专业合作组织来提升产业规模和速度；以创意创新人才培养为目标，打造创意农业技术人才高地；以食品安全、乡村体验和美学经济为基础，加快培育新兴的创意生活方式和创意消费方式，打造创意农业万亿产业；以电子商务为平台，拓展农产品销售渠道，让生鲜农产品从田间地头直达消费终端；以发展专业化生产为路径，创新农村金融体系和加大新农村投资力度，引导更多企业家投资创意农业产业；以农业全产业链创意为根本，通过开展农业研发创意、种植创意、农产品营销创意、产品功能创意、品牌创意、会展创意、旅游创意，实现农业产业倍增。

在当天下午举行的2014年中国创意农业科技创新创意峰会上，中国农村创意榜样获奖代表、种都种业集团董事长刘光基，2014年银企对接助推农业产业倍增先进单位获奖代表、成都丰丰食品有限公司董事长张忠伟，四川乡村创意典范获奖代表、四川瀑布沟农业有限公司副总经理杨建明，中国农村创意榜样获奖代表、福建夷山物产食品实业有限公司董事长沈仁标，2014年中国创意农业教学成果一等奖单位代表、四川省宣汉职业中专学校校长冉启全，湖南省农业信息与工程研究所李卫东书记，第六届中国创意农业发展论坛承办单位主席，四川旅游学院党委常委、副书记、纪委书记杨祥禄，战旗村村主任杨勇先后做精彩

发言。

论坛上参会嘉宾还分别以“农业的多功能性与创意农业”“中国创意农业的现状评价和发展建议”“以创意农业原理为指导，建设现代中国农业”“创意农业与农村职业技术教育”“物联网技术与创意农业”“发展创意农业，建设生态文明”“中国创意农业与统筹城乡发展的机遇、任务和对策”为题进行了演讲与交流。最后，成都市创意农业协会特邀会长、四川省工商联副主席谢光大做了“中国川商新农村产业投资发展战略”主题报告。

与往年相比，第七届中国创意农业发展论坛有两个突出特点。一是论坛主题是“发展创意农业产业，建设幸福美丽新村”，以推进新农村综合体、创意农业产业和幸福美丽新村建设，力求以新村带产业，以产业促新村，着力提升创意农业增收增美水平。二是与全国四川商会、川渝商会紧密合作，组织企业家、教育家进行探讨交流，为四川和全国创意农业发展提供建议和意见，进一步提升了论坛学术影响力。中国创意农业发展论坛 2008 年举办以来，有 200 余名专家和 300 余名企业家作为正式代表参加了论坛，研讨的主题内容涉及文化、创意、生态、旅游、投资、电子商务、青少年农耕教育等多个领域，受到全国各知名媒体广泛关注与大力支持。论坛先后在四川师范大学、成都农业科技职业学院、四川大学、四川旅游学院举办，现已经成为全国创意农业科技界、文化创意界、教育界、企业界交流学术、产业合作的重要平台，为进一步推动创意农业科技进步和农业发展、农村繁荣、农民增收、农村增美提供了广阔空间。

2014 年 7 月 28 日，来自第七届中国创意农业发展论坛的中国川商企业家、教育家代表走进天府新区，考察新区规划和开发建设情况，共谋合作发展大计。一路上，川商们深入天府新区投资服务中心、正兴镇凉风顶村天府新区规划馆走访了解，对天府新区的发展规划、经济发展、产业布局等情况进行了详细询问。中共成都市委副秘书长、天府新区成都党工委副书记江海，天府新区成都管委会经济发展局副局长黄丹阳与企业家们进行了项目咨询座谈。江海副书记表示，天府新区将建设成为西部研发制造中心，形成一个动态的新兴产业支撑，重点发展新一代信息技术、高端装备制造、航天航空、节能环保、生物产业等战略性新兴产业。同时，大力发展金融、物流等现代生产型服务业。在发展格局上，天府新区将切实转变经济发展方式，带动产业升级，形成更大空间的开放格局。天府新区已经成为企业家投资开发的乐土和兴业创业的乐园。他希望大家在天府新区多走走多看看，欢迎更多的川商企业家到天府新区投资创业，希望更多的川商企业家把天府新区作为成就梦想的地方。中国创意农业发展论坛主席、成都市创意农业协会会长章继刚，西藏自治区四川商会常务副会长兼秘书长王勇，种都种业集团董事长刘光基等先后在座谈会上发言。

牢记习近平总书记的嘱托

战旗村先后荣获“全国文明村”、“全国乡村旅游特色村”、四川省“创先争优”先进基层组织、“四川创意农业第一村”、“四川省集体经济十强村”、成都市“先进基层党组织”等荣誉称号。2010年高德敏在村级党组织换届选举中被选为战旗村党支部书记以来，先后多次被镇、县、市评为“优秀党员”“先进工作者”“优秀党务工作者”，2014年7月被四川省委评为“农村优秀党组织书记”；并获中国创意农业发展论坛“2013年中国农村创意榜样”“2013年度成都家庭农场创意农庄十大领军人物”“2015年十大杰出村官”荣誉称号。

2018年2月12日上午，习近平总书记乘车来到成都市郫都区唐昌镇战旗村视察，观看特色农副产品和蜀绣等手工艺品展示，观摩人人耘“互联网＋共享农业”互动种养平台操作，自己花钱买下一双当地群众做的布鞋。习近平总书记勉励村民把发展现代农业作为实施乡村振兴战略的重中之重，把生活富裕作为实施乡村振兴战略的中心任务，扎扎实实把乡村振兴战略实施好。回忆起总书记视察时的情形，村民心潮澎湃，激动不已。

战旗村党支部书记高德敏：总书记非常关心基层党组织的建设、村集体经济发展、土地制度改革、村民的收入及民生保障等情况，对战旗村的各项工作都做了详细了解，在听到村集体经济发展良好时，习总书记频频点头。2018年3月初，我在成都日报“牢记总书记嘱托 建设全面体现新发展理念城市——带张心愿卡 捎句心里话”全媒体系列报道中写下了自己的心愿，希望全村党员干部群众团结一致，按照习近平总书记的要求，把战旗村建设得更加生态宜居、幸福美丽。这张明信片被寄到北京后，有不少全国“两会”代表委员点赞，大家都觉得战旗村的发展经验值得在全国推广，而高德敏的愿望也说出了广大村民的心声。当得知自己的心愿被参加全国“两会”的代表委员们点赞时，我感到十分荣幸，觉得这不仅是一份鼓励，更是一种动力，推动我们把乡村建设得更好，让村民的生活变得更幸福！

村里的重点项目“乡村十八坊”就位于战旗村村口，紧邻第五季香境旅游综合体，是战旗村村集体出资打造的农旅结合项目。我们这个项目非常有意思，别看它规模不大，功能可多了，未来将是天府文化的大观园。村里按照规划，除了度假酒店，还将配套建起情景式美食体验街区、生态风情休闲中心。不但有入市分红，家家户户还能开农家乐、吃旅游饭。自从郫都区被国家纳入集体经营性建设用地入市试点，在两年多的实践中，353 亩闲置集体经营性建设用地找到“婆家”，带动发展创意农业基地、农耕体验园等 160 多家，试点村农户产业化经营面积达 94%以上，村集体及个人获得超过 1.7 亿元的入市分红。“乡村十八坊”的设计理念就是保留川西农村的原始风味，再将天府文化和创意设计融入其中，在建筑上都是利用项目内的一些废弃农房，再修建一些配套设施，我们主要利用本地工匠资源，还原了豆瓣坊、酱油坊、豆花坊等旧时小食品手工作坊，还要引入唐昌布鞋制作工坊、铁匠铺、竹鸟笼铺等等，集纳展示、体验传统农耕文化。“乡村十八坊”一期预计 2018 年 8 月就能建成运营，届时又将为村集体经济开辟一大全新增收渠道。在我看来，许下心愿是树立目标，能否实现关键在于行动力。战旗村全村的党员干部群众一定会牢记总书记的嘱托，把村里的各项工作做到最好，让村民们过上更幸福美好的生活！

唐昌镇崇宁萝卜干专合社理事任健：我们萝卜干专合社展位背后的墙上挂着一幅老照片，内容是 1958 年 3 月 16 日，毛主席到郫都区红光镇视察高级农业合作社。我告诉总书记，上次毛主席到郫都区视察合作社，这次您也来看农民合作社，正好 60 年！总书记马上回应，那次是毛主席来成都开中共中央政治局扩大会议。总书记随后拿起一袋萝卜干仔细看。我向总书记表示，按照您的要求，我们不再像以前在田里卖、路边卖、论斤卖，而是“梳妆打扮”了再卖，创品牌，让萝卜干卖出了“肉价钱”。总书记鼓励我们农旅融合发展，小萝卜干还有大空间。

蓉锦蜀绣董事长蔡世民：习近平总书记考察战旗村时参观了我们蓉锦蜀绣公司蓉绣坊展厅的展品，我打开一方丝巾，只见上面牡丹红艳怒放，彩蝶翩飞，栩栩如生。总书记边看边问价格怎么样，市场好不好，他还说这个作为礼品很好。总书记观看的第一个展品是 1995 年于新疆出土的汉代蜀地织锦护臂“五星出东方利中国”蜀锦复制品。看完蜀绣制作的熊猫图和鹭鸶屏风后，总书记还将一件蜀绣制作的披肩展开仔细观赏。我感受最深的就是总书记的平易近人，同时，总书记对我们对产品也提出了建议，未来我们也将根据相关意见对产品进行调整。2017 年，成都蜀绣蜀锦产值 4.6 亿元，跟上百亿元的苏绣比还有差距，下一步，成都要发展蜀绣小镇奋起直追。此次总书记参观我们的产品，更加坚定了我们的信心，未来我们将不断创新，努力发展，让蜀绣走到全球消费者的中间。

村民罗时群：总书记看到我 5 岁的孙子，关切地摸摸孩子的头，询问孩子上幼儿园了吗，亲切地和乡亲们拉着家常，并叮嘱孩子父母一定要把孩子培养好。

我们是第一次见到总书记，感觉他非常亲切，时刻牵挂着我们老百姓，我们也深受鼓舞，一定按总书记的指示，把我们战旗村建设得更上一层楼。

郫都实验中学初一学生杨禹鑫：我会更加发奋努力地学习，不辜负总书记对我们青少年的关怀和希望。我一定会将总书记赠送的“国泰民安”四个字好好珍藏，并作为自己的座右铭，时刻激励自己好好学习，不断增强本领，长大后为国家建设贡献力量。

面对未来，战旗村牢记总书记的嘱托，肩负新使命、担当新任务，全力推进全国乡村振兴示范区和创意农业第一村建设。村民把乡村十八坊项目当成自己的家来建设与爱护。

2018 年 2 月 24 日，战旗村引进培育的加工企业——郫都区满江红调味食品有限公司正式开工，公司生产部经理董小雄表示，战旗村春节期间的人气让他们很惊喜，未来将从豆瓣加工企业向豆瓣体验展示基地转型，计划新建 5 条生产线及传统晒场，让游客可以全过程参观豆瓣的制作工艺并现场体验。

“第 5 季香境”投资方四川迈高旅游开发有限公司营销总监许俸滔说：“我们正在谋划修改规划，原本一楼商业规划是搞特色美食和手工艺展示。我们将探索让村民在家门口就能创业、就业，具体来说，计划引入有技术的商家，我们提供商铺，搞农村双创基地。战旗村农家客栈经理金小伟说，春节期间他的客栈生意很好，未来的重要任务是把乡村客栈提档升级，希望能引入专业的管理公司。”

唐昌布鞋非遗传承人赖淑芳表示，春节期间卖了 400 多双布鞋，比往年同季销量翻了几倍，春节期间他们加班加点做鞋，仍然不能满足需求。以后计划多招一些工人，优化生产流程，在传承传统的基础上加以创新。同时，还计划加大在电商平台的销售，把“唐昌布鞋”卖到更远的地方。

在建设创意农业产业方面，战旗村始终坚持学在前、走在前、做在前，奋力打造全国乡村振兴示范基地，让村民更有获得感、幸福感。

2018 年成都市郫都区乡村振兴亮点频现——聚力破解乡村振兴人才瓶颈难题，筹建乡村振兴干部培训学院、开设乡村振兴讲习所；陌上花开、袁隆平国际杂交水稻种业硅谷等一批现代农业重大产业化项目开工；抢抓四川自贸试验区建设契机，云桥圆根萝卜出口日本意向性协议成功签订；2018 年“成都造·中国行”北京站，郫都区专场活动在中国国际展览中心盛大开幕，更多优秀“郫都造”企业集群出征、抱团营销，抢滩国际国内市场，进一步提升“郫都造”产品和品牌的影响力和竞争力。在示范区建设规划方面，以功能区理念打破行政界限，将农村区域划分为农业文化遗产示范、国家级农业产业化、都市现代农业产业融合发展、国际乡村旅游度假、文化创意五大功能区，重塑区域经济地理。以全域规划的理念，正加快完善 6 个特色小镇和 180 个农村聚居点建设规划，启动了战旗核心片区总体规划编制工作和唐宝路中轴线特色商业街规划设计，完成了片区骨架道路梳理工作和电力线路迁改下地方案。按照“一村一风格，一区一特色”思路，遴选了 33 个

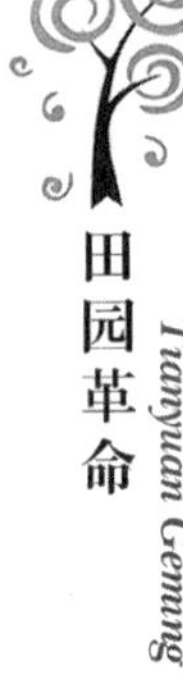

区级乡村振兴示范村、8个市级示范村重点打造，带动全域乡村全面振兴。

战旗村有效推动一批农商文旅融合示范项目落地开工，同时加快推进在建项目建设。敲响全省集体经营性建设用地入市第一槌的“第5季香境”项目，是集餐饮、旅游、酒店、文化于一体的特色商业街，在2018年4月底投入运营，乡村十八坊项目7月建成。此外，依托“饿了么”“下厨房”等知名订餐平台和“盒马鲜生”等新零售渠道，推动“天府水源地”有机农副产品进入国际国内高端消费市场。主动融入服务“一带一路”建设，指导企业积极参加“中国—白俄罗斯经贸合作论坛暨中白工业园推介会”和“2018年丝路产业发展机遇企业峰会暨中泰经贸投资交流洽谈会”，2018年“郫都造”特色产品“北京站”专场推广活动成功举行，加快培育外向型经济。

战旗村实施乡村振兴战略，发展创意农业旅游经济，有四大密码。

一是破解了土地难题。以农村经营体制改革、创意农业产业链、村容村貌整治三个方面为重点，鼓励农村集体经济组织依法使用农村集体建设用地，以土地使用权入股、联营等方式，加快推进创意农业高端产业建设步伐，探索“村—企—农”三合一新路子，加快推进创意农业产业园区、农民新型社区“两区”建设。

二是契合群众的利益诉求。一切以满足群众的利益为出发点，发挥群众建设创意农业的积极性，积极探索、大胆创新、调整产业结构、改善村民生活，体现在“三强五保”，“三强”即基层组织强、集体经济强、民调体系强。让群众有强有力的党组织依靠，村庄发展有强劲的经济依托，村民有安全可信赖的治安联保体系保障，努力挖掘乡土民俗文化，创新创意旅游业态，探索“村民与业主共富共享”“土地股份合作社＋农业职业经理人＋社会化服务体系”“全域旅游＋小农场＋大创意”的发展模式，推进创意农业特色产业发展，培育乡村创意生活方式。

三是大力促进一二三产业融合发展。结合村情，做到宜工则工，宜农则农，自然资源条件、产业发展优势，按照产业发展型、生态保护型和文化创意型等建设模式，推进美丽乡村建设与农业、生态、文化的深度融合，着力向人口集中、产业集聚和功能集成发展，鼓励和引导创意农业、乡村旅游与互联网等电子商务技术相结合，发展创意农业旅游产业和农村电子商务产业。战旗村已经建成有机蔬菜种植基地800余亩，组建2个蔬菜专业合作社；引入京东云创平台、“人人耘”智慧农业，培育省市著名商标品牌3个；引进培育榕珍菌业、满江红等16家企业，延伸生产、加工、销售链条；建成“第五季香境”集餐饮、旅游、酒店、文化于一体的商业街项目，年接待游客40余万人次，实现农商文旅融合发展。

四是解决带头人培养问题。要把支部建在产业链上，围绕加强产业服务，积极发动群众开发餐饮、住宿、交通等“三产”服务项目及相关配套产业，带领群众致富奔康，引导群众发展产业，共享集体经济发展红利，实现党员聚在产业里，群众富在产业中。村干部时刻有为群众谋利益、为群众谋发展之心，有效发挥示范效应，实现了农业高端产业倍增、农民人均纯收入倍增。

高德敏表示，大家都还清晰记得总书记勉励我们再接再厉，把乡村振兴这件事做好。我们一定不负重托，搞发展、谋改革，全力走在乡村振兴前列！

相关链接二：大力发展创意农业产业，开创乡村振兴新局面

——第十一届中国创意农业发展论坛暨乡村振兴发展峰会在成都战旗村召开

2018 年 10 月 26—27 日，为深入贯彻落实全国实施乡村振兴战略工作推进会议和中央加快发展创意农业有关精神，促进创意农业理论研究和实践探索，充分发挥创意农业在美化城市、富裕农民方面的积极作用，在全社会大力营造尊重知识、尊重人才的氛围，广泛凝聚创新创业共识，齐心协力加快发展新经济、培育新动能，推进创意农业发展，建设世界优美乡村，在创意农业连续三年写入中央一号文件之际，2018 第十一届中国创意农业发展论坛暨乡村振兴发展峰会在全国创意农业第一村成都市郫都区战旗村隆重召开。来自江苏省、湖南省、重庆市、陕西省以及新疆等多个省（自治区、直辖市）的 150 余名专家学者、农业农村工作者、“大学生村官”、企业家、教育家和乡镇代表参加会议。

为中国创意农业和乡村振兴提供新思考、新路径

成都市科学技术协会学会部部长陈继烈，战旗村党总支书记高德敏，成都市统筹城乡和农业委员会副主任潘斌，江苏省农业科学院休闲农业研究所所长刘华周，中国创意农业理论创始人、中国创意农业发展论坛主席章继刚等嘉宾以“发挥农民主体作用，大力发展创意农业，开创乡村振兴新局面”为主题，围绕推进乡村振兴战略、发展创意农业、培育农业美学经济等专题发表精彩演讲。论坛由四川司法警官职业学院宋晓刚教授主持。

作为 2018 年（第十九届）成都市科学技术年会重点学术分会场，会议由民革四川省委“三农”委员会、成都市科学技术协会、成都市统筹城乡和农业委员会指导，中国创意农业发展论坛组委会、成都市创意农业协会主办，成都农村电子商务协会、成都市天府新区文化创意产业行业协会、成都市天府新区国新大数据产业技术科学研究院和成都市郫都区战旗村民委员会承办。

在论坛上，战旗村村民委员会杨勇主任、成都市科学技术协会学会部部长陈继烈、成都市统筹城乡和农业委员会副主任潘斌先后致辞，战旗村党总支书记高德敏以“幸福生活是干出来的”为题做主题发言。在“中国农村创意榜样”和“中国创意农业教学名校”颁奖典礼上，刘华周、刘世伟、杨勇、张涛、袁龙军、朱珠、秦强、任健、石小波、袁阳、汤家凌、甘福清、谢思凯、黄守东、李卫东等 15 位同志被评为“中国农村创意榜样”，四川省宣汉县职业中专学校荣获“中

国创意农业教学名校”荣誉称号。刘世伟、袁龙军、黄守东分别发表获奖感言。中国创意农业理论创始人、中国创意农业发展论坛主席章继刚发布了主题报告《2018中国创意农业与乡村振兴发展研究报告》。刘华周、张涛、石小波、朱珠、秦强、谢思凯、任健、袁阳、汤家凌、曾德国、聂在和、曾庆川等专家、企业家和“中国农村创意榜样”先后做精彩发言，用一个个鲜活的创意农业发展实践和经典案例展示，为中国创意农业和乡村振兴提供新思考、新路径，为培育农业新业态、新动能提供新思路、新方法。他们纷纷表示，将积极开展“创意农业助力乡村振兴行动”，为形成发展创意农业，为决战决胜脱贫攻坚形成强大的合力凝聚精神动力，为建设幸福美丽乡村做出自己的贡献。

在当天下午举行的2018年中国乡村振兴发展峰会上，举行了全国创意农业精品教材暨乡村振兴丛书第一卷《城乡食品安全》首发式，深度聚焦精准扶贫和田园花艺编艺竹艺美学主题，现场设置了支持甘孜乡村振兴与精准扶贫研讨会、岷江村田园花艺编艺竹艺美学展示与乡村文化振兴研讨会和全国创意农业与乡村振兴专家联席会三场圆桌论坛。

在圆桌论坛上，来自江苏省、湖南省、重庆市、陕西省以及新疆等多个省（自治区、直辖市）的专家学者，甘孜州民族干部学校、甘孜州行政学院和四川省宣汉县职业中专学校的教师们从不同领域，不同角度给出不同的见解，为创意农业推进乡村振兴特别是民族地区农业发展寻找新机遇和新出路。怎样打造电子商务小镇，农村社交电商怎样服务于农产品营销，农商文旅体融合发展与乡村产业振兴，地理标志创意农业与精准扶贫，如何促进小农户和现代农业发展有机衔接，针对这些实际操作层面的问题，现场来自全国的创意农业专家，对乡村振兴的路径给出最前沿的思考。

战旗村见证了创意农业的起步、成长和发展过程

战旗村村民委员会主任杨勇表示，战旗村成立于1965年，地处成都市郫都区西北部边缘，东邻彭州，西邻都江堰，辖区面积2.06平方千米，介于柏条河、柏木河之间，是成都市饮用水保护地、取水源头。53年来，有总书记的关怀指引，有各级党委政府领导的关怀指导和村八届支部的带领，以及全村人民共同的努力，成就了今天的精彩战旗。他认为，今天的精彩战旗只是中国创意农业和乡村振兴的起步初期，要实现农业强、农村美、农民富的目标，更需加倍努力加油干。他说，中国创意农业发展论坛迎来了它的11岁生日，战旗村见证了它的起步、成长和发展过程，更体会认识到了创意农业的魅力！自己对创意农业的感悟是做市场认可的，做别人没做过的！相信本届论坛会一定会为我们带来新视野和灵感，为产业升级和乡村振兴寻找到因地制宜的破解点！

战旗村党总支书记高德敏表示，中国创意农业发展论坛继2014年之后再次

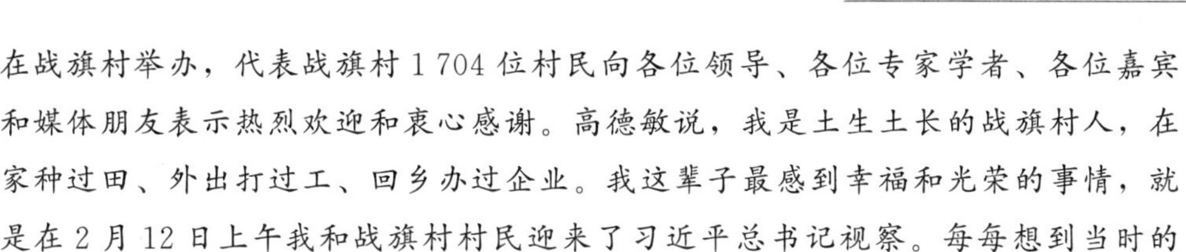

在战旗村举办，代表战旗村 1 704 位村民向各位领导、各位专家学者、各位嘉宾和媒体朋友表示热烈欢迎和衷心感谢。高德敏说，我是土生土长的战旗村人，在家种过田、外出打过工、回乡办过企业。我这辈子最感到幸福和光荣的事情，就是在 2 月 12 日上午我和战旗村村民迎来了习近平总书记视察。每每想到当时的情景，我内心依然激动不已。

高德敏认为，战旗村的发展最初得益于一项改革。党的十八大以来，战旗村坚持以农业供给侧结构性改革为主线，深入实施农村集体产权制度、耕地保护补偿制度、农地流转履约保证保险制度、集体资产股份制、农村产权交易等“五项改革”，推动资源变资产、资金变股金、农民变股东。战旗村以农村改革为突破口，全面盘活沉睡资产，初步实现了产业得发展、农村得治理、村民得利益。在创意农业生产过程中，我们始终践行创意农业理念，紧紧围绕发展创意农业，建设创意农村优美家园，精彩演绎活色生香的优势创意农业产业和创意农产品的美学内涵，为广大消费者献上别开生面的“创意农业艺术大餐”，完美解读原汁原味的创意农产品生产和创意生活，让四川创意农业声名远播，让天府之国独具特色的农业文明开出一朵又一朵美丽的创意农业奇葩。

成都已经成为全国公认的中国创意农业发源地

成都市统筹城乡和农业委员会副主任潘斌表示，创意农业作为一种新兴的农业产业模式，是将农业与文化创意产业相结合，借助文创思维逻辑，融合文化、科技、旅游与农业多元要素，培育农业美学经济，推动农业功能进一步开发拓展、价值进一步丰富提升的新产业新业态，是实现乡村全面振兴的重要载体。成都多年的实践证明，发展创意农业，不仅可以优化农业产业体系、生产体系、经营体系，进一步完善“农业共营制”等适度规模经营方式，推动农业服务组织的专业化和企业化，加强农业经营主体和新型职业农民培育，全面提高农业的土地产出率、资源利用率、劳动生产率，而且可以进一步推进一二三产业融合发展，大力发展农产品深加工业、农村电子商务，推动乡村旅游提档升级，拉长农业产业链和价值链，打造效益倍增的创意链，提升农业综合效益和附加值。

潘斌说，作为连续举行十一年、在国内外有着广泛影响力的农业高端品牌论坛，特别是论坛形成的高层次智库，带来的大量人流、物流和信息流，将有力促进优势资源向创意农业产业聚集，带来了创意农业产业投资的新机遇。论坛对促进农业新经济培育与新动能塑造有机结合，不断壮大农业新经济市场主体规模，由依靠农村劳动力低成本和技术低门槛为主的竞争转变为以构建创意产业生态圈和创新生态链塑造比较优势，为新旧动能转换和传统农业加快转型注入强劲动力，必将起到积极的推动作用。20 世纪 80 年代末，成都郫都区开创性地培育了“农科村”，成为全国“农家乐”的发源地。近年来，成都注重休闲农业与文化创意的有机融合，打造了五朵金花、花舞人间、大梁酒庄等一批创意农业品牌，成为全国都市现代农业发展的靓丽名片。2018 年，全市共建设 20 个休闲农业主题公园和 40 个农业文化创意基地，累计建成国家 A 级景区的都市现代农业乡村旅游基地（园区）38 个，提升建设 60 个乡村特色文化酒店和主题民宿，吸引乡村旅游游客 8 451.39 万人次，总收入达 258.69 亿元。前不久，在都江堰市成功举办全国首届“农民丰收节”分会场活动，川西农耕文化在全省、全国得到广泛宣传。潘斌表示，2008 年以来，成都先后搭建了全国首个创意农业投资、理论研讨与经验交流平台——中国创意农业发展论坛，并连续十一届在成都隆重召开，面向全国发布了十一个年度报告《中国创意农业发展研究报告》；全国第一本创意农业学专著在成都出版，成都还成立了全国第一个创意农业研究中心——中国西部创意农业发展研究中心和全国第一个创意农业协会——成都市创意农业协会。潘斌表示，成都已经成为全国公认的中国创意农业发源地。

《2018 中国创意农业与乡村振兴发展研究报告》成功发布

论坛上，中国创意农业理论创始人、中国创意农业发展论坛主席章继刚发布了主题报告《2018 中国创意农业与乡村振兴发展研究报告》。他认为，创意农业是指以增加农产品附加值、培育农业美学经济为目标，在农产品研发、生产、加工、营销、服务过程中，以及在农业节庆、农业科普、农业电子商务、农业总部经济、农业审美、农业旅游、农业创新创业和农事体验活动中，进行生产创意、生活创意、功能创意、科技创意、产业创意、品牌创意和景观创意，通过营造优美意境和养心养美场所，创造农民独特增收模式，构建农业与二、三产业交叉融合的现代产业体系，推进乡村振兴，以实现农业增产、农民增收、农村增美、产业倍增和旅游倍增的新型农业生产方式、生活方式、消费方式与发展方式。他表示，创意农业是农业产业与美学经济、创意经济的跨界融合，既是农业发展理念的创新，也是农业生产方式、生活方式、消费方式、旅游方式和发展方式的转变，已经成为农业现代化建设的新视角、新趋势和现代农业发展的新理念、新方向。国内外诸多实践经验表明，推进创意农业发展，对推动农业供给侧结构改革、农业转型升级、农民增收致富、农村增美、市民增乐具有重要现实意义。章继刚认为，乡村振兴是一项牵一发而动全身的系统工程，应当引入全产业链模式，充分认识乡村文明的价值和使命，将乡村文化融入乡村发展的细微肌理，用美色、美味、美形、美质、美感、美景、美心的创意农业“七美”标准构建城乡现代生活方式，进一步提升乡村的创新创意能力和一二三产业融合发展能力。发展创意农业有利于促进乡村文化与农业现代化的深度融合，有利于构建符合农村经济形态、文化形态、生活形态的特色乡村形态和城市形态，有利于传播乡土气息，繁荣公共文化，切实增强群众参与感、获得感和幸福感。

《2018中国创意农业与乡村振兴发展研究报告》指出，发展创意农业是建设美丽乡村丰富居民生活的重要途径。创意农业能够充分整合农村“三生”资源，与自然山水深度结合，与产业发展相互交融，将农业农村发展路径从偏重依赖资源投入和环境消耗转变到绿色协调可持续发展上来，有利于打造美丽田园景观，推动美丽乡村建设，加快农村生态文明建设。发展创意农业必须以“绿水青山就是金山银山”理念为指引，以资源环境承载力为基准，以推进农业供给侧结构性改革为主线，尊重农业发展规律，强化改革创新、激励约束和政府监管，转变农业发展方式，优化空间布局，节约利用资源，保护产地环境，提升生态服务功能，全力构建人与自然和谐共生的农业发展新格局，推动形成绿色生产方式和生活方式，实现农业强、农民富、农村美的目标。

《2018中国创意农业与乡村振兴发展研究报告》中建议，应当全面建立职业农民制度，培养新一代爱农业、懂技术、懂创意、善经营的新型职业农民，优化农业从业者结构，大力实施新型职业农民培育工程，支持新型职业农民通过弹性学制参加中高等农业职业教育。要创新培训组织形式，探索田间课堂、网络教室等培训方式，支持农民专业合作社、专业技术协会、龙头企业等主体承担培训。要加大“三农”领域乡村创意师等实用专业人才培育力度，提高农村专业人才服务保障能力，探索公益性和经营性农技推广融合发展机制，允许农技人员通过提供增值服务合理取酬，全面实施农技推广服务特聘计划。应当进一步加强涉农院校和学科专业建设，大力培育创意农业科技、科普人才。应当以乡情乡愁为纽带，引导和支持企业家、党政干部、专家学者、医生教师、规划师、建筑师、律师、技能人才等，通过下乡担任志愿者、投资兴业、行医办学、捐资捐物、法律服务等方式服务乡村振兴事业，允许符合要求的公职人员回乡任职。继续实施“三区”（边远贫困地区、边疆民族地区和革命老区）人才支持计划，深入推进“大学生村官”工作，因地制宜实施“三支一扶”、高校毕业生基层成长等计划，开展乡村振兴“巾帼行动”、青春建功行动，建立城乡、区域、校地之间人才培养合作与交流机制，全面建立城市医生教师、科技文化人员等定期服务乡村机制。

做大做强美丽产业，带动农民增收农村增美

章继刚说，要坚持农民增收、共享发展，建立利益共享发展机制，促进工商资本与农民利益紧密联结，鼓励和支持农民创新创业，实现多主体共赢获益。应当推动创意农业成为农业供给侧结构调整的引领产业、农民持续增收的战略产业和繁荣农业农村经济的新型支柱产业，培育多元创意主体，创建一批全国有较高知名度的主题创意农业园，打造一批以农商文旅体融合为核心的创意农业示范镇、村；健全创意产业体系，分级培育一批创意农业研发中心，大力培训创意农

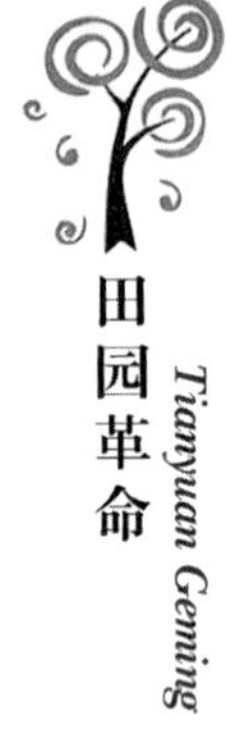

业专业人才和新型职业农民，建立完善创意农业营销推介服务平台；放大创意品牌影响，培育一批创意农业节庆知名品牌，在国家中心城市和区域中心城市建设一批创意农业示范中心，建设创意农业中央公园。

2005 年 8 月 15 日，时任浙江省委书记的习近平同志在安吉县余村考察时，首次提出了“绿水青山就是金山银山”的科学论断。2017 年 10 月 18 日，中国共产党第十九次全国代表大会开幕，习近平总书记在党的十九大报告中指出，“建设生态文明是中华民族永续发展的千年大计。必须树立和践行绿水青山就是金山银山的理念，坚持节约资源和保护环境的基本国策，像对待生命一样对待生态环境”。“两山”重要思想已经成为引领我国走向社会主义生态文明新时代的重要指导思想。章继刚建议以甘孜州民族干部学校、甘孜州行政学院为基础，成立以服务甘孜藏区发展、助推甘孜脱贫攻坚和乡村振兴为己任的“甘孜州两山学院”，努力在转化“绿水青山”为“金山银山”的过程中体现学校的功能和价值。通过创建“甘孜州两山学院”，凝聚校内外研究力量，促进民族干部教育特色发展、内涵发展，使其成为“两山”理论的研学基地、“两山”转化最新实践成果的传播基地、引领“两山”理论研究的学术高地，推进乡村人才振兴的培训基地，成为发展创意农业服务地方经济发展的新型智库。

章继刚建议，要优化乡村营商环境，加大农村基础设施和公用事业领域开放力度，吸引社会资本参与乡村振兴；要规范有序盘活农业农村基础设施存量资产，回收资金主要用于补短板项目建设。应当继续深化“放管服”改革，鼓励工商资本投入农业农村，为乡村振兴提供综合性解决方案。应当鼓励利用外资开展现代农业、产业融合、生态修复、人居环境整治和农村基础设施等建设。积极推广一事一议、以奖代补等方式，鼓励农民对直接受益的乡村基础设施建设投工投劳，让农民更多参与建设管护。

章继刚强调，美学经济的兴起，迎合了农业创意时代的公众心理。美学经济时代的农业，取材于优质种子，具有独特的欣赏价值，再辅以艺术包装，美学农业的附加值将更高。美学农业是从“为胃服务”的阶段转向“为舌尖服务”，美味、美艳、美形给人们带来五官享受，色美形佳效益高，为农民增开财路。美学农业引导人们树立崇尚绿色生活、亲近大自然、回归大自然，提升人民群众的艺术欣赏水平，创造文明、绿色、和谐的生活新风尚。要坚持用美学观点推进城乡融合发展，以审美愉悦和创意为核心，以生态文明为导向，大力建设美丽乡村，做大做强美丽产业，带动农民增收、农村增美。创意农业衍生美丽经济，应当积极发展“以美兴业”“以文兴村”的创意农业旅游，推动环境美化、乡风传播和修身养美。要以视觉传达艺术、消费体验和消费时尚为表现形式，以满足消费者强烈的审美情感需求为目的，将城乡创意景观组成一幅疏密有致、气韵生动、养

心养美的诗意乡村新画卷，形成具有独特美学价值的现代田园新意象。

章继刚强调，乡村文化建设离不开小农户和新农人。无论是过去、现在、还是未来，小农户都是农村生产力发展的重要力量。农业规模经济和创意农业产业的快速发展，是要提升小农户的营利能力、增收能力、创意能力和生态涵养能力，促进小农户与现代农业产业体系有机衔接。他表示，乡镇党委和政府要高度重视小农户在工匠技艺传承、非遗文化传播、庭院经济开发、林下经济发展、乡村旅游体验、创意农业产业等方面的积极作用，依托小农户建设一批竞争力强、市场反响好、深受消费者欢迎的微田园、微创意、微景观、微民宿、微艺术，让小农户成为天府乡村记忆的载体和平台。要坚持宜建则建、宜改则改、宜保则保，着力打造一批“小规模、组团式、微田园、生态化”的创意农业田园综合体。要善于发现产生于小农户的小制作、小工艺、小演艺、小美食、小山珍和小生活。章继刚建议以小农户求新求变求美的新需求为基础，试点创建乡村美学设计学院、乡愁文化学院、康养旅疗学院、农夫记忆学院、登山健身学院、花田农耕学院，让小农户与市民共享乡村文化的美学成果，从而助力乡村文化振兴。他表示，随着幸福美丽新村建设的推进，返乡农民工、大学生、返乡企业家、艺术工作者甚至海归人才纷纷到乡村创新创业，为农村带来了新理念、新创意、新技术，成为促进农村先进生产力发展和推进先进文化建设的重要力量，在发展农村新教育、推进农业新经济和繁荣乡村文化方面具有十分重要的作用。作为乡镇党委政府应当主动作为，及时成立新农人协会、新农人新经济沙龙，举办新农人节，开展新农人新产品新生活展示会，为新农人抱团发展，为地方传统农业向创意农业转型升级助力。

打造创意农业成功案例，带动乡村振兴整体提升

在全国创意农业与乡村振兴专家联席会上，来自全国各地的专家学者，就创意农业暨乡村振兴教材编写出版有哪些困难；怎样发挥农民主体作用发展创意农业；“互联网＋现代农业”推进乡村振兴有哪些经验；民族地区干部学校如何践行“两山理论”，成立“两山学院”发展创意农业，为乡村振兴助力；藏区乡村经济如何振兴；国家中心城市发展创意农业的优势有哪些；田园花艺编艺竹艺美学推进乡村文化振兴的实现方式；战旗创意农业高端产业发展模式等议题，各抒己见、畅所欲言。中国人民大学长江经济带研究院研究员、西南财经大学财税学院博士生导师鄢杰，西南政法大学地理标志研究中心主任曾德国教授，甘孜州民族干部学校（州行政学院）副校长孙强，中国创意农业理论创始人、全国创意农业精品教材暨乡村振兴丛书总主编章继刚等专家建议在论坛后应当做好创意农业与乡村振兴后续落地实施的方案与路径，创新论坛机制，推进乡村产业振兴，打造一条完整的从田头到餐桌全产业链闭环，探索创意农业全产业链创新，真正保障食品安全，实现传统农业现代化的蝶变；通过推进人才和技术创新，全力搭建科技创新平台，建设强大的科技支撑体系，集合产学研各方面力量“登台唱戏”，不断探索积累经验，让创意农业新技术、新产品、新成果造福人民，打造一批创意农业的成功案例，带动乡村振兴整体提升。

第十一届中国创意农业发展论坛与会代表合影

自2008年以来，在中共四川省委农工委、四川省农业厅、成都市政府、成都市科学技术协会、成都市统筹城乡和农业委员会以及四川大学、四川农业大学、四川师范大学、四川旅游学院、成都农业科技职业学院等单位支持下成功举办了11届中国创意农业发展论坛，让国内外农业农村工作者、企业家、在校大学生和广大农民对创意农业发展的发展形势、农业创意技术、农业新经济和前沿动态有了全面了解，对促进乡村振兴、农业创新创业创意的先进经验和模式有了更多认识和把握。组委会确定战旗村为中国创意农业发展论坛永久会址。

幸福生活是干出来的

——战旗村党总支书记高德敏会议发言

金秋送爽，阳光明媚，我们迎来了一年一度的全国创意农业行业盛会——2018年第十一届中国创意农业发展论坛暨乡村振兴发展峰会。来自全国各地的创意农业专家学者云集战旗村，共商中国创意农业发展的大计，特别是中国创意农业发展论坛继2014年之后再次在战旗村举办，我代表战旗村1 704位村民向各

位领导、各位专家学者、各位嘉宾和媒体朋友表示热烈欢迎和衷心感谢！

战旗村位于成都市郫都区、都江堰市、彭州市三地交界处的柏条河畔。战旗村原名集凤大队，全村面积 2.06 平方千米，有 533 户 1 704 人。我是土生土长的战旗村人，在家种过田、外出打过工、回乡办过企业。我这辈子最感到幸福和光荣的事情，就是在 2 月 12 日上午我和战旗村村民迎来了习近平总书记视察。每每想到当时的情景，我内心依然激动不已。

战旗村的发展最初得益于一项改革。党的十八大以来，战旗村坚持以农业供给侧结构性改革为主线，深入实施农村集体产权制度、耕地保护补偿制度、农地流转履约保证保险制度、集体资产股份制、农村产权交易等“五项改革”，推动资源变资产、资金变股金、农民变股东。战旗村以农村改革为突破口，全面盘活沉睡资产，初步实现了产业得发展、农村得治理、村民得利益。“成都第五季香境”的前身是原郫都区唐昌街道战旗村村集体所办的复合肥厂、预制厂和村委会老办公楼所在地。2015 年，战旗村将这一闲置集体性建设用地挂牌以 705.97 万元拍卖给四川迈高旅游公司，敲响了四川集体经营性建设用地入市“第一槌”。“一槌定音”——集体经营性建设用地入市改革的春风不仅吹醒了沉睡的土地资产，更为产业发展引来源源“活水”。随着乡村振兴步伐不断加快，战旗村的改革还在继续，村民成为最大获益者。首宗土地入市改革后，村民们不仅迎来了创业增收的机遇，更让战旗村 1 704 名集体组织经济成员又有了一笔新的收入——集体经济收入分红。2015 年战旗村人均分红 520 元，人均收入直接增加 800 元左右。2017 年，1 704 名村民都领到了 1 700 多元的分红款。靠着龙头旅游企业带动，每到周末，村民们自办的农家乐里人来人往。村民们不用出去打工了，家门口的工作挑着做。

战旗村创意农业产业倍增、快速发展、引领全国，得益于中国创意农业理论创始人章继刚老师把创意农业新观念、一二三产业融合发展新知识带到村里，帮助我们发展创意农业产业。我们不会忘记章继刚老师从 2010 年以来连续 8 年给我们的无私关心和大力支持。“搞好创意农业，一只鸡就能卖出一头猪的价格！”“对着牛弹琴，给猪放音乐，这样的牛肉和猪肉更鲜美！”8 年前我和村民们跟着章继刚老师学习创意农业理论，和创意农业概念有了第一次亲密接触。从学习创意农业第一课到今天的创意农业第一村，村里始终高举发展创意农业、培育创意生活的目标，采用集体经济模式发展创意农业旅游的探索从来没有停过。战旗村把土地整合起来，从引进食用菌生产、农副产品加工等 16 家企业，到引入“互联网＋共享农业”互动种养平台等创意农业新业态，避开了一家一户单打独斗的短板，让农业规模化、产业化、现代化发展，实现了农业现代化、农村城镇化、农民居民化、生活创意化。2010 年 6 月 6 日，在章继刚老师支持下，我们举办了全国第一个创意农村财富论坛——2010 年首届西部创意农村财富论坛，发布了

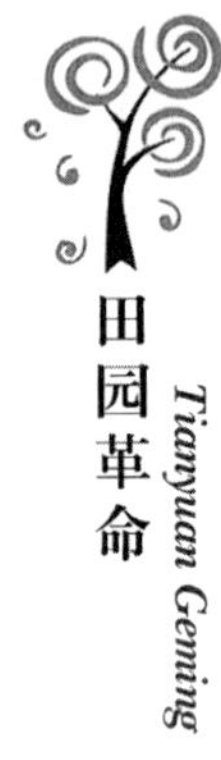

《中国西部创意农村财富论坛宣言》。在创意农业生产过程中，我们始终践行创意农业理念，紧紧围绕发展创意农业，建设创意农村优美家园，精彩演绎活色生香的优势创意农业产业和创意农产品的美学内涵，为广大消费者献上别开生面的“创意农业艺术大餐”，完美解读原汁原味的创意农产品生产和创意生活，让四川创意农产品声名远播，让天府之国独具特色的农业文明开出一朵又一朵美丽的创意农业奇葩。

近年来，战旗村坚持生态先行，牢固树立“绿水青山就是金山银山”理念，大力治理面源污染，推行垃圾分类处理，实行户收集、村集中、镇清运，实现污水统一收集、达标排放。从以草莓采摘、蓝莓采摘等项目为主的休闲观光农业发展格局，到正在打造的“第五季香境”特色商业街和“乡村十八坊”等乡村旅游综合体项目，战旗村把大力发展农业生产力、推动产业兴旺摆在突出位置，打造观光旅游农业，培育乡村发展新动能，为村民致富增收提供了长效保障，让更多村民享受到产业发展带来的成果。我们以花果文化、农居民俗文化、创意乡村旅游和美学经济为主的创意农业产业在战旗村得到快速发展。

我们坚持以构建创意农业产业生态圈、创新生态链、培育创意链的理念做好经济工作，大力推动农业转型升级、创新发展。为了发展集体经济，战旗村村委绞尽脑汁。在管理上，我们还是缺乏经验，随着酒厂、复合肥厂、砖厂的关停，土地闲置了好多年。正是借助土地入市改革的机遇，我们才开始整合产业。首先，土地入市后获得的资金可以投入到乡村建设、创意农业产业发展中。其次，通过引入四川迈高旅游公司，产业规划实现了“让专业的人做专业的事”。再次，乡村振兴带动了乡村旅游不断发展，村民们致富的积极性被充分调动起来。为了还权赋能、明确主体，战旗村创新设计“产权主体＋实施主体”的集体经营性建设用地入市组织结构，成立集体资产管理公司作为入市实施主体，明确村集体为集体建设用地所有权人，将集体资产以股权形式确权量化到符合资格的村集体成员。最后，在收益分红方面，战旗村始终坚持“二八原则”。即土地净收益的20％用于集体成员现金分红，80％作为村集体公积金、公益金等，避免分光吃光，保障村民长远生计，促进集体经济可持续发展。

在资源统筹分配方面，战旗村编制完成了农村集体建设用地土地利用专项规划，推动土地利用、城乡建设、产业发展和生态保护规划“多规合一”。在空间上、时间上做出总体布局和优化安排，重构了全村空间要素结构。我们的经验是创新摸底机制，夯实改革基础，解决了“地从何来”；创新编制集建专规，确保科学用地，解决了“地怎么用”；创新设计组织机构，畅通入市渠道，解决了“谁来入市”；创新增值收益分配，平衡各方利益，解决了“钱怎么分”；创新基层治理模式，保障村民权利，解决了“钱怎么花”。

在发展创意农业过程中，我们将发展壮大村集体经济、提高村民收入作为首

要任务，以总量带增量、以集体带个体，实现全体村民增收致富、农村增美。今年8月8日，由战旗村集体自筹资金、自主建成的“乡村十八坊”农事体验街区正式投运。“乡村十八坊”项目是我们战旗村自主打造的一个文化地标项目，以18种非物质文化技艺传承展示为主题，有香油坊、酱油坊、布鞋坊、竹编坊、郫县豆瓣坊、酿酒坊等传统工坊，整个项目是川西风格，体现传统文化，装修风格不能过于花哨，体现创意农业文化传承，展示出工匠精神。过去村里作坊数量众多，使用燃煤锅炉，污水直接排到河沟中，但这些小作坊涉及很多人的就业问题，如果直接关停那肯定不现实，再说了这些作坊保留着很多传统技术，我们也想把这些技术传承下来。没有物料，我们就把村子周边旧砖、旧材料买回来重新利用；没有场地，就把村里以前闲置的文化大院重新修整。同时，采取了对村民更有利的招商方式：不收取租金，而是按照营业额比例收成。8年来持之以恒发展创意农业，我们尝到了甜头。2016年，战旗村集体资产达到2 500万元，年集体经济收入350万元以上，农民人均可支配收入达22 300余元。2017年，战旗村的村域经济总产值近3亿元，村集体资产达4 300万元，村集体经济收入达450万元。

我们牢固树立“绿水青山就是金山银山”理念，坚定不移走好绿色生态发展之路，让战旗生态底色更亮丽、生态经济更蓬勃、生活环境更宜居。“乡村十八坊”从一开始就要求严格，将污水接入大管网，进行雨污分流，电线、光缆全部入地，只有符合条件的作坊在拿到食品安全卫生许可证后才可以开业。“乡村十八坊”不仅引来了游客，还解决了100多人就业，实现了农村金融和“三农”共赢发展。鹃城金控公司控股子公司蜀都中小担通过创新反担保措施，完成唐昌战旗资产管理有限公司的贷款担保授信和首笔担保贷款发放。在推进农村集体经营性建设用地入市改革中，战旗村成立了集体资产管理公司。鹃城金控公司二级子公司以村集体建设用地为反担保物，为该村集体资产管理公司向成都银行贷款提供融资担保，让战旗村集体经营组织和金融机构间建立相互信任合作机制。首笔担保贷款发放的100万元，主要用于“乡村十八坊”二期建设。农村要真正的发展，需要财政支持，更需要金融扶持。战旗村向成都银行融资为发展村集体经济和创意农业产业打下坚实基础。战旗村将通过金融支持对唐昌“五村连片”进行农业资源整合，创造更好的投资基础条件，通过金融支持带动社会资本的投入。下一步，以泛战旗五村连片景区建设为基础，以战旗村为核心，联合横山村、火花村、西北村、金星村等周边2.6平方千米区域，高质量规划建设人文休闲核心区、浅丘运动康养片区、田园之翼、林盘之翼等“一核一片两翼”泛战旗中国创意农业中央公园景区，按照景区标准实施规范化管理，打造形成集科普研学、参观游览、休闲娱乐、商务会议、审美体验为一体的城市近郊创意农业旅游目的地、全国乡村振兴引领示范点和成都公园城市建设的示范点。

战旗村的幸福生活是干出来的。我还记得当年老书记李世立握着我的手语重心长地告诉我说，战旗村的共产党员个个都是好样的，我们共产党员的光辉与荣耀，你们要一代一代传下去。从此，我以他们为榜样，以党员的标准严格要求自己，带领大家从制定村庄规划、开展土地股份合作入手，探索所有权、承包权、经营权三权分立的模式，进行了集体经济的股份制量化改革，让村民变成了股民。战旗村给每位村民买了基本医疗保险，免除了物业管理费，为 60 岁以上的老人发放补助金。为了服务村民，村里还开设了便民服务站，人力资源社会保障服务、卫生计生服务、民政服务、教育服务等相关事项，村民不必跑远，在家门口就可以办理。以前农村人羡慕城里人，现在是城里人羡慕农村人。农村的生活越来越巴适，日子越来越安逸。战旗村在改革发展进程中始终锐意进取，坚持村党总支“核心引领”作用，大胆创新改革，推动产业升级，带领群众增收致富。坚持以党建统揽经济建设、政治建设、文化建设、社会建设和生态建设，战旗村先后荣获“全国社会主义精神文明单位”“全国文明村”“中国美丽休闲乡村”“省级四好村”“四川集体经济十强村”和省市“新农村建设示范村”等称号。我本人也获得了“2013 年中国农村创意榜样”、中央级“2015 年十大杰出村官”、省级“农村优秀党组织书记”、市级“五一劳动奖”等多项荣誉。

牢记总书记谆谆嘱托，乡村振兴起好示范。习近平总书记在视察战旗村时强调，农村的发展不单是产业发展，不单是物质文明，精神文明、文化生活也要搞好。幸福生活不仅仅是钱包鼓起来，还要让村民的脑袋“富”起来。我们坚持文化先行，2008 年以来，第七届、第十一届中国创意农业发展论坛、首届四川“村长论坛”暨村社发展大会先后在战旗村举行；与成都纺织高等专科学校、西华大学等高校合作，发挥学校的人才智力优势，开展了“大学生进农家”一系列活动，同时邀请知名艺术家创办工作室；与成都市创意农业协会等一批优秀社会组织紧密合作，注入时尚文化，弘扬耕读文化，注入新乡贤独特的文化内涵，充分调动广大村民发展创意农业的积极性、主动性、创造性，共建中国创意农业第一村。我们积极改善农村生活方式，改善农村生态环境，实施“十破十树”行动，深化校地结对共建、志愿者服务，丰富群众特色文化活动，抓好乡风文明，不断增强乡村软实力。战旗村依法以德治理贯穿到乡村振兴的全过程，推动治理体系和治理能力现代化在基层落地生根；坚持先依法制定规则，再推行资源、资产、资金依规盘活流通，构建村“两委”、集体经济组织、农业合作社、“专业协会多元共治＋村民自治”工作格局。我们组建了新型社区业主委员会和物业管理自治组织，推进基层自治，广泛开展乡村道德评议等工作，推进基层德治。借助党建引领城乡社区发展治理的大势，战旗村党群服务中心陆续开辟了邻里守望、儿童之家等主题空间，依托战旗“微党校”（农民夜校），建立了包括 13 个区级部门党员干部和技术专家在内的师资库，开辟了舞蹈室、书画国学室、手工作坊等教学

场地，极大地丰富了村民精神文化生活。发展创意农业，人才是关键。我们坚持乡村振兴人才内育外引，构建柔性人才招引机制，制定出台人才引进政策，引进培育新村民、新乡贤、“土专家”，激活本土能人，以四川战旗乡村振兴学院、新时代乡村振兴讲习所、农民夜校等平台，常态化开展农民实用创新创意技术、实践技能操作等培训教育，建立本土人才梯队，筑“凤巢”搭“舞台”，引进、留住优秀人才，形成战旗人才“聚宝盆”效应。

创意农业是当今农业和文化旅游业发展的重要方向，有着蓬勃的生机和广阔的前景。中国经济发展进入新时代，发展创意农业是农业结构调整和转型升级的必由之路，是实施乡村振兴战略、促进农民增收、保护生态环境、建设幸福美丽新村、推进城乡融合发展的重要抓手。创意农业已经发展到一个新的阶段，战旗村作为全国创意农业最早的试验田，虽然已经取得一些成绩，但也需要进一步总结经验，进一步探索创意农业新模式、培育创意农业新品牌，拓展创意农业新内涵，大力发展休闲度假、旅游观光、养生养老、农耕体验、乡村手工艺等，促进创意农业的多样化、个性化、优美化发展；积极探索农业主题公园、农业嘉年华、教育农园、摄影基地、特色小镇、体育健身基地等，提高产业融合的综合效益，打造生产标准化、经营集约化、服务规范化、功能多样化的创意农业产业带和产业群。

随着城乡居民生活水平的提高、闲暇时间的增多和消费需求的升级，创意农业有着旺盛的需求和广阔的市场空间，处于黄金发展期。我们将以饱满的活力拥抱新时代，全力助推“绿色战旗·幸福安唐——乡村振兴博览园”建设，努力办好四川战旗乡村振兴干部培训学院，建设没有围墙的天府农耕文化博物馆，发展创意农业高端产业，奋力打造“走在前列、起好示范”的全国乡村振兴示范区；努力建设一支懂农业、善创意、爱农村、爱农民的基层干部队伍，探索以党组织为核心的农村改革和社会治理新体制、新机制、新模式，让战旗村成为令人心驰神往的“都市桃花源”。

本届论坛在战旗村召开，对进一步探索创意农业和乡村旅游发展方向，走出一条“农商文旅体康”融合发展的创新之路具有重大的现实意义和深远的历史意义。我相信本届论坛对大家会有较多的启发，特别是来自全国创意农业领域的权威专家学者、企业家和有实践经验的朋友们，大家认真学习，相互交流，充分发挥创意农业智库作用，一定能推动全国创意农业发展，提升创意农业发展水平，为推进创意农业建设、树立中国农村创意榜样做出更大的贡献。最后祝愿来到战旗村的朋友们可以“记得住乡愁”，远道而来的客人能够“留得住脚步”，祝愿村民生活更加幸福美满。祝第十一届中国创意农业发展论坛暨乡村振兴峰会圆满成功！

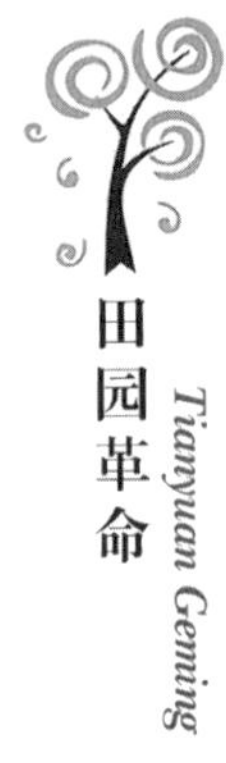

做市场认可的，做别人没做过的！

——战旗村民委员会主任杨勇致欢迎辞

金秋的郫都，微风吹拂，艳阳高照，在这喜庆的日子里，我们相聚在一起，共迎2018年第十一届中国创意农业发展论坛会暨乡村振兴发展峰会在战旗召开，共享此次峰会为我们带来的思想盛宴。在峰会开幕之际我代表战旗村原住村民和新村民向莅临本届论坛的各位领导、各位专家、各位嘉宾和媒体朋友表示热烈的欢迎和衷心的感谢！

战旗村成立于1965年，地处成都市郫都区西北部边缘，东邻彭州，西邻都江堰，面积2.06平方千米，介于柏条河、柏木河之间，是成都市饮用水保护地、取水源头。全村人口1 704人，辖9个村民小组，耕地面积1 937亩。村设立党总支，4个支部，7个党小组，共有党员83人。战旗建村后经过53年发展，到目前可分为5个阶段，一是调田改土，新修水利，提高粮油亩产，解决了吃饭问题；二是军民融合转思想，置换资源创办村集企业，企业增多，农民职业转型，进村办厂务工，坚持发展大集体，顺利进行村企股改集体资产保质增收，夯实集体经济基础；三是解放思想，跨出盆地学习参观，让村民统一认识，抓住机遇实现“三集中”，完成产改试点，集体经济股份量化；四是抓住机会，完成集体存量经营性建设用地试点改革和宅基地三权分置任务，资源变资本，资本变资金，资金变股金；五是不忘总书记嘱托，走在前列，起好示范作用，争创全国乡村振兴示范点。53年来，有总书记的关怀指引，有各级党委政府领导的关怀指导和八届村支部的带领，以及全村人民共同的努力，成就了今天的精彩战旗。

今天的精彩战旗只是中国创意农业和乡村振兴的起步初期，要实现农业强、农村美、农民富的目标，更需加倍努力加油干。今天大美唐昌、精彩战旗聚集了全国创意农业和乡村振兴的精英们，唐昌及战旗这方热土欢迎你们！欢迎你们来这里指导工作、交流分享、投资兴业，欢迎媒体朋友们给战旗带来诗和远方！中国创意农业发展论坛迎来了它的11岁生日，战旗村见证了它的起步、成长和发展过程，更体会认识到了创意农业的魅力！我个人对创意农业的感悟，是做市场认可的，做别人没做过的！

我相信本届论坛会一定会为我们带来新视野和灵感，为产业升级和乡村振兴寻找到因地制宜的破解点。最后，向关心支持和参与这次论坛的各级领导、支持单位以及新闻媒体和在场工作人员表示诚挚的谢意。衷心祝愿2018第十一届中国创意农业发展论坛暨乡村振兴峰会圆满成功！

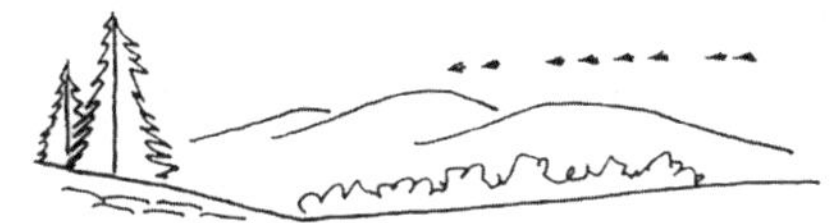

从数字看战旗村的变化

全国创意农业第一村的走红并非偶然。2010 年 1 月 5 日，作者应原郫县县委邀请为原郫县县委中心组讲授创意农业，3 月为战旗村全村干部群众开设创意农业讲座，6 月 6 日在村里举办中国西部农村财富论坛，发布中国农村财富宣言；2013 年在战旗村举办中国家庭农场发展战略研讨会，2013 年第六届中国创意农业发展论坛授予村党总支书记高德敏“中国农村创意榜样”荣誉称号；2014 年在战旗举办第七届中国创意农业发展论坛，授予战旗村“四川创意农业第一村”荣誉称号；2014 年在战旗举办四川创意农业名镇发展研讨会；2018 年 10 月在战旗举办第十一届中国创意农业发展论坛暨乡村振兴峰会。10 年来，三届党支部坚持发展创意农业美学经济和集体经济不放松，正能量宣传，高频率传播，主动参与策划创意农业节庆会展，尊重知识、尊重人才，不骄不躁，实干巧干，终于脱颖而出，迎来总书记的检阅、全国人民的认可，成为创意农业最成功的“试验田”和乡村振兴的一面旗帜，值得学习。从下面一组数字就能够看出战旗村发展的轨迹：

700 元债务　成都市郫都区唐昌街道战旗村原名集凤大队，地处横山脚下，是一个距离成都市区 40 余千米的贫困村。集凤大队以前属于金星三大队，1965 年金星大队开始分家，刚分家的时候，战旗村只有 3 间猪棚、1 个文件柜、3 把椅子和 700 元债务，除了土地，战旗村一无所有。

1 704 人　1965 年，因在兴修水利、改土改田活动中成为一面旗帜，取名战旗大队。20 世纪 70 年代中期，原郫县（2017 年撤县改为郫都区）人武部与集凤大队结成帮扶对子，一群穿军装的小伙子来到田间地头，与村民一起经过近 3 年的艰苦奋战，兴修水渠 21 千米，平整良田1 700 多亩，开垦荒地 458 多亩，实现粮食产量全县第一名。后来，村民集体申请并经上级同意，战旗大队改名为战旗村。全村面积2.06 平方千米，有 533 户、1 704 人。

50 万元　1979 年，战旗村创办了第一家村集体企业——机砖厂，战旗村第七任村支书李世立 27 岁。1994 年，先锋第一机砖厂等 5 家企业通过改制，走上了股份合作制道路。2004 年，为改变亏损局面，战旗村通过联合、兼并、出售以及资产重组、破产清算、购买小股东股份等方式对企业进行改制，成立“成都集凤实业总公司”，理顺了产权关系，避免了集体资产流失，当年实现集体收入50万元。

9 800 万元 2007年，运用城乡建设用地增减挂钩的政策，拆院并院的方式，战旗村整合节约出208亩建设用地，并将其挂钩到县城城区边使用，利用其预期收益向成都市小城投公司融资9 800万元，用于土地整治以及新型社区建设。2007年，战旗村被四川省授予“四川省绿化示范村”称号。

1.137 亩 2011年，战旗村抓住产权制度改革的机遇进行了土地权属调整，确权颁证。确权后人均耕地1.137亩，村民利用耕地承包经营权入股，村集体注入50万元资金，建立了土地股份合作社统一管理土地。其中部分用于合作社建设农业生产示范基地，发展创意农业，一部分出租给种植大户，以家庭农场形式种植蔬菜、苗木，剩余的900亩用于引进榕珍菌业和妈妈农庄等龙头企业。

13.4 亩 2014年7月，战旗村组建了郫县唐昌战旗资产管理有限公司，在2011年已完成的农村集体产权确权登记颁证成果基础上，全面清产核资、折股颁证。2015年9月7日这天，战旗村敲响了全省农村集体经营建设性用地入市的“第一槌”——村资产管理公司以每亩52.5万元、总价700多万元的价格，将一宗13.4亩集体经营建设性用地成功出让。战旗村集体资产一举突破2 000万元。如今这块13.4亩的土地已经建成了战旗村的“第五季香境”旅游商业街。

四川创意农业第一村 在2014年7月27日第七届中国创意农业发展论坛上，该村被授予“四川创意农业第一村”荣誉。

520 元 2015年民主议定1 704名经济组织成员，将集体资产股份量化到每名成员，并形成长久不变的决议，真正实现集体经济组织成员和集体资产股权“双固化”，彻底解决农民进城的后顾之忧。2015年，郫都区战旗村被确定为集体经营性建设用地入市改革试点，原有的村办复合肥厂、预制厂和村委会老办公楼用地入市拍卖，以705.96万元的总价成交。借助“土地入市”改革机遇，2015年，战旗村集体资产突破2 000万元，“沉睡”的土地开始被唤醒。2015年战旗村人均分红520元，人均收入直接增加800元左右。

2 500 万元 2016年，战旗村集体资产达到2 500万元，年集体经济收入350万元以上，农民人均可支配收入达22 300余元。

4 300 万元 2017年，战旗村的村域经济总产值近3亿元，村集体资产达4 300万元，村集体经济收入达450万元。1 704名村民都领到了1 700多元的分红款。

6 000 双 2018年8月，占地80多亩的“乡村十八坊”对外开放，前店后坊，既有当地的特色农副产品，也有非遗的展示。赖淑芳的作坊也搬到了这里，正式命名为“唐昌布鞋坊”。2018年唐昌布鞋的销售量超过6 000双，销售额是

往年的两倍。

5 000 亩　2018 年 12 月，唐昌布鞋被列入省级非物质文化遗产。2018 年，战旗村所在的成都市累计实施推进乡村振兴重大项目 586 个，完成投资近 560 亿元，向城乡同步发展稳步推进。战旗村制定出台“五个不”（不砍一棵树、不采一粒沙、不填一座塘、不断一条渠、不损一栋古建）管理办法，守住生态底线，发展“美丽经济”。坚持公园城市建设理念，再造大地景观，通过锦江绿道、战旗绿道、横山绿道将周边火花村、西北村特色林盘，柏条河、柏木河湿地，横山村、战旗村田园综合体有机串联起来，建设 1 000 亩高标准农田，实行水旱轮作稻鱼共生，打造 5 000 亩大田景观，塑造“田成方、树成簇、水成网”的乡村田园锦绣画卷。

65 万人次　2018 年，全国各地赴战旗村考察学习的党政代表团和游客人数达 65 万人次；旅游人数从 2017 年的 41.3 万人增长到 2018 年的 84.4 万人，该村吸引返乡大学生及创业人才 120 余人。2018 年全村文旅产业产值达 3 200 万元，增长 300%，集体资产超过 5 700 万元，村民人均可支配收入达 28 600 元，同比增长 10%。

40 万元　战旗村被农业农村部评为 2018 年“中国美丽休闲乡村”，旅游商业文化综合体“乡村十八坊”开门迎客，老人生活补贴从 2017 年的 25 万元增加到 2018 年的 40 万元，村集体资产由 2017 年的 4 600 万元增加至 5 700 余万元，增长 24%，集体收入增长 320 万元。

83 名　2018 年，以战旗村党总支为主体，联合周边 4 个村党支部，成立“五村连片发展联合党支部”，同时，实行把党支部建在产业链上，新建“妈妈农庄”“蓝莓基地”“满江红”和“乡村振兴培训学院”4 个“两新”党支部。联合党支部带领战旗村 4 个支部 83 名共产党员，深入推行“三问三亮”党建工作机制，统筹实施战旗村农用地整理开发、集体经营性建设用地入市、宅基地“三权分置”改革，通过直接挂牌、自主开发、入股经营等方式，引进“第五季・香境”、乡村十八坊、妈妈农庄等项目，实现业态植入、农民就业、稳定增收。

500 名　战旗村每年利用暑期与西华大学、西南交大等高校共同开展“高校+支部+农户”结对共建活动，连续 11 年共计组织 500 余名大学生开展“1 位大学生+1 户农户”进村入户活动，以新知识、新理念引领战旗村民开拓创新，发展创意农业。

23 600 名　成都市郫都区以战旗村“人才振兴”为突破口，坚持以群众需求为中心，提升基层党组织组织力，2018 年 5 月以来，共开班 39 次，培训学员 970 人次，培养出以战旗狗蹄粽、黄姐家常菜、群众古筝教师李光菊等 13 个特色典型，孵化出战旗巾帼志愿服务队、“妈妈厨房”等组织，通过乡村振兴培训学院、人才工作站等，引育农村实用人才 23 600 名，搭建出各区级部门参与乡村振

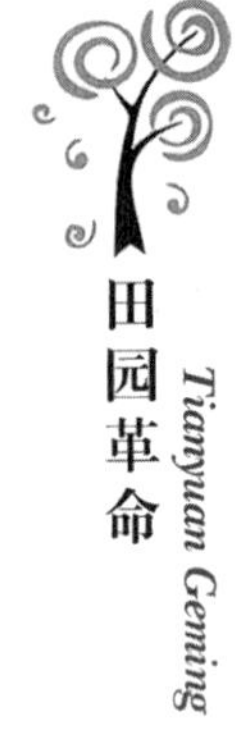

兴的新平台。

成都市第一个农村集体经济组织登记证书 2019年2月1日，成都市农业农村改革在战旗村再次跨出里程碑的一步。成都市农业农村局在郫都区唐昌街道战旗村举行农村集体经济组织颁证仪式，向郫都区唐昌街道战旗村股份经济合作联合社颁发了成都市第一个农村集体经济组织登记证书并揭牌，这标志着成都市农村集体经济组织有了统一的“身份证”，获得了市场主体地位。

1 000万元 战旗村全村共清理出集体建设用地200余亩，集体资产估值超过2亿元，这些土地都将通过入股经营、自主开发、直接挂牌等方式进行合法的项目经营，据估计，5年内战旗村的集体经济年收入将达到1 000万元。

1万人次 2019年2月12日，全国乡村振兴人才培训基地——四川战旗乡村振兴培训学院在郫都区战旗村揭牌，学院宣布了首批战略合作联盟单位并签署战略合作协议，发布了郫都区“绿色战旗·幸福安唐”乡村振兴指数。同时，该学院被教育部办公厅授牌为“全国中小学生研学实践教育基地”。学院进一步创新办学模式，编写“5（五项振兴）＋5（村社专职干部）＋*N*”校本教材，组建一支以高德敏、任建等为首的10大名村主讲人，以及一批本土专家培训团队。以战旗村、先锋村、青杠树村等名村为基础，拓展区内现场教学点，培养一批高素质的基层组织引路人、产业发展推动人、乡风文明传承人、农业科技推广人和脱贫致富带头人，2019年培训1万人次。

第五章

田园新经济的未来

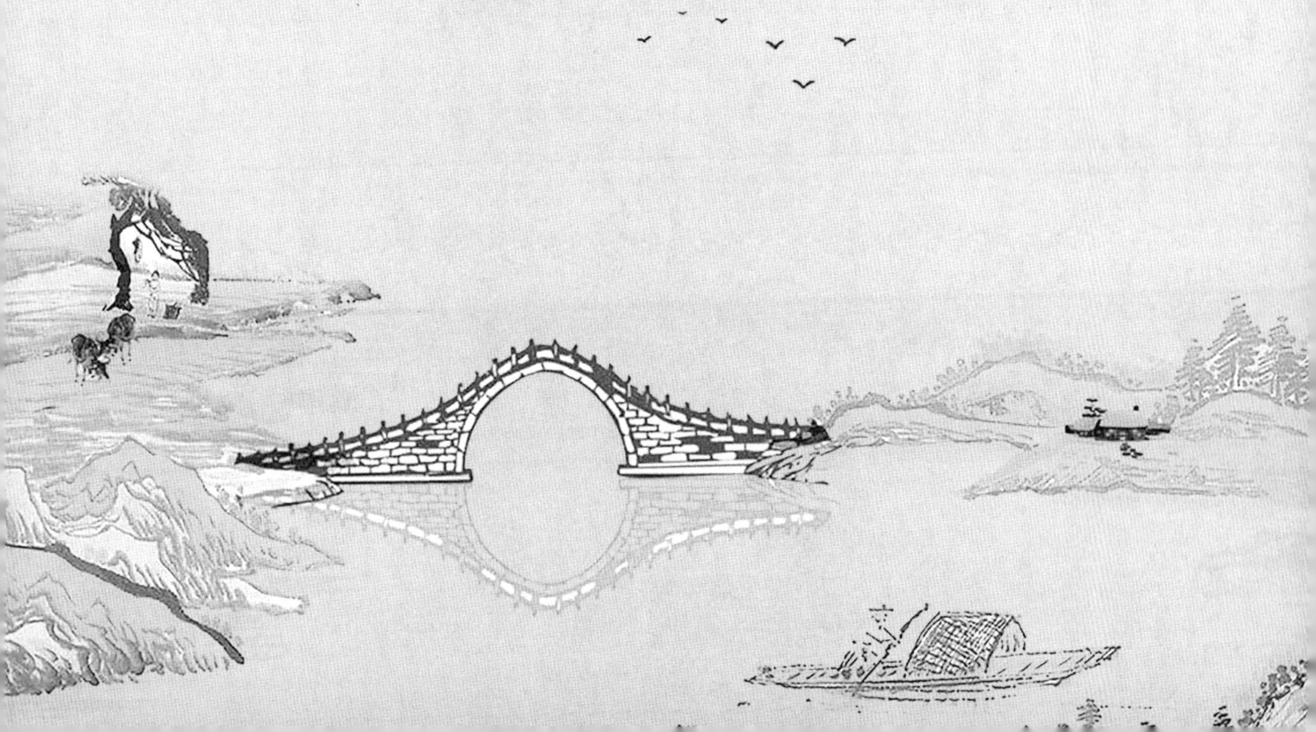

农业新经济时代

“新经济”一词最早出现于美国《商业周刊》1996年12月30日发表的一组文章中。它是指在经济全球化背景下，信息技术革命以及由此带动的以高新科技产业为龙头的经济，具有低失业、低通货膨胀、低财政赤字、高增长的特点。作为全球第二大经济体，中国已走进引擎迭代、新旧动能转换的发展拐点。“新经济”这一新概念早就引入中国，并出现在高层领导人的讲话中。习近平总书记在2014年国际工程科技大会上的主旨演讲中表示，世界正在进入以信息产业为主导的新经济发展时期。李克强总理在博鳌亚洲论坛2014年会开幕式上做主旨演讲时指出，各国要顺应全球新技术革命大趋势，推动以绿色能源环保、互联网等为重要内容的“新经济”发展。然而，发展新经济作为一项重要举措进入政府工作报告，确属首次。2015年12月举行的中央经济工作会议上，习近平总书记就在讲话中指出，目前，新一轮科技革命和产业变革正在创造历史性机遇，催生智能制造、“互联网＋”、分享经济等新科技、新经济、新业态，蕴含着巨大商机。2016年3月4日，李克强参加全国政协十二届四次会议经济、农业界委员联组会时表示，发展现代农业决不能“掠夺”农民，而要真正促进农民增加收入。根据中国国情，推动多种形式的适度规模经营，提高生产效率，加快发展现代农业。这实际上也是激发农业中的“新经济”。

农业部印发《“十三五”全国农业农村信息化发展规划》中指出，农产品价格提升空间有限，转移就业增收空间收窄，农民持续增收难度加大，迫切需要运用信息技术促进农村大众创业万众创新、发展农业农村新经济，充分发挥“互联网＋”开辟农民增收新途径的作用。

当前，我国经济发展进入新常态，农业和旅游发展进入新阶段。“三农”发展面临的问题主要表现在五个方面：第一，农产品阶段性供过于求和供给不足并存，农业供给质量亟待提高；第二，农民适应生产力发展和市场竞争的能力不足，新型职业农民队伍建设亟须加强；第三，农村基础设施和民生领域欠账较多，农村环境和生态问题比较突出，乡村发展整体水平亟待提升；第四，国家支农体系相对薄弱，农村金融改革任务繁重，城乡之间要素合理流动机制亟待健全；第五，农村基层党建存在薄弱环节，乡村治理体系和治理能力亟待强化。如期实现第一个百年奋斗目标并向第二个百年奋斗目标迈进，最艰巨、最

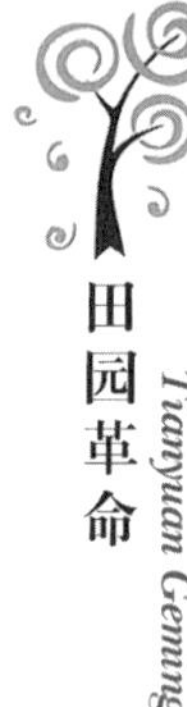

繁重的任务在农村，最广泛、最深厚的基础在农村，最大的潜力和后劲也在农村。实施乡村振兴战略，发展农业农村新经济，就是要坚持把解决好“三农”问题作为全党工作重中之重，坚持农业、农村、农民优先发展，让农业成为有奔头的产业，让农民成为有吸引力的职业，让农村成为安居乐业的美丽家园。

牢固树立并切实贯彻“创新、协调、绿色、开放、共享”的新发展理念，按照“政府指导、农民主体、多方参与、共建共享”的思路，以建设美丽宜居乡村为目标，以推进生态文明、实现人与自然和谐发展为核心，以传承农耕文明、展示民俗文化、保护传统民居、建设美丽田园、发展创意农业为重点，打造一批天蓝、地绿、水净，安居、乐业、增收的美丽休闲乡村，培育消费新增长点，发展农业农村新经济，增强经济发展新动能，对推动农业供给侧结构性改革，促进新型城镇化和城乡融合发展，推进社会主义新农村和美丽中国建设具有重要意义。

2018 年 9 月 30 日，农业农村部办公厅在印发的《乡村振兴科技支撑行动实施方案》中指出，加快关键核心技术研发，其中新产业、新业态培育方面，重点是围绕拓展农业多种功能，推进农业与休闲旅游、教育文化、健康养生等深度融合，发展观光农业、体验农业、创意农业等新产业、新业态。选育适合于休闲农业基地种养条件的特色优质农作物畜禽水产新品种，研发配套栽培养殖技术，开发适合于民俗手工艺品制作的特色加工利用技术和设备，开发适用于不同规模经营主体的废弃物无害化处理技术和设备，围绕农村电商、餐饮、娱乐等新业态开发特色适用的农业信息化新技术，研发农业农村大数据收集整理挖掘和云平台技术。

农业农村部部长韩长赋表示，坚持质量兴农、绿色兴农、品牌强农，把发展乡村产业，促进农村一二三产业融合发展作为一项重要工作，特别是发展带有地方特色的乡土产业，农村创业创新如火如荼，农业高质量发展有了新开端。一方面培育乡土人才，在全国建立新型职业农民制度，另一方面大力引进外来人才，如大学生、复员军人、企业家、科技人员、农民工等返乡下乡创业，全国已有 700 多万人投身农村新产业、发展新业态。2017 年，我国农村新产业、新业态带动了 2 800 万人非农就业，这个数据让其他国家羡慕；2.8 亿农民外出打工，不仅给城市发展提供了充足的劳动力供给，他们还可以随时为乡村振兴再添活力；28 亿人次体验了休闲农业、乡村旅游，乡村营收达到 7 000 亿元，说明农村市场的拓展具有深厚的潜力和巨大的空间。

实施“乡村振兴战略”已成为当前和今后一个时期“三农”工作的中心任务，必将引领新时代农村改革不断向前推进。发展农业新经济备受关注和期待，农业新经济包括农业数字经济、智能经济、绿色经济、创意经济、流量经济、共享经济、伴侣经济和美学经济。以“互联网＋”、数字农业、智慧农业、绿色农业、创意农业、流量农业、共享农业、伴侣农业和美学农业等为代表的农业新技术、新产业、新业态、新模式，正成为“农业新经济”时代的发展新引擎。

农业数字经济

数字经济是指以使用数字化知识和信息作为关键生产要素、以现代信息网络作为重要载体、以信息通信技术的有效使用作为效率提升和经济结构优化重要推动力的一系列经济活动。

2016年，中国数字经济规模达到22.6万亿元，同比增长18.9%；2017年，我国数字经济总量达到27.2万亿元，同比名义增长超过20.3%。2018年数字经济规模突破31万亿元，占GDP的1/3。预计2035年将达到150万亿元，占GDP比重将突破55%，达到发达国家平均水平。

数字经济是驱动农业农村现代化建设的新引擎。推进乡村振兴，建设农业特色互联网小镇是关键。因地制宜运用互联网等现代信息技术，融合生产、生活和生态，结合文化、产业和旅游，探索适合农业特色互联网小镇建设的新产业、新业态和新模式，最大限度挖掘和释放数字经济潜力，对实现对传统农业的数字化改造，培育农业农村经济发展新动能具有重要意义。应当支持返乡下乡人员利用大数据、物联网、云计算、移动互联网等信息技术开展创业创新，培育一批具有互联网思维、能够熟练运用信息技术的新型农业经营主体。构建“天空地一体化”的农业物联网测控体系，在大田种植、设施农业、畜禽水产养殖等领域加大物联网技术应用。大力发展农业电子商务，加强网络、加工、包装、物流、冷链、仓储、支付等基础设施建设，完善农产品分等分级、包装配送、品牌创建、文创摄影、冷链物流等支撑体系建设，结合农产品电商出村试点，打造农产品电商供应链，加强农产品、农业生产资料和消费品的在线销售。要加强农业农村大数据创新应用，完善数据采集、传输、共享基础设施，建立数据采集、处理、应用、服务体系，提升农村社会治理能力和公共服务供给水平。加快发展生产性和生活性信息服务业，与信息进村入户工程统筹推进，构建新型农业信息综合服务体系，加强农业金融、农机作业、田间管理等领域的社会化服务。大力发展社区支持农业、体验经济、分享经济等多种业态，促进一二三产业融合发展。

数字农业是1997年由美国科学院、工程院院士正式提出，指在地学空间和信息技术支撑下的集约化和信息化的农业技术。数字农业是指将遥感、地理信息系统、全球定位系统、计算机技术、通信和网络技术、自动化技术等高新技术与地理学、农学、生态学、植

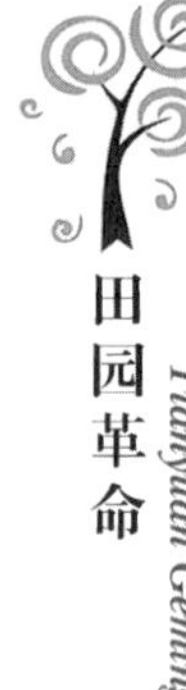

物生理学、土壤学等基础学科有机地结合起来，实现在农业生产过程中对农作物、土壤从宏观到微观的实时监测，以实现对农作物生长发育状况、病虫害、水肥状况以及相应的环境进行定期信息获取，生成动态空间信息系统，对农业生产中的现象、过程进行模拟，达到合理利用农业资源、降低生产成本、改善生态环境、提高农作物产品和质量的目的。数字农业是将信息作为农业生产要素，用现代信息技术对农业对象、环境和全过程进行可视化表达、数字化设计、信息化管理的现代农业。数字农业使信息技术与农业各个环节实现有效融合，对改造传统农业、转变农业生产方式具有重要意义。

2017 年 1 月 22 日，农业部办公厅下发《关于做好 2017 年数字农业建设试点项目前期工作的通知》，数字农业建设思路是全面贯彻落实党中央、国务院决策部署，牢固树立新发展理念，充分发挥国家现代农业示范区先行先试和示范引领作用，坚持政府引导、市场主体、多元投入、多方协同的原则，推动大数据、云计算、物联网、移动互联、遥感等现代信息技术在农业中应用，在大田种植、设施园艺、畜禽养殖、水产养殖等领域开展精准作业、精准控制建设试点，探索数字农业技术集成应用解决方案和产业化模式，打造一批数字农业示范样板，加快推进农业生产智能化、经营信息化、管理数据化、服务在线化，全面提高农业现代化水平。

数字农业建设重点开展大田种植、设施园艺、畜禽养殖、水产养殖四类数字农业建设试点项目，结合产业类型，支持精准作业、精准控制设施设备、管理服务平台等内容建设。

大田种植数字农业建设试点 建设北斗精准时空服务基础设施，配置和升级改造动力机械、收获机械，实现高精度自动作业、精准导航与实时信息采集。建设农业生产过程管理系统，配置基于遥感信息、无人机观测、地面传感网等多源信息的耕整地、水肥一体化、精量播种、养分管理、病虫害防控、农情调度监测、精准收获等系统，加强物联网设施设备建设。建设精细管理及公共服务系统，配置农机远程监测装置，建立农机协同作业服务系统、农业生产管理系统，建立车载天空地一体化农情监测与决策平台，开发试点成果展示系统和技术管理平台。

设施园艺数字农业建设试点 建设温室大棚环境监测控制系统，配置气象站、环境传感器、视频监控等数据采集设备，建设数据传输及云存储系统，改造和配置温度、湿度、光照等环境控制设施设备。建设工厂化育苗系统。配置播种、嫁接、催芽、移栽等集约化育苗装备，研发集约化种苗生产管理系统，实现育苗全程自动化管理、环境控制、智能移栽。建设生产过程管理系统。购置耕整机、移栽机、施肥机、施药机等农机具，配置水肥药综合管理设备，研发生产加工过程管理、病虫害监测预警和专家远程服务系统。建设产品质量安全监控系统，配置生产过程质量管理设施设备、质量追溯系统，实现生产全程监控和产品质量可追溯。建设采后商品化处理系统，配置自动化清洗、分级、包装、扫码、信息采集等设备，提升采后处理全程自动化水平，为电商物流提供基础支撑。

畜禽养殖数字农业建设试点 建设自动化精准环境控制系统，配置畜禽圈舍自动化通风、温控、空气过滤和环境监测等设施设备，实现饲养环境自动调节。建设数字化精准饲

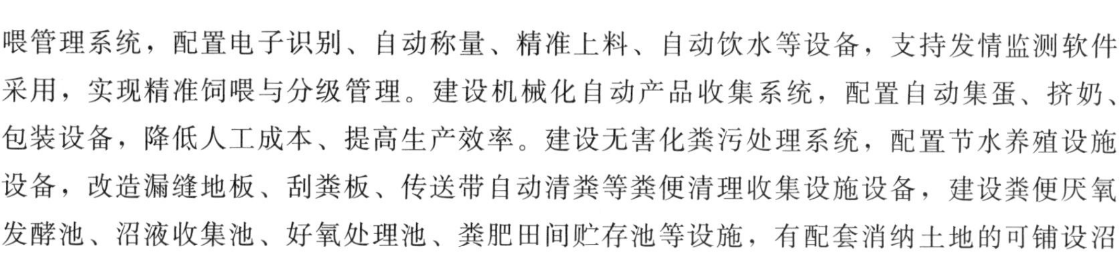

喂管理系统，配置电子识别、自动称量、精准上料、自动饮水等设备，支持发情监测软件采用，实现精准饲喂与分级管理。建设机械化自动产品收集系统，配置自动集蛋、挤奶、包装设备，降低人工成本、提高生产效率。建设无害化粪污处理系统，配置节水养殖设施设备，改造漏缝地板、刮粪板、传送带自动清粪等粪便清理收集设施设备，建设粪便厌氧发酵池、沼液收集池、好氧处理池、粪肥田间贮存池等设施，有配套消纳土地的可铺设沼液田间输送管网，实现粪污无害化处理和资源化利用。

水产养殖数字农业建设试点　建设在线监测系统，配置水质监控、气象站、视频监控等监测设备，建设养殖现场无线传输自主网络，实现数据实时采集和自动监控，建设和升级改造自动监控平台。建设生产过程管理系统，配置自动增氧、饵料投喂、底质改良、水循环、水下机器人等设施设备，配套实施养殖池塘、车间和网箱的标准化改造，开发生产运营管理系统，配置便携式生产移动管理终端，提升水产养殖的机械化、自动化、智能化水平。建设综合管理保障系统，配置水质检测、品质与药残检测、病害检测等设备以及水产养殖环境遥感监测系统，研发鱼病远程诊断系统和质量安全可追溯系统。建设公共服务系统，开发公共信息资源库、疫情灾情监测预警系统、养殖渔情精准服务系统、试点试验成果展示系统。

推进农业生产智能化　要加快物联网、大数据、智能装备等现代信息技术和装备在农业生产全过程的广泛应用，积极推广遥感监测、智能识别、自动控制、机器人等设施，引导新型经营主体在设施园艺、畜禽水产养殖、农产品加工流通、农机作业服务等方面，探索信息化技术应用模式及推进路径，助推农业产业转型升级。加快建设一批现代农业（含水产、林业，下同）智慧园。按照省级现代农业智慧园建设“六个100%”（即智慧园可视化管理系统、农业物联网系统、农业电子商务、农产品质量安全可追溯监管、农业信息公共服务、特色现代农业建设实效等六个方面实现100%全覆盖）的要求，优先选择茶叶、蔬果、食用菌、畜禽、水产等特色产业，每年新建10个以上现代农业智慧园，对验收合格的现代农业智慧园，省级财政按相关投入的50%给予以奖代补，每个智慧园补助最高限额100万元。推进农业物联网应用试点示范。积极引导规模经营的新型经营主体开展试点，每年成熟化一批关键技术和成套设备，建设一批农业物联网应用示范点，到2020年在省级以上现代农业产业园率先实现物联网技术应用全覆盖。

拓展农产品网络营销新模式　大力发展农村电子商务。引导新型农业经营主体与电商企业全面对接，推动名特优农产品网络营销。加大农产品电商政策支持力度，降低财政对农产品电商按年销售额奖励的门槛，提高农产品电商竞争能力。推进农产品批发市场、农贸市场等的信息化改造。依托互联网开展农超对接、农校对接、农批对接，鼓励发展定制配送、直供直销、微信营销等新模式。探索开展优质农产品进社区试点示范，积极发展休闲农业线上推介、网上营销，鼓励发展农业生产资料电子商务，到2020年每年扶持建设一批鲜活农产品社区直销、休闲农业网上营销、放心农资下乡网络营销示范项目。加快农产品电商省级地方标准制定和推广应用。积极推进“一品一码”、二维码贴标销售，扶持

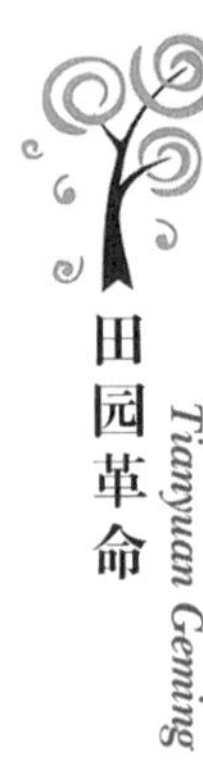

“一村一品”“三品一标”“可追溯产品”的认证。加快发展与电商配套的冷链物流体系、智能仓储设施、城乡配送网点。支持建设具有预冷、冷藏、初加工、调运等功能的果蔬、食用菌等特色农产品产地集配中心。对智慧园区核心企业投资建设冷库容积 2 500 立方米（以上）的，由省级财政按不高于投资额的 30%（最高 50 万元）予以补助。对智慧园区核心企业购置带有统一标识的冷藏货运车辆、建设冷链物流配送体系的，由省级财政按不高于新增投资额的 10%（最高 100 万元）予以补助。促进电子商务助力精准扶贫。大力推动贫困地区电子商务发展，不断提升贫困人口利用电商创业、就业的能力。鼓励支持邮政、供销等部门在贫困地区开展电子商务，拓宽贫困地区特色优质农副产品销售渠道，带动贫困户增收脱贫。

加强农业信息化服务管理能力建设 实施“农业云 131”信息工程。围绕构建一个福建农业大数据资源中心，完善农业生产、经营和质量安全三个服务系统，建立一个服务全省农业、农村、农民的综合信息服务平台，逐步健全农业产业、新型经营主体、农产品质量安全追溯管理、农产品营销等相关数据共享机制，推进农业信息资源全面、高效和集约管理，加快形成农业信息资源“一张图”。到 2020 年基本建成系统互联互通、数据在线共享、服务“三农”的数字农业综合信息服务体系。

实施信息进村入户工程 完善 12316 农村信息公共服务平台。建设省级 12316 服务调度中心（农业农村信息服务中心），支持市、县（区）12316 文明窗口可视化建设，力争到 2020 年形成 12316 省、市、县三级联动体系。完善 12316 手机农务通功能，优化适时农情、农产品价格发布功能，提升专家在线咨询会诊、三农政策解读功能，提高农民运用手机等移动终端发展生产、便利生活、增收致富的能力。加快益农信息社规范化建设。按照“有场所、有人员、有设备、有宽带、有网页、有持续运营能力”的标准，采取以奖代补的方式，加快推进益农信息社建设，引导益农信息社与农村电商服务点等融合发展，共享服务网络和设施。到 2020 年基本实现益农信息社在行政村全覆盖。

鼓励支持农业信息化技术创新 充分发挥科研院校技术储备和人才优势，支持省属高校、研究机构和企事业单位加强农业信息技术研发和集成应用。围绕解决农业物联网、农业大数据、电子商务、信息化标准等领域发展瓶颈，重点在农业传感器、农产品质量安全检测、动植物生长优化调控模型、农业机器人等领域取得明显突破。强化科研成果转化，鼓励农业龙头企业与国家级、省部级科研院校和重点实验室（中心）等建立创新协同机制，突破一批农业信息化共性关键核心技术，转化一批重大信息化科技成果。

加快培育农业信息化人才队伍 鼓励相关高校和职业技术学院开设数字农业专业课程，支持新型农业经营主体与高等院校、科研院所、信息服务企业开展合作，加快培养专业型、复合型数字农业管理和技术人才。充分利用各类培训资源，加大对农业行政管理和农技推广人员、新型农业经营主体、农村信息员及农民的培训力度。扶持现代农业产业园、农民创业园、创业孵化器、“星创天地”等平台建设，鼓励各类科技人员、大中专毕业生、返乡农民工、退役士兵等到农村、园区、平台创业。

农业智能经济

当前，新一轮科技革命和产业变革正在加速推进，以智能化为特征的新产品、新技术、新模式正在融合型发展、集群化兴起、爆发式增长，科学探索从各个尺度上向纵深拓展，经济发展动力由要素驱动向创新驱动转换，人类社会由现代工业社会向高效智能社会演进。国际社会高度关注这一变革，各个国家、地区争相调整发展战略，谋划前瞻布局，力求在新一轮国际竞争中掌握主动权、抢占发展先机。

人工智能（AI）是基于数据、算法、算力的系统整合，来模仿、延伸和扩展人的智能的理论、方法、技术及应用系统的科学。习近平总书记指出，“加快发展新一代人工智能是事关我国能否抓住新一轮科技革命和产业变革机遇的战略问题。”当前，人工智能与实体经济深度融合，已成为我国培育新增长点和新动能的战略方向。

近年来，中国发展智能经济的步伐日益加快，继连续三年在政府工作报告中提到“人工智能”后，2019 年首次将“智能＋”写入政府工作报告；2019 年 3 月 19 日，中央全面深化改革委员会第七次会议审议通过了《关于促进人工智能和实体经济深度融合的指导意见》。从“互联网＋”到“智能＋”，我国正在构建数据驱动、人机协同、跨界融合、共创分享的智能经济形态。

智能经济是以云计算、大数据、物联网、移动互联网等新一代信息技术为基础，以人工智能（AI）、虚拟现实（VR）、区块链等为代表的智能技术与经济社会各领域的深度融合和深入应用为主要内容，以智能产业化和产业智能化为主要形式，推动生产方式、生活方式和社会治理方式智能化革新的一种新型经济形态。智能经济主要有以下特点：

集成性　智能经济是基于先进制造技术、新一代信息技术、智能技术等多种技术的集成和多种应用方案的集成，形成“传统一二三产业＋新一代信息技术＋智能技术”三维应用体系，实现技术和应用高效统一。

融合性　智能经济是在万物互联的条件下，智能技术渗透进国民经济一二三产业和社会方方面面，形成计算智能、感知智能、认知智能的装备、产品和服务，突破产业、时间、空间限制。同时，各生产要素的智能化改善又反作用于智能技术的创新发展，进而形成一个良性的融合循环，加快推动经济社会各个领域的互联互通和兼容发展。

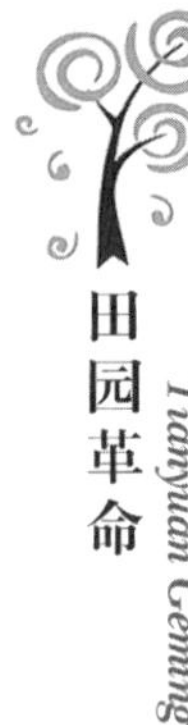

引领性 智能经济是新经济的典型代表，是信息经济、知识经济和数字经济发展的高级阶段。智能经济发生裂变连锁反应的潜力巨大，发展到一定阶段后会呈几何倍数增长，带动其他生产、服务向更高水平跃升，引领新的生产方式、商业模式和管理模式。

可持续性 智能经济是在IT时代转入DT时代的背景下产生的，信息、数据成为一种重要的生产要素，推动全要素生产率大幅提高，减少了对土地、环境等传统资源的过度依赖，进而实现经济的绿色、高效、可持续发展。

目前，我国人工智能及高端装备制造产业规模接近4万亿元。未来5～10年，随着人工智能在智能家居、智能汽车、智慧农业、智能安防、智慧健康、智能机器人、智能可穿戴设备等领域的应用不断拓展，我国人工智能及高端装备制造产业有望保持年均10%以上的增长，到"十四五"末，产业规模有望突破7万亿～8万亿元，占GDP比重约为3%。

智能农业是按照工业发展方式理念转变，以云计算、大数据、物联网、移动互联网等新一代信息技术为基础，以信息和知识为核心要素，以人工智能、虚拟现实、区块链等为代表的智能技术与农业农村领域的深度融合和深入应用为主要内容，以农业智能产业化和农业产业智能化为主要形式，借助物联网、云计算、大数据等现代信息技术，推动农业生产方式、农村生活方式和社会治理方式智能化革新的一种新型经济形态。

国家农业信息化工程技术研究中心主任、中国工程院院士赵春江表示，智能农业已成为我国农业领域发展的主要方向。今后，农业生产也要按照工业发展方式理念转变，要以信息和知识为核心要素，借助物联网、云计算、大数据等现代信息技术，实现深度跨界融合，生产全过程智能控制、精准投入、个性化服务。农业4.0时代就是以物联网、人工智能、自动化为特征的智能农业。我国正处于从机械化农业3.0时代向农业4.0时代迈进的关键时刻，随着我国土地流转、农业模块化发展，新型农业经营主体不断壮大，为推进人工智能技术农业创新应用提供了良好条件。《国家新一代人工智能发展规划》深入实施，未来我国将在智能农业关键技术研发、农业机器人等智能农业重大产品创新制造、典型农业大数据智能分析决策系统、农产品智能加工车间、绿色智能供应链等智能农业技术集成应用方面进行攻关突破。农业物联网、农业大数据、农业机器人、精准农业等技术进入深度应用阶段，人工智能逐步向农业领域渗透，促进农业向以"信息感知、定量决策、智能控制、精准投入、个性服务"为特征的智能化农业方向发展。绿色、品质、精准、安全是农业行业未来的发展方向，智能农业的发展，也将为我国打造绿色农产品供应链打下坚实的基础，推动互联网、大数据、人工智能等新技术在农业经济发展质量变革中的应用，这一全新农业生产方式，最终将打通供应端和消费端流通渠道，建立起从田间到家庭餐桌的农产品监控体系，平衡供给端和消费端需求，优化供应链条，让国人的餐桌更健康、更安全。我国农业突破约束、实现产业升级，必须以提高农业生产智能化水平为目标，推动信息技术在农业生产各领域的广泛应用，引领农业产业升级；大力发展农业信息化，推动信息技术与传统农业深度融合，不断提高农业生产经营的标准化、智能化、集约化、产业化

和组织化水平，努力提升资源利用率、劳动生产率和经营管理效率。

针对当前农业资源利用率低、农业生产经营效率不高等问题，重点推进物联网、云计算、移动互联、3S等现代信息技术和农业智能装备在农业生产经营领域应用，引导规模生产经营主体在设施园艺、畜禽水产养殖、农产品产销衔接、农机作业服务等方面，探索信息技术应用模式及推进路径，加快推动农业产业升级。要强化科研成果转化和推广应用，重点在农业生产环境和动植物生理感知、农业生产过程智能控制、农业智能装备及良种繁育信息化等领域取得明显突破。要推进农业科研手段信息化，提高农业科研创新效率。

应当支持研发推广一批实用信息技术和产品，提高农业智能化和精准化水平。推进信息技术和智能装备在农技推广服务中的应用，加快农技推广信息服务平台建设，提高农技推广服务的效率和水平。特驱集团CEO王德根认为，人工智能技术有助于实现养猪业的“真正工业化”，带来了一个新的自动化水平，并升级了整个供应链，尤其是在销售和物流环节。阿里云总裁胡晓明说：“我们需要的是一只可以跑200千米的猪而不是仅仅只有200千克重的猪。”而猪的运动量正逐渐成为猪肉质量的新标准。阿里云和海升集团共同打造了智慧的农事系统，农民在他本身所在的区域，通过地理位置信息，输入他的地理位置、面积、播种，系统就会告诉他最优决策，指导农民该用多少肥、怎么播种。通过这样的合作，一亩地可以为农民节省200元。近年来，农业已经牵手大数据和人工智能。在浙江，慈溪市现代农业产业园、象山农业科技园区、浙江金华农业科技园、诸暨现代农业产业园、杭州萧山农业科技园等通过引进传感器、物联网、云计算等高科技手段，正在颠覆传统手工劳作方式，生产逐步迈向集约化、精准化、智能化、数据化。

农业绿色经济

绿色经济（Green Economy）是以市场为导向、以传统产业经济为基础、以经济与环境的和谐、以城乡融合发展为目的而发展起来的一种新的经济形式，是产业经济为适应人类环保、健康和优美生活需要而产生并表现出来的一种发展状态。北京工商大学世界经济研究中心主任、遂宁绿色经济研究院院长季铸教授是绿色经济系统理论的创建者和实践者之一，他将绿色经济定义为，以效率、和谐、持续为发展目标，以生态农业、循环工业和持续服务产业为基本内容的经济结构、增长方式和社会形态。

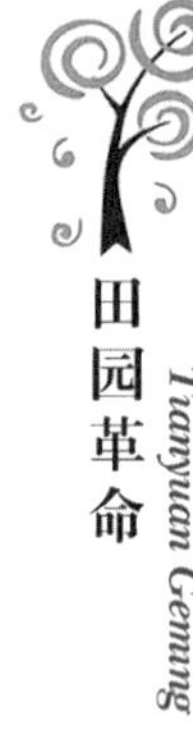

2010年5月8日，在中国国际经济交流中心举办的“绿色经济与应对气候变化国际合作会议”开幕式上，李克强总理做主旨演讲。他在演讲中指出，为应对气候变化而延缓发展目标的实现，或者忽视气候变化的影响，而片面地追求经济增长，这都不符合人类社会的共同利益。绿色经济的发展表明，人类社会可以找到一种既保护气候，符合环境要求，又有利于提高经济效率，促进发展的新模式。当前，绿色经济在全世界方兴未艾，但如何将这种新的发展模式与应对气候变化的国际合作结合起来，还有许多问题需要探讨。为此，李克强提出三点建议：

第一，加快转变经济发展方式，积极推动绿色发展。传统的经济增长模式主要依靠增加要素投入，消耗自然资源，追求数量扩张来实现。随着资源环境矛盾的日益突出，这种粗放型的经济增长模式越来越难以为继，因此必须加快经济发展方式的转变，推动经济发展方式的转型。按照以人为本、全面协调可持续的发展要求，围绕发展绿色经济，着力推动绿色发展，尤其是要加快形成有利于绿色发展的体制机制，通过政策的约束和激励机制来增强绿色发展的自觉性和主动性，抑制不顾资源环境的瓶颈制约和承载能力，盲目追求发展的短期行为，这也是深化中国经济体制改革的重要内容。当前，在世界经济大调整、大变革中，无论是发展中国家，还是发达国家，都应当抓住绿色经济发展带来的奇迹，更加注重培育以低碳排放为特征的新的增长点，更加注重传统产业调整、改造和发展新能源、节能环保等新兴产业，更加注重推动生产、流通、分配、消费以及建筑等环节的节能增效，更加注重保护和建设生态环境。各国政府都应当实施有利于绿色发展的政策措施，形成经济社会与资源环境相协调的良性运行机制，引导企业大力开发绿色技术，生产绿色产品，发展绿色经济，最大限度地实现资源的持续利用和生态环境的持续改善，尽可能减少产业发展对自然环境的破坏和对人类健康的损害，促使世界经济健康复苏，促进绿色经济的复苏和可持续发展。

第二，牢固树立生态文明的理念，大力倡导绿色消费。人类的文明发展与自然环境息息相关。近代以来人类征服自然的能力迅速增强，但随之而来的环境危机、生态退化，证明一个缺乏生态环保意识的社会，其繁荣是难以为继的，或者说是难以持久的，并终将为此付出沉重的代价。发展绿色经济，需要我们树立人与自然和谐相处的价值观念，把节约文化、环境道德纳入社会运行的公序良俗，把资源承载能力、生态环境容量作为经济活动的重要条件，进而改变人们的生产生活方式和行为模式。在大力推动绿色生产、绿色流通的同时，特别要积极倡导绿色消费，引导社会公众自觉选择节约环保、低碳排放的消费模式，推动经济持续、持久的复苏与发展。

第三，完善经济全球化机制，形成有利于绿色发展的环境。国际金融危机没有改变全球化发展的大趋势，应对气候变化需要在国际合作当中节约能源资源，

提高生产要素的配置效率。但是，当前一些国家以环境保护为名，采取绿色壁垒的措施，行贸易保护之实，这不仅阻碍了经济全球化的进程，也妨碍了绿色经济的发展，最终会损害人类社会的福祉。我们主张，国际社会应当把推进贸易的自由化、便利化作为发展绿色经济的助推剂，反对各种形式的贸易保护主义，制定并实施鼓励绿色经济发展的贸易政策，促进各国绿色经济成长壮大。绿色发展成为现实，发达国家尤其要通过技术转让、资金援助、市场开放等方式帮助发展中国家培育绿色经济，推动绿色发展，支持新兴经济体可持续发展。

绿色农业是指以推行绿色生产方式、绿色生活方式、绿色消费方式和绿色发展方式，在农产品生产和服务过程中降低资源消耗和污染排放，农业绿色循环低碳生产，促进农业生产、农村生活和生态环境保护协调发展，打造种养结合、生态循环、环境优美的田园生态系统，缓解资源环境压力、建设生态文明的农业发展形态。

党的十八大以来，党中央、国务院作出一系列重大决策部署，农业绿色发展实现了良好开局。但总体上看，农业主要依靠资源消耗的粗放经营方式没有根本改变，农业面源污染和生态退化的趋势尚未有效遏制，绿色优质农产品和生态产品供给还不能满足人民群众日益增长的需求，农业支撑保障制度体系有待进一步健全。习近平总书记强调，绿水青山就是金山银山，要坚持节约资源和保护环境的基本国策，推动形成绿色发展方式和生活方式。推进农业绿色发展，是贯彻新发展理念、推进农业供给侧结构性改革的必然要求，是加快农业现代化、促进农业可持续发展的重大举措，是守住绿水青山、建设美丽中国的时代担当，对保障国家食物安全、资源安全和生态安全，维系当代人福祉和保障子孙后代永续发展具有重大意义。2017 年中央一号文件提出，要推行绿色生产方式，增强农业可持续发展能力。2017 年 4 月，农业部决定启动实施畜禽粪污资源化利用行动、果菜茶有机肥替代化肥行动、东北地区秸秆处理行动、农膜回收行动和以长江为重点的水生生物保护行动等农业绿色发展五大行动。2017 年 9 月，中共中央办公厅、国务院办公厅印发了《关于创新体制机制推进农业绿色发展的意见》，提出要把农业绿色发展摆在生态文明建设全局的突出位置，全面建立以绿色生态为导向的制度体系，基本形成与资源环境承载力相匹配、与生产生活生态相协调的农业发展格局，努力实现耕地数量不减少、耕地质量不降低、地下水不超采，化肥、农药使用量零增长，秸秆、畜禽粪污、农膜全利用，实现农业可持续发展、农民生活更加富裕、乡村更加美丽宜居。要实施农业绿色发展全民行动，在生产领域，推行畜禽粪污资源化利用、有机肥替代化肥、秸秆综合利用、农膜回收、水生生物保护，以及投入品绿色生产、加工流通绿色循环、营销包装低耗低碳等绿色生产方式。在消费领域，从国民教育、新闻宣传、科学普及、思想文化等方面入手，持续开展“光盘行动”，推动形成厉行节约、反对浪费、抵制奢侈、低碳循环等绿色生活方式。

农业创意经济

创意产业（Creative Industries）作为一个专有名词正式出现在文献中，最早可追溯到英国文化媒体体育部 1998 年 11 月发布的《创意产业图录报告》，此报告正式提出并界定了“创意产业”的概念和具体的产业部门。然而，“创意国家”的概念却源自澳大利亚，1994 年澳大利亚公布了第一份文化政策报告，提出了以“创意国家”（Creative Nation）为目标，引起了英国政府的关注，此后英国创意产业特别工作小组成立（1997 年），以及 CITF 的“创意产业图录报告”发布。被誉为“世界创意经济之父”“创意产业之父”的约翰·霍金斯先生是国际创意经济和创意业领域最富声望的专家，其最早提出“创意经济”的概念，在创意与经济之间架设了一个桥梁。

未来世界的竞争将是文化生产力的竞争。文化创意产业作为文化和经济相互交融、高科技手段和高品位文化互相结合的新型产业形态，既代表着先进生产力，承担着民族文化的创新功能，又具有高科技、高收益、低能耗的经济特性，具有服务公众、提升公众素质的社会特性，成为我们锻强民族血脉、国家灵魂的核心环节，成为我们优化产业结构、转变发展方式、提升经济社会发展层次的重要抓手。目前，发达国家都把文化创意产业作为支柱产业加以推进，全国各地也纷纷加快发展文化创意产业步伐。我们一定要从全局的战略高度认识发展农业创意经济的重要意义，把握机遇，迎接挑战，采取有力举措，千方百计地推动农业创意经济迅速发展。

文化创意产业是战略性、先导性产业，能够开辟经济发展的新途径、新空间。目前，文化创意产业与国民经济产业部门正在发生深刻的渗透和融合，形成以文化内容为纽带、关联度日益密切的庞大产业链和产业集群，在推动经济跨越发展中发挥着越来越大的作用。实施乡村振兴战略，必须抢抓新机遇，推出新举措，加强政策配套和产业引导，加大改革力度，加快发展步伐，大力培育发展农业创意经济，推动创意农业成为农村经济发展的支柱产业，提高文化创意对农业经济发展的贡献率，为发展开辟新路径、拓展新空间。

农业创意经济是以产业形态服务社会公众，是市场经济条件下满足人民群众精神文化需求的重要途径，有利于实现农村社会效益和经济效益的统一。面对发展的新形势、农民群众的新期待，我们务必审时度势，把文化创意产业发展摆上更加突出的位置，不断加快

发展文化创意产业，增加文化产品和服务品种、数量和质量，努力使城乡群众享受更加丰富多彩的精神文化生活，最大限度地维护好、实现好、发展好广大人民群众的文化权益，在构建社会主义和谐社会的进程中不断提高人民群众的生活质量和幸福指数。

未来十年，从创意、创新到创富，从制造商到创意商，从创意工业、创意农业到创意旅游，引领中国经济高速发展的必然是“创意商时代”。

“创意商时代”

创意商是指以创意为核心，利用个人的才智、创意、创新、潜力、品牌创造更多附加值和利润的企业，以及在生产经营和管理过程中充分开发创意和知识创造财富、推动个人全面发展的商业模式以及经济活动。它包括艺术化创造行业如广告、建筑创意艺术、美学经济以及产品体验审美艺术；知识化创造行业如古董市场、手工艺品、产品设计、时装设计、出版业；表演化创造行业如电影、音乐、表演艺术、电视和广播；创意消费创造行业如创意旅游、创意婚礼、创意家居、创意节目、创意体验、创意节庆、创意会展、创意游戏动漫、创意策划、创意装修；战略资本创造行业如知识产权、财产权利以及在商业中使用的标志、名称、图像、外观设计以及创意教育；知识信息化创造行业如计算机信息产业、网络商品交易以及服务、软件及计算机服务艺术、交互式互动软件、云计算、云报纸、云课堂、移动电子商务、移动互联产业、大数据研发分析技术、“3D 打印”技术，等等。此外，还包括创意农业、博物馆和美术馆、遗产、文物交易、会展产业等。

创意商作为基于审美需要而产生的高知识化、高利润化、高附加值体验方式产业，同时包括生产方式体验产业，如创意农业；生活方式体验产业，如创意旅游；消费方式体验产业，如电子商务、网络购物，等等。

创意商时代，创意产业具有高娱乐性、高融合性、高附加值、高艺术性、高创新性、高智能化、低资源消耗的特点，可以促进农业创意化、工业服务化和服务高端化。而高技术产业成为城市创意产业的主要载体。

十年前，谁都不相信写一部小说可以成为亿万富翁，《哈利·波特》作者 J. K. 罗琳做到了；谁都不相信足不出户可以在网上任意购物，淘宝做到了；谁都不相信网络零售市场交易规模可以过万亿，中国网络市场 2012 年就做到了，达到 13 205 亿元。网络购物连年迅猛的增长势头，标志着创意商时代真正来临。

上一个十年，中国在推进创意产业发展、推进创意农业、创意旅游、推进创意经济和创意社会等方面取得显著成就。特别是在应对国际危机中，创意产业成为鼓动企业家信心的“强心剂”、培育创意商成长的“孵化器”，以及促进企业重整旗鼓的“助推器”。中国的文化创意产业将作为战略先导型国家支柱产业，迎来一轮新的发展高峰。

未来十年，中国创意产业将进入一个制造商向创意商转变，创意农业、创意工业、创

意城市快速发展，创意生态、创意生产、创意生活高度繁荣的时期，创意产业将融入和影响一系列相关产业，成为新的经济增长点。

在未来，创意商成为最受消费者欢迎的企业。所有的传统企业都不得不以全新的思维方式、运营方式、创新方式来面对这个革命性的时代，期待大数据为企业、为消费者带来更好的未来。

大力发展创意农业

随着农村经济的迅速发展和城乡居民消费水平的提高，美学经济时代的创意农产品，将成为市民消费“新宠”。创意农业“点石成金”，加快了创意农业产业化进程，不断提升农产品市场竞争能力，成为新农村发展最快的富民产业。只有在创意农业生产过程中，紧紧围绕发展创意农业与建设创意农村优美家园，精彩演绎活色生香的优势创意农业产业和创意农产品的美学内涵，为广大消费者献上别开生面的“创意农业艺术大餐”，完美解读原汁原味的创意农产品生产和创意生活，才能让创意农产品声名远播，让独具特色的农业文明开花结果。

农业生产是一种培育生命、传播美学的事业。农业生产具有重要的审美价值，绿色田畴、蓝天白云，农业劳动有声有色，人与自然和谐共生，如风景般的景观田地和农舍，绿绿葱葱的稻田、汩汩不断的渠水，成群的白鹭时而列队飞翔，时而觅食于田埂，农业景观的形式美与表现美和谐统一，韵味无穷。美学经济正在改变着传统种植模式和销售模式，改变着传统意义的农民的生活方式。

建设创意农村必须以提高“三化”即农业的水利化、机械化、信息化水平为目的，提高“三个比重”，即提高养殖业在创意农业中的比重，实现农业增效；提高创意农业在种植业中的比重，进一步挖掘种植业内部增收潜力；提高创意农产品就地加工转化增值比重，拓宽农民增收渠道，不断提升农业的规模化、产业化、集约化水平。通过创建“三位一体”即产业集群、总部基地和创意农业旅游相结合的商业模式，打造出具有国际竞争力的创意农产品高端品牌，抢占国内外高端特色农产品市场，提高农产品附加值，使其成为农民增收致富的“法宝”。

创意农产品生产应当以美学经济为基础，以提高“三率”即土地产出率、资源利用率、劳动生产率为目的，通过创造美感风格，提供美学体验，以突出创新形成产品的美学价值，实现农产品的个性化、创意化、时尚化、品牌化、规模化，才能在国内、国际市场形成具有较强竞争力、能够产生更高的附加值、有效增加农民收入、带动区域经济发展的竞争性优势农产品。

创意农业附加值文化理论的出发点和着眼点是充分调动广大农民的积极性、主动性、创造性，大力培育农产品附加值文化，改善农村生活方式，改善农村生态环境，统筹城乡

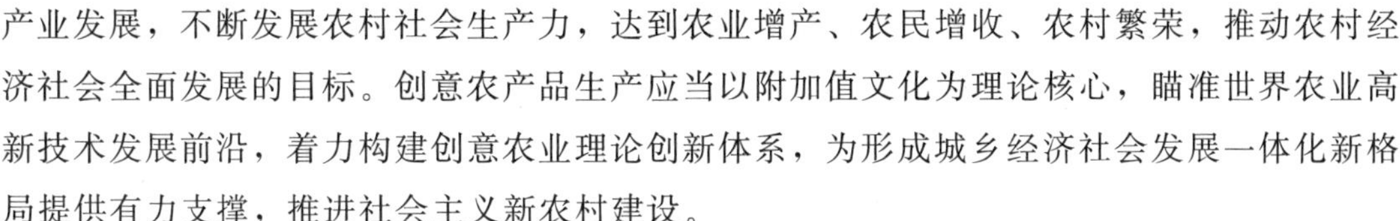

产业发展，不断发展农村社会生产力，达到农业增产、农民增收、农村繁荣，推动农村经济社会全面发展的目标。创意农产品生产应当以附加值文化为理论核心，瞄准世界农业高新技术发展前沿，着力构建创意农业理论创新体系，为形成城乡经济社会发展一体化新格局提供有力支撑，推进社会主义新农村建设。

发展创意农业要与新农村建设结合，着眼统筹城乡发展。要以新型农村社区建设和创意农业产业集聚区发展为两大载体，以新型农村社区建设为契机，以实施扶贫整村推进为重点，因地制宜，坚持将创意农业产业发展、农民增收与新型农村社区建设有机结合，有效避免农村无序建房、重复投资，提高农业生产的科技含量，进一步优化农村产业布局，促进农民收入快速提高，从根本上改善贫困地区生产生活硬环境。

在发展特色农业，促进农民增收上，要提升服务能力，要对农业技术服务人员进行创意农业技术培训，不断提高自身的综合素质，把农业技术服务过程变成向农民传授农业新技术、培训农民科学种田新本领、带领农民致富奔小康的过程。要坚持巩固优势产业，开拓特色产业，创新经营机制，扩大发展规模，提高发展的质量和效益，开创城乡融合发展发展新局面。

通过推进创意农村建设，创建创意农业电子商务产业创新联盟，改变传统经营模式，运用电子商务、现代物流等新型业态，提升农业发展质量和水平，加快推进农业发展方式转变。倡导自愿合作、互惠互利和民主管理的精神，营造良好的舆论环境。让农村电子商务的推广，不仅仅使创意农业龙头企业得到发展，同时更创造新的机会，使创意农民专业合作社也得到应有的成长，促使农业生产从粗放型向集约型转变，有效地实现市场信息、技术信息和产品信息的共享。

美学经济时代的创意农产品，取材于优质种子，具有独特的欣赏价值，再辅以艺术包装，美学农业产品的附加值将更高。美色、美形、美味、美质、美感、美景、美心的创意农业给人们带来五官享受，色美形佳效益高，为农民增开财路。创意农业引导人们树立崇尚绿色生活、亲近大自然、回归大自然，提升人民群众的艺术欣赏水平，创造文明、绿色、和谐的生活新风尚。加快农业产业转型升级和一二三产业互动融合，构建创意农业有机产业创新联盟，大力发展创意农业有机生产，满足消费者高端需求。

应当大力推进创意农产品生产，使农产品从传统走向时尚，从体力型农业走向智慧型农业，从低端市场走向高端市场，从低（附加）值高碳走向高（附加）值低碳，从现代生活的配角走向主角，从分散的个体生产走向农业总部经济，从温饱型消费走向审美型消费，从充饥果腹走向美容养生，从传统农业走向现代农业，从一味追求 GDP 走向创建自然之美、社会公正、城乡一体的世界现代田园，实现农业发展方式的根本转变。

大力开发农业多种功能，延长产业链、提升价值链、完善利益链，通过保底分红、股份合作、利润返还等多种形式，让农民合理分享全产业链增值收益。实施农产品加工业提升行动，鼓励企业兼并重组，淘汰落后产能，支持主产区农产品就地加工转化增值。重点

解决创意农产品销售中的突出问题，加强创意农产品产后分级、包装、营销，建设现代化农产品冷链仓储物流体系，打造农产品销售公共服务平台，支持供销、邮政及各类企业把服务网点延伸到乡村，健全农产品产销稳定衔接机制，大力建设具有广泛性的促进农村电子商务发展的基础设施，鼓励支持各类市场主体创新发展基于互联网的新型农业产业模式，深入实施电子商务进农村综合示范，加快推进农村流通现代化。实施创意农业和乡村旅游精品工程，建设一批设施完备、功能多样的休闲观光园区、森林人家、康养基地、乡村民宿、特色小镇。对利用闲置农房发展民宿、养老等项目，研究出台消防、特种行业经营等领域便利市场准入机制、加强事中事后监管的管理办法。发展乡村共享经济、创意农业和特色文化产业。

农业流量经济

流量经济指在经济领域中各种依靠人流、信息流、资金流、知识流、物质流等要素资源的流动而带来经济效益的经济业态。

流量经济概念是孙希有博士 2003 年在《流量经济》一书中提出并定义的。

2015 年，在对“一带一路”的研究基础上，孙希有博士将流量经济理论重新定义为流量经济新论，并出版《流量经济新论——基于中国“一带一路”战略的理论视野》。

所谓流量经济，是指经济领域中各种依靠要素或生产物的流动而带来经济效益与发展的经济存在形态的总称。流量经济分两种存在形态：一种是站在某一区域（包括国家或地区）发展的视野，以区域自身相应的平台或条件吸引外埠的物资、资金、人力、技术、信息、商人等经济发展要素向区域内集聚，通过各种资源要素在区域内的重组，提升式的有限期滞留，借助式的经过等，来促进和带动区域内发展，再通过区域内的资源要素向外埠的输出、流动等，既使本区域得到发展，又带动和服务外区域的经济发展所形成的经济现象。另一种是站在区域（包括国家或地区）与区域之间发展的全方位视野，通过推动和促进经济要素或生产物的相互流动，因经济要素或生产物重组、互补等产生经济效益，从而使各区域间协同发展所形成的经济现象。流量经济是个新生概念，它的发展形态的表现是以要素的流动为根本的，其要素主要有 8 个，包括物流、人流、商品流、现代信息流、商人流、人力资源流、资金流、技术流。

纵观纽约、伦敦等世界级城市发展，谁能控制流量和人口，谁就能赢得发展主导权、占领竞争制高点。成都市商务委党组成员、副主任朱容表示，大力发展流量经济，是提高全球资源要素配置能力、迈入世界级城市行列的重要举措。

流量经济还具有强集聚辐射性，通过吸引全球范围内的资本、知识、信息、技术和人才等要素，实现重塑供应链、整合产业链、融合价值链，进而推动产业体系的跃升和高级化。朱容表示，发展流量经济是成都推动高质量发展的需要，将成为成都新一轮经济增长的动力和实现经济转型的利器。此外，发展流量经济也是成都增强区域辐射影响的需要。

2018 年 2 月 7 日，成都市召开新闻发布会，公布了《成都市关于推进流量经济发展的实施方案》，成都将围绕 7 个细分领域 17 个行业、4 个方面 14 个场景的深度应用，推进流量经济发展。成都市提出了流量经济发展目标：到 2022 年，流量经济新产业、新业态、新模式加速涌现，创新成果加快应用转化，催生具有国际竞争力的品牌企业，形成比较优势突出的产业生态圈，流量资源汇集流通能力达到全国先进水平，基本建成国家流量经济发展高地，形成与国家中心城市相适应的流量经济深度应用格局。围绕“五中心一枢纽”建设，成都将重点发展总部经济、新兴金融、现代物流、现代商贸、高新技术服务、信息服务、人力资源等 7 个细分领域中的 17 个行业。17 个行业具体包括：总部经济、科技金融、供应链金融、消费金融、普惠金融、供应链物流、专业化物流、城市共同配送、新零售、现代市场、跨境电子商务、科技服务、软件服务、物联网、大数据、教育培训、人力资源服务。到 2022 年，成都将基本建成国家流量经济发展高地，流量经济新产业、新业态、新模式加速涌现，创新成果加快应用转化，形成比较优势突出的产业生态圈。

成都加快流量经济在消费提档升级、枢纽门户建设、对外互联互通及平台打造 4 个方面 14 个场景的深度应用。14 个应用场景包括：打造现代商圈、打造特色商业街区、打造国际消费体验中心、加快建设国际航空港、加快建设国际铁路港、加快建设国际信息港、加快自贸试验区建设、做实国别合作园区、塑造国际品牌展会、搭建供应链协同平台、搭建生活性服务平台、搭建商品交易和服务贸易平台、搭建跨境电商平台，以及搭建专业服务平台。成都将把春熙路盐市口商圈等商业中心建设成为具有全国乃至全球影响力的国际名品展示发布中心；打造锦江区水井街、青羊区宽窄巷子、龙泉驿区洛带古镇、青白江区弥牟历史文化街区等 62 条特色商业街区。在加快自贸试验区建设方面，成都鼓励外资通过多种形式参与投资医疗服务，建设国家知识产权运营公共服务平台成都运营中心。在自由贸易试验区内，聚焦农产品、中药材、钢材等领域，探索搭建大宗商品现货交易平台。而在搭建生活性服务平台方面，成都将开发面向智能医疗、智慧养老、远程教育、在线旅游、家政服务、数字文娱、时尚消费等生活服务平台。成都市将以共享经济为切入口，汇聚线上流量；以各类品牌展会、论坛等线下活动汇聚线下流量。对于符合条件的企业，成都将给予相应扶持，对符合条件的初创期（种子期）企业，包括流量经济企业予以直接投资支持，单个项目经费不超过 200 万元。

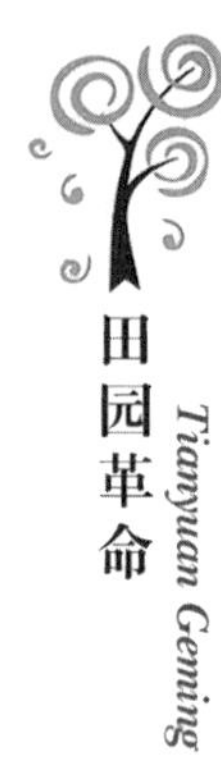

积极发展流量农业

乡村振兴、城乡融合，需要加快发展流量农业，提升农业流量经济整合和重塑农业创新链、产业链、价值链、供应链、空间链的能力。发展流量农业要推动人才流、信息流、资金流、知识流、物质流等要素资源的流动和融合。要立足提升农民的生活品质和环境，提高村民的服务能力和水平，让游客体验到真实的农村生活，促进农民持续稳定增收。结合农业资源、乡村景观、人文历史、交通区位、旅游基础和投资条件，因地制宜、创新发展，提升乡村景观，加强游客综合服务中心、餐饮住宿的洗涤消毒设施、农事景观观光道路、农产品展示中心、休闲辅助设施、乡村民俗展览馆和演艺场所等公益性基础服务设施建设，推进传统村落升级发展，提供舒适自然、特色鲜明的创意农业和乡村旅游产品。要创新发展业态，鼓励发展亲子农业、教育农园、市民农园，促进农业与科普、教育、体验、审美的结合。以增加体验性、参与性为重点，完善功能分区，搞好标识系统建设，增加解说服务，丰富游览体验内容，推进乡村酒店、养生山吧、休闲农庄、生态渔家、山水人家、采摘篱园、民族风苑、国际驿站、葡萄酒庄、汽车旅游营地等特色业态发展。支持第一产业与二、三产业融合发展，培育生产标准化、经营集约化、服务规范化、功能多样化的创意产业链。支持有条件的乡村盘活闲置农宅，吸引社会资本，发展旅游、休闲、养老、健身等产业，延长产业链条。

支持建设集乡土文化展示、农事体验、乡村休闲娱乐、商业服务、休闲度假等项目于一体的创意农业和乡村旅游综合体。积极发展城市农业，促进创意农业走进市民家庭。发挥旅游景区景点的带动作用，环绕交通干道、河流和沟域，通过资源优化和创意设计，将民俗旅游村、创意农业园区与景区景点等串联起来，形成特色明显、资源互补、利益联结紧密、满足游客多元化需求的乡村旅游带。

借助创意农业博览会、田园时尚体验大会、农村财富论坛等大型会展机遇，引领推动周边创意农业和乡村旅游快速发展。支持发展农业农村电子商务，支持返乡人员建设科技孵化创新、中小企业、电子商务、商贸物流等各类返乡创业园，打造农业项目新 IP，推动流量农业快速发展。

积极推进“三乡”工程，即“市民下乡”工程、“能人回乡”工程和“企业兴乡”工程。“市民下乡”工程，就是鼓励和引导市民下乡过田园生活，带去城市文明，长期租用农村空闲农房和农地资源，增加农民财产性收入；“能人回乡”工程，就是鼓励和引导更多在外创业有成的能人，返乡创办实业，反哺家乡建设，用好当地资源，促进村民就业；“企业兴乡”工程，就是鼓励和引导有社会责任感、有经济实力的企业家到农村投资兴业，利用农村资源，推动整村股份合作开发，带领农民增收致富。实施“三乡”工程，是发展流量农业的新创造、新抓手，主要目的在于架起城乡要素资源互通、互联、互融的桥梁，

开辟以城带乡、以工促农、城乡融合的实现路径，变农民空闲农房为财富要素，变农村资源为创富资本，变农产品为农商品，变农民为合作股民，变乡村为宜居创业乐园，不断增加农民的财产性收入、资源要素收入、工资性收入、经营性收入，推动城乡统筹发展、融合发展、共享发展和一体化发展，为农业农村发展导入更多流量。

世界创意经济之父、英国经济学家约翰·霍金斯认为，“成都有一种内秀的力量，代表着中国的至善至美。我相信，在未来，成都将会逐步向世界展示中国最佳的生活方式、文化、创新与商业。成都在‘一带一路’倡议中的定位，也必将助推成都的发展。”

2018 年 2 月，成都发布《建设西部文创中心行动计划》，致力于到 2022 年实现文创产业增加值超过 2 600 亿元，占 GDP 比重约 12%，文化事业和文创产业发展水平进入全国第一方阵。涵养天府文化，搭建天府文化研究平台。创办天府文化研究院，围绕“创新创造、优雅时尚、乐观包容、友善公益”的天府文化内涵，组织国内外知名专家学者开展学术研讨和理论阐释。深度挖掘梳理天府文明史、发展史，对易于传承、符合主流、反映历史的名人、古迹等进行总结提炼，推动市民大讨论，推出一批高质量高水平的天府文化研究成果、普及读物和新媒体产品，深入反映天府文化的核心内涵和精神气质。

成都依托古蜀文化、南丝路文化、精品灌区文化、大熊猫文化、水文化、道文化等资源，建设具有天府文化内涵的国际旅游目的地，重点发展康养旅游、遗产旅游、科考探险、山地运动、乡村度假、民俗体验、创意农业等文创业态。目前成都已经初步形成传媒、文博旅游、创意设计、演艺娱乐、文学与艺术品原创、动漫游戏和出版发行等行业快速发展的格局，是国家级文化和科技融合示范基地、“全国动漫游戏第四城”和“中国手游第三城”。根据专业大数据分析，成都文创全国关注指数以超 30 亿人次的关注度，成为“中国文创第三城”，排名仅次于北京和上海。在全国用户关注文创的增长趋势排名中，成都以 27.24%的增幅领先北京、上海、广州等城市，位居国家中心城市之首。

2018 年 6 月 19 日，成都发布了《建设西部对外交往中心行动计划（2017—2022 年）》，提出将积极参与我国和“一带一路”参与国家和地区互办的文化年、艺术节、电影周等活动；与文化和旅游部在“一带一路”参与国家和地区合作共建海外中国文化中心；依托海外中国文化中心、国际友城等涉外平台，打造“成都天府文化周”品牌；打造以熊猫、美食、三国、休闲、绿道等为核心的世界级旅游产品品牌，继续在重点国家和地区设立成都旅游体验中心，把成都建设成为亚太旅游枢纽港。该行动计划提出，建立 15 个“成都川菜海外推广中心”，开展“全球精选川菜餐厅”认证，维护和提升“国际美食之都”品牌，打造国内最响亮的城市美食名片。支持举办国际友城青年音乐周、音乐产业峰会、草莓音乐节等各类音乐活动，促进成都建成领先全国的乐器及音乐设施设备集散地、版权交易地、演出聚集地、原创音乐精品生产基地。

不同的地域文化造就了不同地域人的生活方式，几千年文化浸润，孕育了成都“休闲之都”的人文底蕴、塑造了成都“生活城市”的鲜明特质。成都市委书记范锐平认为，生

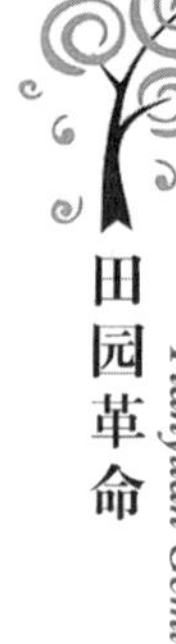

活城市是平凡而鲜活的，这种充满市井气息的优雅生活让成都人与这座城市在发展中孕育出追求安逸、热爱生活的动力。发展天府文化，就是要让成都人深刻认识到幸福的生活是奋斗出来的，一分耕耘一分收获，既享受“休闲城市的慢生活”，又具有“现代都市的快节奏”，用高标准工作尺度、高质量经济发展、高效能社会治理为城市创造高品质生活。

新时代发展天府文化，绝不仅限于文化发展本身，更在于从精神层面凝结起精神价值、生活方式和集体人格，凝心聚力，以天府文化铸造成都的时代精神价值。范锐平说，天府文化生动展现了天府儿女崇德向善的精神品格、自强不息的风骨气度、爱国忧国的家国情怀，是社会主义核心价值观的成都表达。范锐平表示，发展天府文化，就是要把天府文化融入社会主义核心价值观教育，让核心价值观像空气一样无处不在、无处不有，成为百姓日用而不觉的行为准则，丰富市民精神世界、凝聚市民精神力量，形成奋发向上的精神风貌。

作为中国创意农业第一城，成都市积极促进文创和农业融合，推进文化创意与都市现代农业、特色农业、休闲农业等融合，打造一批集农业观光、体验、科教及文化传承于一体的农文旅融合发展示范区，推出一批具有文化创意的农业产品、农业节庆和农业景观。积极支持发展特色村落、创意民宿和田园综合体，鼓励艺术家租赁农房开办艺术工作室，引导农家乐等现有旅游形式提升文化品位，打造一批全国知名的“艺家乐”“创意村”。

都江堰通过一系列文旅项目及文创项目的推进，将李冰文化与产业相结合，向全球推广。打造全息光影秀，重现李冰治水场景。成都市人大代表、都江堰市委宣传部副部长严晓霞表示，李冰带领蜀郡百姓，做调研，搞规划，科技攻关，一座都江堰水利工程凌空出世，成为横贯古今的水利巨星。因为有了都江堰水利工程，成都平原沃野千里，民无饥馑，“天府之国”的美誉从此传遍天下。都江堰水利工程两千多年的发展过程，也正好体现了水文化的形成、传承和发扬光大的过程。对于如何利用好李冰文化以及水文化这个IP，将其与都江堰大力推进公园城市建设，加快建成国际生态旅游城市结合起来，严晓霞表示，都江堰市规划建设了成都市确定的66个产业发展区之一的李冰文化创意产业园区，并且通过一系列文旅项目及文创项目的推进，将李冰文化与产业相结合，向全球推广。

李冰文化创意产业园区，规划面积26平方千米，辐射区31.2平方千米，正以建设美丽宜居城市新区为目标，以“公园城市”建设理念构建“一轴一带三心五区”的空间形态，加快重大文旅项目建设，培育壮大文化产业。目前，融创成都文旅城建设有序进行，蓝光水果侠乐园二期项目建设已完成，“戏·水长流”——都江堰戏剧文化创意产业园项目顺利推进。并且研发了李冰文化相关动漫、游戏产品，制作李冰文化元素文创产品。与此同时，都江堰市实施四川历史名人李冰文化传承创新工程，成立了都江堰市李冰文化传承创新工程工作小组，制订《都江堰市实施李冰文化传承创新工程工作方案》，围绕李冰文化传承创新“六个一批”工程确定6大方面21项重点目标，明确责任单位和完成时限，确保各项任务落到实处。现在，已经编制完成了《李冰纪念馆展陈内容设计方案》，着手

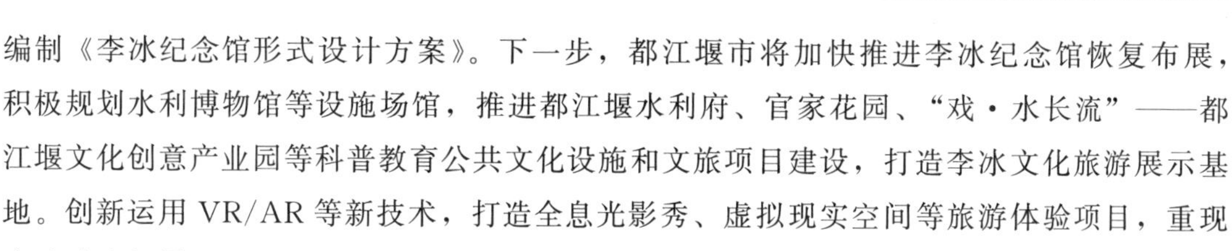

编制《李冰纪念馆形式设计方案》。下一步，都江堰市将加快推进李冰纪念馆恢复布展，积极规划水利博物馆等设施场馆，推进都江堰水利府、官家花园、“戏·水长流”——都江堰文化创意产业园等科普教育公共文化设施和文旅项目建设，打造李冰文化旅游展示基地。创新运用 VR/AR 等新技术，打造全息光影秀、虚拟现实空间等旅游体验项目，重现李冰治水场景。

让“茶马古道”在成都绿道“复活”，市民可以骑马从都江堰游览到郫都区。成都市政协委员、民盟成都市委科技工委副主任、华东勘测设计研究院教授级高级工程师杨小卜认为，绿道源自发达国家，是一种连接公园、自然保护地、风景名胜区、历史古迹、沿途设施的，可供行人和骑车者进入的绿色空间通道。现在，它已经成为城市发展的靓丽名片，也是城市生态文明建设的一个缩影。近年来，成都相继规划或建设了温江绿道、锦江绿道、沙西绿道、天府绿道等多条绿道，建设模式也日臻完善，成为市民生活休闲不可缺少的一部分，为重现成都“绿满蓉城、花重锦官、水润天府”的美景奠定了基础。杨小卜建议创新绿道规划理念和建设模式，在传统的方式上进行突破，在突出地方文化和历史渊源的基础上，与现代旅游业相结合，全面提升其经济价值。成都市已经建成的几条绿道，依托自身所在的区域，都各具特色，主题鲜明。建议在都江堰与郫都区之间建设一条非传统意义上的绿道，杨小卜提议，建设一条集旅游观光、休闲娱乐、文化长廊为一体的现代“茶马古道”。模仿茶马古道遗迹的特点，以石板路或形似石板路的材质为基，组织马夫队伍为游客服务，营造古朴、原始的韵味，给体验者以穿越时间长河，与历史亲密接触的奇特感受。同时，在串联起都江堰与郫都区之间的原有旅游景点基础上，以新农村建设为契机，沿途着力打造几个民俗特色乡村，同时深度融入郫都区的川菜文化，提供观光、住宿、餐饮“一条龙”的全方位服务。

郫都区位于成都市上风上水、八河并流之地，水网密集、水质优良，是成都最大的饮用水源地，承担主城区 83%的生活用水。郫都是都江堰精华灌区的核心区，也是川西林盘的重要保护区，全区共有大小林盘 8 700 余个，建城区绿化率达 40.8%。成都市郫都区委书记杨东升认为，有着“天府水源地”美誉的郫都区，在“美丽宜居公园城市”的建设上有明显的比较优势，郫都区将切实落实好总规划，建设好“天府水源地”美丽宜居公园城市。杨东升表示，作为都江堰精华灌区的核心区和川西林盘的保护区，郫都区将主动承担生态涵养功能，加大饮用水源地保护，加快都江堰精华灌区修复。

凭借良好的生态本底和悠久的川西农耕文化，郫都区正大力实施乡村振兴战略，以“灌区轮作系统与乡村林盘景观”为主题，申报全球农业文化遗产。杨东升说，目前郫都区已确定对近 19 万亩区域进行申报。初步确定三道堰镇、新民场镇、唐元镇共 6 个村 4.69 万亩核心区，花园镇、友爱镇、安德镇、唐昌镇、古城镇共 14.3 万亩为精华区的申报思路。郫都区未来“美丽宜居公园城市”的发展前景可期。在实现生态宜居上，力争到 2022 年底，郫都区建成 6 个特色镇、30 个田园综合体、180 个川西林盘聚落以及 500 千米

绿道、10 个生态湿地，主要流域水质考核力争全部达标，形成特色镇、田园综合体、川西林盘聚落融合发展格局，打造国际乡村旅游度假区。

发展创意农业，推进产业振兴，创品牌让萝卜卖出猪肉价。乡村振兴，产业兴旺是基础。最能激发老百姓积极性的是经济收入的增长。产业发展了，老百姓才能看到希望。杨东升说，过去一年，战旗村成长为闻名全国的美丽新村，与名气“齐飞”的，还有战旗村的特色农产品。杨东升提到，战旗村的圆根萝卜在强化品牌建设和营销后，不仅实现规模化连片种植 2 000 余亩、年产 160 余万斤，还搭乘蓉欧班列端上了法国和荷兰的餐桌，在北京盒马鲜生超市，圆根萝卜可以卖到每 500 克 9.9 元，实现了萝卜卖出猪肉价。杨东升认为，有机农业也不能就农业抓农业，一定要结合农商文旅体融合发展，拓展旅游、培训、农事体验和餐饮等产业，融合创新发展。目前，战旗村正在规划建设 118 平方千米“绿色战旗·幸福安唐”乡村振兴博览园，打造一二三产业融合发展示范区、五大振兴示范园。“青年人才很有创业热情，很有干劲，更重要的是，在他们选择返乡创业的同时，脚下的土地为他们匹配了广阔的施展才华的舞台，但需要有一个强有力的党组织去引领带动他们扎根乡村，找准事业成长的起点。”杨东升表示，“这才是让返乡人才留得住、站得稳的关键。”

根据成都市统计局统计，成都都市现代农业加快发展，深入推进乡村振兴“十大重点工程”“五项重点改革”“七大共享平台”。2018 年落地开工乡村振兴项目 490 个，完成投资 600 亿元。农业生产稳定，粮食播种总产量 230.3 万吨，下降 0.7%；油料产量 37.3 万吨，增长 1.1%；蔬菜产量 544.1 万吨，增长 7.1%；生猪出栏 574.3 万头。深化 6 个现代农业产业功能区建设，新建高标准农田 43 万亩。农业适度规模化经营加快，适度规模经营率达 65.3%。推进农商文旅融合发展，乡村旅游总收入达 393.9 亿元，增长 21.5%；农产品电子商务零售交易额 87.8 亿元，增长 46.3%。

2018 年，成都市实现农业增加值 541.7 亿元，同比增长 3.6%；策划实施乡村振兴项目 586 个，完成投资 614.6 亿元。根据《2019 年成都市实施乡村振兴战略推进城乡融合发展行动计划》，2019 年成都市将力争实施乡村振兴重大项目 200 个，完成投资 600 亿元，实现农业增加值增长 3%。在规划建设现代农业功能及园区方面，成都市将加快“6+7”市级重点园区建设，带动发展一批县级、乡镇级园区；招引目标企业及重大项目 60 个以上。同时成都还将启动农产品加工出口产业功能区选址及规划工作，完成成都国家农业科技中心一期工程，积极创建国家现代农业高新技术产业示范区。在加快特色镇（街区）建设方面，成都将新启动特色镇（街区）培育创建 13 个、累计 70 个。开展以园林景观为重点的“花园式”特色街区建设试点 35 个。在推进农商文旅体融合发展方面，成都将积极探索“IP+产业”、场景体验等发展新方式，建设乡村文创基地和农业主题公园 70 个、主题民宿 60 个，创建省级森林康养基地和森林人家 60 个。成都还将深化乡村教师支持计划，加快区域教育联盟发展，力争成都数字学校注册用户突破 100 万人；支持成都农职学院组建乡村振兴学院；新改建农村公路 200 千米；持续推进农村电网升级、光纤入户，新

增 4G 基站 3 000 个。

在推进农村人居环境整治方面，成都将学习借鉴浙江“千村示范、万村整治”工程经验，制定《“美丽蓉城·宜居乡村”推进方案》，开展村庄清洁美化提升行动，完成省级达标村 1 500 个，培育精品村 300 个。在推进乡村绿道和川西林盘建设方面，成都将完成乡村道路绿道化改造 500 千米；抓好龙门山森林绿道崇州示范段、田园绿道郫都示范段建设，新建城区和社区级绿道 515 千米，建设森林绿道和康养步道 100 千米、田园绿道生态带 60 千米。同时成都将围绕“整田、护林、理水、改院”，组织开展川西林盘保护修复全球招商，新启动川西林盘修复保护 300 个，评选精品林盘示范点 20 个，力争创建 A 级以上林盘景区 20 个。

农业共享经济

共享经济

共享经济，一般是指以获得一定报酬为主要目的，基于陌生人且存在物品使用权暂时转移的一种新的经济模式。其本质是整合线下的闲散物品、劳动力、教育医疗资源。有的也说共享经济是人们公平享有社会资源，各自以不同的方式付出和受益，共同获得经济红利。此种共享更多的是通过互联网作为媒介来实现的。

共享经济这个术语最早由美国得克萨斯州立大学社会学教授马科斯·费尔逊（Marcus Felson）和伊利诺伊大学社会学教授琼·斯潘思（Joel. Spaeth）于 1978 年发表的论文《Community Structure and Collaborative Consumption：A Routine Activity Approach》中提出。其主要特点是，包括一个由第三方创建的、以信息技术为基础的市场平台。这个第三方可以是商业机构、组织或者政府。个体借助这些平台，交换闲置物品，分享自己的知识、经验，或者向企业、某个创新项目筹集资金。经济牵扯到三大主体，即商品或服务的需求方、供给方和共享经济平台。共享经济平台作为连接供需双方的纽带，通过移动 LBS 应用、动态算法与定价、双方互评体系等一系列机制的建立，使得供给与需求方通过共享经济平台进行交易。

我国拥有世界上规模最大的人力人才资源，这是创新发展的最大“富矿”。要提供全方位创新创业服务，推进“双创”示范基地建设，鼓励大企业、高校和科研院所开放创新资源，发展平台经济、共享经济，形成线上线下结合、产学研用协同、大中小企业融合的创新创业格局，打造“双创”升级版。2018 年 3 月 20 日闭幕的十三届全国人大一次会议表决通过了政府工作报告。至此，中国力争在 2018 年完成的主要目标任务尘埃落定。根据政府工作报告，中国将加快建设创新型国家，促进大众创业、万众创新上水平，其中就包括发展平台经济、共享经济。政府工作报告指出，过去五年，中国创新驱动发展成果丰硕。高铁网络、电子商务、移动支付、共享经济等引领世界潮流，“互联网＋”广泛融入各行各业。快速崛起的新动能正在重塑经济增长格局、深刻改变生产生活方式，成为中国创新发展的新标志。

国家发展改革委办公厅在《关于推动发展一批共享经济示范平台的通知》中指出，深入贯彻落实党的十九大精神，以新发展理念为引领，以增强共享经济创新力和竞争力为目标，围绕支撑和服务实体经济发展，支持发展一批共享经济示范平台，推动互联网、大数据、人工智能和实体经济深度融合，培育发展一批共享经济骨干企业，引导共享经济健康良性发展，培育新增长点、形成新动能。重点方向包括：

创新能力共享　主要是指利用互联网平台将分散的创新资源进行共享利用，实现对研发、设计、管理、服务等环节创新资源的整合、开放与对接，以降低创新成本、提高创新效率，为创新驱动发展战略和大众创业万众创新提供有力支撑，重点包含科研仪器共享和知识技能共享两个方向。

科研仪器共享　主要指将分散于企业、高校、科研机构等单位的科研仪器设备进行共享，有效提高科研仪器设备利用效率的共享经济平台。

知识技能共享　主要指将分散于各类组织和个人的研发、设计、创意、运营、咨询、法务等智力资源和服务能力进行共享，实现创新服务能力与中小微企业需求有效对接的共享经济平台。

生产能力共享　主要是指通过互联网平台将分散的生产资源进行共享利用，包括对农业生产、工业制造、物流运输等生产领域相关资源的整合、开放与对接，以盘活产能，助力供给侧结构性改革，有效促进互联网与实体经济的融合，重点包含生产设备使用共享、生产资源开放共享、分散产能整合共享等三个方向。

生产设备使用共享主要指在农业生产、工业制造等领域，重点面向中小微企业共享具备智能互联功能的生产设备，提供灵活的设备使用以及数据分析、远程运维等服务的共享经济平台。

生产资源开放共享主要指依托大中型生产制造企业，整合上下游产业链资源，面向内外部创业主体，实现制造、物流、运营、技术、资金等生产资源一站式共享服务的共享经济平台。

分散产能整合共享主要指将分散于不同企业主体间的海量生产能力与灵活多样的生产需求进行高效智能匹配，实现产能对接流程的在线化、标准化、智能化的共享经济平台。

共享农业

共享农业是指以移动互联网、物联网等信息技术为支撑，让所有权与使用权相对分离，倡导共享利用、集约发展、灵活创新的先进理念，让市民和农民充分参与和受益，强调消费使用与生产服务的深度融合，农村生产生活生态“三生同步”、一二三产业“三产融合”、农业文化旅游“三位一体”，集循环农业、创意农业、农事体验于一体，以农业和民宿共享为主要特征，形成人人参与、人人享有的新型农业经济形态。

共享农业积极探索推进农村经济社会全面发展的新模式、新业态、新路径，发展以农民合作社、共享农庄、农村集体经济组织等充分涵盖农民利益的经济组织形式为主要载体，以各类资本组成的混合所有制企业为建设运营主体，使农民转变成为股民、农房转变成为客房、农产品现货转变成为期货、消费者转变成为投资者，实现农民增收、农业增效、农村增美。

成都构建七大农业共享平台服务全省乡村振兴

“全面领会和坚决落实省委赋予的战略定位和战略任务，牢固树立全省‘一盘棋’思想，主动作为，加强协作，主动服务全省乡村振兴”，这是成都向全省人民的庄严承诺。依托首位城市人才、资金、科技、信息等要素集聚优势，聚焦土地、金融、技术、市场、信息等乡村振兴核心要素，成都市将着力构建农村土地交易服务平台、农业科技创新服务平台、农村金融保险服务平台、农产品品牌孵化服务平台、农产品交易服务平台、农商文旅体融合发展服务平台、农业博览综合服务平台七大共享服务平台，为各市州开放合作搭台、产业转型赋能、创新改革聚势、生态建设助力，形成横向错位发展、纵向分工协作发展格局，共同构成全省区域协同、共同繁荣新格局。

构建土地交易服务平台，唤醒农村沉睡的资源　“成交！”随着工作人员激动地报价，455 元/亩的价格在电子竞价屏幕上定格。这是广元市剑阁县公店乡一宗 750.6 亩集体林地使用权转让，以 120 元/亩起拍，最终在成都农交所土地交易平台上成功流转，获得了 280%的溢价率。土地是农村最基本的要素。成都农交所则是激活这一要素的现代化平台。随着承包地、宅基地“三权分置”改革，农村集体经营性建设用地入市改革，成都市搭建统一的跨区域土地交易平台，打破了农村土地流动的藩篱，带动大量社会资本进入农业农村。依托成都农交所，成都市正在加快构建全省联网的农村土地交易平台，按照“线上统一、线下联合”的思路，探索“合资共建”“独资建设”和“业务指导”等模式，与省内

16个市（州）、120个县（市、区）实现联网运行，累计发布各类农村产权流转交易信息近1.7万条，开展宣传、培训210场覆盖1.7万余人次。目前，成都农交所累计成交各类农村产权1.6万余宗、177万亩、金额850亿元，已成为全国交易规模最大、交易品种最多、服务体系最完善的农村产权交易场所，下一步将继续加大与兄弟市州的合作，为农村土地在更大范围内交易、提升价值提供有效渠道。

构建农业科技创新服务平台，为四川农业提供科技支撑　2017年8月，成都市政府与中国农科院签署战略合作协议，共建现代农业创新核心区、技术集成示范区、区域农业科技创新联盟和现代农业人才培育基地，建设国家成都农业科技中心，形成具有世界影响力的农业科技硅谷。这不仅是成都农业的一件大事，也将对整个四川现代农业提供强有力的科技支撑。充分发挥国家成都农业科技中心示范引领作用，成都市正在全力构建服务全川的农业科技创新服务平台。整合在蓉的农业高校、科研院所、龙头企业等科技资源，组建农业科技创新团队，联合开展技术攻关、品种研发、产业孵化，与市州共建基地264个，推广新品种355个、新技术190项，带动种植面积2 100万亩，助农增收660亿元，已形成38个国家级研发创新中心（平台）和52个国家级创新研究团队；围绕“川字号”优质特色农产品，加快推动新品种、新技术、新模式、新机制的研发创新，促进农业科技成果在全省转化应用。

构建农村金融保险服务平台，现代金融增强乡村振兴动力　夜晚的广安市广安区金安大道上，绿色的“成都农商银行”、橙色的“成都银行”灯箱一左一右，散发着温暖的光芒。这两家从成都走出去的金融机构，已深入到全川各地，在川异地设立46家分支机构，发放涉农贷款余额超170亿元、支持涉农主体7 400余家。和这两家银行一样，中航安盟财险、锦泰保险同样在川异地设立了102家分支机构，锦泰保险累计提供风险保障1.3亿元。发挥资本市场带动作用，天府商品交易所在攀枝花、南江、苍溪等地设立县域特色交易平台，在汉源推出国内第一个花椒“价格保险＋场外期权”产品；成都花木交易所“花木阳光采购平台”向省内重点二级城市推广。现代农业离不开现代金融支持。2015年，在四川省委、省政府关心支持下，成都获批全国农村金融服务综合改革试点城市，探索建立“互联网＋农村金融”服务体系，建设立足成都、服务全川的“农贷通”综合金融服务平台。按照“一个平台、三级管理、市（州）县互动”思路，运用现代信息技术，整合农村产权、农村金融等资源，搭建集政策咨询、融资对接、风险分担、信息共享等多功能于一体、线上线下结合的“农贷通”综合金融服务平台。目前已接入253家金融保险机构，累计受理涉农贷款48.7亿元，成功放款5 383笔、39.6亿元。下一步成都还将继续发挥全川的金融枢纽作用，积极构建线上与线下结合的“农贷通”农村金融综合服务平台，支持本土金融保险机构在市州开办分支机构，创新金融保险产品，向全川提供优质的“三农”金融服务。

构建农产品品牌孵化服务平台，让“川字号”农产品享誉世界　大邑县天府农业品牌

创意孵化园是成都市倾力打造的“农业品牌梦工厂”，在建设之初便定位于服务全川乡村振兴，积极探索“农业＋设计”新模式，创新“平台聚集＋人才孵化＋创意品牌”运行机制，采用“团队＋设计师联盟”方式，聚集、培育创意设计人才，加强对农产品标识、产地、质量、包装、品牌等的创意设计。目前已引进文创设计服务团队32个、创意设计人才150余名，累计为省内外设计推出农产品品牌100多个。品牌是产业核心竞争力之所在。要让“四川味”走出国门、享誉全球，必须提升“川字号”农产品品牌价值。成都市积极支持农业双创空间、创客中心和乡村文创社区建设，培育农业创意人才、创新团队，打造服务全川的农产品品牌孵化服务平台，联动市州开展农产品品牌设计和孵化，提升“川字号”农产品品牌价值，擦亮四川农业“金字招牌”。在成都现代农业双创空间内，还创新设立了国际创新创业服务超市，建立“1314”农业双创孵化新机制，包括1个农业智库、3种形态孵化园区、1个现代农业双创中心和4大农业科技转化平台，探索孵化链、人才链、资金链、产业链、政策链“五链相融”的农业双创模式，形成“创业苗圃—孵化器—加速器”全创链条，推动农业科技创新、农产品品牌创意设计和新型经营主体培育，引进培育孵化载体100家，吸纳双创专家、双创导师570名，培育农创客达7 720名，孵化双创主体达1 065家，辐射带动其他市州和云南、贵州等12个省（自治区）基地面积30余万亩。

构建农产品交易服务平台，推动“四川味”买全川卖全球

现代信息技术为农产品流通带来了深刻变化。利用“互联网＋”技术，可以有效打通农产品销售渠道，实现生产者与消费者无缝对接。充分利用良好的市场、人才、科技等优势，成都市着力打通农产品销售渠道，引进培育京东云创、川味中国、源本生鲜等一批新型电商企业，聚集一批电商领军人才和高层次人才，打造服务全川的农产品交易平台，推动“川字号”农产品走向全国、迈向全球。京东云创以农副产品、生鲜冷链为突破口，搭建服务全川的农产品电商平台，开通“农产品上行”通道，结合精准扶贫，助推市州优质农副产品走向全国大中城市居民的餐桌。蒲江县电子商务产业园聚焦品牌、商品、网络、人才、物流等关键环节，实施免房租、免中转仓储费等“八免”，补贴物流包装、贷款贴息等“四补”，提供管理咨询、法律咨询等“十服务”扶持政策，园区聚集了阿里、苏宁易购、天虎云商、鲜农纷享等电商企业93家，联动镇村发展电商主体3 400余家，年销售额达8.5亿元，带动兄弟市州农产品销售1.6亿元，2018年农产品出口交易额达2.8亿元。

构建“农商文旅体融合发展”服务平台，新产业新业态融合发展　在崇州市“农商文旅体”融合发展产业园，这个全新的发展产业园犹如一台精密仪器，正在为全省提供乡村规划、民宿设计、村庄打造和休闲农业、乡村旅游、森林康养等新产业新业态智力支持。

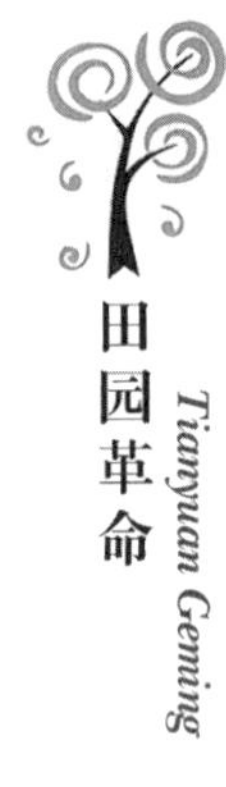

在这个统筹发展平台中，“成都川西林盘培训学院、中业乡村发展设计院、中业文旅投资公司”三个实体、“设计师联盟、商家联盟、资本联盟、讲师联盟”四个联盟，实现横向的产业融合与纵向的服务能力融合，形成矩阵式融合发展体系。发挥平台创新创业团队作用，为全省不同区域建设美丽宜居乡村、促进农商文旅体融合发展，提供规划设计、投资建设、运营管理。成都市还组建村镇学院、川西林盘学院和乡村振兴学院等培训研究机构，面向省内外培养乡村规划、文创、旅游、营销、设计等各类专业人才 5.1 万人，为兄弟市州乡村规划、民宿设计、村庄打造和休闲农业、乡村旅游、森林康养等新产业新业态发展提供智力支持。随着时代的变化，以融合裂变为特征的新兴产业加快孕育，现代农业新业态新模式不断涌现。坚持全域旅游理念，成都与省内市州共同开发乡村自然资源、共创旅游大品牌、共推旅游大线路、共优旅游大环境，联动市州开发精品旅游线路 30 余条，并将继续以农业现代化为抓手，推进农业与商贸、文化、创意、旅游、康养、体育等产业融合发展，充分挖掘农业附加功能，构建农商文旅体融合发展服务平台，带动市州拓展农业增值空间。

构建农业博览综合服务平台，搭建全川农业开放合作窗口 2017 年 8 月，四川省委省政府确定在新津建设天府农业博览园，这意味着全省农业有了展示现代、引领未来的博览平台。成都市按照“省市县共建、市州联建、市场化主导”的发展思路，采取“管委会＋投资公司＋合作社”运行方式，引入四川发展等企业投资入股，促进会议会展中心、天府农博创新中心、中国农科院设施农业综合体等重大项目落地，打造“永不落幕的田园农博盛宴、永续发展的乡村振兴典范、世界农博的东方品牌”。通过“体验形式创新、参与主体创新、展示空间创新、博览周期创新”会展创新策略，中国天府农业博览园将构建“会议会展中心＋市州特色展馆＋室外展场＋大田展区”四大博览空间体系，采用“窗口＋基地”模式，营造三次产业联动发展的“农博＋”产业生态圈，构建全球化的对外展示和推介平台，带动全省现代农业、绿色制造、乡村旅游全产业链发展。此外，依托中国四川（彭州）蔬菜博览会、成都国际都市现代农业博览会，成都市还将采取展览展示、论坛活动、商贸对接、宣传推广等多种方式，带动全川现代农业成果展示、品牌营销、产品贸易、技术转化、投资促进，成为全川农业招商引资、农产品展示展销的重要平台和窗口。目前中国四川（彭州）蔬菜博览会和成都农博会已累计购销金额 97 亿元，促进市州签约项目 800 多个，签约金额近 1 700 亿元。

海南：以发展共享农庄为抓手，建设美丽乡村

2017 年财政部下发了《关于开展田园综合体建设试点工作的通知》，2017 年确定河北、山西等 18 个省份开展田园综合体建设试点。作为试点省份之一的海南，提出的就是以发展“共享农庄”为抓手，建设田园综合体和美丽乡村。

海南省人民政府《关于以发展共享农庄为抓手建设美丽乡村的指导意见》中指出，认真贯彻党中央、国务院决策部署，深入推进农业供给侧结构性改革，大力发展农业分享经济，支持有条件的村庄、农场、基地加强基础设施、产业支撑、公共服务、环境风貌建设，实现农村生产生活生态“三生同步”、一二三产业“三产融合”、农业文化旅游“三位一体”，积极探索推进农村经济社会全面发展的新模式、新业态、新路径，发展以农民合作社、农村集体经济组织等充分涵盖农民利益的经济组织形式为主要载体，以各类资本组成的混合所有制企业为建设运营主体，让农民充分参与和受益，集循环农业、创意农业、农事体验于一体，以移动互联网、物联网等信息技术为支撑，以农业和民宿共享为主要特征的“共享农庄”。通过发展“共享农庄”，使农民转变成为股民、农房转变成为客房、农产品现货转变成为期货、消费者转变成为投资者，实现农民增收、农业增效、农村增美。

坚持以农为本　坚持农地农用，突出农业特色，发展现代农业，促进产业融合，挖掘农业多元属性，拓宽非农功能，实现“农旅文”深度融合，以农促旅、以旅强农、以文创促销售树品牌。保持农村田园风光，留住乡愁，保护好青山绿水，实现生态可持续。着力构建企业、合作社和农民利益联结机制，带动农户参与建设经营农庄，获得地租、劳务、入股分红、品牌溢价等多种收入。

坚持规划管控　在符合省域空间“多规合一”和不突破生态保护红线、基本农田保护红线的前提下，编制市县、乡镇农庄建设发展规划和建设实施方案。将农庄建设纳入村庄建设规划内容，逢建必报，强化农庄民宿（客栈）建设的体量、高度和风貌管控，民宿（客栈）不能超过三层，充分体现海南地域特色。严禁以农庄建设为名违法违规开发房地产或建私人庄园会所。

坚持市场主导　按照政府引导、企业参与、市场化运作的要求，创新发展模式、管理方式和服务手段，全面激活市场、激活要素、激活主体，调动多元化主体共同发展“共享农庄”的积极性。政府重点做好顶层设计、提供公共服务等工作，防止大包大揽。

坚持资源共享　把农庄建设与全域旅游、百镇千村建设以及休闲农业示范点、乡村旅游示范点、现代农业示范基地建设相结合，统筹推进。积极盘活农村集体资产，发展多种形式的股份合作。将农庄整体经营与个体经营相结合，实现资源互补共享。

坚持试点先行　根据市场需求，选择一批基础条件好、有特色、积极性高的村庄、农场、农业基地先行试点，探索可持续、可借鉴、可推广的经验，做到因地制宜、循序渐进。

坚持助力脱贫　把发展“共享农庄”和脱贫攻坚紧密结合起来，优先在自然环境良好的贫困村特别是少数民族贫困村发展“共享农庄”，形成贫困户与经营主体利益共同体，通过土地入股、出租、在农庄务工等方式增加贫困户收入。探索运用“共享农庄”理念开展生态移民扶贫。坚持绿色理念。树立尊重自然、顺应自然的理念，保护乡村好风光，美化山水林田湖，打造田园绿色美，防止农村变成城市的缩小版。

坚持彰显文化 精心创意设计，提升品位格调，多种形式挖掘利用展示海南村落文化、特色民居、红色文化、黎苗文化、农耕文化等，体现海南地域风情人文之美，打造“当代精品、后世文物”。

“共享农庄”建设类型和模式

建设各具特色的“共享农庄”。针对不同类型的目标消费群体，突出特色，因地制宜建设“共享农庄”。“共享农庄”可以有以下几种类型：

产品订制型 以个人订制和团购订制等形式，为消费者提供海南热带特色农产品认养、直供等订制服务。对消费者认养的农作物建立档案，佩戴标识，严格按照约定标准进行生产，并确保消费者可现场或以视频等方式实时查看生长情况。产品成熟后，按照消费者的要求进行个性化包装、处置，既可以配送到指定地点，也可以进行代销，将销售收入返还消费者。鼓励省外大型农产品批发市场、菜篮子集团、酒店、企业、学校等机构在我省市县直接投资“共享农庄”，建立海南产地与内地消费者之间稳定的直销关系，推动解决海南农产品价格波动大、滞销等问题。

休闲养生型 鼓励农村集体组织和农民以出租、合作等方式盘活利用空闲农房和宅基地，发展特色民宿客栈，吸引消费者，特别是“候鸟”人群前往农庄休闲养生度假，为美丽乡村提供产业支撑，使农庄和美丽乡村成为既有“面子”、又有“里子”的田园综合体。打造“民宿＋农地”休闲养生产品，将农庄农地按一定面积或农作物按一定数量分块，把经营权租赁给“候鸟”人群、城市居民，用于农业生产或农事体验。

投资回报型 消费者及投资主体通过众筹等方式募集资金用于发展“共享农庄”，农庄为消费者及投资者提供农资供应、技术指导、托管代种代养、产品销售等配套服务，消费者及投资者按约定获得实物或投资收益回报。

扶贫济困型 引导消费者及投资主体与贫困村或贫困户直接对接，消费者认养贫困户的农作物或者承租贫困户的农地、农房，贫困户通过出租土地、房产或以土地、房产入股获得财产性收入以及通过打理农庄获得务工收入，打造贫困户和消费者利益共同体，实现贫困户持续稳定增收。

文化创意型 立足特色资源，树立文创理念，吸引各类艺术家、创客利用品牌设计、故事挖掘、艺术再造、农业科普等文创艺术方式，打造集人文要素、生态要素、科技要素、创意要素于一体的特色农庄。

打造标准化“共享农庄”品牌，建立健全由基础通用标准、技术标准、管理标准、服务标准等类别标准组成的“共享农庄”标准体系，并进行认证。特别要按照产品生产标准和技术规程，实行标准化生产，为消费者提供绿色、优质、安全的农产品。支持农庄建立农业物联网系统和可视化监控系统，实行全程可视化生产，实时监测农产品生长情况，对

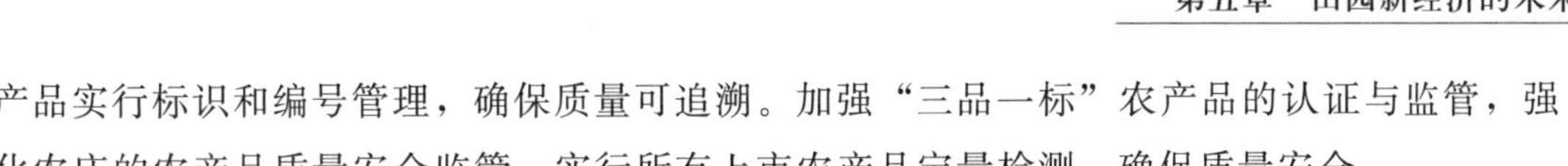

产品实行标识和编号管理，确保质量可追溯。加强“三品一标”农产品的认证与监管，强化农庄的农产品质量安全监管，实行所有上市农产品定量检测，确保质量安全。

开展“共享农庄”专项营销，设计全省统一的“共享农庄”品牌形象，提高辨识度，增强社会认知。公开遴选专业营销公司，开展推介，打造国际旅游岛“共享农庄”品牌。开展线上、线下推广活动，利用门户网站、微信公众号等自媒体以及电视、报刊开展线上宣传，与知名电商平台合作推广，吸引广大消费者（经营主体）参与项目。全省各级政府要把“共享农庄”作为招商推介的重点大力营销推介，扩大“共享农庄”品牌知名度和影响力。旅游、农业部门要把“共享农庄”作为海南旅游的亮点和重点在国内外大力宣传推广。

搭建“共享农庄”网络平台，依托天涯社区建立统一的省级网络服务平台。经认证的“共享农庄”，可进入省级平台，共用“共享农庄”品牌，参与省级平台组织的集中宣传营销活动，并在平台上发布产品。平台自觉接受政府监管，及时清理下线不合格产品和损害消费者利益的农庄。建设“共享农庄”可采取以下几种模式：

整村综合开发模式　由企业或农民合作社对整村进行统一规划、统一建设，利用村庄整治、宅基地整理等节约的建设用地和“四荒地”、厂矿废弃地、砖瓦窑废弃地、道路改线废弃地、闲置校舍、村庄空闲地等建设民宿和其他相应设施，民宿可以出租，民宿的全部或部分经营权、股权可以转让；将整村农用地进行统一规模化生产经营，消费者可以租赁农用地经营权或认养农作物，企业或农民合作社为消费者提供系列服务。

村庄农房改造升级开发模式　由企业或农民合作社将村庄现有房屋进行改造升级，其房屋可以出租。将村庄部分农用地进行统一生产经营，消费者可以租赁农用地经营权或认养农作物，企业或农民合作社为消费者提供系列服务。

基地开发模式　企业或农民合作社利用农业基地内农业附属设施用地等建设管理用房，或利用基地已有的建设用地建设民宿，民宿可以出租，民宿的全部或部分经营权、股权可以转让。消费者可以租赁农用地经营权或认养农作物，企业或农民合作社为消费者提供系列服务。

“共享农庄”运营机制

妥善处理好政府、企业和农民三者关系，确定合理的建设运营管理模式，形成健康发展的合力。政府重点负责政策引导和规划引领，营造有利于“共享农庄”发展的外部环境；企业、村集体组织、农民合作社及其他市场主体要充分发挥在产业发展和实体运营中的作用；农民通过合作化、组织化等方式，实现在“共享农庄”发展中的收益分配、就近就业。

以企业为主体　按照“企业＋农民”或“企业＋农民合作社＋农民”的模式，由企业

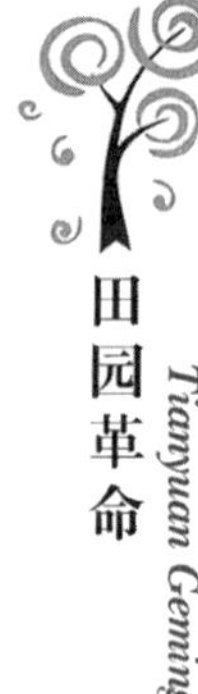

以股份合作、租赁等方式，整合农民的土地、房屋等资源，或利用企业自身土地、房屋资源，进行“共享农庄”的开发建设经营。

以农民合作社为主体 按照“农民合作社＋农民”的模式，由农民合作社以股份合作、租赁等方式，整合农民的土地、房屋等资源，进行“共享农庄”的开发建设经营。

以农村集体经济组织为主体 把发展“共享农庄”作为探索发展集体经济的一个重要途径。发展多种形式的股份合作，组织村集体成员参与“共享农庄”建设，增强和壮大集体经济发展活力和实力，让农民通过参与“共享农庄”建设分享集体经济发展和农村改革成果。

“共享农庄”融资模式

股权融资 利用多层次资本市场融资建设农庄。各类投资主体通过出让部分所有权，引进新的股东，实现增资。

借贷融资 各类投资主体以信用贷款、抵押贷款和担保贷款为主要方式进行债权融资。对农庄重点项目，政府给予贷款贴息，资信良好的企业或农民合作社可以发行企业债。

众筹等创新融资 各类投资主体可采取农产品众筹、民宿建设众筹、农产品预售等创新融资模式。以众筹的方式让消费者直接参与到农庄的建设中来，解决农庄建设的资金问题。

产业基金 由政府、企业、投资机构共同发起设立农庄投资基金，参与农庄投资建设。基金由专业投资机构负责资金募集和投资管理。（责任单位：省政府金融办、省财政厅、省农业厅、省扶贫开发投资公司）

农民共建共享机制

租赁合作参与共享机制 企业或农民合作社从农民手中租用土地、房屋等，采取实物计租货币结算、租金动态调整等计价方式，兑现农民土地、房屋租金收入。

股份合作参与共享机制 农民以土地经营权、房屋使用权等入股给企业或者农民合作社，由企业或农民合作社将土地、房屋等进行统一规划建设运营，利益分配采取“保底收益＋按股分红”方式，农民获得土地和房屋股份收益。针对有土地、无资金、无技术的贫困户，积极动员他们把闲置、撂荒土地入股企业或农民合作社，领取分红。通过构建股份合作、财政资金股权量化等模式，创新农民利益共享机制，让农民分享产业增值收益。

生产合作参与共享机制 企业以统一技术、统一标准、统一管理、统一订制的方式，将农民自有分散的土地，组织纳入“共享农庄”生产合作，农民按保底价获取收益，企业或农民合作社获取营销差价、管理服务等方面的收益。

劳务承包或务工参与共享机制 农民承包农庄的生产管理和其他订制服务，完成任务

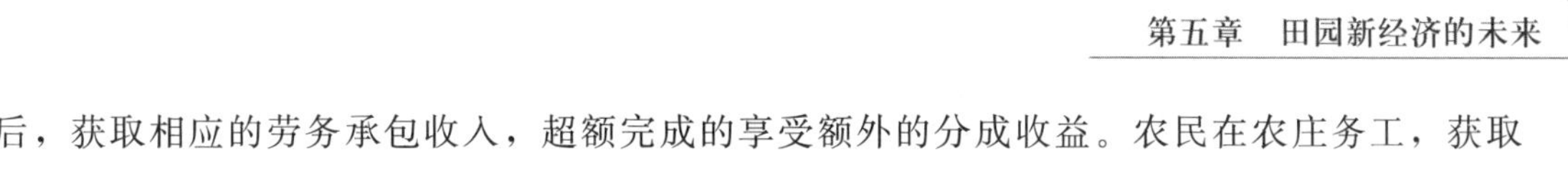

后，获取相应的劳务承包收入，超额完成的享受额外的分成收益。农民在农庄务工，获取工资性收入。

相关案例：在成都市温江区万春镇高山村11组，富农开心田园第三基地——共享田园里，一大片田地被白家竹围成若干块火柴盒似的长方形，不少村民在“火柴盒”里手持锄头平田，挖垄沟，绑扎白家竹围栏。成都农村电子商务协会副会长、富农开心田园总经理张绍发说，高山村共享田园第三基地是富农开心农场的升级版。所谓升级版，是让城市家庭和农村家庭互动，让城市资本下乡，为农民的持续增收带来新的动力，实现土地增效农户增收的目的。张绍发表示，随着富农开心田园会员的增加和富农开心田园品牌在消费者心中的影响力，以及会员对富农开心田园托管蔬菜和配送蔬菜的需求，合作社现有的两个富农开心田园基地已经无法满足市场需要。目前合作社拥有托管会员1 800余户，配送会员2 000余户，田园有机蔬菜固定购买会员2 000余户。有消费就有市场，在市场需求的推进下，第三基地共享田园综合项目在万春落地。张绍发说：“富农开心田园——共享基地设立在高山村的总面积是500亩，第一期先打造了200亩可以吸引1 500个固定家庭到这里，第二期可以达到5 000个固定家庭，通过这5 000个家庭的互动又可以代工15 000个家庭到高山村来体验农耕文化。”这种模式还能够让更多城市家庭来这里体验乡村旅游的乐趣。目前，共享田园首期规划200亩用地，明年9月实施第二期300亩土地规划。共享田园第三基地规划综合项目包含高端开心田园、有机蔬菜托管区、农耕文化体验区、有机蔬菜自由采摘区等。张绍发认为，共享田园采用的模式是深化农业供给测结构改革，最直接的成果是使村民成了股东，既获得了租金，又不因失地而失业，相反还可用工还租挣工资，年底按利润的30%分红。三笔稳定收入令群众十分满意。

相关链接三：全国人大代表提出了三种“共享农业”的应用模式

共享经济实现了闲置资源的充分利用，形成了新的经济增长点，成为近年来一大热门话题。2019年3月全国“两会”期间，来自浙江代表团的全国人大代表刘建明提交了《关于“共享经济”在我国农业中应用的建议》，提出用“共享农业”新型模式来解决中国传统农业规模化生产程度低、生产者的技术落后、营销信息的滞后以及创新型商业模式匮乏等问题。刘建明提出了三种“共享农业”的应用模式：

第一，生产设备和技术共享。刘建明建议，利用共享网络平台提高生产设备的利用率，降低生产成本和减少不必要的支出。共享平台负责提供生产、养殖、种

植、加工等所需设备，可以通过借用、租赁、共用、交换等方式，共享所需的所有生产资料和技术服务；同时，加强先进农业机械设备技术的使用度，摒弃散户耕作的模式，提高农业的现代化水平，提高农业抗风险能力；提高农民应用意识，普及农技职业教育。提高群众接受新媒体的意识，加强群众应用新媒体的认识，培养群众对新媒体的应用能力；通过平台建立技术服务体系，与大学、科研院校联合，建立远程服务系统。利用新媒体传播农业先进科技，共享专家信息技术。

第二，物流共享和人力资源共享。刘建明建议，借鉴城市的运输行业的发展，农产品运输同样可以采用物流共享模式实现。闲置的运输资源信息在共享平台注册分享，提供给需求用户或企业，可以在高峰期间调用资源，联合完成物流配送任务；车辆闲置时再共享给平台，从而提高运输效率，节约成本；也可通过共同配送来实现，多个客户联合起来共同由一个第三方物流公司来提供配送服务，集约协调、共享效益、共摊成本，实现物流配送作业的规模化，提高物流资源的利用效率。

第三，“预售、共享”的促销手段。刘建明表示，农村节约闲置土地资源和提高土地利用效率一直是我们关注的话题，预售方式正是利用了闲置的土地资源，将土地划分为一小块，以私人定制方式由消费者认购，消费者可根据个人喜好选择种植的农产品，交由专业人士打理，消费者可随时去游玩或者参与耕作，最终丰收的成果也将属于消费者，解决了过去信息不对称的问题，为用户提供个性化农产品定制服务。

相关链接四：新经济的力量

2018 年 11 月 10 日，万商云集、创意纷呈的首届中国国际进口博览会闭幕。172 个国家、地区和国际组织，3 600 多家参展企业，超过 40 万名境内外采购商纷纷参加在这个中国首创、在世界贸易史上尚无先例的展会，标志着开放与自信的中国脚步愈加坚定，全球合作共赢的大合唱越奏越响。

来自全球的新产品、新科技、优质产品云集，各参展国充分展示国家形象、经贸发展成就和特色优势产品。习近平总书记在首届中国国际进口博览会开幕式上的主旨演讲，向世界发出了郑重承诺：中国推动更高水平开放的脚步不会停滞，中国推动建设开放型世界经济的脚步不会停滞，中国推动构建人类命运共同体的脚步不会停滞。习近平强调，造福人类是科技创新最强大的动力。在休戚与共的地球村，共享创新成果，是国际社会的一致呼声和现实选择。各国应该把握新一轮科技革命和产业变革带来的机遇，加强数字经济、人工智能、纳米技术等前沿领域合作，共同打造新技术、新产业、新业态、新模式。

2018 年 11 月 6 日，作为中国国际进口博览会公众开放的首日备受关注，

2018全球创意产业杯高峰论坛暨创意产业杯全球总决赛——中国巅峰赛在中国国际进口博览会正式开启。“创意产业杯全球总决赛”开创了创意产业“世界杯”的形式，引领了全球范围内的创业与创新浪潮。文创产业已成为上海支柱性产业之一，截至2017年底，上海文创产业增加值占全市生产总值已超12%，这一占比将在2022年提升到15%。

当天晚上，在上海举行的首届中国国际进口博览会上，以天府文化著称的成都在上海国家会展中心召开了此次博览会第一个以城市为主体的对外开放政策说明会。成都市委副书记、市长罗强说，举办中国国际进口博览会，是习近平总书记亲自谋划、亲自提出、亲自部署推动的，是新时代中国改革开放的伟大创举，必将持续为经济全球化、全球经济发展增添磅礴伟力。国家开放战略给不沿江、不沿边、不靠海的成都带来了一系列前所未有的发展机遇。新时代的成都，正坚定以习近平新时代中国特色社会主义外交思想为指导，紧紧抓住国家“一带一路”建设等历史机遇，按照省委“四向拓展、全域开放”战略布局，在拓展“大通道”、搭建“大平台”、深化“大交流”基础上，加快发展“大经贸”，进一步优化出口、扩大进口，高质量建设中国西部国际门户枢纽城市。

进博会上，来自澳大利亚的富邑集团与成都的“壹玖壹玖”酒类平台达成协议，成都红旗连锁与澳大利亚、意大利食品贸易公司签约，采购当地优质进口食品；成都蓉欧投资发展有限责任公司与俄罗斯出口中心股份公司、上海集俄促国际贸易有限公司三方签订合作协议，就共同开展在国际通道及网络、蓉欧跨境俄罗斯进口商品展示交易中心、供应链金融、国内外物流等方面的合作，达成采购与合作协议。

2018年11月7日上午，“川港澳合作周·走进香港”首场活动——“共建川港物流新通道 共享合作发展新机遇——四川构建陆海联运通道打造西部国际门户枢纽推介会”在港岛香格里拉酒店举行。历史的画卷，一直在改革开放中铺展；时代的华章，总是在持续创新中书写。四川省委常委、成都市委书记范锐平做主题推介，希望与香港共建陆海新通道、共享开放新机遇，携手打造面向“一带一路”国际门户枢纽，共建新生态、共谋新经济、共育新动能。成都的发展进步证明，只有走出盆地局限、树立全球思维才能跟上时代、后发超越。

“一带一路”建设构建起陆海内外联动、东西双向互济全面开放新格局，使成都由第一轮开放的“内陆腹地”跃升为第二轮开放的“前沿高地”，作为距离欧洲最近的国家中心城市，建设西部国际门户枢纽，为成都融入全球提供了时代机遇，也为深耕中国西部提供了战略支点。

2017年成都经济总量达1.39万亿元，跃居世界城市体系Beta级，位居全球第62位。在全国所有城市中排名第八，在省会城市中排名第二（仅次于广州）。据成都市金融工作局相关数据显示，2018年前三季度，成都市金融业增加值达

1 203.5 亿元，占 GDP 比重达 11.1%，本外币存款余额达 3.79 万亿元，贷款余额达 3.21 万亿元。2018 年 3 月，成都当选为 2019 年第 60 届泛美开发银行理事会年会承办城市。2018 年 9 月公布的第十期“中国金融中心指数”排名显示，成都位居全国第六，继续领跑中西部。截至 2018 年 9 月，成都市已有超过 10 家公司上市，全市境内外上市企业共计 94 家，2018 年底突破 100 家。

成都市加快构建西部陆海联运新通道，打造 7 条国际铁路通道和 5 条国际铁海联运通道，构建以成都为枢纽的新亚欧大陆桥、以成都为支点联动粤港澳大湾区和北部湾经济区进而联通东盟的南向新通道。

成都探索建立内陆自由贸易港，率先形成国际采购交易、综合保税、国际物流、国际会展、金融结算和财经资讯“六大贸易功能框架”，增强资本市场、财富管理、创投融资、金融结算和新型金融“五大核心金融功能”，努力建设世界文创名城、旅游名城、赛事名城和国际美食之都、音乐之都、会展之都，打造面向“一带一路”的国际创新、贸易、金融、消费中心。

成都市委书记范瑞平表示，目前，国泰、国泰港龙、香港航空开通香港至成都的客货运航线。欢迎香港航空、货代等企业布局成都，发展国际中转联运航线，创新“蓉桂港”陆海联运模式，共建“一带一路”新通道。志合者，不以山海为远。这是一个互联互通的时代，这是一个合作共赢的时代。我们真诚向香港各界发出邀约：愿我们乘民族复兴之势，借川港合作东风，到“成功之都”去，共建西部陆海新通道、共享国际贸易新枢纽！

成都高新区是成都新经济最为活跃的地方。高新区确定了“一区四园、多点支撑”的空间布局。“一区”指的是国家自主创新示范区，“四园”为空港新城、高新南区、高新西区、天府国际生物城。高新南区将重塑经济地理，转型“拥江”发展，以培育全球新经济策源地为牵引，全力打造“中央活力区”。高新西区和天府国际生物城则聚焦于建设高端产业主体功能区；空港新城将重点发展临空经济，打造全国乃至全球航空枢纽经济发展的新增长极核。哪里气候适宜、土壤肥沃，哪里就会孕育新经济之芽、盛开新经济之花、结出新经济之果。新经济发展是一场不进则退、慢进亦退的竞逐赛。我们要以经济形态的变革推进创新驱动的实践，以发展方式的变革催生新旧动能的转换，在高质量发展的新时代，实现城市转型的新作为。

智石经济研究院执行院长朱敏表示，成都发展新经济拥有着得天独厚的优势。在数字经济时代，成都在促进新经济和促进新消费方面越来越有针对性，已经结合了具有优势的产业资源和新的业态模式。一方面，在政策上，成都被誉为最适宜新经济成长的城市，有一些配套政策措施。另一方面，成都在数字经济体深度融合方面，也在不遗余力地发展数字经济。此外，成都注重培养多元化和高质量的人才，大量的“蓉漂”也给成都的升级和经济的转型带来了活力。

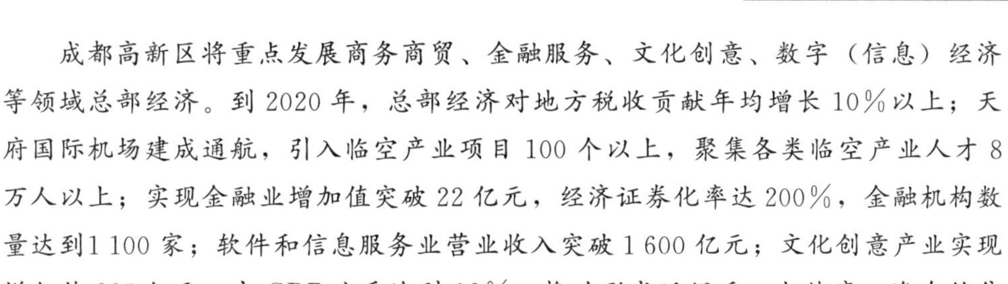

成都高新区将重点发展商务商贸、金融服务、文化创意、数字（信息）经济等领域总部经济。到 2020 年，总部经济对地方税收贡献年均增长 10%以上；天府国际机场建成通航，引入临空产业项目 100 个以上，聚集各类临空产业人才 8 万人以上；实现金融业增加值突破 22 亿元，经济证券化率达 200%，金融机构数量达到1 100 家；软件和信息服务业营业收入突破 1 600 亿元；文化创意产业实现增加值 285 亿元，占 GDP 比重达到 12%；推动形成泛娱乐、大健康、汽车销售 3 个 200 亿级消费市场，网络零售额达到 800 亿元以上。

就在成都马不停蹄地开展新经济邀约、共建西部陆海新通道、共享国际贸易新枢纽的同时，2018 年 11 月 2 日上午，以“智能·融合·卓粤——数字经济新动能”为主题的 2018 广东互联网大会在广州琶洲开幕。来自华为、中兴、腾讯、网易、阿里巴巴、百度、唯品会等知名互联网企业，中国电信、中国移动、中国联通等基础电信运营商，以及来自全球的互联网企业家、风险投资商、创业代表、媒体代表等近千人参与了开幕式，共议数字经济发展新前景。广东省已成为智能手机及移动终端产业链最集中最完善的制造基地之一。中国移动通信集团终端有限公司广东分公司总经理谭果指出，终端行业面临一个非常显著的新趋势，这就是 IoT。中国现在已经有 20 亿设备连接，2020 年全球预计有 500 亿连接。5G 将在 2020 年规模商用，除了给消费者带来更强悍的移动宽带体验，更大的市场就在物联网，包括 mMTC（海量机器通信）和 uRLLC（超低可靠低时延通信）。

虚拟试衣、无人便利店、刷脸支付，新兴互联网应用正在改变人们的消费观念。社交化、无界化、下沉化正在成为电子商务发展新趋势，2018 年上半年，农村地区网上销售规模超过 6 000 亿元，同比增长 34.4%，比同期全国网上零售额增速高达 4.3 个百分点。《中国农村电子商务发展报告（2017—2018）》显示，根据成都农村电子商务协会提供的数据，成都的电商数量及电商消费者数量一直位居全国前列，成都的电子商务行业发展处于中西部首位。2018 年上半年成都农村电商销售 193.49 亿元，同比增长 35.38%，占全川农村网络零售额的 44.95%。到 2022 年，全市级以上农业龙头企业电子商务应用率达 100%，通过电子商务实现销售收入占农产品销售总收入 45%以上，全市农业农村电子商务发展达到全国领先水平。成都市通过强化制度创新、机制创新和模式创新，着力营造开放、规范、诚信、安全的发展环境，成都将成为全国一流的农村电子商务示范区。商务部流通产业促进中心处长陈丽芬高度评价成都市农村电子商务发展：“成都的农村电商发展势头强劲，走在市场前列，从品牌化建设到物流整合都为全国电商发展提供了学习借鉴经验。”

2018 年世界 VR 产业大会 10 月 21 日在南昌圆满落幕，让民众对 VR（虚拟现实）迸发了前所未有的热情。工信部部长苗圩表示，虚拟现实是新一代信息技术的重要前沿方向，融合了多媒体、传感器、新型显示、互联网和人工智能等多个领域的技术，有望成为众多创新应用的基础平台，催生诸多新产品、新业态、新模式，引领新一轮技术与产业变革。近年来，随着全社会对虚拟现实的关注度和理解力的不断提高，虚拟现实的影响力也在逐渐扩大，向各行业各领域的渗透在不断地深入，市场需求、行业应用正在激活，虚拟现实产业发展的战略窗口期已然形成。

2016 年 2 月，南昌市开启了全球首个城市级虚拟现实产业布局。目前，江西共部署 NB-IoT 基站 4.1 万个，NB-IoT 连接数达到 28 万个，全省基本实现 NB-IoT、eMTC（增强机器类通信）全域覆盖，网络建设领跑全国，集聚了国内 160 多家移动物联网企业，打造出“物联江西”。南昌在全国率先打造 VR 云中心等 4 大中心、VR 标准平台等 4 大平台，正成为全国 VR 产业集聚发展的高地。江西积极打造产业集聚平台，重点打造一个核心、六个硬件配套基地、六个软件服务平台。谁抓住了机遇，谁就将率先起跑、领跑，从而实现跨越式发展。江西省委书记刘奇认为，全球创新版图和经济结构正在重构，我国经济加快转型升级，新技术、新产业、新业态、新模式蓬勃发展，而且基本处在同一起步线上，为江西发挥资源、区位、生态等方面的比较优势，实现高质量跨越式发展提供了极为有利的条件。

成都是全国公认的中国创意农业发源地，近年来注重休闲农业与文化创意的有机融合，打造了全国创意农业第一村战旗村以及农科村、宝山村、大坪村、岷江村、安龙村、五星村、先锋村、天星村、青杠树村、明月村、大梁酒庄等一批创意农业名村和创意农业品牌，成为全国都市现代农业发展的靓丽名片。2018 年，全市共建设 20 个休闲农业主题公园和 40 个农业文化创意基地，累计建成国家 A 级景区的都市现代农业乡村旅游基地（园区）38 个，提升建设 60 个乡村特色文化酒店和主题民宿，吸引乡村旅游游客 8 451.39 万人次，总收入达 258.69 亿元。

成都已经确立了“力争五年内实现乡村旅游总收入超过 600 亿元，接待总人次达到 1.3 亿人次”的目标，未来成都将被打造成为“乡村田园秀丽、民俗风情多姿、生态五彩斑斓、功能现代时尚”的世界乡村旅游目的地。

在《2018 城市文旅新引力排行榜》中，成都入选 2018 最具文旅新引力城市十强，仅次于北上广等城市。一系列成绩背后，成都正在向世界旅游名城迈进。根据《2018 中国创意农业与乡村振兴发展研究报告》研究表明，创意农业是农业产业与美学经济、创意经济的跨界融合，既是农业发展理念的创新，也是农业生产方式、生活方式、消费方式、旅游方式和发展方式的转变，已经成为农业现代化建设的新视角和新趋势和现代农业发展的新理念、新方向。

成都采用“特色镇＋林盘＋农业园区”“特色镇＋林盘＋景区”“特色镇＋林盘＋产业园”三种建设模式发展创意农业特色小镇，推进农商文旅体融合发展，构建创意农业消费场景。到 2020 年，四川省将建成休闲农业和乡村旅游专业村 2 000 个、农业主题公园 800 个，综合经营性收入达到 2 000 亿元，带动 2 000 万农民就业增收。

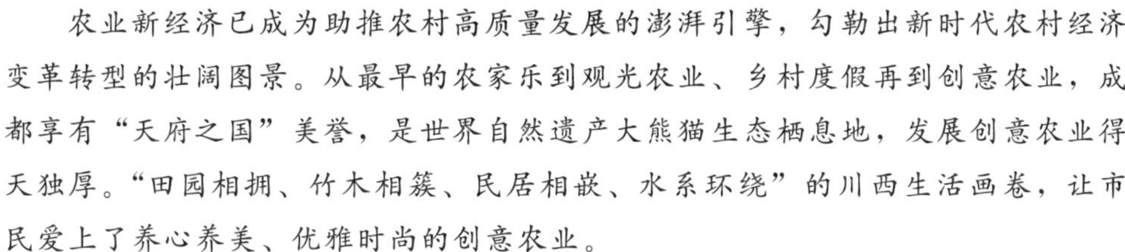

农业新经济已成为助推农村高质量发展的澎湃引擎，勾勒出新时代农村经济变革转型的壮阔图景。从最早的农家乐到观光农业、乡村度假再到创意农业，成都享有“天府之国”美誉，是世界自然遗产大熊猫生态栖息地，发展创意农业得天独厚。“田园相拥、竹木相簇、民居相嵌、水系环绕”的川西生活画卷，让市民爱上了养心养美、优雅时尚的创意农业。

作为中国创意农业第一城，成都积极发展农业数字经济、农业智能经济、农业绿色经济、农业创意经济、农业流量经济、农业共享经济、农业美学经济“七大农业新经济形态”，努力推广“农业＋文创”“农业＋会展”“农业＋电子商务”等农业经济新模式，大力建设世界乡村旅游目的地和美丽宜居公园城市，实现“诗意的栖居”。

成都创意农业经过规模发展、创新发展、提升发展，目前已形成了以郫都区战旗村为代表的“审美体验式农业”模式、以崇州市道明竹艺村为代表的“农业＋文创”模式，以及以大邑安仁古镇为代表的“农商文旅体融合”等发展模式，创意农业文化主题公园、创意主题农庄、休闲农场由观光为主向商贸、文创、休闲、体验、度假和审美体验转变；一批运动休闲、文化创意、康养度假、郊野游憩等“新旅游·潮成都”主题旅游示范基地呈现出“多元化”的发展态势；突出地域文化特色、可进入可参与、吃住行游购娱于一体的创意林盘景区，主题鲜明、内涵丰富、风格迥异的创意农业特色镇正在崛起。

田园新时尚：乡村无界新零售

中国田园正在经历一场消费革命。“互联网＋”“旅游＋”模式，推进农业、林业与旅游、教育、文化、康养等产业深度融合，标志着以乡村旅游、共享经济和创意农业为载体的大消费已经成为不可或缺的经济支撑。通过盘活农村闲置房屋、集体建设用地等方式发展农家乐，在推行农业生产精准化种植、可视化管理、智能化开发和农耕体验、乡村手工艺等乡村旅游服务基础上，建立集农产品生产、加工、流通、服务于一体的农业供应链体系，逐步向休闲娱乐、保健养生等领域拓展，民宿客栈、特色小镇、魅力村庄和宜游宜养的森林景区建设以及乡村酒店、自驾露营、农业观光采摘园、休闲农庄、现代农业示范

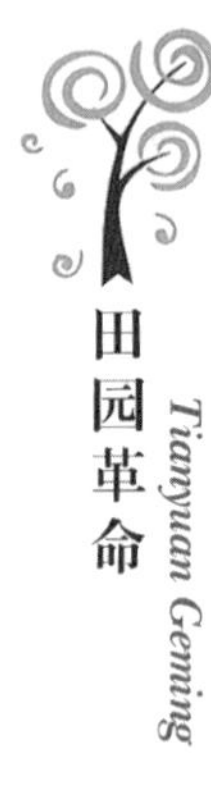

园、农业主题公园、艺家乐、农俗村等创意农业等多样化、专业化服务模式，形成了餐饮住宿与文化、养生等服务相融合的新消费形态，定义新的乡村生活方式。中国城乡消费领域正在经历第四次零售革命。在经历零售业三次革命，即百货商店、连锁商店和超级市场以后，第四次零售革命是以电子商务和创意经济为基础并且超越互联网的一次消费革命，它将把人类带入智能消费时代。健康、智能、创意、个性化产品销量正在呈现不断上涨的态势，城乡无界零售将成为新的消费风口。

场景无限 消除时空的边界，通过农村电子商务、物联网，让乡村零售无处不在、无时不有。过去城乡消费者在固定的时间、从固定的渠道采购日常所需，在空间和时间上都会产生“错配”。而在物联网和农村电子商务时代，万物互联，农产品消费已经融入生活方方面面，特别是设施完备、功能多样的农业创意观光园区、森林人家、康养基地、乡村民宿、主题创意公园、互联网特色小镇让田园如画、生态优美，乡村消费无须留出专门的时间，购物可以随时随地，满足人们对农产品和农创品随心随意和个性化需求，实现成本、效率、创意和体验的升级。

产品无边 农产品不拘泥于固有的形态，农产品、内容、数据、服务等彼此渗透——农产品即内容，内容即数据，数据即服务，在田园“种”故事，在乡村疗心养美，农产品变身用于艺术治疗的艺疗品，传统农业变身养心产业。

未来颠覆性农业技术创新与应用，以农业技术创新推动农产品创新，更好地满足人们对农业智能化、个性化、时尚化消费需求，引领、创造和拓展农业新消费。未来的农产品会从单一生产走向乡村原创 IP，以美食、美游、美事、美人、美艺、美宿、美心为吸引力，结合乡村文创产业做出特色，打造商品＋服务＋数据＋内容＋创意的组合，越来越多的产品本身会被赋予多元的含义。从农产品到农创品，再到农商品，随着产品内涵的丰富，价值重心从交易转移到交互环节，给乡村零售服务开辟了全新的空间。

2018 年中央一号文件第十五次瞄准三农，提出走中国特色社会主义乡村振兴道路，让农业成为有奔头的产业，让农民成为有吸引力的职业。实施乡村振兴战略，文化振兴是基础，重点发展乡村共享经济、创意农业、特色文化产业。在产业领域，加快发展创意农业和现代农作物、畜禽、水产、林木种业，大力开发农业多种功能，延长产业链、提升价值链等多种形式，让农民合理分享全产业链增值收益。城镇居民对农业农村的需求日益多元化、高级化、个性化，产业的边界被消除，未来的农业产业会从封闭式生产走向生态农业、有机农业、定制农业、创意农业、休闲农业、乡村旅游、农村电商等新产业、新业态、新模式，从独立生产到深度融合，农业创意体验成为乡村消费体验的重头戏，乡村文博创意、田园文创、数字演艺、文化体验、生态观光、美食品鉴、农事体验、创意旅游等产业成为时尚农业的代名词，零售、物流、科技、互联网、内容、金融、物联网……这些领域之间的互动越来越频繁，乡村音乐制作、影视动漫制作、数字游戏、数字娱乐、版权交易、农业新媒体等产业极大地开拓了传统农业的发展空间，彻底改变着农村资源要素的配置方式和配置效率。

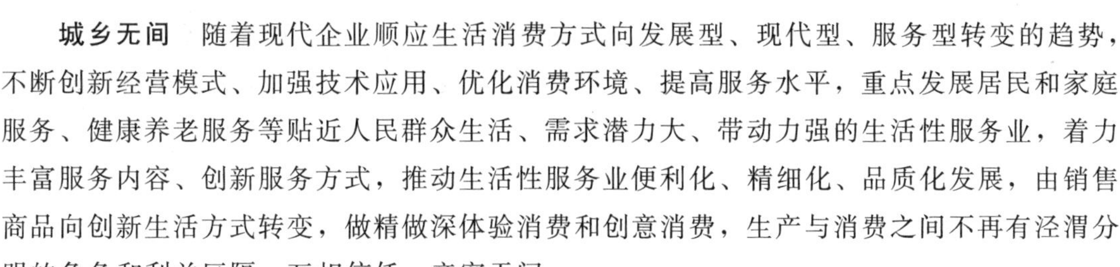

城乡无间　随着现代企业顺应生活消费方式向发展型、现代型、服务型转变的趋势，不断创新经营模式、加强技术应用、优化消费环境、提高服务水平，重点发展居民和家庭服务、健康养老服务等贴近人民群众生活、需求潜力大、带动力强的生活性服务业，着力丰富服务内容、创新服务方式，推动生活性服务业便利化、精细化、品质化发展，由销售商品向创新生活方式转变，做精做深体验消费和创意消费，生产与消费之间不再有泾渭分明的角色和利益区隔，互相信任、亲密无间。

未来乡村消费呈现多样化、创意化发展，其中职业技能培训、文化艺术培训等教育培训消费，健康管理、体育健身、高端医疗、生物医药等健康消费，家政服务和老年用品、照料护理等养老产业及适老化改造，动漫游戏、创意设计、网络文化、数字内容等新兴文化产业及传统文化消费升级，未来消费者能够全方位参与到生产端、消费端的各项活动中——从农产品前期的市场调查、创意、设计到消费者体验、个性化设计、柔性制造、人际传播、服务等，重新定义供需关系，并进一步推动乡村旅游、自驾车房车旅游、邮轮旅游、工业旅游、研学旅游及配套设施建设，以及集多种服务于一体的城乡社区服务平台、大型服务综合体等平台建设。日益发展和快速增长的乡村消费，创意农业促进乡村消费升级、农业产业升级和创新发展，推动新一代农业信息技术、生物技术、智能制造、节能环保和农业大数据等新兴产业的崛起，乡村购物节、乡村旅游节和乡村影视节、动漫节、读书季、农业时装周提升了各类乡村文化体育会展活动的质量和水平，带动了乡村文化娱乐、旅游和体育等相关消费，基于数据和算法的个性化推荐等服务又会带来“比你懂你”的温馨感。

让农业成为时尚产业

成都是全国最早发展创意农业的城市。1978 年原温江地区金鱼公社实行“包产到组”，领先全国；2003 年，成都试点统筹城乡改革，拉开城乡一体化大幕；2007 年正式被批准为全国城乡统筹试验区；2010 年，成都市农业委员会印发《推进农业高端产业和产业高端发展的实施方案（试行）》的通知，将发展创意农业作为高端产业进行重点发展，打造特色景观农业、农业园艺设计和森林生态旅游，充分发挥农业的多功能作用，大力推进一二三产业融合发展。

实施乡村振兴战略，要从培育农业时尚产业入手。时尚农业是以绿色生态农业、休闲观光农业、高科技现代农业、创意农业等为依托，以时尚消费需求为导向，融生产、生态、生活于一体，时尚优美与生态文化相结合的现代农业，是现代农业发展的潮流。发展时尚农业有利于促进农业转型升级，增加农民增收；发展时尚农业带给人们优雅愉快的享受和生态美学体验，有利于加强农村文化建设。发展时尚农业有利于加快美丽田园、美丽乡村建设和城乡统筹发展，满足居民日益增长的物质和精神审美需求；有利于促进时尚消费由城市向农村延伸。时尚农业发展潜力和空间较大，推进乡村振兴要充分认识发展时尚

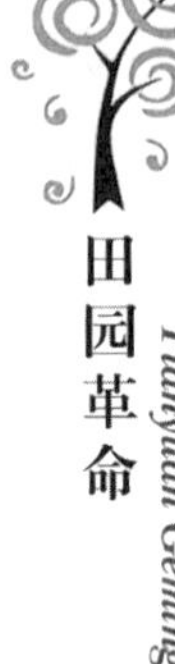

农业的重要意义，加快推进时尚农业发展。要立足资源禀赋，做强时尚产业支撑，找好农业时尚领军人物，提升农产品品牌效应，让老品牌焕发时代活力，让老百姓增收致富。

享誉全国的“创意农业村”战旗村就有自己的“时尚经”。战旗村从2010年开始，依托自然环境、田园风光、农业设施、农耕文化等资源要素，坚持培育农业时尚元素，构建形式多样的时尚农业产品和创意农业服务体系。战旗村通过挖掘乡村农耕文化、乡土文化和民俗文化资源，结合时代发展潮流与时尚元素，赋予农业时代特色鲜明的发展主题，积极探索具有浓郁川西地域特色的创意农业发展模式，以时尚农业园、时尚农家建设及创意农业休闲旅游线路为载体，建成具有创意农业特色、时尚主题鲜明、示范带动效果明显的“妈妈农庄”“乡村十八坊”等一批田园综合体，打造创意农业观光园、时尚农业经营主体170多家。2010年打造中国创意农村优美家园试验区；2014年被评为“四川创意农业第一村”；2015年，战旗村一宗面积为13.447亩的集体经营性建设用地以每亩52.5万元的价格由四川迈高旅游资源开发有限公司竞得，并现场与郫都区唐昌镇战旗资产管理有限公司签署了《成交确认书》。这是四川首宗集体经营性建设用地使用权成功出让。战旗村成功把农用地盘活创建时尚农业新空间，安逸、创意、时尚成为村民生活的代名词。

2018年成都市政府工作报告中提出，发展现代农业是实施乡村振兴战略的重中之重。2018年，成都将加快天府农博园、崇州优质粮油产业园等重点产业园建设，积极争创国家农业高新技术产业开发区，加快建设现代农业科技创新中心；培育一批大企业、大集团和总部型企业，积极培育家庭农场和农民合作社；实施“农业＋旅游”“农业＋康养”“农业＋互联网”“农业＋会展”行动，加大培育农产品和食品品牌，加强食品行业老字号的保护和传承，用品牌引领农业高质量发展。

成都开启了建设世界文化名城和世界优美城市、全球时尚之都的征程。成都明确提出建设“美丽宜居公园城市”，将通过优化城乡空间格局、重塑产业经济地理，努力塑造“开窗见田、推门见绿”的田园风光和大美公园城市形态。当前，成都正加快建设世界最长的天府绿道，构建大尺度生态绿色空间；建设世界最大的龙泉山城市中央公园等绿色生态工程，提升市民绿色福利；推进乡村振兴，开展川西林盘整理、大地景观再造，塑造林湖交汇、蓝绿交织生态本底。

成都正以天府国际空港为轴心打造联通全球的国际航空网，加快推进战略通道建设。落实《成渝城市群发展规划》，推动与重庆相向发展，构建“148”铁路网，推进成都平原公交一体化运行，提升成都枢纽能力和集成功能。高标准推进内陆自贸区建设，打造与上海自贸港紧密关联的内陆“无水港”，推动向自由贸易港升级探索，建设西部国际贸易中心、交往中心和产能合作中心。

成都是中国创意农业发源地，建设公园城市是农耕文明、工业文明和生态文明交相辉映，“人、城、境、业”高度和谐统一的大美城市形态。成都依托农业主导产业，因地制宜发展时尚农业，培育多元化时尚农业园区，开发时尚农业旅游产品，延伸农业产业链，积极打造时尚农业特色优势产业带和创意农业产业群。成都积极拓展农业功能，引导鼓励时尚农业与婚庆文化、养生保健、餐饮娱乐、科普教育等产业融合发展，提高时尚农业消费安全水平，加强时尚农业接待设施、安全设施规范指导，提升经营管理和接待服务水平。

习近平总书记指出，要大力推动高质量发展，加快形成产业结构优化、创新活力旺盛、区域布局协调、城乡发展融合、生态环境优美、人民生活幸福的发展新格局。成都将聚焦高质量发展，加快发展新经济培育新动能。成都正积极转变经济工作组织方式，规划布局66个产业功能区，构建产业生态圈、创新生态链，建设最适宜新经济发育成长的城市。成都还全面提升人力资源协同发展水平，在全国率先推进本科以上学生凭毕业证落户制度、全民就业创业技能免费培训计划。成都将物联网、大数据、电子商务等互联网技术应用于农业生产、加工和销售领域，改造生产环节，提高生产水平，推动一二三产业融合发展，形成了完备的时尚产业链。

成都在全国率先成立新经济发展委员会，聚焦“六大新经济形态”、构建“七大应用场景”，打造具有全球竞争力和区域带动力的新经济产业体系。2017年，成都新增新经济企业3.3万户、增长57.9%，新增科技型企业2万家，新经济总量指数居全国第4位，正逐步成为新经济话语引领者、场景培育地、要素集聚地和生态创新区。成都在全国率先成立了城乡社区发展治理委员会，正加快构建以党组织为核心的新型城乡社区治理体系，着力把党的政治优势和组织优势转化为城市治理优势。

成都以自然生态、田园文化、农耕文明、森林景观为基础，连接农业和农村基地，创建一批迎合市民观光、体验、休闲娱乐、文化教育等需求的时尚农业示范产品。成都积极拓展时尚农业内容，丰富时尚农业内涵，创新时尚农业模式，积极打造时尚农业经营点，开展形式多样、富有特色的时尚农业活动，开发丰富多样的时尚农业创意产品，打造时尚农业区域品牌。成都加快推进传统与时尚、技术与艺术、文化与创意、产业与平台的融合发展，通过资源优势吸引城市各类先进要素持续向农村流动，将时尚农业发展成为农业大观园、教育大课堂、生态会客厅、聚会大本营、美食嘉年华、科普新阵地、艺术新载体。采取在城市广场举办时尚农业嘉年华大型活动、发展城市屋顶农业、客厅农业等多种形式，使更多的城市居民共享时尚农业丰硕成果，并将其打造成为成都时尚农业金名片，推动时尚农业进入城市和市民生活。

从2015年开始，成都把创意农业、时尚农业与打造赏花基地、推动赏花旅游发展赏花经济结合起来，每年开展一次赏花基地的表彰评选，分圈层设立一二三等奖，分别给予300万元、200万元、100万元的一次性奖励。5年来，新津花舞人间、蒲江石象湖、青白江凤凰湖、大邑天府花溪谷、金堂鲜花山谷、新都区漫花庄园等18个著名赏花基地不仅规模大、投入大，而且设施齐全、景观丰富、创意独特、优美时尚，已经成为主题鲜明、富有特色、规模适度、功能完善的成都“创意农业主题公园”代表和全球知名的赏花旅游目的地、时尚农业体验地。

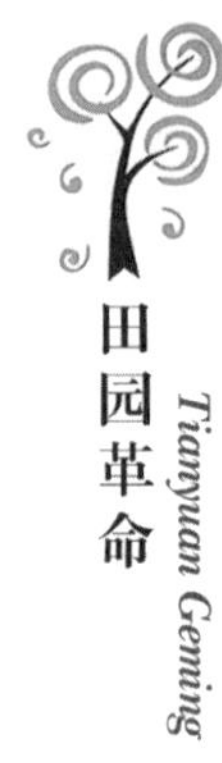

中国农村创意榜样——下叶村

浙江省仙居县因地制宜、精准施策，以建设生态宜居的美丽乡村为目标，坚持“绿水青山就是金山银山”理念不动摇，探索形成一条“绿富美”的乡村振兴之路。仙居乡贤返乡创业，在景区村庄创建基础上，村民结合民俗风情、古村古街、民间小吃、民居老宅，进一步引爆乡村“民宿”业态，并积极引导民宿朝着“规范化、高端化、信息化、品牌化”方向发展，让乡村能吸引人、留住人。160 家农家乐（民宿），3 500 多张床位，千万级别以上民宿 6 家，在建亿元级别民宿项目 5 家，年到访游客近 20 万人，村民人均收入近 15 万元，这场农家乐（民宿）经济发展热潮由 30 余名返乡创业的乡贤开启。仙居下叶村从过去的“脏乱差”变为“绿富美”，乡村旅游搞得红红火火，受到浙江省委书记车俊赞赏。

下叶村党支部书记应老糯：“2015 年前，下叶村集体收入几乎是空白，但目前年收入达 60 多万元，还有 3 个亿元以上投资项目即将实施。别看我们村农户不到 500 家，但民宿、农家乐有 96 家。村民也都走上了致富路，周末民宿客房要提早一两个月预订，经营户年均收入达 15 万元以上。”

创意农业嘉年华

创意农业嘉年华被誉为“农业版的迪斯尼”，是以创意农业生产活动、消费活动、旅游活动为背景，以狂欢、体验、审美和电子商务活动作为载体的一种农业创意体验模式。我国悠久的农耕文明、浓郁的乡村文化、多彩的民俗风情、日益增长的休闲消费需求，为创意农业发展提供了广阔空间。创意农业嘉年华展示推介农业创意成果，分享创意经验，搭建投资贸易对接平台，推动了农业新品种、新技术的普及推广，特别是引导农民进入第二、第三产业，调整产业结构，增加了农民收入，促进了农业创意产业发展。创意农业嘉年华通过对农业的生产、生活、生态、消费和农业文化的精心策划和整体创意，借助图、声、光、电、影等表现手段，将农业新产品、农民新风采和农村新生活以新颖的、趣味的、互动的形式表现出来，搭建了城乡居民休闲观光、体验参与、娱乐欢庆的平台，已成

为我国创意农业节庆的知名品牌。成都、北京、上海、南京、郑州等多地相继举办过农业嘉年华，打造农民增收农村增美新业态，取得了显著的经济和社会效益。

目前，创意农业嘉年华主要包括生态文化主题、休闲旅游主题、农事体验主题、科技文化主题、企业文化主题、产业拓展主题、创意农业主题、养心文化等八类主题，逐渐形成了创意农业嘉年华南京模式、成都模式、北京模式、贵阳模式等多种模式。创意农业嘉年华通过提升农业多种功能，推动农业生产、生活和生态功能综合开发，推进农业与教育、文化等产业交叉融合，实现农业从生产向生态生活、从物质向精神文化功能拓展，体现“四高”“五知”“五化”“六型”，让文化创意、审美体验贯穿始终，成为人们乐此不疲的创意生产嘉年华、创意生活嘉年华、创意消费嘉年华、创意旅游嘉年华、创意体育嘉年华。“四高”即积极发展品质优良、特色明显，高文化品位、高知识化、高营利性、高附加值的新型创意农产品。“五知”即知道、知行、知新、知富、知美，在“五知”中体验，在“五知”中养生，在“五知”中养美。“五化”即新型农产品具有的智能化、特色化、个性化、艺术化、景观化。创意农民追求的是田园美观化、农居个性化、农村景区化、农业旅游化、生活时尚化。创意农业文化的核心是附加值文化。“六型”即生产审美型、文化型、娱乐型、科学型、观赏型、生态型的新型农产品；通过对农产品“七美”即美色、美形、美味、美质、美感、美景、美心的塑造，达到突出其独特的形象美、感观美的目的。举办农业嘉年华目的是通过挖掘、包装、宣传农耕文化和民俗文化，进一步促进农村文化和文化产业的发展、开发和保护传承，挖掘文化底蕴，丰富文化内涵，推进现代农业示范园区建设，大力培育规模大、特色明、档次高、功能全、效益好的创意农业园区，推进农业全产业链标准化、品牌化建设，增厚农产品价值链，延长农民收入链。

南京农业嘉年华

2005 年 9 月 24 日，南京举行首届农业嘉年华活动，在全国首创“农业嘉年华”。南京农业嘉年华秉承“农民的节日、市民的盛会”的宗旨，以“交融互动·乐享农耕”为活动主题，以“农业、创意、互动”为三要素，系统开展农业狂欢活动，现已是全国创意农业知名品牌，被市民誉为“休闲农业中的迪士尼乐园”。已经连续举办十四届的南京嘉年华开通市民免费参观“直通车”，推出了高淳国际慢城休闲游，溧水傅家边鲜果采摘游，江宁石塘竹海农家乐欢乐游，汤山锁石农园温泉游，六合龙袍汤包美食游，平山森林风光游，浦口农庄风情游，中小学生农业科普游，丽铭农庄垂钓游、农产品加工体验游共 10 条休闲线路，邀请市民进行深度休闲体验，将农业嘉年华向更广领域、更宽地域、更深层级延伸。南京农业嘉年华作为以吃、喝、玩、乐、购、体验为要素的“农业与时尚”“农业与趣味”“农业与生态”的农业嘉年华，初步形成了以观光、体验、休闲、度假为主的产业格局，先后被国际都市农业基金会评为“国际都市农业创意与推广杰出城市奖”，农业部评为“全国休

闲农业创意奖”等。十三年来，南京农业嘉年华活动影响不断扩大，已成为全国创意农业的著名品牌；在农业嘉年华的带动下，全市累计建成休闲农业景区（景点）300 多个，获得“中国最美休闲乡村”“全国休闲农业与乡村旅游示范点”等部省级荣誉 30 多个，其中国家级 12 个；全市创意农业年接待游客 1 500 万人次，收入超过 50 亿元。

北京农业嘉年华

2013 年 3 月 23 日至 5 月 12 日，首届北京农业嘉年华在北京市昌平区草莓博览园举办。首届北京农业嘉年华充分利用延续利用第七届世界草莓大会场馆——草莓博览园，采用“三馆两园”寓农于乐的运作方式，为农民和消费者搭建一个交流、互动、发展的良好平台。“三馆”即创意农业体验馆、精品农业展销馆、草莓科技展示馆；“两园”即主题狂欢乐园、采摘体验乐园。同时，依托“三馆两园”，举办开幕式、北京农业嘉年华草莓炫舞音乐节、万名青少年农业嘉年华欢乐行、创意农业体验等 10 项主要活动。第七届北京农业嘉年华于 2019 年 3 月 16 日至 5 月 12 日在昌平区兴寿镇草莓博览园中举办，本届嘉年华的主题为“乡村振兴，让生活更美好”。为了进一步丰富北京农业嘉年华的内容和形式，创新和拓展互动娱乐活动，促进农业嘉年华和文化旅游的深度融合，为新中国成立 70 周年华诞营造氛围，本届嘉年华全面提档升级，由昌平区政府主办，北京农业嘉年华组委会和北京美好故事文化传播发展有限公司承办，组织了一系列以嘉年华主会场为核心，辐射全市的互动活动。北京农业嘉年华还引进津、冀特色农产品，体现京津冀农业特点，以农业主题为背景，包括农业精品馆、农业创意馆、农业体验馆；激情狂欢乐园、农事体验乐园，以及草莓休闲观光采摘带。北京市 2013 年举办首届农业嘉年华以来，连续举办七届的农业嘉年华将嘉年华的娱乐方式融入农业节庆活动中成为拓展都市现代农业实现形式、发展方式、运行模式的一种新探索、新实践。

贵阳农业嘉年华

2015 年 9 月 29 日，贵阳首届农业嘉年华在白云区开幕。为期一个月的贵阳首届农业嘉年华以打造“永不落幕的农展会、大数据农业新展台、城乡居民休闲花园”为目标定位，将采取“一活动、两展、一会”的模式举办，即举办城乡居民丰收欢乐庆活动，举办贵州省名特优农产品电商线上线下交易展，举办全国美丽乡村建设成果展，举办大数据时代都市农业发展研讨会，旨在搭建一个亲近农业、享受农趣、展示文化、发展产业、促农增收的优质平台。贵阳连续四届农业嘉年华活动，以“一带一路一花园（泉城五韵美丽乡村示范带、云开生态旅游景观路、羊昌花画小镇）”为空间布局，以“四韵五景六篇章”（即美韵渡寨、福韵王岗、古韵陇脚、水韵马头，翠屏旭日、城北水关、雾锁云峰、阡陌

董农、花画小镇，花山秀色、繁花似锦、流水恋花、燃情岁月、田园耕读、羊堡旧事）为表达方式，旨在打造一个突出农业主题，集农业生产、旅游休闲、生态、教育、示范等多功能于一体的都市型现代农业盛会。

河北邢台南和县农业嘉年华

河北邢台南和县农业嘉年华由中国农业大学与南和政府合作建成，规划面积 446 亩。其中意风情馆设有疏朗星空、畿南粮仓、本草华堂、童话果园、花样年华、同舟共冀等 6 个主题场馆，展现不同地域的农艺景观。各类乡土气息浓厚的产品，通过设计开发包装，农业嘉年华不仅能登大雅之堂，还能帮助农民拓展新的增收渠道。

2016 年 2 月 1 日，2016 盱眙“绿博园”国际农业嘉年华在江苏省淮安市盱眙县龙虾大都会隆重开幕。武汉农业嘉年华位于东西湖区柏泉农场农科所基地，3 月 26 日开幕，历时两月。武汉农业嘉年华将设立以水果为主的甜蜜生活馆、以蜜蜂为主题的萌动世界馆、销售优质农产品为主的精品展销馆等六个展馆。4 月 22 日，以“发展休闲农业、推动三产融合、建设美好银川”为主题的首届银川春季农业嘉年华活动在宁夏森淼生态旅游区、宁夏志辉源石酒庄启动，开展“农业科普游园节”“海棠花漫步节”“欢乐插秧节”等系列活动，充分体现“新农业”“鲜生活”。

2017 年 4 月 26 日，新疆昌吉第二届农业嘉年华暨首届灯光艺术节在昌吉市的昌吉国家农业科技园区新疆农业博览园开幕。该活动由昌吉国家农业科技园区主办，以“智慧农业谷多彩嘉年华”为主题，展示了现代农业科技以及农耕文明的魅力，由包括农耕文化主题大观园、梦幻灯光艺术节、五彩缤纷风车大道、农业主题造型等 8 大主题活动组成，将从 4 月 26 日持续到“十一”假期，历时 180 天，举办多种主题活动让游客乐享新型农耕文化。同一天，以“绿色、科技、健康、共享”为主题的第六届中国（莘县）瓜菜节暨中原现代农业嘉年华当天在聊城莘县会展中心开幕，活动的主要目的是展示魅力莘县、绿色莘县、生态莘县，推动产业升级，广交天下朋友，实现发展共赢。中原现代农业嘉年华全年开放，将以全新的方式诠释莘县农业特色，引领现代农业与旅游、文化和生态的融合发展。

2017 年 7 月 9 日，山西省阳城县第二届农业嘉年华开幕，以首届农业嘉年华主会场为基础，结合“一带一路”重要货源地论坛的创新成果，阳城第二届农业嘉年华全新打造的“六馆六园一区”以其绚丽的色调和奇特的景观，映入眼帘。

马鞍山和县以“智慧农业 田园生活”为主题，秉承地域性、科技性、参与性和创新性相融合的原则，以现代农业体系为载体，展现和县特有的历史文化风情和最新农业科技发展成果，打造新颖的农业盛世景观，突出嘉年华的狂欢乐趣，推动都市休闲农业发展，丰富市民文化生活，满足市民消费需求。

郑州中牟农业嘉年华以“农业梦、田园情”为主题，活动期间开展“欢乐农庄、农科快轨、番茄迷宫、鸟语花香、乐活园艺、农产品展销、开心农场”七大主题展馆供游客观光游览，徒步大赛、骑行大赛、摄影采风大赛、风筝大赛、动漫 cosplay 秀、田园好声音及房车露营节等七大主题活动，游客在观赏美景时参与新鲜有趣的主题活动，不但充实快乐还能让每个场馆都动起来。

中国创意农业嘉年华存在的问题

农民收入结构仍然不尽合理，且受经济结构调整、部分农产品价格下跌等多重因素影响，农民增收的不确定性不断加大，目前农业嘉年华在围绕稳定生产保供功能、提升生活休闲功能、优化生态涵养功能，大力开发农业多种功能，不断丰富提升都市现代农业发展内涵方面起到了积极的推动作用，但也存在创意不足、科技含量低、创新不够、群众参与度低、场馆设计不够科学、规模不大、品牌影响力小、营销宣传投入少、活动同质化严重、乡村民俗农耕文化内涵和农业美学没有得到充分挖掘等问题。

中国创意农业嘉年华发展对策

创意农业嘉年华要打好农耕牌、创意牌、特色牌 近年国内举办的农业嘉年华基本上都是在温室大棚内举办，通过创艺手段来打造农业方面的人文景观。第四届北京农业嘉年华依托第七届世界草莓大会建设场馆、区域面积 1 000 亩的草莓博览园，建设了“三馆”即精品农业馆、创意农业馆、智慧农业馆；“两园”即主题狂欢乐园、农事体验乐园；“一带”即草莓休闲采摘带；“一谷”即延寿生态观光谷。贵阳举办的农业嘉年华则是利用贵州山清水秀的自然环境、“爽爽贵阳”的气候条件在户外进行，参加活动的市民朋友们能切身体验真正的山、水和田园风光。挖掘农耕文化资源的具体路径有农耕创意旅游、农耕创意会展、农耕创意艺术等，这些发展方式都是以展示、体验、传承、发展农耕文化为内核，以适应现代人回归自然、返璞归真等心理需求为取向，把创意农业旅游和节庆活动有机联结，推介好创意好风景，扩大影响面，创新发展，最终达到推动农耕文化产业发展的目的。创意农业已成为农民增收农村增美的一座金矿，把农业嘉年华打造成为时尚创意品牌，必须推动创意农业产业发展，将农业从单一的食品保障功能向原料供给、就业增收、生态涵养、观光休闲、文化传承等多功能拓展，发现一批休闲农业与乡村旅游精品点、精品休闲农庄、精品农家乐以及名优特色商品品牌、品牌企业，带动农产品加工业、服务业、交通运输、建筑、文化等相关产业的发展，从传统农产品的“为胃服务”，转向创意农农业“为舌尖服务”“为审美服务”“为养心养美服务”，满足城乡居民新型消费需求，开辟农业发展新途径。

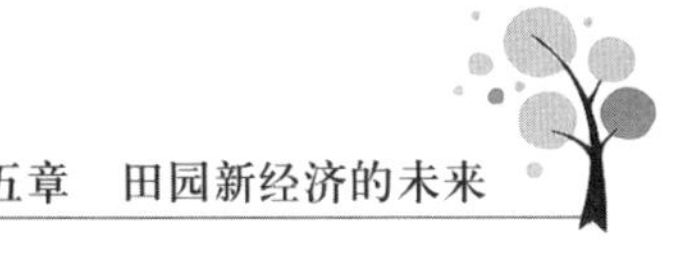

线上线下互动，培育品牌，推进农商互联　要以创新的理念盘活当地传统资源，切实维护农村居住、生产、生态、文化等多种特色功能，在融入现代化过程中保持更多田园风光、乡村风情和乡土风韵，结合“互联网＋”模式，支持发展农田艺术景观、农业节庆活动等创意农业，培育发展农业众筹、个性化定制农业等新型业态，让游客通过线上线下互动、形成更加快捷地体验、更加方便地欣赏趣味创意和美丽风景。特别是要充分发挥农业嘉年华在满足人民群众尤其是青少年群体增长见识、审美体验、陶冶情操等方面的作用，把农业嘉年华打造成为特色鲜明、富有吸引力的“研学旅游目的地”和“研学旅游示范基地”；应当将农业资源与创意相结合，全链节、多层次、多维度进行创意生产、创意开发、创意消费，而不是把城市农业和乡村农业对立和隔离，把山水、田园景观艺术、村居民宿、乡土风情、历史等与艺术、科技等有机结合，全面展示农业新技术、新品种、新模式、新创意、新业态，体现独特的创意和亮点，让游客充分体验浓郁的乡村风情、创意景观和民俗文化，开辟出乡村生态休闲旅游景点与城市景点串联的精品路线，让农业玩出新创意，让消费者享受更高层次的生态体验，开发丰富多样的创意农业产品，全面提升嘉年华活动文化内涵，扩大示范效应和辐射效应，实现“以节会友、以节拓市、以节富民”，促进传统农业向创意农业转型升级。

与促进农村创业创新相结合　在举办农业嘉年华过程中，要注重以改革创新为动力，释放都市现代农业发展活力，激发创新热情，全方位呈现创意农业发展的新成果和新亮点，精心打造具有代表世界创意农业、现代农业发展特色的农业嘉年华。要推进农业科技创新，加快现代农业信息技术、生物技术、智能技术的继承与应用，把农业物质产品与精神文化产品相融合，让农产品营销与农民增收，农事活动和农耕文化与城市文明和城市消费融为一体，让人们见识创意农业的新美奇特和多彩多姿。充分利用现代科技，改变传统农产品的种植模式和外形特质。创新“水稻＋N”种植模式，破解种粮农户持续增收难题。推广“水稻＋土豆”农业“薯”光行动，“空中结薯”的创意，让“土生”变“水长”，“土中结”变“空中挂”，观赏和经济价值齐增。

加快构建集约化、专业化、组织化、社会化相结合的新型农业经营体系，促进资源优化配置。推进流通业态创新，积极发展农产品新型流通业态，借助淘宝、京东等电商平台，实现农产品生产、加工和流通齐头并进，提高农业发展产业化、市场化水平。

与促进田园综合体发展相结合　要站在推动大扶贫、大数据、大生态三大战略行动的大局下，以举办农业嘉年华为契机，回归本真、精雕细琢，助力公平共享创新型中心城市和以生态为特色的世界旅游名城建设。强化规划引领，回归本真、精雕细琢，突出一二三产业融合发展，用心打造具有卫城特色的田园综合体。注重以功能拓展为重点，提升都市创意农业发展内涵。按照“巩固生产供给功能、提升生态涵养功能、拓展生活休闲功能”的思路，不断丰富都市现代农业发展内涵。举办农业嘉年华与促进田园综合体发展相结合，加快农业生态化发展，加强农业面源污染治理，努力促进农业投入品减量化；补偿水稻种植、湿地和水源地保护，促进农业生态资源的保护和农业生态功能的发挥。加快现代农业发展由“生产导向”向“消费导向”“创意导向”“时尚导向”转变，推进现代农业与旅游、节庆、文化、生态、健康等消费需求有机融合，充分拓展都市创意农业的生活服务功能。发展田园综合体要挖掘和发挥传统农产品的多重特性和多功能，最大限度提高经济价值和生态价值。积极生产富硒米、富硒茶、富锌鸡蛋、保健南瓜等，在被赋予健康养生因素之后，使其成为城市人热衷追求、百食不厌的新宠。鼓励生产彩色苗木、绘画麦田、电烫葫芦、刻字小南瓜等农产品，通过融入文化艺术元素，增加农产品的艺术含量，使其不再只是简单的桌上菜，它们还能成为人们绿色消费生活中的点缀和装饰。推进农业嘉年华 发展田园综合体，围绕消费者的“吃、住、行、游、购、娱”，把创意农业贯穿和融合到“商、养、学、闲、情、奇”的现代农业新业态中，满足市场多元化需求，实现农业产品的多重价值。

与促进农耕文化教育相结合 创意农业必须以农村本土文化为核心，既强调农业生产与地方自然、文化、社会等资源进行创意性配置组合，又强调以农民为主角、农村为背景开展创意农业文化活动。唯有如此，才能在提高农民收入的同时，提高农民的文化生活质量。发展“屋顶空中农场”，推广滴灌、喷灌、可视化预警系统，传播阳台农艺文化。推广鲜花种植及系列产品研发、旅游观光、休闲度假、科普教育，围绕“看、玩、吃、住、购”五大功能，将农民和市民需求紧密结合，推出鲜花系列伴手礼，按要求个性化定制，写上姓名、祝福文字、个性图案等，作为特别的礼物送亲友，价值倍增。创意农业带动下的城市文明与乡村文化，市民休闲旅游需求与美丽乡村建设的交融互动，让人更加舒心的乡村整洁美丽的环境，让更多的农民更加轻松惬意地生产和生活着。

发展创意农业与推进产业集群相结合 创意农业要构筑多层次的全景产业链，通过创意把文化、科技等人文因素和要素与本地资源和市场需求有机结合起来，形成新的农业产业链和产业集群，从而推动一二三产业互融互动，并实现产业价值的最大化。农业嘉年华可以利用集装箱易拆装、不占地等特点，组装儿童农业体验馆，解决创意农业景点建设的难题，建成低投入、低维护、高收益的生态、可持续“竹文化——集装箱休闲客栈”的新产业链条，创意农业让过去不值钱的农产品成倍地增值。充分发挥创意农业融合发展的内在要求，在促进农业横向拓展功能、纵向延长产业链，提升农业和农产品附加值的同时，推动一二三产业的融合发展，农业产业的转型升级和现代农业服务体系与机制的创新。举办农业嘉年华，建设一批“国际慢城”，让乡村“慢生活”和绿色农业发展创意迭出，推动城市与乡村、科技与人文要素融入农村生活和农业产业，加快建设融生产、生活、生态为一体的创意农业，促进农业和农村发展要素资源的优化配置，走出一条城市化和新农村建设并进，产业融合绿色发展的新路。

与促进精准扶贫相结合 农业嘉年华是推动大扶贫、大数据、大生态战略行动的具体抓手。在建设生态城市、富美乡村，促进脱贫攻坚的大局下思考、谋划、推动和落实。要尊重历史，努力挖掘本土文化，促进文化与旅游业融合发展，让本土文化得到传承和推广；要心系百姓，在产业建设中让百姓共建共享，推动资源变资产、资金变股金、农民变股东的农村“三变”改革，通过产业发展带动脱贫攻坚，建设富美乡村。在举办农业嘉年华过程中，结合村容村貌整治，引导有创业就业能力的贫困农户发展创意农业，利用农村闲置校舍或结构合理、性能安全的农宅，改造新建居家养老型住宅、互助幸福院，发展创意民宿产业，解决农村留守老人养老问题。依托农业嘉年华对当地旅游、交通运输、餐饮及相关服务业特别是农业产业的带动作用，搞好区域特色产业规划，将贫困村和贫困户富民产业发展纳入区域产业规划和农业嘉年华建设规划通盘考虑，推广“一村一品”发展模式，重点发展高原无公害蔬菜、食用菌、食药两用蔬菜、优质饲草等特色优势种植产业，扶持发展规模化养殖和家庭舍饲养殖，鼓励发展创意农业旅游产业。鼓励发展适应多样化需求的农产品精深加工、冷链物流、农资配送等产业，支持发展农超对接、直供直销、连锁经营等新型业态。扶持建设一批具有地域特色的旅游村镇，把乡村创意旅游打造成惠农富农的新兴产业。

水稻当作风景种

好吃的变成好看的

在浙江江山，凤林镇省级粮食生产功能区的技术人员用 5 亩彩色水稻“栽”出了创意水稻，将稻香融入风景，呈现出江山市城市品牌江郎山图案和“江山”两字，由彩色禾苗绘制的彩色水稻图案高 50 米、宽 35 米，成为艺术感染力很强的独特风景，能从当年 6 月持续到 9 月底。创意正在变为财富，前来拍照的游客络绎不绝。

看惯了清一色的绿色水稻，当通过创意设计，将黄色、紫色、绿色等彩色水稻呈现在面前，把好吃的变成了好看的、好玩的，人们感到十分惊奇。如今，通过精心培育的彩色水稻叶子、稻穗五颜六色，这样的水稻还可以在花盆里生长，成为美丽的盆景；紫穗稻的稻穗用于插花、创意花篮，让人爱不释手。

“稻黄蟹肥”风景秀

在安徽合肥，稻海麦浪、碧波鱼跃、水清岸绿、蔬果飘香……合肥市庐江县黄陂湖一派“蔬果飘香、稻黄蟹肥”的美景，成为都市的美食供应基地。同大万亩葡萄和三河万亩莲藕等重点农业园区以及一批无公害蔬果、优质稻米等农业精品园，借助森林公园、景观长廊、清香藕园和苗木花卉基地的建设，让巢湖东岸恢复山清水秀、绿树成荫的风景。游客与三河万亩莲藕“零距离接触”，“十万荷花”胜景不仅提高了庐江“清香藕园”的知名度和美誉度，还给村民们增加了不少的收入。

高端大米市场充满机遇，大米生产已从满足温饱走向优质米时代，大米市场走向高端化、时尚化、创意化。好吃更好看的水晶大米、珍珠大米、玄岩大米；原香稻、晚粳稻、雪粳稻……春节期间，各大超市大米卖场销售的小包装大米真可谓各具特色，互相打擂。

在创意农业时代，人们感受美食的创意和文化，品尝彩色稻米的味道，不断探索和锻造彩色稻米的烹饪技法，追求彩色稻米的养生养美功能。彩色稻米的丰富创意为生活增添了健康和快乐。

如今，把农业水稻生产中的犁、斗笠、锄头搬上舞台，插秧、收割、挑担，把一项项农活演绎成了时尚艺术秀，对蔬菜“寻根问祖”的物联网可追溯条码，创意农业展现出全新的面貌正改变传统农业“长相土、加工粗”的印象。

稻作生态观光成潮流

江西省万年县委、县政府运用世界稻作起源地这一独特优势，把“中国万年国际稻米城”项目作为一个品牌来打造，当作一个企业来经营。该县成立了万年国有资源投资发展股份有限公司，项目涵盖一二三产基础设施和公益事业，把“一城”（稻米核心城）当作国际稻米城项目中一个重点项目来建，建好基础设施和服务设施，使其成为稻米及关联产业集聚中心、物流中心和信息中心、稻作文化展示和观光旅游中心。

万年县提出用稻米文化产业、稻米资源产业、稻米生产观光业、稻米加工产业、稻米饮食产业及稻作生态旅游业构筑产业体系，打造稻作文明遗产游、稻作生态观光游、稻作文明节庆游、稻作康体休闲游 4 条特色旅游线路。万年县把稻作文化融入产业、融入旅游、融入节庆，受到中外游客的欢迎和追捧。目前，万年县在建设“一城”的同时，以“六稻甲天下”为目标，结合乡村文化体验，全力开展稻源、稻产、稻商、稻窗、稻香和稻学等工作。以贡米优质稻为主的粮食种植面积达 58 万亩，培育出黑米、紫米、红米、普通米，并制定了米的不同等级标准，万年贡品牌 8 个系列大米产品均获得绿色食品标志。稻作文化博览园包括稻神博物馆、稻神体验区、稻神记忆剧、稻神标志雕塑等。博览

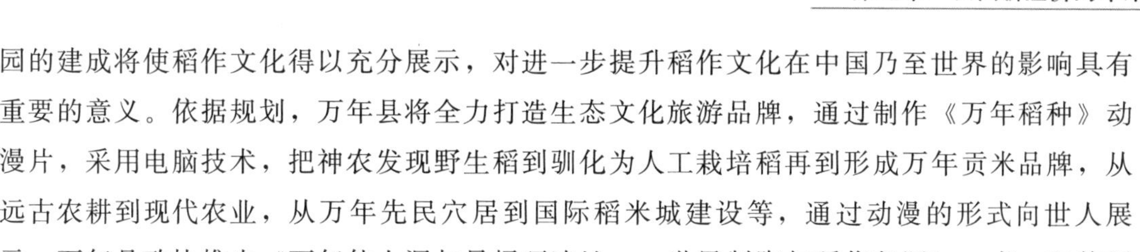

园的建成将使稻作文化得以充分展示，对进一步提升稻作文化在中国乃至世界的影响具有重要的意义。依据规划，万年县将全力打造生态文化旅游品牌，通过制作《万年稻种》动漫片，采用电脑技术，把神农发现野生稻到驯化为人工栽培稻再到形成万年贡米品牌，从远古农耕到现代农业，从万年先民穴居到国际稻米城建设等，通过动漫的形式向世人展示。万年县政协推出《万年仙人洞与吊桶环遗址——世界制陶与稻作起源》一书，宣传稻作文化。

彩色稻田演绎卡通艺术

辽宁省沈阳市沈北新区在沈北新区优质水稻的主产区兴隆台村的150亩稻田上，用紫色和黄色两种彩色水稻插栽，由辽宁美术职业学院主笔，由辽宁省地矿测绘院负责对图案进行分割定位，形成网格控制系统和坐标系统，栽培成锡伯骑射、华强恐龙、影星梦露和酷贝拉卡通女孩四幅稻田画。采用黄色、紫色和绿色秧苗将同步生长，实现稻田艺术的最佳效果，是沈北新区创意农业与乡村旅游融合发展的崭新平台，相关部门已经进行了专利申请。沈北新区七星旅游经济区加快以稻田艺术、农事体验等为主题的创意农业发展步伐，通过结合辽河花海节、薰衣草节，将举办中国首届稻田艺术节，推出沈北农业旅游观光艺术节巡礼系列活动，提升新区创意农业水平，让彩色稻田画创造更大的经济效益。

天津宝坻区小辛码村，潺潺的流水，波浪起伏的稻田，小辛码村水稻文化园绿树成荫，稻黄荷香。占地60亩的水稻文化园是华北地区水稻品种试验和示范推广基地，3 000多种源自世界各地，形态、颜色各异的水稻品种汇集在这里。开心菜园、开心果园、稻田钓蟹、潮白泛舟、水生植物园、水稻文化园等项目先后开张，游客络绎不绝。水稻文化园上面种水稻，下面养殖虾、蟹、泥鳅，它们可以猎食各种害虫，水稻生长过程中不打农药，成为真正的有机粮食。

种植彩色水稻可让人作为美景观赏，五色彩米则是让人体验美味的餐桌上品，这是水稻生产的第三次革命，蕴藏着巨大的商机。未来几十年时间，彩色水稻旅游观光和五色彩米产品消费市场的营业额完全可能达到上万亿元，其中利润空间有上千亿元。

赏天然美景、吃农家香米、沐自然风光，鉴民风民俗，享山野乐趣，创意农业顺应求美求新的时代潮流，在美学经济和乡土文化创意上做文章，走出了一条让农民增收、农村增美的特色发展道路。宁夏青铜峡市致力于打造中国绿色、高端大米生产基地，有机、富硒米抗癌抗衰老，得到了全国高端消费群体认可。青铜峡市为扩大绿色、无公害农业规模，通过“政府推动、企业运作、农户参与”的大合唱模式，鼎力支持法福来等粮食加工企业打造沿黄城市带绿色大米基地。以沿黄城市带为主轴，在中卫、中宁、青铜峡、永宁、贺兰、平罗等地发展优质水稻30万亩，其中有机、富硒水稻占一半，有机、富硒水稻让农民增收，可带动沿黄十余万农民。

高端蔬菜成为农业投资新机会

随着市民收入的提高，各种高端农产品的需求也越来越大，越来越多的市民花钱买放心、买健康，中高端市场正在形成。绿色、有机、高端蔬菜种植最吃香，创意农业高端蔬菜产业的市场潜力正在释放。与前两年农业领域投资项目没有出现明显大幅增长的情况相比，风投和私募在农业领域开始大量投资，风投通过依托农业龙头企业打造高端特色创意农业，投资领域涵盖蔬菜、茶叶、花卉、鸡蛋、育种、疫苗、水产养殖、肉食品加工、豆制品加工、生物肥、农药等。如今投资机构“下乡”已成一股新潮。2016 年第九届中国创意农业发展论坛发布的《2016 年中国创意农业投资价值研究报告》认为，高端蔬菜已经成为农业投资新机会。

创意农业高端市场迅速崛起，使得农业奢侈品有着广阔的市场。

在江苏，台资密集的无锡锡山区，高端蔬菜项目已成为台湾农业企业在长三角的投资新热点。台湾先端农业科技公司投资 5 000 万元的高端蔬菜种植项目、台湾启业生物公司投资 2 000 万元的优质水稻种植项目也将有力地提升当地的农业生产水平。泰国正大集团出资 100 亿元、中信国际投资出资 50 亿元，欲与山东寿光蔬菜联合创立新公司蒙源集团，打造中国农业全产业链，将在全国布局市场。山东寿光蔬菜产业集团成立于 1998 年，现注册资本 6 000 万元，总资产 5 亿元。新创立的蒙源集团将是山东寿光蔬菜的母公司，旗下拥有山东寿光蔬菜产业集团、山东豪源实业集团以及北川维斯特农业科技集团。

在建设“世界现代田园城市”的过程中，成都市农委按照“全域成都”规划和建设“世界现代田园城市”的理念和要求，调整完善全市农业产业功能规划，盯住高端产业、产业高端，大力发展和引进企业（集团）总部，奋力推进成都农业产业结构的战略性调整，推进农产品标准化生产基地建设。2011 年 12 月以来，全国各地蔬菜批发商开始云集作为全国五大商品蔬菜生产基地之一的彭州，出现“市场抢购、菜地抢收”场面，产销两旺的局面一直延续到春节。灾后恢复重建中，彭州把现代农业重心锁定蔬菜产业，建立了完善的生产加工销售一体化的体系，蔬菜产业开始走向标准化、高端化。其中标准化种植

面积 67 万亩，总产量 17 亿千克；彭州蔬菜营销企业 180 余家，蔬菜营销户 4 000 多户，在北方主要大、中城市蔬菜批发市场设有直销点，彭州蔬菜每天以 5 000 多吨的运量源源不断运往全国各地，远销俄罗斯、泰国，“彭州大地菜”首次以自己的品牌进入了国际市场。

在四川，作为国家猕猴桃农业标准化示范区的四川成都蒲江县，计划到 2012 年建成 10 万亩猕猴桃标准化生产基地，将蒲江打造成全球最大的高端猕猴桃产业基地。乐至县同益农业开发公司在劳动镇规模流转土地 700 多亩，创办七门村有机彩色农业产业园，实行“科研—种植—加工—销售”一条龙模式，在新品种引进上坚持选择品种新、营养高、口感佳、附加值高、市场前景好的品种，在颜色上做文章，重点发展彩色创意农业，带壳紫黑花生主销重庆市场，每 500 克要卖 70 多元。

达州市通川区自成为达州首个统筹城乡发展示范区以来，该区统筹办充分发挥综合协调、牵头抓总的职责，高位求进，创新机制，极力推动“六大基地建设”，壮大现代农业，加速推进统筹城乡一体化发展。该区六大基地建设是：建设现代农业创业基地，以四川绿山农业开发有限公司为龙头，以蒲家现代农业园区为核心，打造 1 000 亩集科研、展示、生产、销售于一体的高端蔬菜园，规划发展万亩紫薯、“大红袍”花椒基地。建设川东北食用菌生产基地，依托鸿缘食用菌专合社，巩固发展 300 亩食用菌标准园，扩大发展 500 亩食用菌产业基地示范园，辐射带动魏兴、罗江、北外等乡镇发展食用菌 1 亿袋以上。建设新村长河无公害示范蔬菜基地，以农民专合社为载体，全面推广新型环保大棚材质和滴灌、喷灌、杀虫新技术的运用，探索农业生产标准化、经营专业化、发展规模化的建设新路，力争明年该基地规模达到1 000 亩。建设花卉苗木基地，瞄准市场需求，不断引进新品种、新技术，突出名贵花卉苗木的繁育，加快设施农业技术的推广和普及，力争明年建成 3 000 亩花卉苗木示范基地。建设旅游观光农业基地，以凤凰山深度打造和犀牛山开发建设为契机，辐射带动“一园”（神剑园）、“一溪”（苦竹溪）、“二湖”（莲花湖、磐石月湖）生态旅游发展，巩固发展星级农家乐 100 家。建设农产品加工基地，加强农产品加工，增加农产品附加值，力争新上三个投资 3 000 万元以上农产品加工项目。

山西晋中市蔬菜产业推进“一村一品”建设，晋中市政府出台鼓励土地流转办法，对流出农户每年每亩补助 100 元，连续补助 3 年，对流转 100 亩以上的大户，一次性奖励 2 万元，逐步建立起了“产销互动、合作共赢”的平台。晋中市适时引导退出煤焦领域的工矿企业老板转型投资设施农业，通过规范土地流转、配套公共设施、贷款贴息补助、项目优先扶持等措施，吸引了 50 余户工商企业大户投资设施蔬菜，有效地解决了设施农业资金短缺的难题。晋中市有关部门统计，2011 年全市蔬菜种植总面积达到 127 万亩，总产量达 478.8 万千克，总产值达 53.2 亿元。到“十二五”末，晋中市设施蔬菜面积达到 50 万亩、总产达到 450 万吨的奋斗目标。在具体布局上，按照“围城沿线，集中连片，线片

结合，规模发展”的思路进行布局，确立了“百千万”工程计划，到 2015 年，全市设施蔬菜小区达到 3 000 个以上。

创意种植：万亿市场等你来

成都双流区兴隆镇三根松村有机草莓基地推出一种用当地特产草编包装的有机冬草莓，省内售价为 80 元/千克，省外不少城市的大型超市售价达 140 元/千克，而出口到马来西亚的草莓价格甚至高达 200 元/千克。如今，双流冬草莓进入北京、上海中高档消费人群市场，价格较以前增长近十倍；双流黑大豆直销日、韩等国，成为节日餐桌上的常客。实践证明，以现代农业园区建设为抓手，大力推行农业园区化、土地经营规模化、生产标准化、产业特色化、产品安全化，双流区走园区建设的途径取得了突出的效果。

定制蔬菜创意种植，给消费者餐桌带来新变化。长度在 2～3 厘米、越来越小的迷你番薯，1 千克重的西瓜，无籽茄子，橘红色的花菜，根据市场需求研发、定制生产、创意种植在农业上的运用让蔬菜更贴近现代人的需求。创意种植成为艺术生产，为满足消费者绿色、健康、营养和饮食娱乐的需求，集休闲采摘、观赏装饰和独特口味的创意蔬菜应运而生。盆栽创意蔬菜使用无土栽培，杜绝土传病害，完全达到无公害标准，可广泛用于酒店、餐饮特色生态套餐，休闲采摘观赏，大厅摆放装饰，餐饮活体菜单，餐桌活体蔬菜甜点，阳台摆放食用，中高档礼品等。在盆栽创意蔬菜的基础上组合造型，如“紫气东来”，即微型冬瓜和紫叶生菜组合栽培；“五谷丰登”，即采摘玉米、毛豆和花生组合栽培；“三星贺喜”，即紫色长辣椒、黄色长辣椒、绿色长辣椒组合栽培；“四世同堂”，即紫色番茄、红色樱桃番茄、粉色樱桃番茄、五彩樱桃番茄；“好事成双”，即水果黄瓜和可爱黄瓜。

创意栽出美好“钱景”。上海奉贤创意农园已专门开发出一系列创意水果型蔬菜，包括水果西红柿、水果南瓜、水果黄瓜、水果地瓜、水果玉米、水果洋葱等，新推出了 7 大系列的创意菜单，如南瓜冰激凌、紫地瓜蛋糕、甜瓜鸡尾酒。目前奉贤创意农园可种植的新奇特农产品品种达 500 多种。

如今，创意种植种的不是蔬菜，而是创意，例如，使用电脑自动控制培植生产蔬菜，蔬菜不受季节的限制，产量高、品质优良，很受顾客欢迎；葡萄大的番茄、手指般粗的黄瓜、绿豆一般大的蚕豆、弹丸大小的茄子、米粒般大小的辣椒，袖珍蔬菜不仅外观吸引人，而且鲜嫩可口；在阳台、室内既有观赏价值又能食用的特色蔬菜，像花卉一样供人观赏，观赏蔬菜成为人们生活的好伙伴。

相关案例：在全国五大蔬菜生产基地之一的彭州市，凤霞蔬菜产销专业合作社为了解决蔬菜质量安全控制问题，对蔬菜基地的生产经营实行“五统一分”的管理模式：“五统”即统一作物布局、统一生产标准、统一生产资料供应、统一技术、统一销售；“一分”即分户管理。这使得合作社的蔬菜种植形成了标准化生产、集约化经营的格局。例如，蔬菜治虫统一使用的“三诱”（灯诱、色诱、性诱）生态治虫技术，最大限度减少农药使用量，生产的蔬菜更安全、品质更好、口感更美。原郫县唐昌镇战旗村6组的村民杨建明1998年开始搞大规模种菜，2003年底，战旗村搞起了土地集中经营，杨建明承包了70多亩地。收入从以前一年最多能挣1万多元到现在每年都有五六万元的净收入。时任战旗村党支部书记李世力说：“我们通过村民以土地入股，村集体以现金入股的形式，成立了战旗村农业股份合作社。村民每年通过土地出租、为合作社种菜，一年收入超过万元。土地集中使我们村有机会发展创意农业，以后的日子会更红火。”

创意农业：农业投资的下一座金矿

创意农业是建设社会主义新农村的伟大实践催生的结果；创意农业能够最大限度地满足中国亿万农民对提升农产品附加值和增收致富的渴望，有利于最大限度地发挥亿万农民的首创精神；创意农业是拉动农村市场消费，扩大内需，建设生态文明，促进经济快速发展，构建消费和谐的新支点；创意农业是现代农业有机化、低碳化、标准化、规模化、产业化、集约化、设施化、信息化、品牌化、市场化发展的必然产物。

改善农村民生是创意农业发展的重要内容，扩大农村需求、拉动内需的是创意农业的关键举措；建设现代农业、转变经济发展方式是创意农业的重大任务；建设社会主义新农村和推进城镇化、保持经济平稳较快发展是创意农业发展的持久动力。发展创意农业，全面优化农业农村发展环境，做好新形势下的统筹城乡发展工作，必须牢牢把握加强“三农”促进农民增收这个根本立足点，牢牢把握推动资源要素向农村配置这个重要着力点，牢牢把握城镇化与新农村建设协调推进这个战略着眼点，牢牢把握城乡改革联动这个关键切入点。发展创

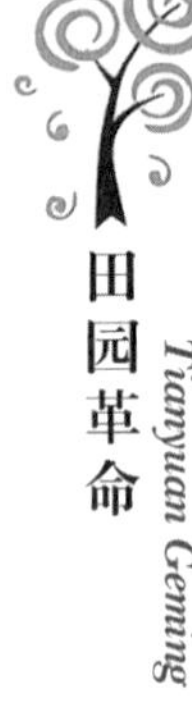

意农业，政府是主导，企业是主体，农民是主力，规模是主流，创意是主角。

创意农业通过达到“七美”即美色、美形、美味、美质、美感、美景、美心的目的，以实现资源优化配置，产生更高附加值，促进农业增效、农民增收、农村增美，建设社会主义新农村的新型农业生产方式和生活方式。创意农业学以美学经济理论、总部经济理论、战略资本理论、附加值文化理论、消费教育理论为理论基础，以附加值文化为理论核心，瞄准世界农业高新技术发展前沿，着力构建创意农业理论创新体系，为形成城乡经济社会发展一体化新格局提供有力支撑，推进社会主义新农村建设。附加值文化理论的出发点和着眼点是充分调动广大农民的积极性、主动性、创造性，大力培育农产品附加值文化，改善农村生活方式，改善农村生态环境，统筹城乡产业发展，不断发展农村社会生产力，达到农业增产、农民增收、农村繁荣，推动农村经济社会全面发展的目标。

创意农业产业“低排放、高附加值”现象，是创意农业创造的又一个“奇迹”。与传统农业相比较，创意农业具有“七高一低”的明显特征，即创意农业的高文化品位、高知识化、高营利性、高附加值、高艺术化、高个性化、高智能化和低碳化。发展创意农业产业，充分发挥创意农业在扩大内需中的积极作用，必须做到“三个突出”：一要突出规划的前瞻性，二要突出市场机制，三要突出政府的服务功能。

相关案例： 山东寿光创意农业成果显著，寿光蔬菜产业从无公害向绿色有机，向创意农业高端产业转型，高端发展业态发展迅速，“寿光蔬菜”已成为高端蔬菜的代名词。寿光现代农业示范基地是集种植生产、成果展示、功能拓展、技能培训等为一体的综合性多功能创意农业示范基地，建成后总面积将达 10 万平方米，年产优质蔬菜种苗 1 亿株，它将是寿光的“水立方”“菜立方”。“乐义蔬菜”荣膺“中国驰名商标”，“寿光大葱”“浮桥萝卜”等 8 个农产品获得“国家地理标志产品”认证。38 个超过 500 亩的现代蔬菜园区撑起了寿光创意农业园区的半壁江山。优质蔬菜生产物流园区、现代农业示范区、国际蔬菜产业交流合作区、生态循环经济区、观光农业示范区，中国蔬菜种苗产业园、国家级蔬菜产业高科技园，国家级现代农业人才培训中心，即“五区两园一中心”成为寿光人发展创意农业的新样板。

创意蔬菜节庆：搭建农产品营销的大舞台

在陕西汉中，佛坪茱萸花踏春节、勉县旱莲诸葛亮文化节、洋县朱鹮万亩梨花节、西乡樱桃节、赛茶大会、南郑油菜花节、汉中牡丹节、留坝紫柏山踏青……汉中市政府要求 11 个县区节庆活动要依据时令形成序列，保证“每月有节庆、每季有高潮、各县有主题”，形成固定举办模式，在固定模式的基础上，要坚持创新，最终使节庆活动真正形成品牌，成为

汉中旅游发展的新亮点，带动旅游人气指数上升，让来自省内外万余名游客流连忘返。

在上海，金山吕巷镇举行了“蟠桃大会”，邀请各界人士前来参加蟠桃采摘、观看桃园节目、品尝蟠桃及蟠桃菜肴等；奉贤庄行镇也举行了“羊肉烧酒节”，一方面挖掘展示当地吃羊肉、喝烧酒的民俗文化，另一方面向市民游客推介农家菜和庄行蜜梨等。2009年以来，上海郊区已办过各种各样的“节”，比如南汇桃花节、奉贤菜花节、松江梨文化节等。上海远郊小镇借助节庆品牌来集聚人气、盘活资源，拉动这些小镇在旅游、文化、产业等各方面的发展，让远郊农民在热闹中得到实实在在的好处。上海正在大力发展“旅游农业”，涉农旅游的年总收入已超10亿元。沪郊精品农产品几乎都有了“自己的节日”。

在浙江省嘉兴市秀洲区，陆续成功举办了王店赏梅节、王店桑果采摘节、油车港葡萄节、“大地之春”缤纷采摘节、洪合蜜梨节等一系列农业节庆活动，打造出了一张张靓丽的乡村名片。开展农产品集中销售活动，向城里人展示和推销乡下的优质特色农产品；以节为媒，推介休闲观光农业，进行农业产业招商……如今，全区各镇都已形成了各具特色的农业节庆品牌和节庆农业。以“跳出农业抓农业”的思维方式来创新农业产业形态，用工业理念发展农业、商业思维经营农业、文化旅游业丰富农业、开放的手段升级农业，促进全区农业产业化经营水平提档升级，将是今后秀洲农业发展的一个方向。

山东省平度市是一座历史悠久、风光秀美、物产富饶、品牌农业闻名的城市。近年来，该市以节为媒，成功唱响云山大樱桃节、明村西瓜节、大泽山葡萄节、马家沟芹菜节组成的“农业四季节庆歌”，促进了高端特色品牌农业的快速发展，带动了大批农民增收。明村镇生产的西瓜甜度高、口味纯正，且耐储存，西瓜种植规模已发展到5.8万亩，30多个品种，年产2亿千克，上市时间长达8个月以上，铸就了“胶东西瓜第一镇”的美誉。大黄埠村西瓜被农业部评为“一村一品”特色产业，中央电视台《焦点访谈》栏目、经济日报等新闻媒体对明村镇发展现代品牌农业进行了深度报道。

青岛马家沟芹菜文化节是平度市继“春之歌”云山大樱桃节、“夏之恋”明村西瓜节、“秋之韵”大泽山葡萄节之后举办的又一现代农业文化节庆。在马家沟芹菜精品示范园，各地超市、酒店前来购买芹菜的顾客络绎不绝。每千克78元的“天价”并没有让顾客望而却步，反而争相前来签订代理合同。平度市委副书记王希静介绍，纯正的“马家沟”芹菜不同于一般的芹菜，由于当地独特的土壤、水质和气候条件，产出的芹菜以叶绿茎黄、空心无筋、鲜嫩酥脆、味道鲜美、营养丰富而享誉国内外市场。再加上最近几年当地的科研人员和菜农按照绿色食品生产要求，设立了100亩马家沟芹菜精品示范园，进行封闭式管理，全部撒施有机肥，加喷生物肥料和牛奶等有机物质，采用高频振频杀虫灯和粘虫板杀灭害虫，种出了名副其实的无公害芹菜。目前，“马家沟”牌芹菜已成为岛城家喻户晓的知名农产品名牌，标识着“马家沟”牌芹菜的精品包装也频频在北京、上海、济南等大城市的高档超市和酒店现身，这个具有千年栽培历史的农产品品牌在经过各种荣誉的洗礼之后，正升级成为农产品中赫赫有名的“贵族”。季季有收获、季季有特色的农业四季节庆活动，使得平度市高端现代农业发展得有声有色。

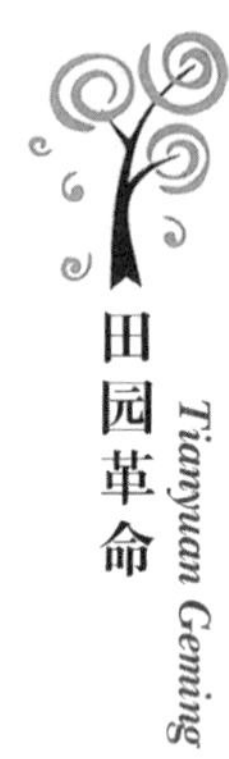

"大地菜"打造千亿产业

四川"大地菜"由于露地生产，天然生态、绿色健康，具有营养丰富、菜味香浓、口感好等特点，被消费者誉为"大地菜"。

四川的蔬菜品种资源非常丰富，尤以芥菜、萝卜、菜豆、豇豆、南瓜、辣椒、莴笋和芋为最。芥菜中有5个变种起源于四川，四川盆地被誉为芥菜的次生类型形成中心和基因中心。蔬菜的13大类、105个种或变种、上千个品种中，绝大部分在四川均有栽培。

四川一直是我国蔬菜生产和调出的主要省份。早在20世纪80年代中期，四川就是当时农业部和国家商贸委等划定的我国"南菜北运"基地之一。目前，四川是农业部确定的全国冬季蔬菜主要调出基地之一，全省年调出蔬菜400万吨，其中，冬春蔬菜主要调往甘肃、宁夏、青海和陕西，夏秋蔬菜大部分销往重庆和西藏。据统计，重庆近50%的外调蔬菜来自四川。

四川蔬菜加工产业发展迅速，全省有年产值1 000万元以上蔬菜加工及营销企业170余家，有国家级农业产业化重点龙头企业7家，省级龙头企业44家，蔬菜年加工量400万吨，年加工产值超过100亿元，上缴利税3.6亿元。在蔬菜加工产业中，四川的泡菜加工产业最为突出，年加工产值94亿元，加工鲜菜360万吨，占全省蔬菜总产量的11.3%，泡菜在全国市场占有率50%以上，产品远销美国、欧盟、澳大利亚、东南亚等近20多个国家和地区。

在创意田园享受健康快乐

彭州市隆丰镇是著名的"中国大蒜基地镇"，镇里可耕作土地的80%左右用于种植大蒜，大蒜远销海外。2010年4月20日，在美色美形的蒜香中，热情高涨的村民来到田边，农田是赛场，农民是运动员，平时打蒜薹的钩子就成了比赛工具，一种全新的运动方式打蒜薹比赛正在进行，"冠军，雄起"的喊声不绝于耳。来自彭州市各个乡镇的9支队伍参加这次比赛，比赛规则是在规定时间内，采收的蒜薹数量最多、质量最好的就获胜。健身不一定得去健身房，打蒜薹就很受老百姓喜欢。打蒜薹比赛主办单位准备以后举办摘樱桃、摘草莓等采摘比赛让市民也参赛，走进田园享受健身的乐趣。打蒜薹比赛把农民兄弟用汗水换回的收获用运动的形式展示出来，反映了在彭州市灾后重建中广大灾区人民的精神面貌，既宣传了彭州的创意农产品，也享受到运动带来的好处和快乐。

蔬菜旅游大大提升创意农产品盈利能力

成都双流区深度挖掘自身农业资源，推出系列品牌农业节庆，特别是通过开展蔬菜旅游，大大提升了创意农产品盈利能力。新兴镇立足特色蔬菜产业园区，变农业资源为农业资本，建立原生态蔬菜旅游经济区，并最终形成集农家娱乐、农家体验、农家艺术、农业科研、观光旅游、休闲度假、农业投资为一体的农业生态观光旅游核心区域，首创“新兴原生态蔬菜专业连锁店”，实现深度市场营销，把连锁店开到中心城区，将“地方区域品牌”转换为“特色渠道品牌”和“卖场品牌”，促进了农民增收致富。该镇采用“专合组织＋农户”“专合组织＋公司＋农户＋营销户”等模式有效推动蔬菜的种植、营销，成功申报了“新兴菜地”的品牌和“新兴原生态蔬菜之乡”的品牌标识，为新兴蔬菜产业的可持续发展奠定了基础。在全国经销商大型团购贸易会上，包括上海锦江麦德龙现购自运有限公司、上海济洪蔬菜配送有限公司在内的多家蔬菜经销商，纷纷与新兴蔬菜基地签订了反季节蔬菜采购协议。在当地农民专业合作社的带领下，农产品销售渠道进一步畅通，特色蔬菜鱼腥草、高笋、莲藕、豌豆尖等远销全国各地。

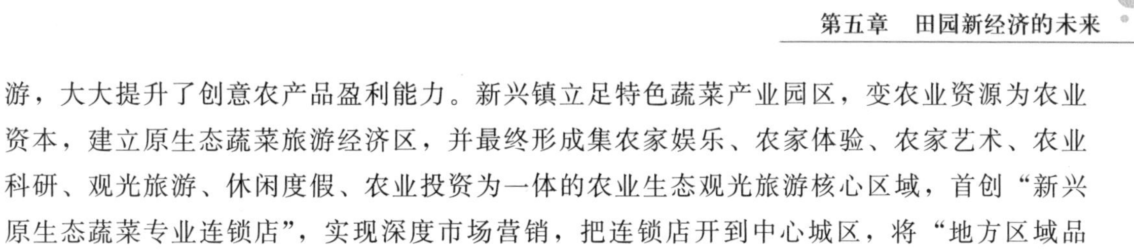

从丑小鸭到白天鹅：传统农业向创意农业的转变

空中农业创意十足

“红薯空中结，蔬菜树上长，果菜墙上栽……”空中农业，是指用无土栽培科技手段或气雾栽培技术培植后，将植物的根部悬垂倒吊在空中，使其处于充满水汽和营养的环境之中，这种方式栽培的蔬菜、瓜果质地细腻，味道鲜美，营养丰富，深受欢迎。

在“沈阳第一村”小韩村的蔬菜工厂，欧式建筑群与鳞次栉比的住宅楼遥相呼应，呈现出全国小康示范村的风采。小韩村蔬菜工厂通过计算机系统对蔬菜生长过程进行精确控制，采用立体、多层次栽培模式，大幅度提高空间利用率，产量可达常规生产的5～10倍。以蔬菜、瓜果、果树的立体高效种植为主体，以蔬菜树、立柱、墙面和管道等各种立体无土栽培、LED植物光源等高效节能造园模式为载体，将栽培技术和园林艺术相融合，现代果蔬园、绿色创意园、瓜艺田园、果香茗园融合现代高效栽培技术与景观艺术，展现丰富多彩的奇异瓜果品种和现代农业的艺术美感，营造未来太空农业的畅想景观，最终形

成具有高文化品位、高知识化、高盈利化、高附加值、智能化、特色化农产品的创意农业产业。

走进山东省沂源县东里镇前水北村，村民栾贻梅通过空中盆栽草莓，地上、空中同时种草莓，一亩地大棚可以吊种 4 000～5 000 盆，相当于两亩地的产量，一季收入超过 5 万元。栾贻梅的草莓大棚，盆栽草莓悬挂在空中，施上有机肥，蜜蜂飞舞其间，蜜蜂授粉增加草莓产量，红草莓配白花盆，传统农业插上创意的翅膀，让游客亲眼看到草莓从开花到结果的全过程，体验创意农业观赏之乐，每盆 50 元仍然十分抢手。

在陕西杨凌，“空中结红薯，如同摘瓜果”已经变成了现实。种下一棵苗，连续收获三五年，单株块根产量能达到 1 000 千克以上。让红薯根系分离空中连续结薯技术运用于红薯生产中，增加了观光农业“树式栽培”的种类，利用空间、节约耕地，让红薯从地下“高升”，像葡萄一样结在了空中。在红薯树下可以种植有机盆景、辣椒等各种新鲜蔬菜，在让更多的农民尝到种薯致富的甜头。

在湖南怀化鹤城区，石门乡农民李传钦等人应用蔬菜无土栽培新技术，修建了四个气雾栽培大棚，栽培菠菜、生菜、白菜、葱、莴笋等，蔬菜的根悬在空中，不会受到土壤中病虫侵袭。悬在空中嫩绿的蔬菜，口感又嫩又脆，卖出了好价钱。

发展体验经济“卖风景”

在三亚市，妙林田洋农业设施基地所在的槟榔河村，是三亚市政府正在重金打造的一个乡村 5A 级旅游景点。妙林田洋设施农业基地亩产值达 1.5 万元，这里有清新的空气，绿色的田野，特色的农家菜馆，黎族博物馆、展览室，丰富多彩的黎族人情、风情、风俗，还有哈密瓜、茄子、彩椒等各种的瓜果菜，每年都吸引着大批的游客和市民前来。

在浙江省丽水市青田县，稻田养鱼项目吸引了八方游客的眼球，到青田品田鱼，观赏田鱼生存的自然风光，探究古老的田鱼文化，成为许多游客的首选路线，目前全县共有 20 多个农业观光生态基地，全部已经被打造成一个个有特色的景观，并引领生态农业向休闲农业、创意农业转型。赏梨花、逛桃园、体验古村落与自然风光的浑然天成，章旦乡农民做起“卖风景”的生意，形成了一年四季果蔬飘香的场景，生态农业带来的效益让农户尝到了甜头，实现了农业观光和旅游市场的“无缝对接”。

在浙江仙居县，“山、水、古、月、林”特色明显，让游客走进仙居，花田踏青，竹筏漂流，畅游千年古镇，步量龙形古街。仙居借着春意，把农业景观与体验低碳生活乡村游有机结合，其中“花田创意”——艺术“稻草人”使本来就充满诗情画意的油菜花田更是锦上添花，意趣无穷。赏一赏金黄色的油菜花，听一听仙居的山歌，看一看无骨花灯、九狮挪球等民俗表演，尝一尝仙居的风味小吃，靠着稻草人做个最甜美的田园之梦。仙居县委、县政府因地制宜将县域的农业资源与旅游要素有机结合起来，发动农民共种植了 8

万余亩油菜。充满艺术创意的稻草人设置在神仙居景区外围，游客可以参与到其中，发挥你的想象张力，或亲手扎一个、或添置一个小饰物，使“稻草人”创意延续无限；“花田走秀”使游人在油菜花丛中欣赏具有地方特色的仙居民俗歌舞。近年来浙江省以油菜、杨梅、柑橘等四时农产品为媒介，大力开发乡村农业景观项目，全省各类休闲观光农业年总产值已突破 63 亿元。

在北京，“北京市小麦收获节”让人一边欣赏一望无际的千顷麦田丰收美景，一边体验农耕乐趣，年老的朋友可以重温当年下乡插队的经历。以小麦为载体在开发生活功能、发展创意农业方面也有很大潜力。在农事体验区，市民可以以家庭为单位，参加体验割麦子、打麦捆、拾麦穗等，比比哪个家庭最默契，谁家劳动成果最优秀，现场评选最佳农事家庭。小麦创意展，展示农民艺术家用麦穗、麦秆编织成的各种装饰品、创意画等新颖作品，以小麦为主题的插花艺术作品；农耕文化展，展示我国传统的农耕农具，突出我国农业立国的悠久历史和丰富资源，向青少年弘扬我国传统的农耕文化，普及农耕知识，提高年轻人珍惜粮食的意识；休闲采摘区，晶莹剔透的葡萄一串串挂满枝头，香甜的玉米笑口迎客。小麦收获节吸引了大批市民下乡村、赏美景、通过体验农事活动了解农业文化，促进了城乡一体化发展，进一步开发农业的生活功能，推动观光休闲农业和创意农业发展，促进产业融合发展和农民增收致富。

创意农业快乐生产

在兰考县南马庄村，村民从“购米包地”到“快乐猪”认养，从中尝到了创意农业快乐生产的甜头。2006 年，村民开始尝试“购米包地”，让合作社的生产者和消费者进行对接，79 家北京市的单位和个人以最少半亩、最多 100 亩预购了南马庄合作社 31 户社员的无公害大米，市民消费者的名字被写在了“自家”田埂上的石碑上，形成消费者和生产者双方都受益的良性互动。村民付玉平喜欢看书、见多识广，2010 年 2 月，他用自然养殖法出栏的 600 千克生态猪肉，在郑州市鑫源社区以高出市场价几倍的价格被抢购一空。

创意农业快乐生产，快乐农业在江苏南通已呈星星火燎原之势。在无锡高科技农业示范园智能温室大棚，5 万平方米温室的开窗、喷水、遮阳全都智能化，以大花蕙兰、一品红等为主打品种，亩均效益可达 20 万元左右。在无锡，现代农业的高盈利性催生出 300 多个农业企业和园区，近三年吸引的工商资本投入达 23 亿元。无锡市马山牛奶有限公司养殖场建设国内第一家植生基质工厂，不仅实现奶牛场 600 余头奶牛的生产清洁化、牛粪无害化、处理资源化、产品系列化以及应用生态化。苏州常熟尊龙产业集团“种”了 75 亿条蚯蚓，近两年吃掉近 2 万吨造纸污泥、1 万多吨牛粪。东海县引进水溶性低蛋白营养保健稻的“功能稻”，是肾病和糖尿病患者的最佳保健食品，总产量 125 万千克，附加值是一般稻米的 10 多倍，为东海农民开辟了新的致富路。据统计，目前，南通市亩产出 3 000

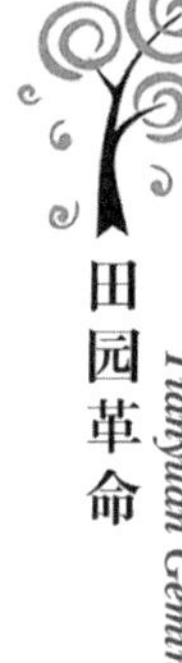

元以上的作物面积占比达 1/4，超 5 000 元的农业项目面积已达到 80 万亩，有一部分农业项目亩产出甚至超过了 10 万元。

在山东省泰安市宁阳县东庄乡，北落星村投资 10 万元购买了 15 台电脑，建起了“电子超市”。村民朱连军经常到“电子超市”联系客户，坐在家里点着鼠标养鸡卖鸡，每年纯收入 2 万元以上。据统计，江苏全省现有规模观光农业景点 560 个以上，其中国家级农业旅游示范点 70 个，位居全国前列，全年观光农业景点接待游客 2 400 万人次以上，接待收入 45 亿元以上。位于南京禄口机场南侧的南京鑫农庄的鸡蛋，是母鸡下在林间树丛中，鑫农庄让市民“林中寻宝”，鸡蛋 1 元钱 1 个卖给市民，市民都乐得争购带回家，农庄的农民也轻松快乐地赚满了口袋。创意农业快乐生产，把农民从传统繁重的劳苦中解脱出来。农业，不再是笨重苦累的产业，而今已经成为一种生产高附加值、收入不菲的快乐产业。

婺源田园风光撩人心魄

“郁郁层峦夹岸青，春溪流水去无声。烟波一棹知何处，鶗鴂两山相对鸣。”奇峰、怪石、驿道、古树、茶亭、廊桥，品尝“中国最美的乡村”沾满泥土芳香的农家菜，漫步在画里乡村；观赏充满青春活力的村姑们对唱山歌，满山遍野忙采茶；留恋在小桥流水人家的江湾，舒缓的音乐在微风里轻轻地飘淌。理坑村的云溪别墅、许村的徽商豪宅，游山村精雕细刻的民居，古文化、古建筑、古树、古洞，“四古风韵”，婺源被人称为“最后的香格里拉”。梯田、河溪、木桥、放牛娃……还有那糖醋鹅颈、清蒸荷包红鱼、糯米子糕、婺源有机绿茶，享用农家风味土鸡汤，品尝香味诱人、肉汤鲜美的清炖甲鱼，婺源美食令人陶醉。

五岳归来不看山，婺源归来不看村，春赏五色芳菲，夏探清幽奇洞，秋赏漫山红叶，冬访平湖鸳鸯，处处透露绿的滋润、绿的芳香。春暖花开时节，踏在湿漉漉的青石板路上，聆听欢乐的鸟叫，拥抱和煦的春风，徜徉此间，村村是画，步步是景，婺源在笔者心中是最值得逗留的地方。

“莺飞草长三月天，油菜花开满山间”。下地摘菜、河边垂钓，金黄的花田中出现的村庄，还有袅袅炊烟，不经意路过的一棵古树、一株老藤、一处民居、一段断壁、一个古洞、一眼深井可能都蕴含着“书乡”的一个美丽传说。峰峦叠嶂、峡谷深秀、溪流潺潺、粉墙黛瓦、飞檐翘角，那天人合一、返璞归真的意境，优美和谐的村落风貌，田园牧歌式的优美风光，让人感受到什么是真正的创意农村。

成都创意农业：孕育桃花生活方式

在四川成都，创意农业已经开花结果。桃花园养育了美丽的成都人，创意农业孕育了中国桃花生活方式。

每逢阳春三月，龙泉漫山遍野鲜艳的桃花、灿烂的风景，桃花生活方式吸引成千上万的游客纷至沓来，外国人和国内外媒体慕名而来，惬意中渗透浪漫。

作为以增加农产品附加值为目标，在农产品生产、加工与营销过程中进行创意生产，创造农民独特增收模式，实现农业增产、农民增收、农村繁荣，构建农村创意生活的生产方式和生活方式的创意农业，成都的中国桃花生活方式对其进行了最好的诠释。

“我在这儿等着你回来，等着你回来看那桃花开。”在成都，人们酿出了桃花酒，做出了桃花菜，写下了桃花诗、桃花对联，发明了桃花象棋、桃花地图，建设中国桃花诗村，在中国乡村诗歌之乡——成都龙泉驿，新人在桃花树下见证爱情，万人桃花树下相亲，寻觅心上人。

处处有花开，时时有花看，为桃花而陶醉的桃花生活方式意味着市民对桃花的钟爱。对美好生活的追求、对诗意而富有情趣的休闲生活的热爱，已经成为成都人生活状态和幸福指数的代名词。桃花生活方式把桃花与经济、社会紧紧联系在一起，成了成都创意生活的象征和休闲生活方式的真实写照。

1936 年，成都“龙泉水蜜桃种植第一人”——山泉镇桃源村村民晋希天种下了第一棵桃树，到 1942 年春，他栽种的 300 多株桃树开满桃花，晋希天在自栽的桃树下与同窗好友品茗赏花时吟诵了一首小诗：“龙泉山中桃花园，桃花开满龙泉山。今年赏花人两桌，半个世纪万倍多”，这次 10 余人的赏花聚会成了后来桃花节的雏形。1987 年，龙泉的桃花已经开遍了沟沟坎坎，城里人纷纷到龙泉看花。1987 年 3 月 11—20 日，成都市龙泉驿区委、区政府举办了首届桃花会，提出了“发挥优势，广交朋友，搞活经济，振兴龙泉”的办会宗旨。书房村村民陈家明第一个办起“农家乐”，从此开启了龙泉农民幸福的“桃花生活”。首届桃花会期间直接经济收入近 40 万元。1994 年，第 8 届桃花会首次由成都市政府主办，桃花会期间共接待来自美国、新加坡、新西兰以及我国港台地区和内地游客共 82

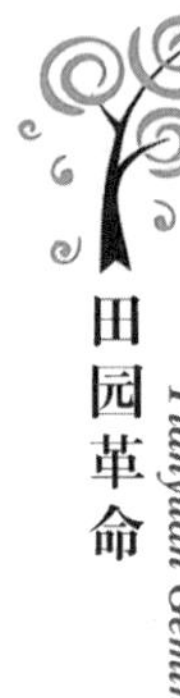

万人次，桃花经济收入首次突破百万元大关，达到160万元。1995年，于第9届桃花节，国务院正式授予龙泉驿"中国水蜜桃之乡"称号。1999年，龙泉驿区人大常委会第十四届十九次会议作出将"桃花会"更名为"桃花节"的决定。

2000年11月6日，四川省人民政府正式批复，同意举办2001年中国成都·国际桃花节暨国际客家学术研讨会。明确了2001年桃花节由成都市人民政府、四川省旅游局、四川省人民政府侨务办公室和四川省社会科学院主办，龙泉驿区委、区政府和成都经济技术开发区管委会承办。2001年，于第15届桃花节，国家旅游局正式批准"成都桃花节"更名为"中国·成都国际桃花节"，这是国家旅游局唯一命名的"国际桃花节"。首届"中国·成都国际桃花节"游客人数达到208万人次，旅游收入达到1.09亿元。自此以后，"中国·成都国际桃花节"游客量一直保持在240万人次左右，旅游收入一直保持在3亿元左右。成都市龙泉驿区委、区政府紧紧抓住以桃为主的花果文化、以汽车产业为主导的成都经开区和以客家文化为载体的洛带古镇的打造，不断提高龙泉在国内外的知名度和美誉度。2005年，中国成都国际桃花节暨锦绣成都桃花缘·欢乐桃花游启动仪式在成都锦江大礼堂主会场，重庆人民大礼堂广场和绵阳分会场三地同步启动，四川卫视异地同步直播，成都人第一次走出成都举办桃花节。2008年，第22届桃花节，龙泉驿区与美国佐治亚州桃郡共同举行了"中美桃缘"系列主题活动，桃花节实现海外落地开花。2009年3月18日，第23届中国成都国际桃花节在成都盛大开幕。芳草鲜美、落英缤纷的桃源美景在开幕当天就吸引到50余万游客赴龙泉户外踏青，创下历史新高。作为成都春天最美的名片，其创造的"中国桃花生活方式"已成为中国休闲之都——成都的最美名片。第23届桃花盛会是震后举行的第一个桃花节、金融危机后成都市第一个国际性旅游盛典，四海宾朋共同见证了风景依然美好、经济更加繁荣的灾后新四川。

桃花经济催生千亿产业

成都东部"绿肺"龙泉山，春来赏花踏青的"中国桃花生活方式"已经延续了23年，成了龙泉驿的代名词。2009年3月18日，第23届中国·成都国际桃花节隆重开幕。和往届不同的是，本届桃花节用精彩的文艺节目拉开帷幕，在成都宽窄巷子东广场，美国佐治亚州艺术团、曾经亮相2009年央视春节联欢晚会的民族歌舞《天地吉祥》进行现场表演，为桃花节助阵。此次桃花节以"开放、发展、惠民、和谐"为主题，最大亮点是围绕"衣、食、住、行、游、购、娱"等与百姓生活密切相关的内容策划活动，以此达到"以花为媒，以歌动人"的意境，树立"龙泉·桃花"旅游形象。本届桃花节在促进产业经济发展的同时有效刺激拉动消费，有效扩大止滑提速的增量部分，有力助推经济平稳较快发展。经过20多年的发展和积淀，桃花节已经成为成都旅游产业和休闲经济的一张亮丽的名片。为打造独具特色、影响广泛的桃花节节庆品牌，本届桃花节举办了"桃花杯"足球赛、“桃花杯”篮球赛、成都市登山大会暨龙泉驿区登山邀请赛、桃花节门球赛、真人CS赛、十万市民登长城、趣味“桃花运”、玩转桃花山、龙泉山生态百鸡宴、桃花节名优小吃暨养生产品展销活动、四川灾区名特优农产品展销会、秀食桃源厨艺大赛、新人情定桃花集体婚礼、第九届四川客家火龙节焰火晚会以及中国成都首届长寿养生论坛、乡村旅游论坛、首届中国龙泉桃花情歌节等丰富精彩的活动，在活动中进一步提升龙泉和成都经开区的知名度和美誉度，为地方旅游经济发展增添后劲，让成都国际桃花节成为促进成都经济平稳较快发展的有力助推器。

1990年桃花节期间，成都经济技术开发区正式成立。1992年11月11日，成都市委第187次常委扩大会决定在市级工业开发区基础上申报国家级经济技术开发区。2000年2月13日，正值第14届桃花节期间，国务院正式批准成都经开区为国家级经济技术开发区。成都市龙泉驿区委、区政府抓住经开区列为全省千亿产业园规划的重大机遇，加快把龙泉建设成为西南地区乃至全国最大的现代制造基地。2007年7月19日，一辆辆捷达轿车从经开区成都一汽生产基地驶出。2007年12月19日，成都经开区与四川九峰有限公司、成都晨明企业集团有限公司签订了共同推进总投资达120亿元的中国成都国际汽车博览新城的协议。站在成渝两地的“桥头堡”，成都市龙泉驿区委、区政府制定了“南有汽车制造、北有汽车商贸、东有汽车文化”的汽车产业发展格局。在龙泉驿区西河镇，规划面积12平方千米，将分步实施包括国际汽车会展中心、汽车4S集群、汽车研发中心园区等项目，全部建成后将聚集成都市大部分汽车销售与零部件销售商家，每年销售收入超过1 000亿元人民币，提供就业岗位达10万个。

创意农业拉动农村经济快速增长

2008年8月17日，2008年四川农业总部经济暨灾后重建战略研讨会在成都市龙泉驿区举行。由省县域经济学会、省扶贫开发协会、省创意产业协会邀请的专家指出，依靠良好的区位优势、特色“桃花经济”和灾后项目入驻的“多米诺”效应，成都市龙泉驿区已具备了打造亚洲首个创意农业总部基地的条件。会上发布的全国第一份创意农业发展报告——《2007—2008中国创意农业发展报告》表明，创意农业已逐步发展为拉动“三农”经济快速增长的亮点，创意农业将通过对农产品美色、美形、美味、美质、美感、美景、美心的“七美”定位，以科技创新和文化创意为两大引擎，将传统农业发展为融创意生产、创意生活、创意生态为一体的创意农业，实现一二三产业的良性互动，从而促进灾后产业结构调整和农业经济发展。“桃花经济”颇具规模，数年来，龙泉驿区以花为媒吸引的投资已超过200亿元。中国创意农业专家认为，投资农业总部经济正当时。专家建议在龙泉驿区建立第一个创意农业总部基地——中国西部创意农业总部基地，全国第一个创意农业国际博览中心，全国第一个农业龙头企业总部园区，建立全国第一个食品总部基

地——中国西部食品总部基地；建立中国西部（重建）企业总部基地，打造亚洲最大的创意农业生态园区——10万亩中国桃花故里创意农业园，突破传统农业生产模式，加快农村向景区转变，农民向景民转变，一产向三产转变，促进农产品由实用功能型消费向文化审美型转变，促进总部经济“生态链”和“文化场”的形成；专家建议将龙泉建设成中国农业总部经济发源地，将成都打造成为中国创意农业展会第一城。

中国桃花生活方式助推总部经济发展

2008年6月11日，德国欧韵OWP公司总裁希尔玛·维迪希特教授主持的《成都经开区总部经济港规划设计方案》通过评审。9月25日，成都（国家级）经开区总部经济港项目奠基典礼在成都经开区隆重举行。该项目总投资20亿元，总建筑面积约60万平方米，项目将分3期建设，预计将带动相关产业产值达30亿元以上。项目设计采取时尚、简洁并融入中国传统元素的设计理念。整体建筑风格不但采取了先进环保的仿生细胞结构布局，更与该区域花卉、植物的绿色空间相融合，体现了舒适、绿色、环保等主题。该总部经济港将以一流的物业管理，为进驻企业提供优质的服务；以一流的硬件设施，满足高端商务活动的需求；以一流的人文关怀，体现企业发展的最终目标。投资10亿元的银河国际总部经济港、投资12亿元的天河亚健康科技孵化园、投资20亿元的中盟科技广场、投资20亿元的上海中博创业园、投资10亿元的川渝中烟总部等一批总部、营销、结算、研发、创意、服务中心项目落户建设。2008年，成都经开区总部经济建设拉开序幕。湛蓝的天空，碧绿的山体，清澈的流水，清新的空气，娇艳的桃花，一个“以花为媒、以旅助农、城乡互动”的城乡统筹、社会经济协调发展的“桃花经济模式”催生千亿产业。

乡村旅游与美学经济交相辉映

1987年3月11—20日首届桃花节，在政府的引导下，农民开始拆除篱笆，对外开放桃园，迎接城里的赏花客。每年3月举办桃花节在市民生活中成为必不可少的活动。“中国·成都国际桃花节”，作为成都春天最美的名片，自1987年创办以来，已连续成功举办23届，从简陋的农家乐到“星级农家乐”，名称从最初的桃花会、成都桃花节深化演绎到“中国·成都国际桃花节”，主办单位从龙泉驿区政府，升级到成都市政府，再到与美国佐治亚州桃郡共同承办，23年来，从小桃园里的品茗会友到蜚声海内外，“中国·成都国际桃花节”向我们演绎了一段经典传奇。2008年9月27日，由亚洲财富论坛、中国城市经济学会、新华网和中国节庆共同举办的“改革开放30年‘影响中国节庆产业进程30节30人’”颁奖盛典在青岛市举行，根据专家评选、投票统计、媒体指数及行业影响力四项标准，“中国·成都国际桃花节”荣膺“改革开放30年影响中国节庆产业进程30节”，是四川省唯一获此殊荣的节庆产业品牌；12月22日，荣膺“影响四川·改革开放30年30件

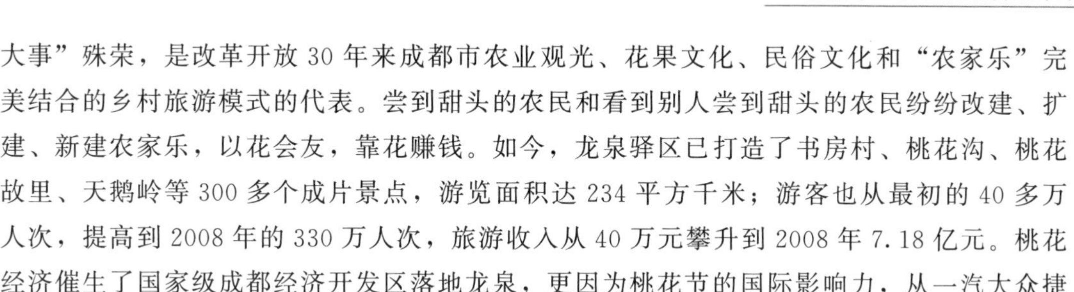

大事”殊荣，是改革开放30年来成都市农业观光、花果文化、民俗文化和“农家乐”完美结合的乡村旅游模式的代表。尝到甜头的农民和看到别人尝到甜头的农民纷纷改建、扩建、新建农家乐，以花会友，靠花赚钱。如今，龙泉驿区已打造了书房村、桃花沟、桃花故里、天鹅岭等300多个成片景点，游览面积达234平方千米；游客也从最初的40多万人次，提高到2008年的330万人次，旅游收入从40万元攀升到2008年7.18亿元。桃花经济催生了国家级成都经济开发区落地龙泉，更因为桃花节的国际影响力，从一汽大众捷达“龙泉造”开始，一汽专用、吉利轿车、一汽丰田相继落户龙泉，使龙泉的招商引资取得不俗业绩。

都市桃花源让桃花经济锦上添花

龙泉驿因桃花而闻名，因桃花而发展，在招商引资、项目选择上，龙泉驿区决不以牺牲环境、桃花为代价发展经济，力争使桃花、经济相得益彰，锦上添花。“桃花生活、宜居龙泉”的居住理想，使山水环绕中的龙泉城，成为令人心驰神往的“都市桃花源”，成为成都周边炙手可热的“最佳生态居住区”，并荣获中国房地产协会、中国人居环境委员会颁发的“2007推动中国城市区域品牌杰出贡献奖”。龙泉驿桃花节“以桃花传递亲情，以亲情广交朋友，以朋友促进跨越”，搭起了龙泉与世界沟通的平台；创造的桃花生活方式，诠释了成都人的休闲生活态度，而桃花经济却书写了龙泉驿区推进城乡统筹发展、实现从传统农业镇到工业强镇、再到工农业和谐发展强镇的跨越式发展的新模式。如今，龙泉桃花的“艳名”为龙泉驿区邀请到了美国、日本、加拿大、法国、奥地利、泰国等国家以及我国香港、澳门、台湾等地区的客商前来观光旅游，考察投资。国家级成都经济技术开发区落地龙泉后，包括大众、立邦涂料、阿克苏诺贝尔、BHP等16家世界500强企业在内的300多个工业项目相继落户。现代农业、旅游文化、产业升级——龙泉人把一朵桃花做得如此绚烂，全区综合经济实力迅速攀升。桃花经济催生的国家级成都经开区，形成了以“六大车企八大车系”为标志的汽车（工程机械）产业为龙头，电子电器和新型材料产业集中集群集约发展的基本格局。桃花“盛宴”将观赏桃花、采摘桃子、住宿农家、品农家饭等过去农业生产的自然过程和农民的日常生活的打造成为增加收入的重要环节，带动了成都市以农业观光和“农家乐”为主的乡村旅游、以花果文化、民俗文化和美学经济为主的文化产业的快速发展。

乡村创意营造提升乡村建设水平

处处有创意、处处有艺术

坐在四川绵竹市孝德镇年画村墨啡乡村咖啡馆里，一边品着咖啡，一边欣赏年画，还可以闻到来自田野的芬芳。清华大学女博士陈雁翎实现了开乡村咖啡馆、创造时尚生活方式的梦想，开创博士生回乡传播咖啡文化、培育乡村美学经济的先河。

乡村美学与时尚体验，吸引着知识分子和投资者来到乡村。传播农耕文化、打造农业嘉年华，建立乡村书院，发展民宿，追求内心的宁静，回归简单的生活，让美学爱好者乐此不疲。在德阳市旌阳区东湖乡高槐村，创意农业改变了这个传统村落。2014 年，高槐村融合本土文化要素，突出农业与文化的有机融合，推进乡村新型产业链形成，城市文艺女青年胡蓉在高槐村租下农家小院开办一家“不远”咖啡屋，在两年时间里，已吸引 11 家咖啡屋落户这里，乡村咖啡文化产业让高槐村成为远近闻名的咖啡村。“舍南舍北皆春水，但见群鸥日日来。花径不曾缘客扫，蓬门今始为君开。盘飧市远无兼味，樽酒家贫只旧醅。肯与邻翁相对饮，隔篱呼取尽余杯。”唐代诗人杜甫的《客至》以农家饭招待客人，和今天的乡村咖啡迎客有异曲同工之妙。中国首个植物编景艺术文化村落温江区寿安镇天星村的植物编艺公园，用紫薇、女贞、桂花、杜鹃、海棠等植物原料造型变成时尚创意的植物编艺景观，以编艺造景、以景引人气、以人兴产业、以产业建园，自然课堂、户外亲子、快乐花工等乡村艺术教育活动让城里孩子们趋之若鹜。

河北省张家界以举办“美丽乡村”户外嘉年华活动，展现张家界永定区“健康、休闲、绿色、环保”的户外运动资源和民俗风土人情，开展乡村旅游、自行车体验、露营大会、摄影大赛、特色民俗表演晚会，进行马头溪露营大会、特色民俗表演晚会、26 千米自行车体验赛、天门山“天路”自行车挑战赛以及全程手机摄影、微信点赞大赛，让“美丽乡村”户外嘉年华变成创意嘉年华、运动嘉年华、时尚嘉年华。秦皇岛市推动乡村建设资源转变为旅游资产，提升乡村建设的空间美学价值，提升在产业发展中的作用，把 15%

以上的重点村建成精品村，引领发展一批“小而美”“专而强”“新而活”的特色风情小镇，重点打造红酒小镇、花卉小镇、艺术小镇、樱桃小镇等15个以上具有鲜明特色的小镇，不断推动全市美丽乡村建设向更高层次、更高水平迈进。

安徽省黄山市黟县结合县域生态、文化和建筑资源，实施乡村旅游提升计划，大力发展个性化、特色化乡村旅游，加快启动宏村艺术小镇、西递遗产小镇、关麓精品民宿小镇和古城慢生活四大特色小镇建设。宏村艺术小镇以“艺术体验和休闲度假”为主题，顺应世界潮流，着力抓创新、抓转型、抓融合，加强旅游与工业、农业、文化、体育等相关产业融合，重点打造艺术写生基地、影视创作基地和现代艺术交流基地；西递遗产小镇着眼于打造“桃花源里人家”，发展西递石窟、大周山石林、鸳鸯谷和元竹林等特色景致；关麓精品民俗小镇支持研学旅行发展，大力加强旅游商品品牌建设工程，培育一批新的消费热点，重点打造田园风光观赏区、精品民宿和主题酒店；依托古城业态、博物馆等资源，古城慢生活小镇建成一批复古式主题公园和特色景区，对接国际标准，加强景区建设的“创意、创新、创造”和“提标、提质、提级”。

按照“生产美、生活美、环境美、人文美”的要求，目前，已经有93个“北京最美的乡村”从北京市近4 000个行政村中脱颖而出。浙江日报报业集团、中国农业银行浙江省分行联合发起的“晒古读村，留住乡愁——发现浙江最美古村，助力美丽乡村建设”全媒体大型公益宣传活动，重新发现古村落的历史文脉、文化内涵和人文价值；河北省农业产业协会与河北省旅游协会联合组织的“寻找河北最美乡村休闲游”推介活动展示全省丰富的乡村旅游与休闲农业资源，引导乡村休闲旅游发展，打造乡村休闲旅游品牌，助推全省美丽乡村建设。霍尔果斯市莫乎尔牧场开干村结合自身实际，坚持围绕“科学发展布局美、村容整洁环境美、创业增收生活美、乡风文明身心美”四美标准推动最美乡村建设。“2015年度河北省最美乡村”饶阳县大尹村镇吾固村，有着处处有创意、处处有艺术、处处有惊喜的村容村貌。吾固村推进“美丽乡村＋设施农业”，种出放心菜、健康菜，运用电子商务销售200多万吨。山东省邹城市全力打造“邹东深呼吸、山乡慢生活”的幸福旅游、美丽旅游、创意旅游、生态旅游，构筑起以“春赏花、夏采摘、秋收获、冬体验”的四季旅游格局。

在农产品中注入文化元素

以“创新助推功能农业发展，品牌引领特色产业升级”为主题的第五届中国（山西）特色农产品交易博览会于2017年9月16—20日在中国（太原）煤炭交易中心举行。繁峙县展区，3个来自北河会村的“方形硒瓜”引来了众多观众，参观者希望来年能买到方形瓜。

繁峙县生产方形硒瓜，开发有创意、有内涵、有故事的产业链，呈现农产品的特色化和创意化，创新助推功能农业发展，为乡村文化产业品牌“搭台唱戏”，实现了农产品的增值，让创意农业更具魅力。挖掘农耕文化资源的具体路径有农耕创意旅游、农业文化遗产游、农耕创意会展、农耕创意艺术等，这些发展方式都是以展示、体验、传承、发展农耕文化为内核，以适应现代人回归自然、返璞归真等心理需求为取向，重视乡村文化和创意元素的融合与注入，发展农业和文化相融合的产业链，最终达到推动农耕文化产业发展的目的。美丽乡村建设过程中不能丢掉文化元素，应当搞好“一村一创意、一村一品牌”规划设计，以农旅、文旅结合的方式开展乡村节庆活动，发挥文化引领风尚。如江西万年稻作文化系统、山东夏津黄河故道古桑树群、云南红河哈尼稻作梯田系统、贵州从江侗“稻—鱼—鸭”系统、河北宣化城市传统葡萄园、江苏兴化垛田传统农业系统、浙江湖州桑基鱼塘系统、内蒙古敖汉旱作农业系统、浙江青田稻鱼共生系统、南方稻作梯田系统、云南普洱古茶园与茶文化系统等等，作为全球重要农业文化遗产，吸引了来自全球的目光。

用创意经济拓展丰富美丽乡村建设的外延和内涵

黑龙江省近年来先后出台全省《美丽乡村建设三年行动计划》《美丽乡村建设指南（地方标准）》和《乡村规划工作指导意见》等系列指导文件。打造了哈尔滨“六路百村”示范带、齐齐哈尔“百村千屯”示范带、牡丹江“三带四区精品”示范带、佳木斯“一心两沿一环”示范带、绥化“百村精品”示范带等集中连片建设典型。

宾县味道　哈尔滨市宾县朝鲜族村，制作传统打糕的画面生动的画在墙上；在不远处的二龙山脚下，游人可以坐在农家乐火炕上品尝美食。宾县打造独具特色的经济作物村、乡村旅游村，使每一个乡村都具有独特的“宾县味道”，宾县成为全国美丽乡村建设先进典型。

“中国美丽休闲乡村”垦区八五三农场　生态文明与文化精神交相辉映，良好的政治生态和经济社会发展相得益彰；这里的社会稳定和谐，人民生活富裕，民风淳朴，人心向善；雁窝岛湿地浩茫辽远，有如苍穹中的翡翠；现代化农机园彰显着大农业的蓬勃力量，公园里打太极的人们内心安宁美好；王震将军亲笔题名的“北大荒雁窝岛小红花艺校”依然传承着生生不息的北大荒精神；人在景中的生态小区温馨而又静美……

文化“种”墙上，乡村美起来　佳木斯市桦南县根据各乡镇自然环境、村庄布局和地域文化等特点打造文化墙，既扮靓了乡村，又强化了文化传承。梨树乡梨树村道旁的一面“丰收年画”墙特别吸引人，“连年有余”“喜庆丰收”“生活幸福”“吉祥如意”等具有传统文化气息的大幅图画跃然墙壁上，美工精致、画面鲜活。桦南文化墙和文化长廊的打造，弘扬了社会主义核心价值观。

美丽乡村建设增厚“三农”底色　黑河市农委等相关部门立足绿色生态和传统种植优势，引导农民调减玉米，扩大大豆和小麦种植，大力发展高效经济作物。发挥院士大豆工作站和国家食用豆技术体系黑河试验站作用，推进大豆专用品种种植，加快建设非转基因

绿色优质食用大豆生产基地。加快雨露麻、食用菌、有机蔬菜、鲜食玉米等特色种植基地建设，培育壮大龙头企业，构建产加销一体化产业链。利用绿水青山、田园风光、乡土文化资源，发展休闲度假、创意农业等旅游产业，爱辉区推出的“乡野公园”旅游产品，目前在线上销售额达 1 亿元之多。五大连池镇、北安市赵光镇入选全国特色小镇，爱辉区新生乡入选“全国 100 个值得记忆乡愁的地方”，新生乡鄂伦春民族村入选首批“中国少数民族特色村寨”“全国乡村旅游模范村”。目前，全市各级各类文明村 349 个，占总数的 61%；省级“十星级文明户”215 户。

用心求新，做对生态有益的大农业　方永江是五常市川北道水稻种植农民专业合作社理事长、翠京元生态农业发展有限公司总经理、新型农民职业技能培训学校校长，2016 年 8 月，他把有机水稻的种植经验带到了中国（黔东南）有机大会的讲坛上；2017 年 4 月，他网上申请成功入选全国 15 位创业农民域外访学团，去泰国清迈交流分享了他的有机稻米种植实践成果。2001—2003 年，方永江尝试“单 A”绿色食品种植，2004 年开始摸索种植有机水稻。他说，“做有机农业能比化学农业多挣钱，这样农民开始跟着我，怀揣挣钱的梦想开启了有机农业种植。”方永江自 2014 年起，全力打造“鸭菌稻共育立体循环有机种养模式”，利用鸭子除草、除虫、培肥、浑水、修剪、壮秧。鸭子搅浑水，有利于氧气和养分的输送；鸭子用嘴嗑来嗑去寻找食物，相当于给稻秧修剪；鸭子在田间撞来跑去，相当于壮秧“按摩”。“共育立体循环”还意味着同时在水稻田里可以挂富硒黑木耳，通过木耳这种耗氧性真菌，吸收氧气释放二氧化碳，而水稻吸收二氧化碳释放氧气，两者互补，相互提升品质。木耳的载体是锯末子和稻糠，是最好的有机质，在木耳采收完以后可以还田提升土壤有机质。方永江表示，2017 年打造“0”农药化肥一个屯，农田面积 600 亩；2018—2020 年要打造“0”农药化肥一个村，农田面积 13 000 亩；2021—2025 年将打造“0”农药化肥一个乡，土地面积达到 16 万亩，将我们的鸭菌稻共育循环立体有机种养模式传授给更多合作社，让该模式得到良性循环。二河乡目前有 215 家合作社，只要有完善的市场体系、先进的种植技术，很容易整合起来，共同打造更完善的“生态乡镇”。

“小组微生”：打造创意农业养心养美产业

“小组微生”这个将成都各方智慧高度浓缩的词语，如若将其展开，会是这样的：

小规模聚居　本着尊重农民意愿、方便农民生产生活的原则，合理控制新村建设规模，一般以 50～300 户为宜；各内部组团控制在 20～30 户。考虑家庭人口状况、经济承受能力，统一设计不同的户型，建设“紧凑型、低楼层、川西式”特色民居。

组团式布局　利用林盘、水系、山林及农田，合理考虑农民生产生活半径，新村由几个大小不等的小聚居组团组合而成，组团间留有足够的生态距离和空间，形成自然有机的组团布局形态。

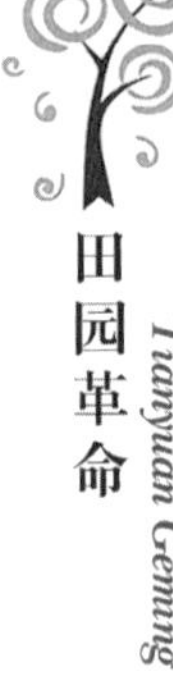

微田园风光 为相对集中的民居规划出前庭后院，让农民在房前屋后因地因时种植，形成“小菜园”“小果园”，保持房前屋后瓜果梨桃、鸟语花香的田园风光和农村风貌

生态化建设 尊重自然、顺应自然，利用原有地形地貌，保护林盘、田地、沟渠、水体等生态资源体系，保留生态本底，延续川西林盘特色，体现乡土味道和农村特点。

近年来，成都市高度重视新农村建设，探索出了在农村的人口向城市、城镇梯度转移的基础上，然后对农村按照保护、建设、改造等分类推进建设。同时，我国还同步推进现代农业园区建设，提出了“梯度转移人口＋保护建设改造＋现代农业园区”的新农村建设思路。也就是顺应城镇化发展规律，以土地综合整治为抓手，梯度引导不再从事农业生产，并在二、三产业上稳定就业的农民向城镇转移。在建设每一个新农村的时候都要先进行这项工作，先引导有条件的农民向中心城区县城、小城镇集中，然后对剩下来的再按照保护、建设、改造的思路推进，把需要保护的经普查挂牌保护，成都现在已经在全市挂牌保护了 52 个传统村落，这些就是不准动的，但是也有一套机制，要让这些过上现代的生活。在保护的基础上再建设，建设完了以后再对它进行改造。

同时，对川西传统的林盘，是川西平原农村的一道美丽风景。成都市通过普查进行规划和保护起来，规划了 6 645 个林盘进行去挂牌保护。成都市委常委谢瑞武表示，在保护的基础上，对愿意继续从事农业生产或愿意在农村居住的农户，帮助他们推进“小组微生”新农村建设，具体的做法可以归纳成五个坚持。

一是坚持从农村的实际出发，规划建设新农村 规划的水平决定了新农村建设的成败，决定了新农村建设的品位，因此，成都市十分重视新农村建设规划，市统筹城乡委员会牵头编制了全市全域村庄布局规划，出台了《成都市小组微生新农村建设的指导意见》，市规划局又牵头编制了新农村的规划技术导则，对规划设计单位提出强制性的指导。同时在每个乡镇配备了乡村规划师，而且实现了严格的“五审定案”的新村规划制度：第一审，先由规划局召集专家对新农村规划进行审查；第二审，由区市县分管领导召集审查，三审是由区市县主要领导进行召集审查；四审是由市分管领导召集市级部门联审；第五道“关口”才是返回每个区实现的规划局，通过规划委员会的法定程序，以保证新农村建设少走弯路，保证农民的投入都能够实现财产附加值大幅度增值。例如，新农村有些需要开发乡村旅游的，每个房间都应该有卫生间，这样便于城里面几家人到农村里面，住一个农户的院落度周末，既能够享受田园风光，又能够保持城市里面的生活方式。

二是坚持产村相融 规划新农村的同时，一定要规划一个农业园区，保证生产方式和生活方式同步转移。

三是坚持基层配置公共服务 通过统筹城乡委员会牵头，把四级部门的职能和项目资金整合，每个村在一定时期出台指导标准，现在最新标准叫“$1+8+N$”，每个新农村必须配套 8 个公共服务设施，根据每个村落的不同，再加个性化的 N 个公共服务设施，在新农村的配套服务不亚于城市里面的商品房，有些地方甚至好于城里商品房的配套设施。

四是坚持市场化运作 帮助农民把资源变成资产、变成资本。以青杠树村为例，通过

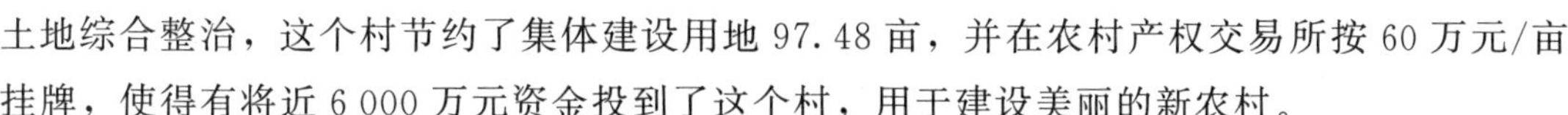

土地综合整治，这个村节约了集体建设用地 97.48 亩，并在农村产权交易所按 60 万元/亩挂牌，使得有将近 6 000 万元资金投到了这个村，用于建设美丽的新农村。

五是坚持群众自主　在新农村建设过程中，完全是通过示范的引领，通过广泛地发动，让农民自愿决定参不参与新农村建设，不搞强制、不搞强拆。

目前，全市共建成形态优美、配套完善、产村相融的“小组微生”新农村综合体 155 个，总投资 65.61 亿元；约 2.45 万户、7.85 万人入住新居。经过近年的探索实践，成都的小组微生美丽新村，留住了乡愁、富裕按了乡亲，使广大农民真正享受到改革创新带来的幸福感和获得感。

不挖山、不填塘、不毁林、不改变道路渠系肌理；实现“背山、面水、进林盘”；努力让群众家有小庭院、户有小菜园；以传统院落改造和保护传承乡风民俗为重点，植入现代设施和公共服务，保留“乡土味”，已成为成都平原上新村建设的共识。

郫都区古城镇指路村采取“自主筹资、自主整理、自主建设、自主发展、自主分配”的“五自”模式，村民们以确权后的集体建设用地使用权入股，共同出资 100 万元注册资本金（户均出资 2 100 元），成立了集体资产管理公司，自主实施土地整理，推进“小组微生”新村建设。

解决了钱从哪里来的问题后，成都迎接的下一个难点，是如何让农民对新村有归属感。“一核多元、合作共治”的新型村级治理机制改革成果登上了舞台，让“小组微生”建设成功找到了“政府引导、农民主体、市场运作”的建设模式。

建设前，鼓励和引导农民以农村产权入股，组建集体资产管理公司或土地股份合作社，自主实施建设；建设中，是否参与新农村建设、规划选址、户型设计、建筑队伍选择等问题由农民自主决定；建成后，积极引导农民成立院落业主委员会等业主组织，完善物业管理制度。对统筹城乡综合配套改革成果的娴熟运用，让“小组微生”模式，在成都平原上迅速被推开，走向全国。

大力发展创意农业旅游，推进农业供给侧结构性改革

中央始终坚持把“三农”作为重中之重，2016 年，创意农业首次写进中央一号文件，中央持续出台强农惠农富农政策，坚持不懈强化农业、建设农村、富裕农民，形成了上下联动、狠抓创意农业发展的良性工作格局。生态乡村美，催热休闲游。顺应人们“求富、求知、求美、求乐”的需求，农业部和国家旅游局大力发展乡村旅游业，创建了一批全国休闲农业与乡村旅游示范县。全国创意农业第一村成都郫都区战旗村以及蒲江县明月村成功发展创意农业旅游，成为建设宜居、宜业、宜游美丽乡村典范，成为乡村旅游火热发展以及助推农民致富增收、帮助农民脱贫的典范。成都已成为中国创意农业的发源地。创意农业成为横跨农村一二三产业的新兴产业，促进了农业产业转型升级和发展方式的根本转变，是形势所在，是时代所趋。

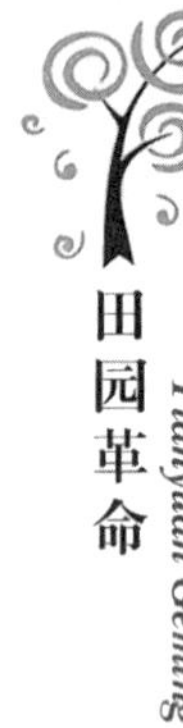

当前，我国居民消费步入快速转型升级的重要阶段，旅游业处于矛盾凸显期，旅游产品供给跟不上消费升级的需求，政府管理和服务水平跟不上旅游业快速发展的形势，各地在发展创意农业旅游过程中仍面临一些问题。一是创意农业旅游规模小，产业链条短，规模化和集约化程度不高；二是创意农业旅游导游资源不足及管理落后；三是创意农业旅游的供给和经营缺乏规范的市场；四是创意农业旅游消费和投资潜力挖掘不够，没有和旅游精准扶贫很好结合起来；五是国家对创意农业旅游基础设施和公共服务能力建设速度慢，制约了创意农业旅游资源的供给、开发和使用效率；六是缺少停车设施规划，现有简易停车场制约了创意民宿、创意农居发展；七是缺少行业标准，严重制约创意农业旅游品质管理和市场规范；八是缺乏政府在政策上的支持和投入，发展和保护创意农业旅游品牌的政策和环境需要进一步完善；九是定位不明确，主题不突出，没有深入的挖掘当地文化内涵，没有自己的特色；十是创意农业旅游品牌运作方面的高层次专业人才紧缺，研发服务能力弱。

我国创意农业旅游产业已经进入传统农业向现代农业加快转变的关键时期。必须成功抓住机遇，有效应对挑战，实现“四化”同步发展，为全面建成小康社会强基固本、加力助跑，为此提出大力发展创意农业旅游，推进农业供给侧结构性改革的几点建议：

全面落实加快创意农业旅游产业发展的政策措施 推行“全域资源、全面布局、全境打造、全民参与”理念，以全域旅游促进创意农业旅游产业发展。实施好创意农业旅游扶贫建设项目，改善创意农业旅游休闲基础设施，优先吸纳贫困户参与项目建设及经营，扶持建设一批具有地域特色的创意农业旅游村镇，延长创意农业旅游产业链、价值链，发展创意农业分享经济，提高劳动生产率、土地产出率和资源利用率，把创意农业旅游打造成惠农富农的新兴产业。

全面推进创意农业旅游特色小镇建设 鼓励历史悠久、文化内涵丰富、环境优美、基础设施相对完善和具潜力的乡镇率先发展，促进农旅融合，以点带面，推动全局。转变传统农业乡镇发展方式，与国际旅游需求和健康养生、养心养老养美相结合，推进农村闲置房产市场化运作，开展创意民宿经营，引导开发乡村艺术村落，发展休闲养老社区和乡村艺术产业，盘活农村闲置房资源。合理规划和开发停车场，解决游客停车问题。

全面推进公共服务到村到社 全面实施创意农业旅游集散服务、旅游信息服务、旅游交通服务、旅游景观廊道、旅游标识体系提升工程，重点抓好经营性资产量化、资源性资产确权、公共服务性资产管护等工作，推动创意农业旅游与新型城镇化、异地扶贫搬迁、都市区现代农业项目建设等工作有机结合，推动教育、卫生、文化、科技、养老等公共服务资源向贫困村延伸、创意农业旅游项目向贫困村倾斜，实现贫困村公共服务设施全覆盖，实施创意农业旅游精准扶贫、精准脱贫的带动模式，推动扶贫政策落实到户到人、扶贫资金量化到户到人。

全面建设创意农业旅游人才队伍 深化校企合作，开展人才培训，着力加强创意农业旅游创业培训、服务提升培训、在职教育培训，形成长效机制，“走出去”与“请进来”

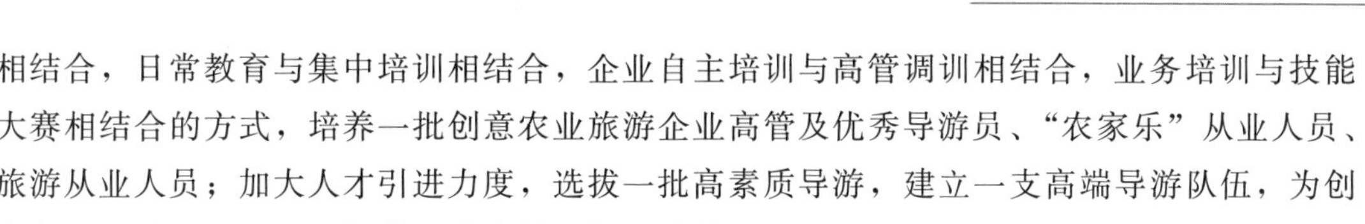

相结合，日常教育与集中培训相结合，企业自主培训与高管调训相结合，业务培训与技能大赛相结合的方式，培养一批创意农业旅游企业高管及优秀导游员、“农家乐”从业人员、旅游从业人员；加大人才引进力度，选拔一批高素质导游，建立一支高端导游队伍，为创意农业旅游服务业发展提供人才支撑和智力支持。

全面加大资金投入和政策支持　研究、制定支持和引导创意农业产业发展的优惠政策。充分发挥财政资金在创意农业旅游发展中的引导和杠杆作用，每年要设立创意农业旅游发展专项资金和旅游营销专项经费，纳入年度财政预算。支持符合条件的企业、项目申报上级政策、资金扶持。支持社会化资金进入创意农业旅游项目开发，鼓励金融机构加大对小微创意农业旅游企业和乡村旅游的信贷支持。

积极支持创意农业旅游项目建设用地　坚持节约集约用地，改革完善创意农业旅游用地管理制度，在编制和调整土地利用总体规划、城乡规划时，要充分考虑创意民宿、创意客栈、创意农业主题文化园区、农家乐、艺家乐、研学旅游、赏花创意基地、田园艺术景观等创意农业旅游设施的空间布局和项目建设用地要求，年度土地供应要适当增加旅游业发展用地。公益性旅游配套基础设施可按“招、拍、挂”方式供地。鼓励企业和个人开办旅游企业。列入省市的重大旅游项目建设用地优先予以安排。

大力发展创意农业信息化　积极建设创意农业电商新村新镇和中国互联网小镇，建设“中国创意农业魅力城市”，打造“中国创意农业名镇”，推进农业农村大数据发展，启动建设全球农业数据调查分析系统，加强农业全产业链信息分析预警。大力实施“互联网+”现代农业行动，利用互联网技术和服务改造搞活创意农业旅游，连接一二三产业融合发展，稳步扩大农产品、农业生产资料和创意农业电子商务试点范围。全面实施信息进村入户工程，推进农业遥感技术和物联网在农业生产和创意农业旅游上的配套应用。

把成都建设成为世界创意农业旅游目的地　抓住成都市“建设世界旅游目的地城市”的重大机遇，提升创意农业旅游产品供给能力，走“高端化发展、精品化打造、精细化管理、精准化服务”的道路，充分发挥世界美食之都、中国会展名城的品牌效应，大力挖掘创意农业旅游消费潜力，努力培育壮大城市娱乐休闲、创意农业旅游度假、创意农业特色小镇休闲度假、创新创业旅游、川味餐饮购物5大特色产业和体验式创意消费，打造更多创意农业“天府品牌”，让“天府粮”“成都味”走进千家万户、走向全世界。建设一批中国旅游经济强县，率先建设全域国家级乡村旅游度假区，全面建成全域生态大景区，加快建设世界旅游目的地和具有国际影响力的购物天堂，变旅游过境地为中国创意农业旅游集散地。

第六章

从乡村振兴到乡村繁荣

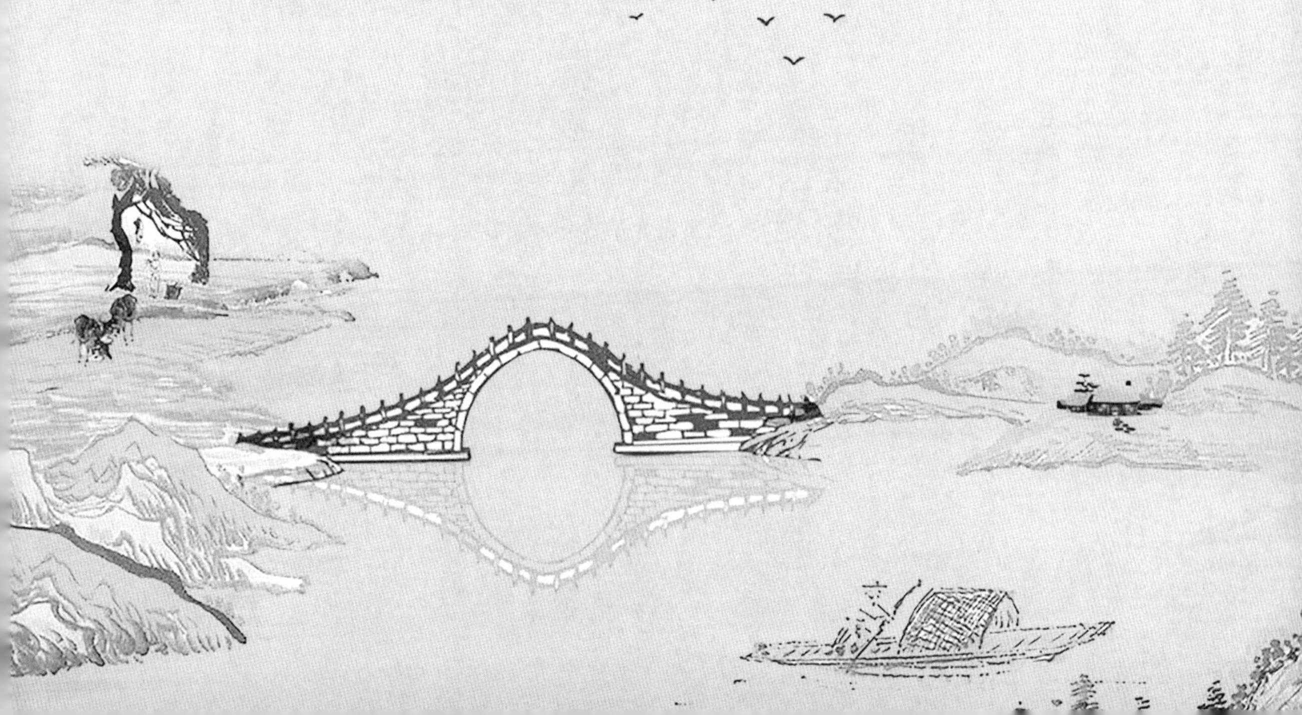

延长乡村文化旅游消费产业链，画好文创领域“微笑曲线”

中国自古就是农耕大国，农耕文化源远流长。带着乡愁印记和生活气息的乡村文化在岁月流逝中往往历久弥新，长盛不衰。古树、青瓦、朱门、白墙、翘檐、小桥流水……重新认识乡村文明的价值和使命，离不开富有个性和特色的乡村文化。同样是桃花源，可以有一百种版本；同样是巴山夜雨，可以演绎一百种形式。能让人记住的一定是产品和生活方式呈现的美。能让人千里迢迢回家的，一定是不能舍弃的乡愁。

乡村振兴是一项牵一发而动全身的系统工程，应当引入创意农业全产业链模式，用创意融入城乡形态的细微肌理，用美学塑造人们的日常生活和一言一行，用美色、美味、美形、美质、美感、美景、美心的创意农业“七美”标准构建养心养美的城乡现代生活方式，进一步提升创新创意能力和一二三产业融合发展能力。

四川乡村最大的优势是文化资源富集，传统文化厚重，农业后发优势突出。在乡村振兴中要发挥优势，加快打造“山美水美画中行，乡村无处不养心”的大美城乡形态。要立足当前，谋划长远，大胆创新，按照一个乡镇一个主题产业、一个社区一个文化生活圈的思路，以天府文化为核心建设一批国际民乐小镇、国际文学小镇、国际花艺小镇，创建一批国际美食社区、国际民歌社区、国际花艺社区和国际文学社区。充分发挥农事教育和乡愁文化功能，践行绿水青山就是金山银山的“两山”理念，因地制宜兴建一批乡愁文化学院、乡村厨艺学院、乡村农艺学院、乡村花艺学院等农村科普大学和田间学校，推进乡村教育科学发展、创新发展。大力繁荣农村公共文化，成立乡愁图书馆、乡村文学院和乡村书画院；依托农村川剧文化成立乡村川剧艺术团，挖掘非物质文化遗产打造乡村主题博物馆；弘扬悠久的民乐文化成立一批乡村唢呐艺术团、二胡艺术团和古筝古琴艺术团；在民歌之乡举办国际民歌节，在乡村举办国际文学家大会和国际红叶美拍大赛，建设全球手工艺原创研发中心和传播中心，向全球推广天府伴手礼，首创全国第一个红叶艺术产业集群，突出乡音、乡韵、乡情、乡愁，用个性化、在地化、时尚化、优美化和国际化营造农村社区。扎实推进“宜居县城建设行动”，统筹规划建设一批特色小城镇，广泛开展文明村镇创建和乡村文脉保护传承行动，以特色小镇发展来引领幸福美丽新村建设，进一步增加农村优质文化供给，打造四川乡村文化产业品牌，构建符合四川经济形态、文化形态、

生活形态的特色乡村形态和城市形态，传播乡土气息，繁荣公共文化，切实增强群众参与感、获得感和幸福感。

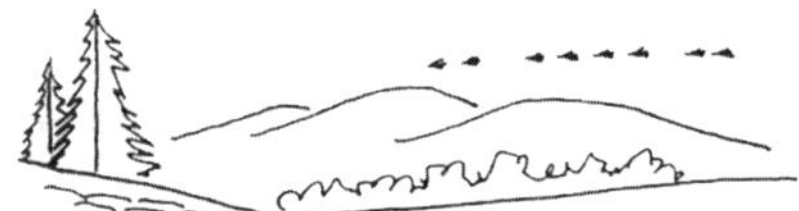

乡村文化繁荣离不开小农户的积极参与

男耕女织是传统农耕文化的典型代表。一个个小农户构成了华夏文明源远流长的农耕图景。无论是过去、现在和未来，小农户都是农村生产力发展的重要力量。农业规模经济和创意农业产业的快速发展不是要消灭小农户，而是要提升小农户的营利能力、增收能力、创意能力和生态涵养能力，促进小农户与现代农业产业体系的有机衔接。乡镇党委和政府要高度重视小农户在工匠技艺传承、非遗文化传播、庭院经济开发、林下经济发展、乡村旅游体验、创意农业产业等方面的积极作用，依托小农户建设一批竞争力强、市场反响好、深受消费者欢迎的微田园、微创意、微景观、微民宿、微礼品、微艺术，让小农户成为天府乡村记忆的载体和平台。要坚持宜建则建、宜改则改、宜保则保的原则，着力打造一批“小规模、组团式、微田园、生态化”的创意农业田园综合体。要善于发现产生于小农户的小制作、小工艺、小演艺、小美食、小山珍和小生活，以小农户“求新、求变、求美”的新需求为基础试点，创建乡村美学设计学院、乡愁文化学院、康养旅疗学院、农夫记忆学院、登山健身学院、花田农耕学院，让小农户与市民共享乡村文化的美学成果，真正成为有口皆碑的乡村文化因子，助力乡村文化振兴。

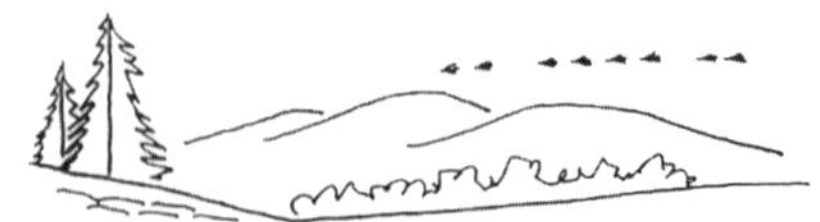

乡村振兴必须重视差异化和个性化

建设优美乡村，不能人云亦云“随大流”，必须打造自己的原创 IP，有自己的核心竞争力，赢得市场的认可。在四川省部分县区乡镇调研中，发现基层干部群众对乡村振兴很上心，狠抓落实，加劲加力，希望有所作为。有的乡村已积累一定经验，有的正在摸索之中。但也反映出有的同志思路不开阔，个别地方存在创意提升不够，人才严重缺乏，项目影响力不强，群众参与度不高等问题，应引起重视。乡村文化振兴是乡村治理和乡村文化建设的新机遇，需要新理念、新思维、新模式、新路径，才能有新作为，切忌盲目追赶，照抄照搬，缺少个性。要坚定不移推进乡村文化振兴，敢于担当，直面矛盾，沉到基层解决问题。要积极实施“四川乡村文化振兴十大行动”，包括乡村文化挖掘整理、乡村文化研究阐述、乡村文化保护抢救、乡村文化弘扬传承、乡村文化创新发展、乡村文化转化利用、乡村文化宣传推广、乡村文化品牌塑造、乡村文化教化育人、乡村文化人才培养，以促进乡村文明传承和文化发展、传承弘扬传统优秀乡村文化、建设富有时代内涵的乡村新文化为核心内容，改善农民精神风貌。实实在在建设一批乡村文化振兴示范县，打造天府文化高地，描绘生态之美、创意生活、乡愁韵味、产业活力、城乡融合发展的崭新画面，将乡村文化的“文化力”转化为美丽乡村的“发展力”，实现四川乡村文化特色化、集约化和品牌化发展。

新农人是助推乡村文化建设的重要力量

随着创意农业的发展，以及幸福美丽新村建设和乡村振兴战略的实施，返乡农民工、大学生和企业家、艺术工作者甚至海归人才纷纷到乡村创新创业，掀起一股下乡争当新农人、发展新经济的热潮。著名表演艺术家赵亮就来到巴中办起养鸡场，专心养鸡。多年来，新农人为农村带来了新理念、新创意、新技术、新营销，与传统农民和小农户一道共同组建农民专业合作社，发展有机农业，打造民宿产业，建设乡村书院和主题图书馆，发展乡村旅游，培育创意农业产业链，为乡村产业振兴和文化传播建功立业。由于交通制约和公共文化资源缺乏，一部分新农人在乡村创业也遭遇不少难题，如赵亮养鸡就曾经因为不懂技术而面临亏损。有的新农人由于与地方政府沟通不畅，拿不到相应农业补贴。有的没有及时参加农业保险，一遇暴雨或洪水便损失惨重。如今中央把乡村文化振兴放在乡村振兴的重要位置，新农人是促进农村先进生产力发展和建设先进文化的重要力量，在发展农村新教育、推进农业新经济和繁荣乡村文化方面具有十分重要的作用。乡镇党委政府应主动作为，及时成立新农人协会、新农人新经济沙龙，举办新农人节，开展新农人新产品新生活展示会，为新农人抱团发展，为地方传统农业向创意农业转型升级助力。

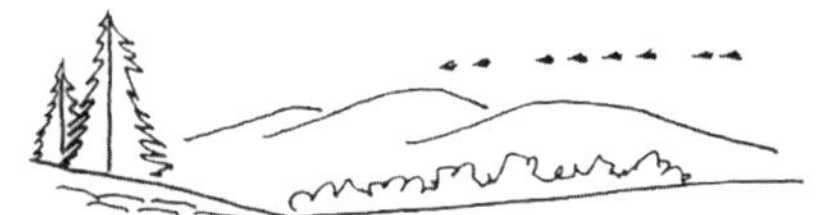

兴创意、聚人才

在乡村振兴实践中，我们要深化对创意农业的认识，不断发现和培养创意型人才，坚持把文化创意作为现代农业产业最鲜明的特质和最突出的发展优势。要发挥丰厚的文化资源，汇聚优势，大力发展产品设计、乡村美学设计、伴手礼设计等行业。要大力支持创意设计类众创众包服务平台建设，提升企业的自主创新和成果转化能力。推进创意设计与高端制造、商务服务、信息、旅游、农业、体育、金融、教育服务等产业融合发展，促进文博、“非遗”资源与创意设计、旅游、影视等产业深度融合发展，推动乡村发展从传统农业转型创意农业、从生产创意转向生活创意，努力建设创意乡村、创造美好生活。

在推进乡村文化振兴过程中，应当坚持传承文脉、融合发展，全面推进乡村思想道德建设、文明创建、文化发展、文化传承，培育文明乡风、良好家风、淳朴民风，改善农民精神风貌，提高全市乡村社会文明程度，焕发乡村文明新气象。要充分发挥乡村文化底蕴深厚和文化资源集聚的优势，激发优秀传统文化的创造性转化和创新性发展。聚焦文化创意产业高端方向、高端领域、高端环节，推动文化创意产业结构升级、业态创新、链条优化，依靠创新驱动形成文化发展新优势。要坚持区域统筹、协同联动。推动城市区域间文化创意产业合理分布和上下游产业联动，引导科技、资本、人才等资源合理配置，坚持提高文化创意产业的传播力、引导力、影响力和公信力，打造市场互通、优势互补、分工协作的产业发展新格局。

推进文化创意和设计服务与相关产业深度融合，建设充满人文关怀、人文风采和文化魅力的巴文化之都。要培育一批知名文化团体和创意人才，推出一批有深远影响力的农村文艺原创精品，形成一批有示范引领作用的行业龙头企业，建成一批有核心竞争力的产业集聚区，增强文化创意产业渗透力、辐射力和带动力，打造一批展现文化自信和文化魅力的农村文化品牌。进一步优化布局城乡文化创意产业功能区、文化创意产业示范园区、文化创意产业园区、文创小镇、文创街区、文创空间等，实现集聚发展、错位发展，积极开展形式多样的群众性主题教育活动。要扶持乡村红色文化旅游开发，推动红色旅游与民俗游、生态游等相结合，打造一批乡村红色旅游精品景区和精品线路。

培育公共图书馆文化，大力实施农村文化名家精英工程、文化繁荣精品工程、文化名片创建工程。建议巴中市就在全球率先建立晏阳初图书馆，进一步深化世界平民教育之父

晏阳初平民教育思想研究，努力在规划编制、项目编报、文献收集、学术研究和成果转化等方面取得更大成就，推动晏阳初精神在新的历史条件下发扬光大。以晏阳初名人文化为纽带，进一步开展晏阳初全球学术交流活动，深入挖掘研究晏阳初“一大发现”“两大发明”“三大方式”“四大教育”“五个结合”的思想内涵及现代价值。深植“晏阳初平民教育”群众根基，规划建设“晏阳初故里”文创小镇和晏阳初文化创意产业示范园区、晏阳初全球学术交流中心，将晏阳初祖居地三江镇打造成为晏阳初全球学术教育基地和全球平民教育研究基地，建成市场竞争力强、创新驱动力足、文化辐射力广的文化创意产业引领区，推进文化名人效应与乡村文化创意产业的融合发展。通过建立全球巴商图书馆，进一步研究、传播巴商文化。支持广大巴商放眼全球、商通五洲、名誉海外，更欢迎和鼓励广大巴商点赞家乡，做推介巴中、展示巴中的宣传员，做激情兴业、造福故里的参与者；支持广大巴商富而思源、回馈乡土，在参与家乡建设中展现巴商情怀。鼓励全球巴商秉承传统、不忘初心，在义利双行中弘扬巴商精神。支持广大巴商主动担当社会责任，富而有德、富不忘本，积极参与家乡扶贫帮困、捐资助学、民生改善和公益建设，自觉为国家富强、人民安康、巴中发展贡献力量，在轻财尚义、义利兼顾中锤炼广大巴商文化品格，展现广大巴商磅礴力量，不断提升广大巴商品牌竞争力和影响力。

壮大乡村文化人才队伍，大力培养乡村书院和乡村文化振兴师资。努力吸引文化名家、创意大师在乡村创办工作室。成立乡村教育学院，鼓励高等学校、科研院所和文化创意产业园区、文创企业等合作开展多种形式的职业教育，建设一批人才培养实训基地。加强基层宣传文化队伍建设，加强农村社区文艺骨干培训，建立乡村文化振兴人才库。培育打造一批优秀基层戏曲院团、乡村剧团、民间班社，培养带动一批基层文化工作者、民间文化能手。发展壮大巴文化志愿者队伍，把企事业单位退休人员、返乡大中专学生等吸纳到乡村文化队伍中来，增强乡村文化自我发展能力。引导返乡下乡人员结合自身优势和特长，发展传统工艺、文化产业、创意农业等产业，推进农民增收、农村增美，打造全国领先的乡村文化旅游基地和乡村文化振兴示范基地。

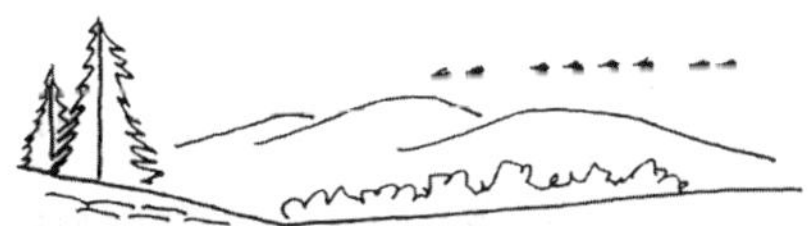

加快构建区域协同发展体系

要进一步推进成都市与资阳市、德阳市、绵阳市、乐山市、雅安市、眉山市、遂宁市、巴中市、攀枝花市、凉山州在规划、工业、农业、文化、旅游、教育、交通、物流等

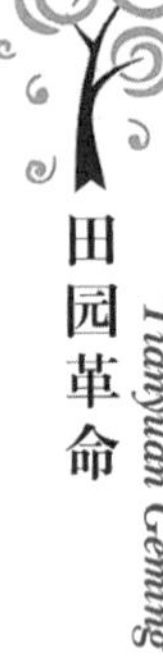

方面的合作，务实推动成资、成德、成绵、成乐、成雅、成眉、成遂、成巴、成攀、成凉协同发展。例如，在成都市与巴中市开展的成巴合作中，植入“成都＋巴中”区域协同发展理念，可以通过在南江县平岗乡断桥村建设中国梦西湖创意农业科技城，开展梦西湖“花墅农禅·共享民宿”试点示范，建设“成巴创意农业发展先行区”，推进贫困山区“一村一品”示范村建设，培育乡村新生活，营造农业新时尚，走在全省和全国前列，建设全国知名创意农业旅游目的地和森林康养目的地、中国乡村文化振兴巴中样本，将成都与巴中区域协同发展合作引向深入。建议以南江县小河职业中学为中心建设南江县职业教育大学城，同时实施成都与南江等贫困县对口支教工程，每年选派 300 名教师赴巴中支教，300 名巴中乡村教师到成都交流学习，开展成都“名师好课巴中送教”活动，加大巴中文化艺术人才培养力度，推动巴中乡村教育质量快速提升，提升巴中乡村教师素质，促进巴中教育事业发展。

乡村文化建设要学会打组合拳和创新牌

要创立农村公共文化品牌，大力实施扶贫解困、产业提升、旧村改造、环境整治和文化传承“五大行动”，加快新旧动能转换，保留历史记忆，打造新的文旅消费场景、生活场景和文创空间，注重农商文旅体融合发展，加快建设具有文化培育和产业培育功能双创载体，促进优美创意的生产空间、宜居惬意的生活空间和依山傍水的生态空间共融共生。要加快发展红色文化和乡愁文化，大力推进中国创意农业魅力城市和世界优美乡村建设，打造世界慢生活旅居旅游目的地，让更多的人才流、资金流、创意流和信息流奔涌而来，实现乡村产业振兴、人才振兴、文化振兴、生态振兴、组织振兴。

要培育新乡贤，引进新村民，建设一批村史馆，探索“村史馆＋乡村书院”“村史馆＋文学院”“村史馆＋电商馆”等新模式，积极培育乡村康养、农村电子商务、农业大数据、农业机器人、农业无人机等新产业新业态，重点发展农业数字经济、农业共享经济、农业创意经济、农业智能经济、农业绿色经济、流量经济、农业美学经济“七大新经济形态”，构建具有四川特色的农业新经济产业体系。打造一批邻里学院、邻里中心，创建一批道德银行，建设一批乡贤文学院和老年艺术大学，培育农村创意榜样，高品位打造一批示范效应显著、文化底蕴深厚、个性特色鲜明的文化特色街区和乡村文化中心；推进

传统价值追求从生产交换价值转向生活价值，从经济导向转向人文导向，幸福美丽乡村由“一处美”向“一片美”、“生产美”向“生活美”、“形态美”向“创意美”迈进，争当公共文化高质量发展排头兵，创新探索实施乡村振兴战略、推进城乡融合发展的四川路径，不断满足人民对美好生活的向往。

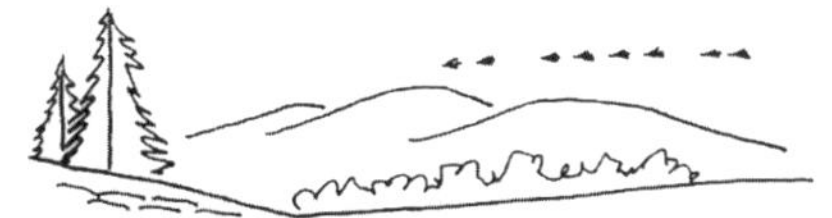

“中国十大美丽乡村”袁家村发展史

袁家村位于陕西省咸阳市礼泉县烟霞镇，坐落在唐太宗李世民昭陵九嵕山下，由袁、郭、王三大姓氏为主的 8 种姓氏组成，共 62 户 286 人。2014 年，与东周、西周村合并，共 454 户 2 058 人。处于西安、咸阳半小时经济圈。

20 世纪 70 年代以前，袁家村叫袁家大队，村民住着土坯房，吃着沤窖水，女人去讨饭，男人晒暖暖，生产队 7 年没有分过一分钱。

2007 年全村发展乡村旅游，主打关中民俗体验。袁家村目前已陆续建设有康庄老街、关中小吃街、回民街、祠堂街、书院街、酒吧咖啡街、艺术长廊，还有袁家祠堂、烟霞草堂、关中戏楼等，被称为“陕西的丽江”。

2014 年，袁家村被评为“中国十大美丽乡村”“中国最有魅力休闲乡村”、国家 4A 级景区；2015 年，袁家村接待国内外游客 500 万人次。袁家村成为陕西省乃至全国最受欢迎的乡村旅游胜地，被誉为“关中第一村”。

袁家村首期投资 3 500 万元，建设“关中印象体验地”品牌项目，用乡愁和小吃留住“关中味道”。这里集中了陕西关中最传统的美食，最具特色建筑和最原生态的生活风貌。建设小吃一条街：老作坊有五味斋（醋）、天一阁（辣子）、童济功（茶）、德瑞恒（油）、五丰堂（面）、卢记豆腐等；关中传统小吃有凉粉、石子馍、凉皮、麻花、馓子、粉汤羊血、馍豆豆、酸奶、蝎子酒、烙面、锅盔、蓼花糖、砖茶、臊子面等。原汁原味保留关中农村建筑、食材、制作过程和小吃口味的古朴地道，是袁家村繁荣兴旺的一个秘籍。袁家村已经成立了豆腐、辣子、粉条、醪糟、醋、油和酸奶相关的共 7 家股份公司，都归袁家村旅游管理公司统一管理。

咸阳市食品药品监管局副局长槐子玺：袁家村传统食品本地化，安全监管多层化。礼泉县对袁家村小餐饮许可时，不拘泥于面积大小和墙壁色彩，针对影响食品安全的设施、设备和关键控制点以及冰柜、消毒柜、筷子消毒机、灭蝇灯、垃圾桶、油烟机、冷藏柜等硬件设施，专门严格把关，确保食品加工过程符合安全标准。

礼泉县委书记王强民： 旅游产业的生命力要依靠不断创新，这才是它能够一直存在并吸引游客的关键。袁家村就是创新发展的一个成功示范，从创办村办企业起家，到发展农家乐，再到打造关中印象体验地。在“十三五”期间，礼泉将结合“一带一路”倡议发展，进一步提升袁家村民俗文化村的容量，陆续会加入节庆文化，比如婚礼、祭祀等内容。将引进坊上穆斯林美食文化项目，吸引来自宁夏、新疆的穆斯林游客来旅游参观，这也是坊上穆斯林兄弟走出西安的第一个落脚点。还将建立 1～2 个星级酒店，在保证吃和玩的基础上，将住也落到实处，让袁家村这个名片更丰富更有分量。除此之外，礼泉的红色旅游也大有可为，这里保留有许多毛泽东时代的建筑，比如五七干校、大礼堂等，这些项目的建成开放，可以吸引五六十年代的游客来参观缅怀过去，也是对下一代进行革命教育的基地。礼泉县有丰富的水资源，除了醴泉之外，东庄水库也是一大亮点，建成后依托八千亩水面开展亲水文化旅游，为城市居民打造一个家门口的水边乐园。这些旅游项目的开展也是响应国家精准扶贫政策，多角度宽渠道解决就业问题增加城乡居民收入的举措，未来五年将会上下一心合力打造一个富强、人文、生态、幸福的新礼泉。

袁家村村支书郭占武： 袁家村仅有 62 户 286 人，却能带动就业 3 000 多人，每年吸引上百万游客。目前，我们在发展乡村旅游的同时，已开始逐步向乡村度假转型。通过开发创意文化、休闲度假、袁家村进城、品牌技术与经营模式输出等方式，进一步放大袁家村的品牌效应，实现袁家村的转型升级跨越式发展。我希望能有更多人加入进来。袁家村旅游业从关中民俗起步，现在在继续发展民俗旅游的同时，已开始逐步向乡村度假转型。乡村度假外延很大，不仅做旅游，还会涉及农业、农副产品等，最终形成一个可持续的产业链。我们的梦想，就是把关中民俗做到陕西第一、乡村度假旅游做到陕西第一。游客到陕西，提起“红色”，看延安；提起文物古迹，看兵马俑；提起寺庙，看法门寺；提起关中民俗，看袁家村。不收取经营户的费用；到袁家村旅游，不收门票，不收停车费，为的是“放水养鱼”。作为袁家村的书记、带头人，我决不能让父辈树立的大旗倒下，不能让袁家村这块金字招牌蒙尘。我经常对村干部说，当干部就要有奉献精神，就要能吃亏，先群众后干部，最终达到共同富裕。在袁家村，村干部也都有思想自觉，当干部就不要想着与民争利，否则就没有威信。袁家村的干部没有一点特权，就是服务队，就是为村民跑腿的，为群众服务的、干活的。但是大家心里又都明白：村里发展好了，自己家也会跟着好，有大家才有小家。袁家村的村干部都不拿工资，义务服务。在管理上，由袁家村村委会牵头，下面有管理公司和协会，农家乐有农家乐协会，小吃街有小吃街协会，酒吧街有酒吧街协会，这些协

会里的成员由商户们自己推选，为协会义务服务。做旅游就是做口碑，必须打破信任屏障，把袁家村的口碑和品牌做出去。每个商户都是袁家村的活广告。东西会说话，生产出好的东西是商户们能够在袁家村做生意挣钱的唯一理由。若质量出了问题，没有任何商量的余地。我们的理想，就是袁家村能持续发展，农民持续挣钱。这一代人受益、发展，下一代人还能受益、发展。牢固树立服务意识，严守质量"红线"，做口碑、打品牌，时刻警惕，不能"昙花一现"。我们希望所有的小店最终都能孵化成农产品加工企业。

袁家村党支部副书记郭俊武：袁家村将乡村旅游"启动点"定位为"双轮驱动，相互支撑"，即以相对整齐、村容村貌良好的村民居住区——关中农家四合院为依托，引导、鼓励村民大力兴办以农家饭菜、农家宾馆、农家体验、农家服务为特色的乡村旅游，将自家居住院落变为乡村旅游经营场所，实现足不出户型的旅游致富。此外，从打造特色、聚集人气角度出发，依托村边的集体土地，策划建设以关中传统建筑、传统作坊、传统民俗、传统文化展示为特色的全新式民俗体验式景区——"袁家·关中民俗体验地"，即"康庄一条街"，从而形成新建街区以关中民俗吸引游客，不但为袁家村乡村旅游的快速启动进而逐渐走红奠定了良好基础，也为之后袁家村持续打造新型旅游模式、实现差异化旅游发展以及旅游产业链的逐渐形成打下了坚实的基础。如今，每日前往袁家村考察学习的全国各地"取经者"不断，要求与袁家村合作，进行袁家旅游发展模式复制者也较多。在袁家村的带动下兴平马嵬驿、周至水街等一批新兴民俗旅游项目面世，更多的古镇与村庄，都在从袁家村旅游的发展中吸取经验，希望通过乡村旅游这条康庄大道，实现新时期农村发展方面的华丽转身。

袁家村旅游管理公司总经理李晓燕：每一个作坊，每一个小吃店，都是现实生产，都是在制作的，那么从企业的角度，我们把它称之为品牌孵化基地，鼓励每一家商户去认真按照我们的要求做到最好，如果某家商户做得比较好，市场各方面反映也都不错，那么我们重新注资，然后把它做大，成为股份公司，让更多的人从中受益。

清华大学副教授罗德胤：袁家村"全民参与，社会共享"的发展思路，紧靠关中小吃文化，并致力于发扬关中民俗的经验和策略，这在全国范围内很多古村都面临着空心化、衰败化的大背景下，具有参考借鉴意义。

袁家村大数据分析报告

袁家村有农家乐 62 家，小餐饮 230 家，食品加工小作坊 31 家，食品从业人员 1 300 多人，节假日甚至超过 3 000 人，每年接待游客达到 400 万人；2007 年 10 月 1 日袁家村的农家乐正式营业，如今袁家村日营业额 200 多万元，年收入超 10 亿元；2016 年春

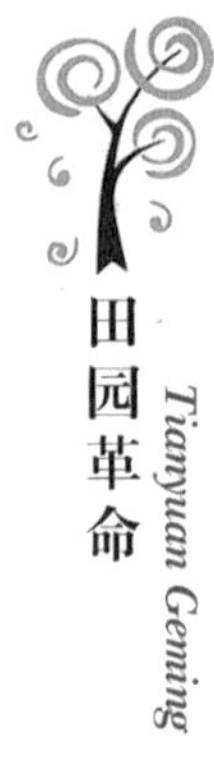

节期间，袁家村和马嵬驿的游客接待总量达到194万人次，而西安游客接待总量为622.21万人次，两个村的游客接待量接近西安几十家景区接待量总和的1/3。袁家村的农家乐、小作坊、酒吧等经营者已多达3 000多人，袁家村人自己经营的只占到3成左右。袁家村村支书郭占武介绍，经过多年建设，创意农业的发展在袁家村产生了“七大效应”。

效应一 袁家村已经从刚开始简单的农家乐，向多元化的创意农业乡村游迈出了实质性的脚步。从2007年至今，袁家村的产业发展经历了三个阶段，从关中民俗旅游，到发展乡村度假游，再到现在发展农副产品产业链。郭占武表示，一步一个脚印，袁家村在不停地探索，由村干部带着村民一起致富。

效应二 大家都把袁家村当成“家”。袁家村原来只有62户人家，50多户农家乐，如果关起门来搞，怎么也发展不到如今能够代表陕西关中民俗体验地的程度，也不会有现在的人气，本地经营户也不会有现在这样的高收入。我们现在做的就是打造平台，让更多的人把袁家村当家，自觉维护这个家的繁荣。通过搭建农民创业平台，袁家村里家家有生意，人人能就业；而通过优势项目股份化管理，大家入股享收益，又很好地平衡了收入差距问题。郭占武表示，如今，不管是外来商户还是本地商户，大家都把袁家村当成“家”。

效应三 自己有钱赚，还能带动别人共同富裕。袁家村绒花咖啡的老板郭新海原本在城里经营茶楼，是最早来到袁家村创业的代表。他热爱袁家村，热爱乡村生活，我们为他施展才华提供平台，他先后创意设计出一系列独具特色的关中老茶楼、老酒坊、时尚酒吧、咖啡吧、生活客栈等作品，成为村里的亮丽名片。袁家村还将为他提供更大的空间、更好的机制，让他有更大更好的发展。同时，袁家村的产业在带动就业和周边休闲观光乡村旅游发展方面也做出了贡献。郭占武介绍，现在常年有2 000多人在袁家村打工，很多外来商户已在袁家村安家定居，袁家村旅游还带动周边和旅游沿线1万多位农民通过出售农副产品和提供服务增加收入。自己有钱赚，还能带动别人共同富裕，袁家村人有这个底气，也有这个胸襟。

效应四 陆陆续续复制“袁家模式”的乡村在陕西就有70多个。近年来复制“袁家模式”的乡村有做成的，有在做的，还有想做的。有人问我们怕不怕，我们的回答是“一点都不怕”。因为所有模仿我们做的，没有一家跟我们是一样的，我们是一个村子在做，全民皆兵，做的是产业链。说到复制问题，说明大家已经分清了“李鬼”和“李逵”。袁家村的运作，出发点是为了帮助农民共同致富。目的决定做法，袁家村从最初的小吃街开始，慢慢培养新的业态，发展乡村度假，引进酒吧街、艺术街、回民街、祠堂街，如今已带领全村村民和外来村民共同致富。我们一直致力于发展的产业都是根据实际情况不断调整的，寻求的是有生命力的可持续发展的产业。现在有一些古镇或者古村，看起来也是仿古，也有关中小吃，表面上跟袁家村没什么两样，但实际上，因为投资的问题、收益的问题，

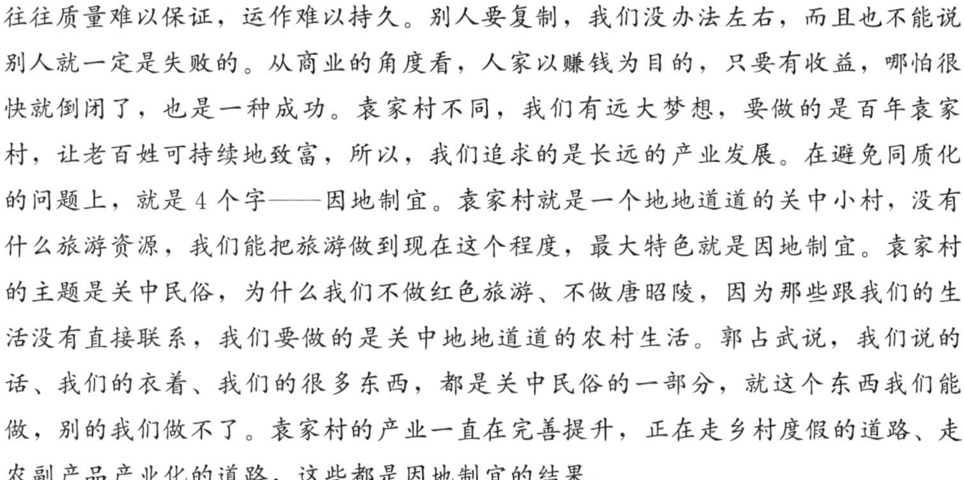

往往质量难以保证，运作难以持久。别人要复制，我们没办法左右，而且也不能说别人就一定是失败的。从商业的角度看，人家以赚钱为目的，只要有收益，哪怕很快就倒闭了，也是一种成功。袁家村不同，我们有远大梦想，要做的是百年袁家村，让老百姓可持续地致富，所以，我们追求的是长远的产业发展。在避免同质化的问题上，就是 4 个字——因地制宜。袁家村就是一个地地道道的关中小村，没有什么旅游资源，我们能把旅游做到现在这个程度，最大特色就是因地制宜。袁家村的主题是关中民俗，为什么我们不做红色旅游、不做唐昭陵，因为那些跟我们的生活没有直接联系，我们要做的是关中地地道道的农村生活。郭占武说，我们说的话、我们的衣着、我们的很多东西，都是关中民俗的一部分，就这个东西我们能做，别的我们做不了。袁家村的产业一直在完善提升，正在走乡村度假的道路、走农副产品产业化的道路，这些都是因地制宜的结果。

效应五　袁家村的“旅游＋”，“＋”的核心是品质，给游客保证的是品质。不管是我们的小吃还是农副产品的供应，我们首先给游客保证的是品质。旅游作为一个综合性产业，涉及的行业多达百种，但我们选择的“旅游＋”的产业，一定是高品质的。比如我们引进的以民俗创意文化为核心的系列化、高端化、个性化产品，酒吧街、艺术街等，一定程度上提升了袁家村的品质，我们要逐渐培养一些小品牌，跟着大品牌走出去。郭占武认为，尽管这些产业现在可能赔本经营，但从长远来看，营造的这种文化氛围实际上是增加了乡村的造血功能，是一种大业态的完善。村里所有的艺术家都是袁家村的无形财富。

效应六　通过袁家村这块金字招牌，带动更多小品牌走出去。袁家村能走出去的只有两样东西：思路和经验。通过多年运营，袁家村可以说是将旅游产业与农村农民融合得最好的一个村子，我们有自己的发展经验，有专业的团队，不论是规划设计还是招商运营，袁家村已经做好了走出去的准备。未来袁家村要做两件事：一是旅游发展，二是“三产”融合。我们现在在陕西做的是“袁家村·关中印象”，未来将把自己的思路和经验带到全国，结合当地的特色，打造出更多袁家村印象。我们的目标就是让全国的游客不管走到哪里，都要去找不一样的袁家村。郭占武说，在“三产”融合方面，我们将通过品牌带市场的方式，用“三产带二产，二产带一产”，致力于将袁家村的农副产品卖到全国。我们首先要做的就是树品牌拓市场，通过袁家村这块金字招牌，带动更多小品牌走出去。

效应七　弘扬传统美德，倡导无私奉献。村里注重精神文明建设，弘扬传统美德，倡导无私奉献，坚持诚信为本，最终给游客呈现一个古朴典雅、诚实守信的美丽乡村。在千篇一律的“小吃街”轰炸下，我们在做的就是用乡情和小吃留住“关中味道”，用匠心和诚信保障食品安全。这是一种民间的、自发的道德约束。多年来，捍卫食品安全是袁家村发展的有力保障，是旅游发展的生命线。每一道小吃，村民都按照传统工艺制作，没有添加剂，所有原料统一由村里的作坊

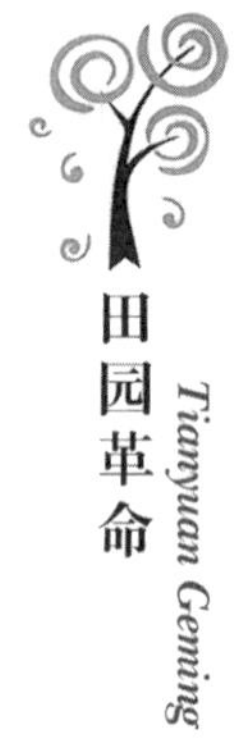

供应，不得私自外采，一旦发现，取消经营资格。久而久之，村民们都把食品安全当成坚守的底线，自律互律蔚然成风。大家把游客当自家人，在留住关中味道的同时，也守住了秦川乡情，对外打造了一张淳朴而精美的旅游名片。精神文明的内涵远不止于此，还包括诚信经营、彬彬有礼、孝敬老人等。郭占武介绍，在袁家村，游客还能体会一种氛围、一种文化，比如整洁的街道、热情的服务、悠闲的老人、诗意的民宿、小资的咖啡馆、古朴的书店等，惬意的乡村生活方式使乡村旅游呈现出持久魅力。以前又穷又破的小乡村，如今充满了时尚现代元素，充满了关中文化味道，这也让村民们乐意投身家乡的发展。有些老人讲，现在是在天堂过日子，在村里吃得健康，生活得开心，能挣钱，能长寿，精神自然好。

西厢村崛起的密码：
穷山村转型国际文学小镇

2018 年 9 月 8 日，作者应四川省文化厅特邀前往南江县调研，先后到长赤、正直、赤溪、朱公、流坝等地，深感革命老区南江历史悠久，三国文化厚重，米仓千年古道闻名，乡愁文化浓郁。应南江县政府领导和县南江县文化广播影视新闻出版局同志邀请，作者对西厢村作了深度文化旅游发展规划。国家级贫困县不仅要关注文化保护和传承，更要重视文化创新和生产，把文化保护、传承创新和发展创意农业变成一种农民群众自觉、自愿、自发的行动，建立一整套符合市场规律的传统文化产业发展模式。

西厢村是一个具有深厚文化底蕴的乡村，“西厢”二字含金量足够，做好创意农业深度开发文章，一定大有可为。感动于南江县赤溪镇西厢村文学土壤深厚，人文传说引人入胜，天蓝水清，气候宜人，推窗见绿、出门进园，遂决定命名为西厢国际文学小镇，打造全国第一个国际文学小镇，创建全球最大的文学家“石林”，建设全球网红村，建议举办国际文学小镇文化旅游节和国际文学家大会，以振兴乡村，富我村民。

乡村文化振兴必须因地制宜，必须注重特色地域文化的整体性保护、传承、包装和提升，注重产品、设施与项目的特色与创意，如果搞同一个模式、千村一面、千景一面，就不能凸显传统文化在全域旅游发展中的特殊重要地位，不能形成具有原创 IP 特点的乡村文化个性化符号传递和全域化整体风貌表达。

通过导入三大体系和三大模式建设西厢国际文学小镇：全球网红村传播体系、创意农

业产业倍增收入倍增体系、驰名地名管理体系和驰名商标管理保护模式、5A 级景区管理模式、五星级酒店管理模式。深度融入流量经济、智能经济、绿色经济、数据经济、网络经济、创意经济、美学经济创意农业七大新业态，助力新南江新经济国际化、时尚化、优美化、高质量发展。

建设西厢国际文学小镇，可以在花墅屋顶安装太阳能设备，让花墅民宿变身绿色低碳经济产业园；应当对全村上千块石头命名为“文学家石”，创建文学家“石林”，点石成金，充分发挥文学作品的美育价值；对全村村民住宅进行文学命名，如李白小宿、东坡小宿，建设诗意民宿；打造李白、东坡书院，收藏上千本文学家个人文献图书；每户推出伴手礼如李白家酒、东坡家酿招待客人，由村集体资产管理有限公司营运，打造文学小宿文创产业园，让村民变股东，让农房变民宿，客厅变书馆，村民变画手，在家描绘《西厢记》，放下锄头成画家。通过以文化为魂、旅游为体，文旅融合、产业培育，推进建立以文化旅游业为优势产业的乡村文化振兴发展新模式。这种模式对目前许多自然人文旅游资源丰富的国家级贫困县的乡村振兴和城镇化进程有重要战略意义。而全域旅游文化、旅游产业化和天府旅游名县建设将为这种模式的建立提供助力。

赤溪镇党委书记陈小军表示，西厢村地貌可概括为四山三沟、东低西高、三面环山、地形奇特，拥有丰富的人文资源和自然景观。就是这样的一个西厢村，却脚踏金土地、手端穷饭碗。尽管路通了，20 分钟可到达元顶子茶场，10 分钟到玉湖景区；新居建起来了，人人住上安全房；产业也发展起来了，800 亩茶园和周边村形成连片产业规模，1 500 亩金钱柳绿意浓浓，其产品出口美国、德国，还建起了 30 亩的荷鱼共生塘，2 000 多平方米的茶叶加工厂也在此落户……在脱贫攻坚中，和全市其他村一样，从基础设施完善到住能安居再到农业产业兴旺起来，西厢村一样都没落下，之前茶旅融合的思路也提出来了，但这样同质化的思路，没有让西厢村摆脱贫穷。2018 年，独树一帜的“西厢国际文学小镇”正式在西厢村挂牌。西厢村第一书记郭林桥说，原定的茶旅融合思路没有改变，改变的是这个村的气质，文学的魅力真是太大了。陈小军表示，如今的西厢村，正如其入口处的一块大石上所写：植梦西厢，一个不仅有萤火虫的地方。也正如其村史馆大门前一副对联所书：金灿灿千年楠木王，活生生一出西厢记。目前，西厢村旅游产业发展势头正足，民宿酒店已经进入试营业阶段，首届“植梦西厢”国际文学小镇文化旅游节正在申报中，一旦申报成功，届时全国知名文学家、社会各界艺术家将相聚西厢村，共话“西厢记”。同时，首期 5 000 多只萤火虫也将“化蛹成蝶”，点亮西厢村的夜空，成为一道特色风景。让“西厢”招牌加快发酵，让优势资源利用实现最大化。

相关链接五：让农民成“专家”，让农业更“摩登”

根据生态环境部环境规划院判断，到 2035 年，我国将整体进入高收入国家行列，经济总量预计达到 36 万亿美元左右，居世界第一位；人均 GDP 达到 2.4

万～2.7万美元，相当于美国当年的1/3左右；第三产业比重超过63%，人口达到14.5亿的峰值，城镇化率超过72%，基本完成城镇化，超过30座城市进入世界城市百强。

在环境质量改善方面，预计到2030年左右，我国大气环境可实现根本好转。到2035年，水环境基本实现按功能区达标，全面消除黑臭水体，好于Ⅲ类水体占80%；农用地土壤环境得到严格保护，全国土壤环境质量稳中向好。届时，中国基本达到欧洲地区目前的生态环境水平和治理水平。

未来20%以上的农业就业人口需要向第二产业、第三产业重新配置，其背后对公共服务体系等带来巨大挑战。北京大学光华管理学院院长刘俏表示，2035年，中国老年人口占比也就是65岁以上的人口占比达到23%，大概3.7亿人。据预测，2035年中国城镇化率将达到75%甚至到80%，很多人会从农村迁向城市，用什么方式真正融入城市生活，对户籍制度、公共财政支出等带来挑战。留在农村的人口同样存在如何享受更多投资带来的收益以及养老、医疗等公共服务支撑问题。

2018年中央一号文件明确了实施乡村振兴战略的阶段性目标任务，总体上也是分三个阶段。到2020年，乡村振兴取得重要进展，制度框架和政策体系基本形成；到2035年，乡村振兴取得决定性进展，农业农村现代化基本实现；到2050年，乡村全面振兴，农业强、农村美、农民富全面实现。中央农村工作领导小组办公室主任、农业农村部部长韩长赋表示，目前，我国粮食供给总体充裕，肉蛋奶、果菜鱼产量稳居世界第一，“过去是8亿人吃不饱，现在是14亿人吃不完”。农业物质技术装备水平大幅提升，农业科技进步贡献率达到58.3%，主要农作物耕种收综合机械化水平超过67%，现代生产要素和手段已成为农业发展的主要驱动力。农业现代化水平的快速提高，把亿万农民从面朝黄土背朝天的农业生产中解放出来，从过去缺吃少穿的困难生活中解脱出来，追求美好生活、建设美丽家园的愿望更加强烈。

我们有3万多个乡镇、60万个村民委员会、317万个自然村。我国城镇化发展到现在，农村还有5.7亿人，即使到2030年城镇化率达到70%，农村也还有4亿多人，全国人大常委会委员、农业与农村委员会主任委员陈锡文认为，过去我们靠乡镇企业使大批农民可以离土不离乡地就业；到20世纪90年代中后期，大部分乡镇企业竞争不过城里的企业，自然消失了，于是有了进城务工的农民工潮。现在城里对劳动力需求的数量和质量跟过去不一样，在城市对普通劳动力需求数量减少、质量提高的情况下，一味鼓励农民进城，就有可能导致白费气力。为什么鼓励农民返乡创业，是因为农村现在有了这个机会。城里人富裕了，出现了新需求，想去看青山绿水、想吃农家菜、想去住农村的民宿、想体验农民的生活，农民就可以在家等着去满足这些新需求。

这两年回乡的，大部分人是寻找职业谋生，还有人是追求精神层面的东西、

追求想要的生活状态。我们现在需要做的就是寻找一批真正把农业当作自己事业来干的人，愿意搞农业、又热爱自己家乡。我见过很多这样的人，读了硕士、博士，甚至留了洋回来，要重视培养这样的人和鼓励这种行为。另外从经济角度看，留住人才需要保证农民收入不比非农收入低。陈锡文说，“过去10年，我一直在跟踪上海郊区淞江的家庭农场，刚开始实行家庭农场制的时候，每家农场面积大概在一百三四十亩；五六年之后，农场规模不仅没扩大反而都缩小到100～110亩的规模。究其原因，家庭农场太好了，夫妻俩经营，年收入10万元没有问题，不比当时上海城镇居民年收入低，这就成了人人抢着干的好活，大家都要干，农场规模就难扩大。这就是习近平总书记讲的，能不能让农民成为体面的职业，如果把农业产业做好，收入比进城务工还要高，农村是有吸引力的。”

孙世凯：年轻人返乡，农业变时尚

山东省东阿县刘集镇孙郭村“无敌多肉基地”是孙世凯2010年投资建设的，孙世凯之前在济南一家外贸公司工作，10年前开始接触多肉植物，有了从事多肉植物种植的想法。2010年，孙世凯和妻子张燕在济南租了半亩地，花10万元买进44盘多肉植物，建起了第一个多肉大棚。

孙世凯说：“我想有更大的发展，家乡正好给了我这个机会。我仔细考察过市场，济南从事多肉种植的人太多，市场竞争激烈，但是聊城在这一块基本是个空白。而且听说我要回乡创业，父母支持，村里也欢迎，租地价格、人工还便宜，省了不少钱，让我有了更多资金去发展事业。”孙世凯还表示，当时处于边摸索边种植阶段，很多多肉养得不好，也就不见效益。但是小两口没有放弃，经过多年的努力，从一开始的赔钱到逐渐有了经济效益。2015年，孙世凯夫妻俩在济南已经有了4个大棚，多肉事业初具规模。然而此时，孙世凯却决定放弃济南市场，回到家乡东阿县刘集镇孙郭村。2017年，孙世凯在家乡建成多肉基地，如今，已发展成为聊城市最大的多肉植物基地，占地15亩，拥有24个大棚，300多个品种，价值至少300万元。春秋季是多肉销售的旺季，平均每天要发三四十个快件。通过手机微信，基地多肉市场迅速拓展，目前，基地已经发展了8个稳定代理，进行长期推广和销售。

孙世凯介绍，我们基地的多肉品种齐全，价格从几元到几十元不等，许多客人从外地赶来批发。阳谷县寿张镇的一个客户，在我们这里拿了300块钱的货，两天就卖完了，今天上午他们又进了1 000多块钱的货。一个乡镇就有这么好的销量，可见多肉市场多么广阔。除了周边县市的，前几天还有个河北的客户，定了1万多元的货，拉走了整整两卡车的多肉。如今，孙世凯、张燕夫妇的“无敌多肉基地”，月平均销售额近6万元，每年的净利润至少五六十万元，不仅带动了周边多肉产业的发展，还为当地村民和贫困户提供了就业机会。懂技术、肯吃苦的年轻人给农村带来了新气象，让农业更加“时尚”。同时，这些正在成长起

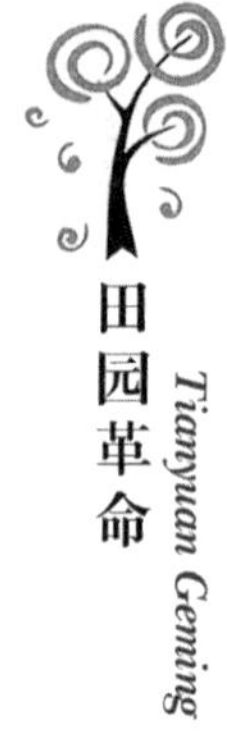

来的“80 后”农民也成为乡村振兴的重要力量。

现代社会，一定要让农业更加“摩登”

进城务工农业人口的越来越多，未来的土地由谁来种？针对这一时代之问，全国政协委员、江西省政协副主席、民盟江西省委会主委刘晓庄建议，培育新型职业农民，发展现代农业，大力发展农村新产业、新业态、新模式，把乡村建成生态美、产业兴、百姓富的“乐园”，吸引人、留住人。

年轻一代农民不会种地，老一代传统农民面对规模化、机械化、标准化、智能化的农业生产，也不太会种地了。要破解“农忙时节缺人手、科学种田缺人才、农业生产缺人力”的难题，核心是解决人的问题，让农民成为专家。新型职业农民才是未来农业发展的中坚力量，也是实现乡村振兴的生力军，应培养大批农业技术专家。刘晓庄说，要培育新型职业农民，就要确立农企和院校为主体，政府、社会与企业、院校等相结合的多元化培训体系，制订长效的培训计划，拓宽新型职业农民来源，鼓励农民、大学生、社会青年等多层次人员主动参与。在培训过程中，应发挥“田教授、土博士、水秀才”的作用，实训与实用相结合，同时提供技术、市场和政策等信息，避免教学与实践脱节，从多方面提升培训的质量和效果。

现代社会，一定要让农业更加“摩登”。刘晓庄建议，不同于传统农业“犁耙锄镰锹，样样好把式”，现代农业可运用现代科学技术和生产管理方式，内部分工精细明确。新型职业农民培养以农业生产市场化、生产活动农场化、企业管理科学化为指向，由“通才式”的经验渐移到“专业式”的特长，各司其职，通过内部分工，成长成各类型行家里手。此外，更应乘着乡村振兴的强劲东风，大力发展农村新产业新业态新模式，促进特色效益农业与资源加工转化、民俗生态旅游、现代商贸服务等，把乡村建成生态美、产业兴、百姓富的乐园，为农村注入更多活力和发展动力。

“CEO”王伶俐：让种田成时尚

行业内，“农业职业经理人”被称为“种田 CEO”。推进职业经理人种田，是崇州市构建新型农业经营体系，破解“谁来种地”难题的有效之举。过膝长靴、齐腰卷发——眼前这位“90 后”美女，让人很难与王伶俐“农业职业经理人”联系在一起。而事实上，24 岁的王伶俐，已在这个岗位上干了两年多。这样的打扮，曾招来“误解”。一些合作社社员认为像她这样的女娃干不了农活。选择“种田 CEO”这份职业，王伶俐受到父亲王志全的影响。王志全是崇州最早一批“种田 CEO”，也是较成功的一位。其实，通过两年的磨炼，王伶俐已从“菜鸟”变成行家。每天在地里学习各种农业知识，还参加政府组织的培训，王伶俐对当下农业发展也有着自己的判断，“中国的发展，离不开农业现代化的支撑，各级政府都很重视农业。如果年轻人不回来，谁来搞农业呢？要让种田成时尚。”

目前，崇州市已组建土地股份合作社 226 个，入社面积 31.6 万亩，入社农户 9.2 万户，农户和土地入社率均达 61%，适度规模经营率达 70%，培育“种田 CEO” 1 883 人——王伶俐是其中年轻的一批。在崇州市隆兴镇顺江村的种植基地里，王伶俐精心管理着上千亩稻田。与其他“种田 CEO”有些不同，即使是下地，她也会把自己收拾一番：带波点的筒靴、条纹衬衫……“我不认为在田里干活，就得放弃穿着上的讲究。”早在 2009 年，崇州市就探索“土地股份合作社＋农业职业经理人＋农业综合服务”三位一体的农业共营制。简单来说，就是农民将土地集中交给合作社，合作社再聘请会种田的能手打理，双方以约定好的比例进行分红。

王伶俐说，在父亲面前，自己还只能算是“菜鸟”。但某些时候，王伶俐不赞同父亲的想法，“比如，他总觉得机械插秧在产量上没保证”，王伶俐上手后，从父亲手中接过管账目的活路，不同于父亲的工作方法，王伶俐走哪里都带着手机，“所有账目我都用手机上的记账软件做记录，每一笔收入支出都清楚明了”。而过去王志全的记账方式，主要是记“大头”。农业共营制，让农业焕发更多活力，吸引了不少青年回到农村。据统计，崇州市 1 883 名农业职业经理人中，大专以上学历的有 132 人，占比 7%。看着别的合作社陆续用上了农机，王伶俐心里着急，“我每天在父亲面前唠叨，人工贵，为什么不试一试机械?”在女儿的坚持下，王志全终于同意买 4 台插秧机试一试。结果证明，机器插秧又快又好，成本降了一大截。两年“实战”，让王伶俐觉得自己当初的决定是对的。“发源于崇州的农业共营制，早已走出崇州，被各地学习借鉴。”王伶俐的话语中满是骄傲。如今，王伶俐和父亲管理着 3 个土地股份合作社的 3 000 多亩土地，机械化率达到 80%以上。

成都将构筑都市现代农业新高地，深入推进农业供给侧结构性改革，优化农业产业体系、生产体系、经营体系，推动农业适度规模化经营，提升农业产业化水平，加快培育农业农村发展新动能。2017 年，全市农业总产值突破 899 亿元。到 2022 年，将初步建成国家都市现代农业示范城市。都市休闲农业方面，将成都打造成世界休闲农业和乡村旅游目的地，未来的成都将“乡村田园秀丽、民俗风情多姿、生态五彩斑斓、功能现代时尚”。

将时尚与生态农业相结合，创造性地提出“时尚农人”概念的北京国际交流协会可持续发展专业委员会会长、诺爱品牌创始人刘伟认为，农民在中国的社会最底层，农民的社会的地位如果不改变的话，乡村振兴就是一句空话。把时尚和农人结合起来，这样可以吸引年轻人，在乡村里既有帅哥又有美女，这些人进驻乡村，反过来又进一步打造出时尚的乡村。我们是时尚乡村的开创者，未来中国的乡村将到处都是时尚和美学的元素，中国的农业就不会像现在这样存在这么大的危机感，对于年轻人来说，做有机农业将成为一种追求。刘伟表示，“时尚农人”将成为金字招牌，吸引越来越多年轻人回归田园，探索解决中国的乡村振兴问题。生态农业是一个相对的概念，现在的农业不够生态，所以大家才会追求生态农业，生态是生生不息的状态，做有机农业的话意味着我们的土壤是有活力的，不会对未来造成透支，不会对子孙后代造成困扰。生生不息的状态是生态农业核心的任务，如果要做到的话需要观念创新，也需要技术做支撑，要有道德底线。“时尚农人”是一面金字招牌，这个概念的背后有生活美学的加持，美的背后是“真”和“善”，真善美的东西由田间地头开始，由一群具有国际化教育背景的年轻人队伍传承，用“诺爱”旗帜，感召这些年轻人，把他们聚集在一起，来探索解决中国的乡村振兴问题。只有通过“真善美”的东西，才能吸引并留住年轻人，才能创造出更大的价值。刘伟说，诺爱之家将与德皇花园一起合作，打造未来农村生态领导力培训，让更多的年轻人在观念和理念上有新的认识。通过对生态、可持续发展、道德等方面的探索和教育，把“诺爱”信守承诺、关心关爱的精神传递到各个角落。

“花开海上”生态园开园，时尚农业超高“颜值”成网红

上海市金山区建成金山“花开海上”生态园，2018 年生态园做到了月月有花可赏，全年接待游客 32 万人次，门票收入 350 万元。生态园一旁的待泾村党总支书记姚民军也在算账——“花开海上”的门票收入，有 10%是村里的分红；同时，周边的林下停车场收入全归村里；村民还拿到了流转费、打工收入等“四金”“五金”；未来，村里 10%的闲置农宅，还有“大文章”可做……这座昔日的“穷村”，如今已摇身一变成为远近村子羡慕的对象。

金山正在努力成为上海实施乡村振兴战略的先行区。“产业兴旺是乡村振兴的关键，先行区必须先富起来，才能切实提高农民的获得感、幸福感”金山区委书记赵卫星说，“接下来，金山将通过激发农村三块地的活力、三产融合的动力、社会资本的引力，不断探索完善村级经济和农民收入的可持续增长机制，让乡村振兴在金山全面开花”。

74 岁的徐连生，是待泾村 16 组的村民，喜欢在园中种树、种花、施肥、拔草，他说，“我在生态园打工，每月收入在 2 500 元左右。另外，我每月还有 2 500 元的养老金。家里 4.5 亩承包地，已经流转了出去，每亩每年有 800 元流转费。一年下来，我和老伴收入加起来有八九万元，根本花不完……”

2014 年，朱泾镇调整规划，从村民手中流转出土地，引进社会资本杭州蓝天园林生态科技股份有限公司，对 1 984 亩林地进行整体开发，其中 600 亩用于打造“花开海上”生态园。2016 年 10 月，“花开海上”生态园开园，凭借绚烂花海的超高“颜值”一炮而红，很快成为沪上市民竞相“打卡”的网红景点。开园才两年多，这个偏远乡村里的生态园，已累计接待游客 60 万人。这个大项目探索了与村民的利益联结机制。从社会资本进入待泾村伊始，朱泾镇就和项目运营方达成共识，企业只有做好对乡村的反哺，才能获得长远发展。朱泾镇党委书记李士权说，根据约定，因共享了村里道路、绿化等基础设施，生态园每年门票收入的10%返还给待泾村，作为分红收益；生态园西侧，45亩林下停车场可停2 000辆车，由村里负责运营管理，收入也全归村集体所有；蓝天园林所开发的1 984亩林地，流转费比面上同类土地高5%。此外，待泾村的4 000多位村民，还可持年卡随时去“花开海上”免费游览。

光靠大项目“反哺”还不够。李士权表示，朱泾镇、待泾村正在积极盘活乡村资源，以更好地承接“花开海上”带来的人气，培育美丽乡村的特色产业。金山区还在“花开海上”区域规划了102亩集体建设用地，下一步打算在精品酒店的建设中，探索以农村集体建设用地入股的方式参与开发，加快打造集休闲、文创、旅游为一体的田园综合体，让农村集体经济获得长效增收。农民承包地、农村宅基地、村集体建设用地——待泾村正通过盘活农村“三块地”资源，一步步为乡村振兴注入新的活力。随着产业兴旺起来，待泾村的环境也越来越美。这两年，村里除了拆违、种树，还整修了10多千米的道路，并将全村所有14条河道全部进行了整治……待泾村的角角落落面貌焕然一新。

乡村振兴，农民不是旁观者，而要一起参与进来，共建共治共享。为此，待泾村在村民中培育建立路长、河长、埭长、桶长4支队伍，广泛开展入户宣传教育。垃圾分类做得好的村民，会得到一枚特制硬币，到年底可以兑换礼物。通过这种润物无声的治理方式，垃圾分类在待泾村正成为一种时尚，自觉守护家园的“庄阿姨”们越来越多。2018年底，待泾村正式被评为了上海市美丽乡村示范村。

道明“竹里”代言美丽乡村新未来

在距离成都市区1小时车程的崇州道明竹艺村，是历史悠久的竹编之乡，是国家非物质文化遗产的传承地。它就是成都新晋的“网红”建筑——像一个卧倒的数字8的“竹里”。

“竹里”的建设初衷就是为道明竹编提供一个传播和交流的平台，充分发挥“文创”的作用，让竹编工艺焕发新的生命力，借力乡村旅游，让竹编工艺有更大的市场。“竹里”的建设方——崇州崇中展业公司总经理康瑛介绍。“竹里”的设计目的，不仅是为了传承当地的竹编工艺，更是为道明竹编工艺的复兴增加新的创意。“竹里”的设计者是同济大学教授袁烽说，“竹里”的设计灵感来源于曾在崇州为官的陆游的词句：“竹里房栊一径深，静愔愔。乱红飞尽绿成荫，有鸣禽。”诗句中有竹、有树、有鸟、有茶，多惬意的生活啊！于是“竹里”的设计理念出炉：要与周围自然融为一体，要与周边富有历史文化的白塔湖、白塔寺、读书台等元素相得益彰，让建筑既有传统工艺的痕迹，又有现代文化的追求。当两者相遇擦出火花，“竹里”应运而生。在建造上，“竹里”是崇州装配式建筑的试水者。设计图纸和各项建筑材料的技术参数确定后，“竹里”的建筑构件全部在建材工厂“打印”完成。各个建筑构件运抵现场后，1 000多平方米的建筑，52天就“组装”完毕，如此高效率的施工，堪称崇州建筑的奇迹。

“竹里”是现代科技与传统文化的结合。袁烽表示，“竹里”面世后，带给游客的体验是让人没有想到的。在这样一个钢木构架支撑的内向折叠的环形青瓦屋面房子里，建筑材料竹木瓦的历史感与形式的现代性，传统建造方法与现代产业技术，都在这个扭转的时空中得以融合。走进“竹里”，就像穿梭在自然与文化之间，每个房间都有丰富的层次体验。去过“竹里”的成都游客认为，“竹里”有很多让人“想不到”：想不到传统工艺还可以这样呈现，想不到自然美与现代建筑还可以如此融合，想不到崇州乡村的房子可以这样修建。现在，道明的“竹里”不仅是道明乡村的景点，还是竹编文化传承与复兴的载体。“我们的竹编可以在这里展览和销售，眼看传承多年的技术要没落了，没想到又找到了新路子”，道明竹编传承人杨隆梅说。

“竹里”的建立，本真地还原了周围环境独特的文化气质，起到了画龙点睛的作用，从而让这座过去无人问津的村子焕发生机。“竹里”这个名字，“竹”是指环境，自然的场景；“里”是指文化，内心的归宁；竹林、房栊、鸟鸣、古琴、沉香等所营造的意境与场景，是一种远离纷扰都市生活的安静与祥和，也是返璞归真的乡村本貌。室内餐厅环境幽静，文雅自然，不提供点菜，只提供配餐，食材新鲜，色香味全，不失为一个享受慢生活的好去处。深邃的意境，盎然的野趣，诠释道明竹里亘古不变的特性，于是一座融合当代建筑与自然乡村的建筑，便在竹编之乡的自然空间里应运而生。

让乡村的人们拥有雅致的生活，让每个乡村建筑都成为“景点”，让每个乡村建筑都可以阅读，让每条乡村道路都有温度，是崇州建设现代田园城市的努力和追求。时任崇州市委书记赵浩宇表示，崇州将秉承创新、协调、绿色、开放、共享理念，借鉴国际国内一流的田园城市建设理论，依托崇州生态本底，精准规划，让乡村建设统筹可控；精心设计，让乡村建筑凸显蜀风雅韵；精细管理，让乡村韵味优雅时尚，坚守乡村建设的自然主义情怀、人文主义情怀和理性主义情怀，实现生态空间的山清水秀，生产空间的集约高效，生活空间的宜居适度，把崇州建设成更加和谐、宜居、富裕、幸福的现代田园城市。

“第一次来崇州，感受到的不仅是这座城市好客的情怀，深有体会的更是崇州得天独厚的生态本底。”同济大学建筑与城市规划学院教授、博士生导师袁烽称赞，“从重庆路沿线过来到‘竹里’，崇州的美丽乡村建设、乡村规划，都给我留下了深刻的印象，崇州这座城市有美丽乡村建设的本底，崇州政府也有美丽乡村建设的决心。”崇州市旅游部门负责人认为，不同时代的人们有不同时代的审美观。不同时代美的建筑都会引起不同时代人们的自豪与骄傲，并映射出那个时代城市和乡村的魅力。而作为四川省历史文化名城的崇州，从来都不缺乏美的建筑。崇州的罨画池园林、街子古镇字库酒店、崇州鞍子河自然保护区宣教中心和“竹里”，都让各位建筑界大师对崇州建筑赞不绝口。

第七章

打造中国创意农业之都

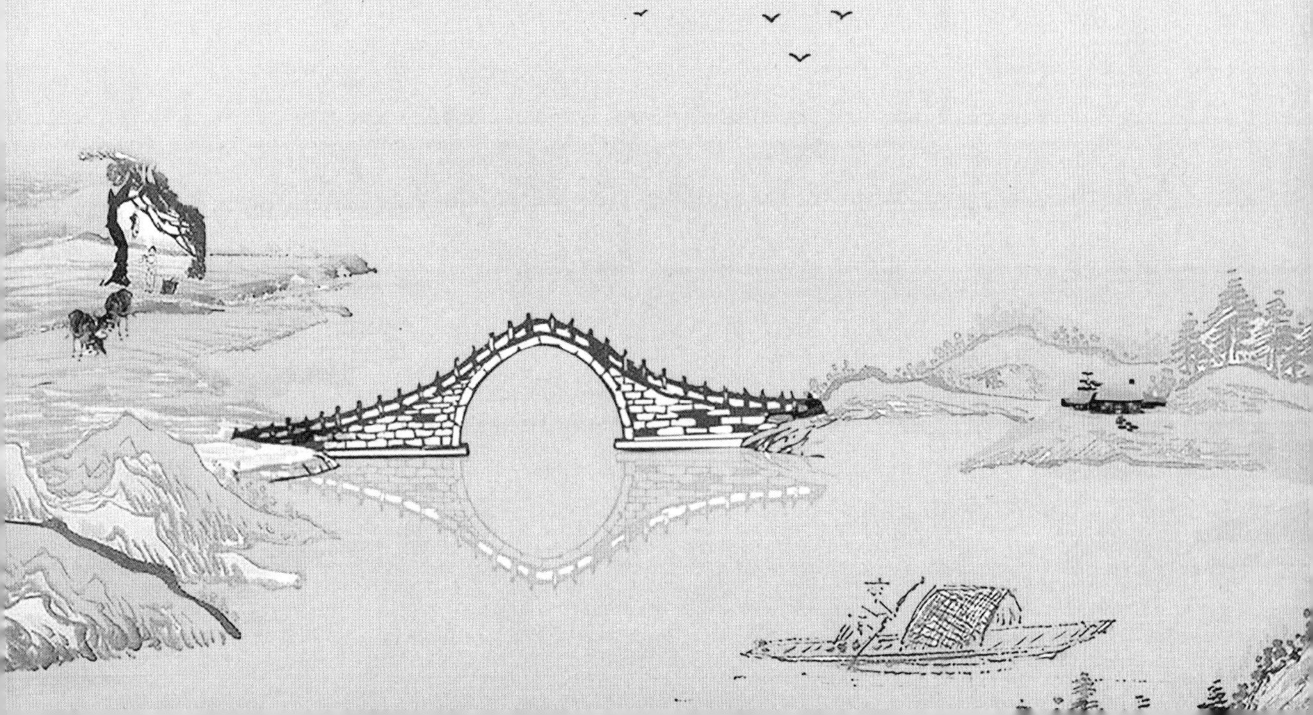

创意农业发展“日记”

2007 年 4 月，章继刚在国内首次提出创意农业概念，并得到我国著名经济学家、时任民革中央副主席厉无畏先生的肯定和支持。

2007 年 5 月，《四川商务》月刊第 5 期（总第 187 期）连载章继刚论文——《成都总部经济发展战略研究》，在国内首次提出以锦江区三圣乡“花乡民居”“荷塘月色”“东篱菊园”“幸福梅林”和“江家菜地”五朵金花为基础，建立“中国成都五朵金花创意农业园区”和“中国西部创意农业发展研究院”，将农产品和文化、艺术创意结合，使其成为具有高文化品位、高营利性、高附加值，智能化、特色化、个性化、艺术化农产品，赋予农产品独特魅力，推动我国创意农业发展。

2008 年 2 月 26 日，四川日报理论创新版刊登章继刚作品《打造农业新的经济增长点》，文章指出，创意农业是以市场为导向，将农业的产前、产中和产后诸环节联结为完整的产业链条，将农产品和文化、艺术创意结合，使其成为具有高文化品位、高知识化、高营利性、高附加值，智能化、特色化、个性化、艺术化、高科技农产品，提高农产品的观赏性，以实现资源优化配置的一种新型的农业经营方式。

2008 年 3 月，在全国政协十一届一次会议上，民革中央向大会提交《关于大力发展创意农业，提高农产品附加值的建议》提案，提案由时任民革四川省委参政议政委员会副主任章继刚执笔。全国政协委员厉无畏在全国政协十一届一次会议第三次全体会议上代表民革中央做题为《发展创意农业推进社会主义新农村建设》的大会发言。厉无畏指出，新农村意在“新”，这就要求我们要以新理念催牛新举措，以新举措推进新变化，以新变化促进新发展，因此，需要多方探索我国社会主义新农村发展的新道路。在世界经济步入创意经济时代的今天，通过发展创意农业，转变农业发展模式，构建持续健康发展的农村产业体系，将是实现社会主义新农村建设目标的一条创新之路。创造“三位一体”的生态文明是创意农业的新功能，助推社会主义新农村总体目标的实现。“生产发展，生活宽裕，乡风文明，村容整洁，管理民主”是新农村建设的总体目标，其中蕴涵了经济生态、自然生态和文化社会生态“三位一体”发展的新要求。创意农业运用文化科技的双重生产力促进农村经济发展，以文化资源的挖掘和区域文化特色为核心，以优美的自然农业生态为依

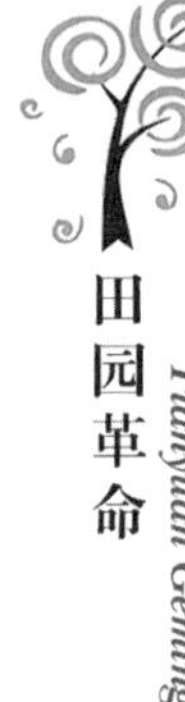

托，以高效的农业生产为基础，以提高人居生活品质为依托，这一发展模式具有建设生态文明的强大功能。如将农业生产与地方自然、文化、社会等资源，进行创意性配置组合所形成的创意农业产品，以农民为主角、农村为背景的创意农业活动，不仅能够体现农业的生产功能、文化休闲功能，还能够充分整合和盘活农村的各项资源，弘扬当地的文化特色，营造多彩的农村社区，提高农民收入、文化水平和生活品质，使农村田园生活具有生动、鲜活的美感，社会功能大大拓展，由此所吸引的人流和资金流，进一步产生“滚雪球”的良性循环。创意农业从单纯的关注农业的产能，转向全面挖掘农业的潜能、创新农业业态，对于推进新农村建设具有极大的推进作用。我们应确立发展创意农业的新战略，制定创意农业发展的综合规划和新的发展机制。特别要转变发展理念，建立城乡互动互融的推进机制，加快不同产业融合发展的促进机制，并制定一套鼓励工业企业、文化企业、科技企业投资支持创意农业发展的政策。

2008 年 3 月至 2015 年 3 月，在全国政协会议上，连续 8 年民革中央和全国政协委员向大会提交了发展创意农业提案，8 件提案均由章继刚执笔。2008 年 7—8 月，《企业研究》杂志总第 307 期、308 期连续推出章继刚论文《创意农业在中国》（上、下），媒体纷纷转载。同年 7 月 8—10 日在民革中央举办的“新农村人才战略研讨会”上，创意农业和农村人才问题成为与会近 200 名专家学者热议的焦点。章继刚论文《大力开展大学生创业教育指导，促进大学生自主创业的对策建议》受到与会专家学者好评。12 月 27 日，在成都举行的首届中国创意农业发展论坛上，全国第一份创意农业投资价值报告——《2008—2009 年中国创意农业投资价值研究报告》正式发布，报告提出的“实施中国创意农业富民计划，打造创意农业万亿产业”“建立中国十大创意农业产业带”等建议，成为研讨会上的最大亮点。

2009 年 1 月，《企业与企业家》2009 年第 1 期发表章继刚论文《创意农业：中国亿万农民增收致富的朝阳产业》。2009 年 1 月，四川省政协十届二次会上，民革四川省委提出《关于实施四川创意农业富民计划促进我省农民增收的建议》（章继刚执笔）提案，建议“实施四川创意农业富民计划，打造创意农业千亿产业，促进我省农民增收”，建立“创意农业园区”“创意农业总部基地”，努力打造创意农业产业园区；探索以创意农业文化、总部经济为背景，产业集群、总部基地加创意农业旅游“三位一体”的商业模式；建立成渝创意农业产业带，打造创意农业产业带；全力搭建科技创新平台，建设强大的科技支撑体系，集合产学研各方面力量“登台唱戏”，努力探索创意农业新路，打造“四川创意农业名镇”，形成一批具有明显竞争优势的创意农产品，增强产业集聚能力，不断提升创意农业竞争力，实现农业增效、农民增收。

《中国经济杂志》2009 年 1 月、2 月合刊（第 76、77 期）发表章继刚论文《美学经济带领中国创意农业》，以“美学经济时代的农业，成为市民消费‘新宠’”“珠三角美学经济育出大产业，观赏鱼产值超过 100 亿”“栖霞苹果长出艺术的翅膀，飞往四面八方”“桃

花经济：最美名片催生千亿产业”“实施中国创意农业富民计划，打造创意农业万亿产业”为题，首次系统地对“美学经济”“美学经济创意农业”进行了阐述。3月，国家核心期刊《江西农业大学学报（社会科学版）》2009年第1期发表章继刚论文《中国创意农产品发展战略的思考》。5月20日，全国政协副主席，民革中央常务副主席，上海市创意产业协会会长，“2007年度中国创意产业杰出贡献奖”获得者，我国著名经济学家，中国创意产业理论泰斗厉无畏为我国第一部创意农业学理论专著《创意农业学》题写书名。5月27日，我国第一部创意农业学理论专著《创意农业学》由中国科学文化音像出版社出版，面向全国发行。

2009年3月13日，四川农村日报头版头条刊登对章继刚的专访——《创意农业借你一双增收翅膀》。章继刚认为，从增收的角度来看，四川应当实施创意农产品“一村一品”兴业富民工程，努力推进创意农业产业向农业产业集群方向发展，重点发展区域特色强、竞争优势强、创意优、科技含量高、成长空间大、带动作用大的农业产业集群。

2009年3月22日，章继刚与四川师范大学大学生座谈创业时，鼓励大学生投身创意农业，创办创意农园，争做创意农民。新农村建设任务最艰巨、最繁重，需要培育和造就千千万万高素质的创意农民，需要能够吃苦耐劳、大胆创新的大学生。大学生朝气蓬勃，具有现代理念、现代管理和现代科技知识，适合在农村搞创意农业，与农民一起体验建设创意农村的苦辣辛酸，带领越来越多的农民发财致富。

2009年以来，民革中央主要领导多次带队赴四川、重庆等地的西部广大农村地区，进行深入调研，在调研基础上形成的《关于发展创意农业的几点建议》，得到了时任国务院副总理回良玉的充分肯定。

2009年12月15日农业部在北京召开中国创意农业（北京）发展论坛。创意农业是休闲农业的重要内容，是中国现代农业发展的重要方向之一。在农业部农产品加工局、北京市农村工作委员会主办，北京市农村经济研究中心承办的中国创意农业（北京）发展论坛上，章继刚发布了《2009—2010年中国创意农业发展研究报告》。

2010年2月27日，郫县在虎年伊始的第一个工作周里就以发展创意农业为主题，召开了县委中心组（扩大）学习会。郫县将在2010—2015年里对创意农业总投资达1 000亿元，并初步形成创意农业现代化的基本框架，并形成经济总量达3 000亿元的“中国创意农业第一县”。中国创意农业创始人章继刚认为，郫县是一个传统的农业大县，又是中国民间文化艺术（特色文化）之乡，具有发展创意农业产业的良好基础，郫县应在2010年里相继打造“中国生态优活城市”“中国创意农业最佳生活城市”“世界川菜养生城市”“中国创意农产品国际养生之都”“中国创意乡村旅游福地”5个品牌，争创中国创意农业节庆的“中国驰名商标”，最终构建集“创意生产、创意生活、创意生态”功能于一体的都市型创意农业产业。

2010年1月26日，中国创意农业第一个官方网站“创意农业网”（www.zgcyny.com）

正式开通。2月，中共湖南省委湘发〔2010〕一号文件，将“积极发展创意农业”写入文件。2011年，全国30多个省、市、自治区将发展创意农业列入“十二五”规划。21世纪以来指导“三农”工作的又一个中央一号文件——《关于加快推进农业科技创新持续增强农产品供给保障能力的若干意见》，2012年2月1日由新华社授权发布。这是自2004年以来，中共中央连续发布的第九个以“三农”为主题的中央一号文件，再次凸显“三农”问题的重要地位。2月2日，农业部办公厅关于印送《农业部乡镇企业局（农产品加工局）2012年工作要点》中提出，“加强典型示范带动，提升公共服务能力，开拓创意农业和传统农业文化挖掘工作新领域”。2月3日，农业部发布关于开展全国休闲农业创意精品推介活动的通知，发布了《全国休闲农业创意精品大赛工作方案》。2012年中共四川省委一号文件——《关于全面加强农业科技创新推广确保农业农村发展迈上新台阶的意见》，提出“积极培育农业产业技术创新战略联盟”“大力发展乡村旅游、森林旅游和创意农业”。

2013年，中共成都市委、成都市人民政府《关于实施创新驱动发展战略加快创新型城市建设的意见》（成委发〔2013〕13号）提出“构建适应高产、优质、高效、生态、安全农业发展要求的技术体系和新型科技服务体系，大力发展精准农业、设施农业、创意农业，实施科技惠民工程”。

2013年6月19日，重庆市人民政府办公厅发布《关于发展都市现代农业的指导意见（渝府办〔2013〕20号）》中强调：以直接服务城市消费为目标，重点发展园区农业、体验农业、科普农业、创意农业、精品农业以及农产品交易市场、配送中心等，为市民提供调节城市生活节奏的休闲生活空间。

2014年四川省人民政府工作报告强调：“积极发展休闲农业、创意农业和乡村旅游业，培育增收支撑产业和区域特色品牌。”

2016年11月24日，重庆市人民政府办公厅发布《关于加快农村一二三产业融合发展的实施意见（渝府办发〔2016〕247号）》，要求积极发展创意农业、农业生产租赁业，培育农产品个性化定制服务、会展农业、精致农业、光伏农业等新型业态。鼓励在城市郊区发展工厂化、立体化等高科技农业。

2018年5月9日，重庆市委书记、市委实施乡村振兴战略工作领导小组组长陈敏尔主持召开领导小组会议。他强调，要深入学习贯彻习近平新时代中国特色社会主义思想和党的十九大精神，坚持把实施乡村振兴战略摆在优先位置，加强党对“三农”工作的领导，着力补短板、强动力，奋力开创我市乡村振兴新局面。着力补齐产业发展短板，深化农业供给侧结构性改革，加快产业结构调整，高标准打造农业园区，培育龙头企业，壮大经营主体，加强品牌建设，提升现代农业特色化、集聚化、融合化、智能化、绿色化发展水平。要靠科技创新增强动力，加快建立现代农业科技创新体系，培育更多“农业+”新业态新模式，充分发挥农业科技人才在乡村振兴中的作用。要靠党政领导增强动力，坚持“书记抓、抓书记”，落实部门责任，注重政策化、项目化、事项化落实，加强“三农”工

作队伍建设，调动农民群众的积极性、主动性、创造性，凝聚乡村振兴的强大合力。

2018 年 5 月 16 日，在重庆市旅游发展大会上，重庆市委副书记、市长唐良智提出，要坚持以“旅游＋”为导向，加快旅游与农业、工业、康养、体育等融合发展，全力培育旅游发展新业态。要坚持以交通畅达为基石，打通“主动脉”，畅通“最末梢”，助推“慢行游”，全力构建“快旅慢游”新支撑。要坚持以品牌营销为抓手，创新营销模式，讲好重庆故事，全力塑造“山水之城·美丽之地”新形象。要坚持以优化服务为重点，以改革创新为动力，全力营造旅游发展新环境，打造重庆旅游业发展升级版。

2018 年 9 月 4 日，四川省乡村振兴大会第二阶段会议在成都召开，省委书记彭清华在讲话中指出，要大力推动产业振兴，深入推进农业供给侧结构性改革，以发展特色鲜明、要素聚集、链条完善、机制创新的现代农业园区为重点，以创建农业强县为载体，加快构建现代农业产业体系、生产体系、经营体系，推动农村一二三产业融合发展。大力推动生态振兴，全域推进“美丽四川·宜居乡村”建设，彰显村落特色、保持乡土风情，扎实抓好农村人居环境整治，打造幸福美丽新村升级版。

2019 年 3 月 1 日，重庆市人民政府办公厅发布《重庆市人民政府关于加强和改进新形势下招商投资促进工作的意见（渝府发〔2019〕6 号）》，要求围绕现代特色种植养殖业、休闲农业、创意农业、设施农业等领域，引进一批农业龙头企业和优质项目。聚焦新业态新技术新模式，推动一二三产业融合发展。

创意农业作为一种风靡全球的新兴农业产业模式，是将农业与文化创意产业相结合，借助文创思维逻辑，融合文化、科技、旅游与农业多元要素，培育农业美学经济，推动农业功能进一步开发拓展、价值进一步丰富提升的新产业新业态，是实现乡村全面振兴的重要载体。成都、重庆和全国各地多年的实践证明，发展创意农业不仅可以优化农业产业体系、生产体系、经营体系，进一步完善“农业共营制”等适度规模经营方式，推动农业服务组织的专业化和企业化，加强农业经营主体和新型职业农民培育，全面提高农业的土地产出率、资源利用率、劳动生产率，而且可以进一步推进三次产业融合发展，大力发展农产品深加工业、农村电子商务，推动乡村旅游提档升级，拉长农业产业链和价值链，打造效益倍增的创意链，提升农业综合效益和附加值。

2008 年以来，“发展创意农业”连续八年成为全国政协高度重视的提案。2016—2018 年，创意农业连续三年写入中央一号文件。

近年来，全国各地全力培育和支持创意农业联盟发展，不断拓展产业链条，推动龙头企业集群集聚，提升农业竞争力，支持农业龙头企业，吸引战略资本投资，单一生产力的调整已满足不了中国现代农业的发展需求，新型农业生产关系正在构建，高利润吸引资本纷纷追逐农业，美色、美形、美味、美质、美感、美景、美心的创意农业已经成为增收增美的高端产业。

中国农业正快速驶入创意农业时代。创意农业已经成为城乡精神文明建设中一道靓丽

的风景线，将亿万农民增收致富过上美好生活的梦想变成现实。

四川已经成为中国创意农业的发源地。20 世纪 80 年代末，成都市郫都区开创性地培育了“农科村”，成为全国“农家乐”的发源地。近年来，成都注重休闲农业与文化创意的有机融合，打造了全国创意农业第一村战旗村，以及五朵金花、岷江村、安龙村、五星村、大坪村、先锋村、宝山村、花舞人间、大梁酒庄等一批创意农业品牌，创意农业基地、艺家乐、乡村书院、乡村咖啡、农业主题公园、创意农业科技园区、田园综合体、农业嘉年华、创意农业高端产业集群让农业附加值成倍增长，一批十亿级和百亿级创意农业龙头企业和全域田园综合体在成都诞生，成为全国都市现代农业发展的靓丽名片，成都创意农业蜚声中外。

2018 年，成都市共建设 20 个休闲农业主题公园和 40 个农业文化创意基地，累计建成国家 A 级景区的都市现代农业乡村旅游基地（园区）38 个，提升建设 60 个乡村特色文化酒店和主题民宿，吸引乡村旅游游客 8 451.39 万人次，总收入达 258.69 亿元。2018 年在都江堰市成功举办全国首届“农民丰收节”分会场活动，川西农耕文化在全省、全国得到广泛宣传。

全国第一本创意农业学专著 2009 年在成都出版；成都成立了全国第一个创意农业研究中心——中国西部创意农业发展研究中心，以及全国第一个创意农业协会——成都市创意农业协会。全国第一个创意农业教育集团——四川中国西部创意农业教育集团在成都宣告成立；全国第一本创意农业专著在四川出版，全国第一套创意农业精品教材暨乡村振兴丛书在四川出版，全国第一个创意农业智库在四川建立。自 2008 年以来，在全国政协、民革中央、农业部、中共四川省委农工委、民革四川省委、四川省农业厅、成都市政府、成都市科学技术协会、成都市农业农村局领导支持下，在四川大学、四川农业大学、四川师范大学、四川旅游学院、成都农业科技职业学院等单位和全国各地专家学者支持下，在成都成功举办了 12 届中国创意农业发展论坛，面向全国发布了 12 个年度的《中国创意农业发展研究报告》。国内外农业农村工作者、企业家、在校大学生和广大农民通过论坛对创意农业的发展形势、农业创意技术、农业新经济和前沿动态有了全面了解，对促进乡村振兴、农业创新创业创意先进经验和模式有了更多认识和把握。战旗村成为中国创意农业发展论坛永久会址。作为连续举行 12 年、国内外公认的首个最有影响力的创意农业高端品牌论坛，带来的大量人流、物流和信息流，将有力促进优势资源向创意农业产业聚集，带来了创意农业产业投资的新机遇。中国创意农业发展论坛对促进农业新经济培育与新动能塑造有机结合，不断壮大农业新经济市场主体规模，由依靠农村劳动力低成本和技术低门槛为主的竞争转变为以构建创意产业生态圈和创新生态链塑造比较优势，为新旧动能转换和传统农业加快转型注入强劲动力起到了积极的推动作用，受到国内外专家学者、企业家和广大农民朋友的高度评价。

重庆建设中国创意农业之都的必要性

乡村振兴的时代呼唤世界优美乡村建设。优美的生态环境，是城市带不走的记忆。重构新型城乡关系、培育田园美学经济，已成为时代的呼唤。乡村振兴最需要的是加快推进乡村生态文明建设。小乡村大世界、小田园大美学，重构新型城乡关系，已是大势所趋。重庆乡村风光优美、景色秀丽，乡村不能成为抛荒的乡村、遗忘的乡村、逃离的故园。我们必须重新认识乡村的价值和意义，重新发现田园之美，更加重视田园保护、更加重视田园经济投入。培育乡村生态文明，建设世界优美乡村，就是要发挥乡村独特禀赋，实现田园生产、田园生活、田园生态和田园美学的有机结合，促进重庆文化与田园文化的有机融合，让重庆乡村成为不砍树、不拆房、不占田、不贪大、不求洋，因地制宜在地化、田园时尚国际化发展的典范，让农业农村现代化成为记得住乡愁的现代化。

构建人与自然和谐共生的关系需要推进世界优美乡村建设。重庆乡村有着古朴悠远的田园情调，更有神采飞扬、生机盎然的时尚气息。乡村不能、也不应成为乡村经济发展的落后地区、重庆文化传播的薄弱环节。推进建设世界优美乡村建设，就是要凸显底气，对接地气，以田园生产、田园生活、田园生态为核心，依托原住地、原住房、原生态、原产地，依靠原村民，构建人与自然和谐共生的关系，展现人工与自然相互融合的美，让市民在宁静和悠然自得的田园牧歌式的生活情趣中，获得审美享受和情感升华，让田园充满吸引力。

重庆已经具备建设世界优美乡村、推进乡村振兴的生态本底。重庆是全国最早发展创意农业的城市之一，令人惊艳的“重庆蓝”“夕阳红”时常刷爆朋友圈，涌现出一大批有个性、有创意的创意农业优美乡村。清新的空气、泥土的气息、宁静的环境、优美的风光、纯朴的民风、有趣的创意活动，让乡村进入创意农业产业发展、打造世界优美城市的更高阶段。推进特色田园文化建设，促进乡村振兴，不论是在产业发展上、还是在生态环境建设上，重庆都已经具备良好的发展条件。积极探索乡村振兴的重庆路径，努力推进田园文化与传统乡村交相辉映的美学经济发展形态，以田园创意营造田园风貌，对接时尚化创意、在地化发展、花墅化居住、田园化养心的地气，推进绿色发展、创意发展、优美发展。

创意农业是促进农业强、农村美、农民富、市民乐的新产业。创意农业和乡村旅游是乡村产业重要组成部分，它是横跨一二三产业、兼容生产生活生态、融通工农城乡的新产业新业态。

创意农业促进产业兴旺有“市值” 创意农业和乡村旅游是农村一二三产业发展的天然融合体，产业链长、涉及面广、内涵丰富。发展创意农业和乡村旅游发展，可以发掘农业的多种功能，夯实“一产”的基础，推动“二产”两头连，促进“三产”走高端，让乡村资源优势变为经济优势，让农民的钱包鼓起来。

创意农业促进生态宜居有“颜值” 创意农业和乡村旅游是绿水青山转化成金山银山的“金扁担”，可以让乡村的景观靓起来，同时能为市民提供各种服务，让人们享受“好山好水好风光”的视觉愉悦。

创意农业促进乡风文明有“气质” 发展休闲农业和乡村旅游有利于结合当地文化符号、文化元素，通过休闲养生、农耕体验等活动，挖掘当地的民俗乡土文化、农耕饮食文化、图腾文化和民间工艺，将其激活、保护、传承和弘扬。

创意农业促进治理有效有“基质” 创意农业和乡村旅游以农民为主体、农村为场所，既有小农户和基层组织的自主经营，又有工商资本的参与带动，这一过程中，创意农业和乡村旅游将先进的管理模式和理念引入农村，影响基层组织管理方式，促进自治、法治、德治“三治”体系的建立，有利于激发基层组织自我调整和创新的活力。

促进生活富裕有“品质” 创意农业和乡村旅游能够大幅提升农产品附加值，增加农民收入，扩大就业容量，从而有效提升农村产业的劳动生产率、土地产出率、资源利用率，让农业“有干头、有赚头、有奔头、有念头”。

积极发挥创意农业优势，准确把握重庆农旅融合和乡村振兴的定位

2018年初，重庆市委书记陈敏尔亲自部署实施“兴调研转作风促落实”行动，并率队深入长寿村蹲点调研乡村振兴，历时近3个月，形成了10万字的调研报告，逐一剖析乡村振兴面临的突出问题，研究制定《中共重庆市委办公厅市政府办公厅关于聚焦乡村发展难题精准落实“五个振兴”的意见》。其他有关市领导、有关单位围绕乡村振兴开展专

题调研，形成 60 余篇调研报告，为全面深入推进乡村振兴战略提供了第一手资料，贡献了智慧，提出了方案。

重庆农业按照深化拓展五大功能区域发展战略的要求，进一步优化农业产业空间布局，因地制宜确定发展重点，努力探索特色鲜明、绿色安全、供需衔接、产业链完善、增值能力强的现代特色效益农业发展之路。在定位上，都市功能拓展区大力发展都市现代农业和休闲旅游业；城市发展新区大力发展城郊特色效益农业；渝东北生态涵养发展区着力构建农产品特色经济板块；渝东南生态保护发展区着力构建高效生态农业示范区和特色农业基地。围绕 2020 年重庆农民人均可支配收入达到全国平均水平目标，进一步加大强农、惠农、富农政策力度，挖掘农村内部潜力，拓展非农增收空间，通过发展农村经济、组织农民外出务工经商、增加农民财产性收入等多种途径增加农民收入，让农民生活更殷实、家底更厚实。全力推进脱贫攻坚，全市在项目资金上，重点向贫困区县倾斜，现代特色效益农业切块资金使用放宽到贫困区县所有产业，鼓励村集体经济组织集中申报、统筹实施；在扶贫搬迁上，按照“搬得出、稳得住、逐步能致富”的要求，细化任务、明确责任，确保“十三五”期间搬迁 25 万农村建卡贫困人口的目标圆满完成。同时大力推动城乡资源要素流通。一方面，促进城市资本、人才、技术、管理等要素下乡；另一方面，大力发展农产品加工、品牌、电商，努力使更多的优势农产品走出大山、走进城镇、走上餐桌。到 2020 年，七大特色产业链综合产值达到 1 500 亿元以上。过去几年间，重庆保障了主要农产品有效供给，以柑橘、生态渔业、草食牲畜、茶叶、榨菜、中药材、调味品为重点的七大特色产业加快发展，全产业链综合产值近 900 亿元。

“十三五”期间，将深化结构调整，坚持以市场为导向、效益为中心、增收为目标，充分尊重农民意愿，大力调减低效作物种植面积，主攻七大特色产业链建设，力争到 2020 年其综合产值实现 1 500 亿元以上。依托地方特色资源，结合丘陵山区实际，重庆将七大特色产业按全产业链进行重点打造。重庆具有发展晚熟柑橘的独特优势，现已发展柑橘 297 万亩，其中晚熟品种 100 万亩，鲜果上市期延长到 10 个月，下一步将进一步发展晚熟柑橘和橙汁加工。重庆持续多年实施水生生物增殖放流，库区水质明显改善，三峡库区生态渔场建设也取得积极进展，成功打造了“三峡生态鱼”品牌，带动库区 10 万渔民增收，今后将生态渔业建设拓展到冷水鱼养殖、池塘健康养殖和稻田养殖，打造生态渔业产业链。依托秦巴山、武陵山丰富的草地和秸秆资源，重庆已形成了年出栏肉牛 64 万头、羊 250 万只的规模，同时加快推进澳洲肉牛进口项目，构建“进口育牛”“种草养畜”两个循环，在南方地区打造草食牲畜优势产区。此外，全市还着力发展榨菜、中药材、茶叶和以“重庆火锅底料”为代表的调味品产业链，实现特色产业区域化、差异化发展。在七大特色产业链建设过程中，重庆还配套推进“1 000 万亩高标准农田”和“1 000 万亩标准化现代特色效益农业产业基地”建设，提高耕地综合产能。

全市围绕长江上游重要生态屏障建设，牢牢坚持“生态优先、绿色发展”，强化农村生态产品供给功能，充分发挥农业在生态系统中的主体作用，加强农村生态环境建设，守

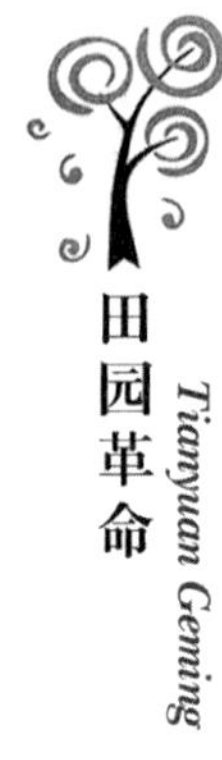

护好乡村风貌和田园风光。大力发展特色经果林。配合有关部门，在实施新一轮退耕还林和石漠化治理过程中，重点发展柑橘、李子等特色水果，以及中药材、茶叶等高效经济作物，同步实现增绿、增收。依托长江流域生态屏障建设，开展国家森林公园和农业公园创建。加快生态循环农业发展。通过先建后补、项目扶持等方式，支持规模养殖场加强粪污无害化处理和生态利用，鼓励发展“猪—沼—果（菜）”等种养结合的生态循环模式，推进种养融合、配套发展。加强耕地质量建设。强化农业面源污染、重金属等耕地污染防治，全面实施化肥、农药使用量零增长行动。结合绿肥推广，实施150万亩深松整地，促进地力稳步提升。以创意农业和乡村旅游示范村为重点，加强乡村建设规划，推进500个行政村人居环境综合整治，建设清洁家园、清洁水源和清洁田园，打造宜居、宜业、宜游的新农村。

重庆市积极引导城市工商资本“上山下乡”，策划乡村振兴重点项目500余个。全市18个贫困乡镇农网基础设施专项升级改造工程，光纤和4G网络加快由行政村向自然村延伸。开展信息进村入户工程整市推进示范，建设重庆市农业物联网云平台，实施“互联网小镇”示范建设。围绕“产业兴旺、生态宜居、乡风文明、治理有效、生活富裕”的总要求，选择6个区县开展综合性试验示范；紧扣乡村产业、人才、文化、生态、组织“五个振兴”，选择5个区县开展单项试验示范；指导各区县分别选择不同类型的2～3个乡镇及3～5个村开展示范建设。2018—2020年，市财政每年安排综合试验示范区县各3 000万元、单项试验示范区县各1 000万元专项资金，实行先建后补，建立项目审核和年度绩效评价验收机制。强化用地保障，对彭水、酉阳等14个国家级贫困区县各安排600亩精准扶贫脱贫专项计划指标，对每个综合试验示范区县每年专项安排500亩计划指标，单项试验示范区县每年专项安排200亩计划指标。

重庆市按照因地制宜、推行多规合一、注重乡村文化、“三生”融合、建设和保护并重的要求，推动建筑师、规划师、工程师“三师”下乡，逐步推进村规划全覆盖，推进产业生态化、生态产业化。加快发展生态农业、生态旅游、生态康养等绿色产业。到2020年，重庆生态农业技术得到全面推广，形成多种生态农业发展模式，建设一批区域性生态循环农业示范区，全市新建生态农业示范区县10个、生态农业示范镇100个、示范村1 000个。到2020年，重庆将创建10个全国休闲农业与乡村旅游示范县，打造10大乡村旅游产业集群，建成100个特色旅游镇，1 000个特色旅游村，年接待游客达1.7亿人次，乡村旅游总收入超过800亿元，吸纳100万农民就业。“首批国家农村产业融合发展示范园创建名单”中重庆潼南区、荣昌区、梁平区这3个区县成功入选成为国家农村产业融合发展示范园，重庆全市将形成形式多样、发展规范的乡村旅游产品体系和特色显著、结构合理的乡村旅游发展格局。

全市积极谋划实施乡村振兴战略行动计划，启动11个区县、102个乡镇、220个村分层分类试验示范，基本构建起政策措施框架体系。立足大城市、大农村、大山区、大库区基本市情，加快城乡一体化建设，促进城乡各美其美、美美与共。坚持把实施乡村振兴战

略摆在优先位置，扎实推进“五个振兴”。2018年重庆新发展农林特色产业166万亩，“巴味渝珍”品牌首批授权产品438个，乡村旅游和农村电商网络零售额分别增长32%和21.3%。农村“三变”改革、“三社”融合发展试点稳步推进，减少村级集体经济“空壳村”1 224个。江津区被列入全国农村一二三产业融合发展先导区，成为全国155个（重庆4个）先导区之一。2018年，江津花椒年产鲜椒27万吨，产值32.7亿元，荣获第十六届中国国际农产品交易会金奖，顺利销往美国、日本、韩国等地；江津先锋镇入围全国2018年农业产业强镇示范建设。

重庆市启动农村人居环境整治三年行动，行政村生活垃圾有效治理率超过90%、污水处理率达到63%。实施三峡后续规划项目321个。做好特殊贫困人口精准帮扶，落实健康扶贫、社保兜底等政策，探索资产性收益扶贫等方式，着力解决影响“两不愁三保障”的突出问题。着力调结构，稳定粮食产能，重点发展柑橘、柠檬、榨菜、中药材、茶叶等特色高效产业，建设一批现代农业产业园区。着力创品牌，加强品种、品质、品牌建设，培育以“巴味渝珍”为重点的特色农业品牌。着力促融合，做大做强农产品加工，做优做精乡村旅游，大力发展农村电商，扩大农产品外贸，推动农业全产业链升级。

重庆积极促进城乡要素双向流动，完善“引进”和“留住”人才机制，鼓励企业家、技能人才、农民工返乡投资兴业，加快培育农业龙头企业和新型职业农民。深化农村集体产权制度改革，推进农村承包地、宅基地“三权”分置改革，完善“地票”“林票”制度，扩大农村“三变”改革试点，减少村级集体经济“空壳村”。鼓励和规范工商资本参与乡村振兴，深化农业项目财政补助资金股权化改革，推进“三社”融合发展试点，完善利益联结机制，让农民分享产业发展收益。加强农村公共文化建设，保护传承优秀传统文化，引导村民养成良好文明和卫生习惯。建设平安乡村，促进乡村善治，让广袤农村成为记得住乡愁的美丽家园！

充分发挥重庆创意农业优势，必须准确把握全市农旅融合和乡村振兴的定位。

要坚持以“文化”为灵魂 准确把握重庆农旅融合和乡村振兴的定位，加快发展重庆农业总部经济、首店经济、数字经济、创意经济、美学经济、赏花经济和时尚经济。文化是民族的血脉，是人民的精神家园。文化为魂、创意为核、审美为根、生活为本，唯有浸润和涵养了文化的创意农业和乡村旅游，才会有蓬勃的生命力。发展创意农业和乡村旅游，必须立足地方和民族的历史地理、传统文化、民俗情感，以文铸魂，匠心创意，讲好“那山、那水、那人、那事”，勾勒最神往的故乡，书写最动人的乡愁，让游客流连忘返、心旷神怡、魂牵梦萦。

要坚持保护农业文化遗产 对传统农业的耕作技术、生产工具、种植制度等实施全面保护；要传承农耕文明，多种形式挖掘、利用、展示乡土文化、民俗文化、农耕文化、农事节庆文化、饮食文化等；要加大创意设计，创作一批充满艺术创造力、想象力和感染力的创意精品和养心伴手礼，推进农业与旅游、文化、教育、康养和体育的深度融合，推进重庆农业供给侧结构性改革，推动农业适度规模化经营，以全域旅游、特色镇、美丽新村

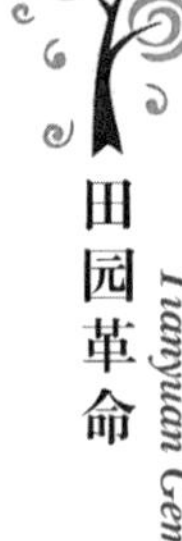

和建设世界优美乡村建设为引领，不断提高城乡统筹发展水平。

要坚持培育生态文化 近年来重庆市对乡村建设加大投入，农村变化大，同时“建设性破坏”带来乡愁的丢失、花田的毁灭，田园景观的“城市病”、乡村开发的“商业病”、乡村建筑的西洋“模仿病”，大拆大建，原生态的田园景观正在消失，优美的生态环境被人为破坏。建设世界优美乡村，一定要顺势而为，顺势而上，大力发展“绿经济”，做建设生态文明的领跑者，推进乡村振兴的新标杆。要通过实施全域乡村规划提升、特色镇（街区）建设保护修复、大地景观再造、农村人居环境整治、农业品牌建设、乡村人才培育集聚、农民增收促进、农村文化现代化建设、城乡社区发展治理“十大重点工程”，以“百镇千村”景观化景区化为突破口，采取“特色镇（街区）＋特色休闲旅游＋文化艺术＋创意农业产业园”“特色镇（街区）＋稻田＋景区”“特色镇（街区）＋乡村振兴慢村”等模式，打造一批乡村田园综合体，促进农业全面升级、农村全面进步、农民全面发展。

要坚持打造时尚文化 乡村之美，美在个性、贵在情趣、难在优雅。创意农业美学经济坚持以人为本，以人身与心的双重幸福为目标，意味着人的思想道德、审美情趣、情感意志、个性才能等多方面的充分发展，最终达到创意生产、创意生活、创意生态的有机结合，让农民富裕起来、快乐起来。要建设具有涵盖美学经济的乡村景观，能够听鸟语、闻花香、体现自然之美的世界优美乡村，打造重庆国际文创小镇、国际竹艺小镇、国际陶艺小镇、国际花艺小镇、国际时尚小镇、国际田园小镇、国际浴心小镇、国际艺疗小镇等重庆十大国际名村，发展时尚农业。赏彩蝶、观盆景、住花墅，让人亲近农耕文化，让乡村有创意更要有情趣、有风貌更要有韵味、有颜值更要有气质、有入眼的景观更要有走心的文化，构建形成“田园芳草地、水韵稻香村”为主题的田园时尚文化新形象，努力呈现优美的田园风光、优雅的乡村风貌、优质的视觉愉悦感。

要坚持推进乡村高质量发展 在重庆乡村这片有风景、有底蕴、有活力的大地上，不仅要高质量发展，还要有高品质生活；不仅要有丰富的物质生活，还要留得住乡土气息、亲情民俗。建设世界优美乡村，当务之急是要培育比肩世界的品质文化。要以原住地、原住房、原生态、原产地、原村民为依托，建设新社区，发展新经济，增强乡村活力，做建设生态文明的领跑者，推进乡村振兴的新标杆。

以重庆田园美学塑造田园景观，融入时代感、时尚感、优美感，促进城乡规划一体、设施一体、服务一体，补农村短板、扬农村长处、美乡村风貌、留田园乡愁。无论是创意农产品生产，还是田园美学体验，抑或是从“绿化”到“彩化、珍贵化、创意化、效益化”的田园生态建设，无论是创意农产品生产，还是田园美学体验，让人们体会得到丝竹悠扬、渔歌唱晚。品田园味、吃生态饭、走创意路、打时尚牌，让人们看得见湖光山色、日月星辰，记得住乡愁、体味到诗意，养心养美，推进重庆乡村向更高质量、更高品质、更高层次突破。

重庆市建设中国创意农业之都面临的问题

重庆集大城市、大农村、大山区、大库区于一体，最大的发展不平衡是城乡发展不平衡，最大的发展不充分是农业农村发展不充分，特别是农村老龄化日趋严重，公共服务向农村地区倾斜不够，农民收入增速回落，文化程度偏低等问题不容忽视，当前重庆发展创意农业面临的问题突出表现为：

市场机制发挥作用不够　市场机制发挥不畅，农业会展和乡村文创会展品牌投入、办展水平和影响力不够。

政策支持力度不够　农业企业不能及时获得启动资金、人才创业资金支持，政策服务缺乏及时性和精准性。

农村双创发展不够　当前众创空间大多聚集在市区，农村孵化器、农业众创空间偏居一隅。

农村电子商务发展不够　“电商县”“电商镇”“电商村”培育力度不够，农村电商发展仍存在如品牌、质量、物流、人才等诸多挑战。

一二三产业融合不够　在有的贫困村只有日用品小商店，连快递点都没有，农村一二三产业融合发展无从谈起。

新型职业农民队伍建设力度不够　随着农村劳动力转移，劳动力严重短缺，农民适应生产力发展和市场竞争力的能力不足，新型职业农民队伍建设亟待加强，乡村发展整体水平亟待提升。

打造中国创意农业之都、推进重庆乡村振兴的路径

提出将重庆打造为全国创意农业之都，绝不是一时兴起，也绝不是空穴来风，而是基于对形势的客观判断和现实的理性思考。建设全国创意农业之都，必须推进重庆乡村高质量发展，做好“旅游＋农业”文章，必须实施差异化发展战略，坚持以水定人、以底定城、以能定业、以气定形、以控定产，有序推进，持续发力，大力发展重庆柑橘、榨菜、生态渔业、茶叶、草食牲畜、中药材、调味品等特色效益产业链，创建特色农产品优势区，发展现代山地特色高效农业，为功能品质优美化、生态绿色化、农业时尚化提升提供空间载体，建设世界优美乡村，让农村更像农村，塑造终端型、体验型、循环型、智慧型、创意型新产业新业态，让绿色成为最优质的资产；促进农业与加工、流通、旅游、文化、康养、体育等产业深度融合，让乡愁成为最优美的风景；推进农业全环节提升、全链条增值、全产业融合。推进重庆乡村振兴，要进一步增强思想自觉和行动自觉，找准自己的优势和特色，树立精准化、特色化、个性化、差异化的发展思路，打品牌、强特色，持之以恒推动农业领域创业创新，积极研究农业新技术、推出农业新产品、开发乡村新业态、拓展农村新市场，共建农业“云”平台、共享农业“数”资源、共绘创意农业“智”蓝图、共创“创意农业＋”速度。

发展田园美学经济，建设中国创意农业之都

为了让美丽乡村记得住乡愁，应当积极推进创意农业在重庆的创新实践，努力着眼于田园资源的经济化、品牌化和综合效益最大化，大力推进发展重庆田园经济、培育田园城市、建设田园乡村、保护田园生态、经营田园风光、弘扬田园文化，用绿色、美丽和文化实现经济社会的全面跨越发展，努力建设生活富裕、家园秀美、人文和谐的“田园重庆”，探索一条符合时代发展主旋律的生态、绿色发展路径。

要用 3～5 年，全面推动乡村振兴，重塑重庆城乡一体的新型城镇体系、城乡布局和城乡形态，构建完善城乡融合发展的体制机制和政策体系，促进文旅融合、农旅融合、城

旅融合，打造旅游业发展升级版，实现产业绿色高端、产品生态安全。在全国范围内遴选300名农业科技专家，构建国内一流的农业科技专家库，基本建成国家（西部）农业科技创新中心、农产品加工流通中心、农业品牌营销中心，着力延伸农产品产业链条，培育壮大一批特色产业示范园和农产品加工园，围绕打造全市乡村振兴的“头块招牌”、发展现代山地特色高效农业的重要平台、建设农业农村对外开放的展示窗口的目标，加快推进现代农业产业园建设，到2022年，力争创建一批国家现代农业产业园，建成20个市级以上现代农业产业示范园，各区县至少建好1个（区县级以上）产业园，打造形成5个现代农业千亿产业集群，建成10个5G创意农业小镇、100个特色镇、1 000个创意农业名村，全市“风尚新美、环境秀美、生活富美”的“三美”示范村达80%以上，构筑都市创意农业新高地，让更多的人到重庆行千里、致广大。

要大力发展田园经济，充分挖掘重庆田园元素，按照绿色、集聚、融合发展的要求，着力构建以田园工业为主导、田园农业为基础、田园旅游休闲产业为支撑的田园经济体系，引导重庆经济社会的发展走向更加健康可持续。在田园工业方面，更加注重园区建设与山水、田园的结合，推进集聚发展；加大招商力度，重点引进“低碳、低排放、低污染”的龙头企业，推进借力发展。同时注重产业提升和转型发展，加强资源的综合利用和再生利用，推进绿色发展。在田园数据方面，深入推进“互联网＋农业”，扩大农业物联网示范应用，建立重庆创意农业大数据产业园，推进重要农产品全产业链大数据建设，加强国家数字农业农村系统建设，依托“互联网＋”推动公共服务向农村延伸。做大农产品加工业，实施“山清水秀美丽之地·巴渝原乡”乡村旅游精品工程，推动农村电商全覆盖，通过一二三产业融合延伸产业链、提升价值链。在田园农业方面，围绕建设“中国创意农业绿色农产品基地”，推进创意农业田园综合体建设，以及农业产加销各环节紧密对接，延伸农业产业链。在田园旅游休闲产业方面，围绕建设“中国田园休闲旅游胜地”，突出“生态、创意、休闲、养生、度假、康养、旅疗”七大主题，实施重庆生态休闲养生（养老）经济计划，建设休闲养生养心（养老）经济平台，重点推进一批旅游综合龙头项目，加快创建高等级旅游景区和旅游度假区，构筑休闲旅游景区平台。以新型城市化为方向，以创意农业田园城市理论为引领，加快建设内陆开放高地、山清水秀美丽之地，把“优美重庆”作为基本元素融入城市建设，注重“山、水、田、林、城”有机融合，打造具有山水之美、田园之美、人文之美的新型生态田园城市和中国创意农业之都。

加快建设世界知名农业科技创新城市，打造世界知名旅游目的地

要大力推进“科技＋”战略，以县为单位成立乡村振兴研究院，加大金融对科技的支持力度。要探索“互联网＋脱贫”新模式，加大“农商互联”支持力度。加大乡村振兴与创意农业科研投入力度。要建立健全实施乡村振兴战略和创意农业的财政投入保障制度，公共财政更大力度向“三农”倾斜，确保财政投入与乡村振兴战略目标任务相适应。加快

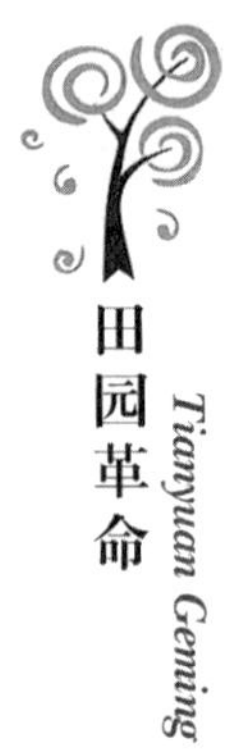

数字技术和智能装备在农业生产经营全过程的广泛应用，全面推进精准农业、设施农业、效益农业、创意农业。通过在智能农业、云计算、农业大数据、农业物联网等领域形成一批重大原始创新成果，在“城市大脑”、AI 芯片、农业区块链、跨境电子商务等领域打造一批世界级的理论成果和创新成果，建成具有国际一流水平的农业数字经济理念和技术策源地，使更多的农业新理念新技术从重庆迸发、走向全国、影响世界。

要完善创新，链探索科学系统的农业制度体系。要规划建设一批产业特色鲜明、要素高度聚集、经济效益显著、辐射带动有力的现代农业产业园和农村产业融合发展示范园，确保一年有起色、两年见成效、三年成体系。推进产业园区管理体制改革，探索建立“管委会＋平台公司＋共营制”运营模式，园区管委会承担经济管理和产业服务职能，依托平台公司开展园区投资、融资、建设和运营，推动园区精细化管理、可持续发展。引进培育100 个以上农业科技创新团队，推动 1 000 项以上科技成果转化应用，支持创新联盟、研发平台、交易平台建设和校企联合攻关、成果孵化输出。优化技术要素供给，集聚应用物联网、大数据、云计算等先进技术，推动 100 项重点农业技术的示范应用。优化人才要素供给，5 年内吸引 10 名以上“两院”院士、国家或省级“千人计划”人才来渝建基地、建工作室，引进培育 100 名以上行业领军人才和农业科技专家、1 000 名以上急需紧缺专业技术人才和高技能人才。优化服务要素供给，支持供销社建设面向“三农”的服务网络，培育各类专业化服务组织和公司 7 000 个以上，形成覆盖全程、综合配套、便捷高效的社会化服务，实现小农户和现代农业发展有机衔接。打好改善农村人居环境硬仗，大力实施农村人居环境整治三年行动计划，补齐农村基础设施和基本公共服务“基础项”，下好生活污水处理和生活垃圾治理“先手棋”，推动“厕所革命”，整治提升村容村貌，推进农业生产废弃物资源化利用，真正让农村美起来、生活好起来。实施“五个一百”工程，加快建设 100 万亩高标准农田、100 万亩标准化农业基地、100 万亩现代林产业示范基地、100 万亩种养循环农业基地、100 万亩灌区现代化改造和高效节水灌溉基地，配套完善田网、渠网、路网、观光网、服务网、信息化网、设施用地网“七网”，提高农业全要素生产率，建设“创新重庆”。

要着力打造重庆食品饮料、休闲旅游、农产品物流、农村电商和饲料加工等 5 个千亿产业集群，做大做强新型农业经营主体，培育一批国内领先国际知名的大企业大集团和总部型企业，打造形成 100 个以上绿色高端农业品牌以及“三品一标”认证 1 000 个。支持创建农业出口备案基地和农产品出口示范区，提升打造全国农产品流通枢纽节点，推动农产品进出口突破 20 亿美元。支持本土企业开展跨境合作，鼓励在境外建立营销机构、建设国际合作园区，农业企业对外投资突破 50 亿美元。提升建设风貌特色化、功能现代化、服务标准化的 500 个特色主题民宿和 100 个特色文化酒店，打造 100 个 3A 级特色镇、20 个 4A 级重庆古镇，构建“点、线、带、面”相结合的全域乡村旅游新格局，形成具有国际影响力的旅游景区和旅游目的地。打造一批具有重庆特色的农业文化主题公园、文化博物馆、博览园和农业文创小镇、文创主题农庄、文创休闲农场、文创农艺工坊，培育一批

涉农文创企业，形成500个以上农业文化创意基地。实施“农业＋会展”行动，建设重庆创意农业博览园，举办重庆创意农业博览会、重庆创意农业论坛，提升中国西部（重庆）国际农产品交易会等农业展会对外影响力，支持涉农企业、协会组团参加国内外各类农业展会，推动重庆农业会展经济快速发展，建设“国际会展之都”。

强化政策统筹聚焦，推进乡村景观化、景区化建设

整治环境，建设田园综合体　应当实施农村人居环境整治工程，开展“百镇千村”景观化建设行动，建设一批集绿色农业、休闲旅游、新型社区为一体的田园综合体，构建适应当地自然条件、具有良好生态景观的产业带，形成“一路一产业带、一路一风景”的宜人景观，实现农区变景区、田园变公园。推动农村环境综合整治，注重彰显生态特色、地域特色、产业特色、民俗特色，高标准开展特色镇景观建设，统筹建设轨道交通、道路水网、城乡绿道、田园景观，打造一批主题鲜明、形态优美、生态宜居的特色镇，形成可参与、可体验、可进入、吃住娱游购行于一体的乡村景区。依托优美环境和宜人生态，吸引城市居民到特色镇创新创业、休闲度假、养生居住，推动城市资本、人才、技术向特色镇集聚。

整合资金，推动产业结构调整　要加大有关资金整合力度，以乡村产业振兴为抓手，“多个渠道引水、一个龙头放水”，使资金投向最重要的方向、最关键的领域，提高资金集聚使用效益。在前期示范阶段、对一些基础条件薄弱的地方，政府介入可能要多一些，对一些区位条件、资源禀赋比较好的地方，以及一些非公益性项目，则可以更多地发挥市场作用，撬动社会资本、金融资本参与，形成多元化、可持续的投入机制。加快淘汰落后产能，坚定不移推进产业结构调整，加快推动重庆乡村整体转型，真正实现“腾笼换鸟”，提质增效。要把社会主义核心价值观贯穿于农村社会生活的方方面面，注重在乡村治理中体现价值观导向，打造一批环境优美、人口集聚、功能完善、特色鲜明、管理有序、文明和谐的特色小镇、特色村庄和世界优美乡村。

整理土地，盘活乡村建设用地　应当加强土地要素保障，积极推进土地整理，盘活利用乡村存量建设用地，尽量不占或少占新用地，同时也要按照相关用地政策，落实用于乡村建设的用地指标比例。把重庆乡村作为农村综合改革的试验田和改革成果的集成区，在集体产权制度改革、土地承包经营权有偿退出、农村社区村民自治等方面形成聚焦，试出一批可复制、可推广的改革经验成果。集中挖掘整理当地村落文化和民俗文化，丰富和完善乡村文化内容，打造“四好”乡村文化品牌。要大力实施“三乡工程”，推动城乡融合发展，统筹推进乡村产业振兴、人才振兴、文化振兴、生态振兴、组织振兴。要以宽广的视野、创新的思路，全要素、全产业链、全地域谋划，在建设上下功夫，以实施全域乡村规划提升工程为抓手，对全域乡村的空间形态、产业布局、生态保护、基础设施、公共服务等进行全面规划。打造重庆乡村经济升级版，要抓好农村人居环境综合整治，让良好生

态成为乡村振兴的支撑点。要推动城市公共服务资源向农村延伸，注重解决部分乡村和社区没有村医、农村师资力量不足、农村养老服务体系不完善等农民群众最现实的民生难题。重点抓好低收入农户帮扶工作，精准帮扶，一户一策，帮助他们解决好实际困难。

解放思想，注重乡村文化建设 应当进一步解放思想，打破思维定式和路径依赖，反对一切形式的因循守旧、故步自封和畏首畏尾，破除一切“本本”的思想禁锢和“框框”的行为束缚。要发挥政府的主导作用，要提高政策研究和供给的针对性、有效性，全力以赴落实乡村振兴各项任务。要加强学习研究，明确职责分工，细化工作落实。要优化服务环境和营商环境，再造政府服务流程，完善“马上办、网上办、一次办”的行政审批流程，引导更多市场主体进入“三农”领域，加快城市资金、人才、技术、信息等要素流向农村，促进城乡融合发展。要发挥村民的主体作用，重视宣传发动、民主决策、实事惠民，广泛动员群众参与到乡村建设上来。要针对当前农村人口结构和地域特点，开展各种个性化、差别化的组织建设、设施配送和文化活动。推进菜单式、订单式服务，办好一批文化惠民、服务群众的实事，丰富基层群众文化生活，让更多乡贤在乡情乡愁的联结下，以项目回迁、资金回流、人才回归等多种形式助力世界优美乡村建设与发展。

开发智库，提供科学理论支撑 要充分发挥智库的支撑作用，以社会力量构建乡村扶持体系——重庆创意农业智库行动，在文化振兴上下功夫。建设创意农业智库，是提高“三农”工作战略性、前瞻性和科学性的重要支撑。通过聚焦农业农村现代化，以更加坚定的决心，汇各方之智，推创新之举，补发展之短，扬乡村之长。构建创意农业新型智库群，积极培育具有重庆韵味、体现乡情乡愁的重庆乡村文化。成立推进世界优美乡村建设的农业农村专家咨询委员会，围绕农业农村重大决策部署需要，开展战略性、方向性、前瞻性重大问题研究，服务于重庆农业农村决策咨询，为乡村振兴注入强大动力和活力。

生态为本，保障健康持续发展 应当依托乡村独特的自然风光、生态环境和人文底蕴，结合美丽新村建设，重点在城市近郊、景区周边、文化遗存地、山地避暑点等地，以及特色小镇、历史文化名镇名村、特色旅游景观名村、传统村落、幸福美丽新村等区域优先发展。抓住绿色发展根本，健全以绿色生态为导向的农村政策支持体系，建立绿色低碳循环的农业产业体系，促进美丽乡村建设与农村新型业态培育有机结合，让农村生态环境优势转化为发展优势，绘就新时代美丽乡村新画卷。注重乡村民宿建设品质，挖掘放大文化特质，充分体现重庆生活特色和乡情民俗，建设生态、人本、创意、特色的乡村民宿，打造休闲度假、康复疗养、避寒过冬、养心养美的“鸟巢”，引导乡村民宿连点串线成片、规模发展，让农民更多参与到创意农业和乡村旅游服务中，助力全域旅游，培育形成具有鲜明地域特色、一定市场知名度、服务水平一流和一定规模的重要产业，实现农民新村健康持续发展，建设“宜居重庆”。

推进创意农业培训产业快速发展，推进乡村人才振兴

要积极探索重庆乡村振兴研究基地、人才培训示范基地，开发农村党员教育培训、

“大学生村官”培训、田园文化培训、乡村美学设计教育、乡愁文化培训，将游学体验和培训教学相结合，意在打造一个集乡村振兴理论研究、实践指导及人才培养“三位一体”的综合性学习教育平台。依托院校的优势资源，结合重庆实际，深入开展乡村振兴干部、人才培训，积极培养懂农村、爱农村、爱农民的“三农”干部队伍。积极探索乡村振兴模式和具有地方特色的乡村发展道路，总结一套成熟且可复制的乡村振兴经验。积极开发重庆乡村培训经济，积极培养有号召力的带头人，有行动力的追梦人，懂技术、懂创新、懂创意的“土专家”“田秀才”，善经营的“新农人”“农创客”，着力打造立足重庆、面向全国的乡村振兴教育基地、新农人学习成长基地，拓展培训对象，将机关干部、农村干部、农业新型经营主体、新兴职业农民、关联企业等人群，纳入学员体系。打好“乡情牌”“乡愁牌”“事业牌”，引进培养农村医疗、教育等实用技术人才，稳定农业科技人才队伍，吸引工商企业人才下乡创业，锻造一支有抱负、有本领、有担当、有作为的“三农”专业人才队伍。实施“五大教育并五大能力提升”：对农民实施文学艺术教育，提升其人文精神生产的内驱力；对乡村干部实施乡村治理的综合能力教育，提升其对现代农村的卓越领导力和现代化的乡村治理能力；对农村青年实施新型产业技能技术教育，提升其可持续致富的生产力；对乡村中小学校校长实施教育家素质能力教育，提升其现代化和民主化的办学治校能力；对农民实施卫生健康教育，提升其健康幸福生活的创造力。

应当以市为单位成立重庆乡村振兴大学，培养一支懂农业、善创意、爱农村、爱农民的“三农”工作队伍。要坚持以“农民”为中心的发展思想，推进“文化+”战略，发展乡村共享经济、创意农业、特色文化产业、创新乡贤文化，建设幸福美丽乡村，打造具有农村特色、农业形态的城市社区、创意社区和生态优美社区，建设一批产业引领型、生态宜居型、文明风尚型、乡村善治型、扶贫开发型试点示范镇村，发展一批创意农业的特色村、专业园和合作社。建立重庆乡村振兴国际人才港，重点开展乡村经营与管理人才、乡村信息化与互联网人才、乡村发展课题研究、乡村发展规划与传统文化艺术传承、乡村文化振兴人才培养和培训，使之成为乡村振兴战略研究、交流、示范、推广基地；培养一批高素质的基层组织引路人、产业发展推动人、乡风文明传承人、农业科技推广人和脱贫致富带头人，培育农业规划布局、策划设计、创意栽培、消费扶贫、跨境电商等创意农业高端人才和农业科技推广人才，培育新型职业农民 50 万人、乡村工匠 10 万人、农业职业经理人 5 万人，成功打造乡村人才振兴教育重庆品牌，锻造了一支乡村振兴的生力军，走出一条人才培养新路。

推进创意农业高端产业发展，建设中国农业新经济第一城

大力发展首店经济　大力招引发展行业内具有影响力和代表性的全球首店、亚洲首店、中国首店、西南首店、重庆首店，创新商业模式和经营业态的全新旗舰店、概念店、体验店、定制店，培育提升蕴含重庆文化、展现工匠精神、承载城市记忆的特色小店。以

全球招商引入“品牌首店”，力争到2022年，每年新落户全球性、全国性和区域性的品牌店、旗舰店、体验店等各类品牌首店超过300个、发展特色小店超过300个，其中引进国际首店及世界品牌100个、知名美食品牌50个和社区商业消费新场景建设企业50家，通过培育“两店”经济不断提升重庆对国内外消费的集聚、引领和创新能力，提升生活城市的品质感和获得感，推动重庆早日建成国际消费中心城市。

坚持文化先行 通过举行重庆农村财富论坛、创意农业发展高峰论坛（中国·重庆）、“村长论坛”，培育乡村会展文化；与重庆大学、西南大学等高校合作，发挥学校的人才智力优势，开展“大学生进农家”系列活动，同时邀请知名艺术家创办工作室；与优秀社会组织紧密合作，注入时尚文化；注入新乡贤独特的文化内涵，充分调动广大村民发展创意农业的积极性、主动性、创造性，建设一批中国创意农业名村，弘扬耕读文化。随着创意农业的多样化、个性化、优美化、时尚化发展，重庆应当将乡村振兴与绿道建设、新经济发展、社区治理等工作统筹结合，大力提升绿水青山的生态价值、养心养美的生活价值、怡人宜居的康养价值和大美田园的时尚价值，积极探索农业主题公园、农业嘉年华、教育农园、体验基地、特色小镇、体育健身基地等，提高产业融合的综合效益，打造生产标准化、经营集约化、服务规范化、功能多样化的创意农业产业带和产业集群，努力打造一支懂农业、善创意、爱农村、爱农民的基层干部队伍，进一步探索以党组织为核心的农村改革和社会治理新体制、新机制、新模式，让重庆成为令人心驰神往的“养心养美目的地”。

大力推进“农业新经济＋”战略 着力推动农业数字经济、智能经济、绿色经济、创意经济、流量经济、共享经济发展。要培育新型经营主体，壮大集体经济，建设集循环农业、创意农业、农事体验于一体的田园综合体、创意农业产业带。加大对农业农村“创客”创新创业的支持力度。要完善扶持政策打造线上线下相结合的农村大众创业创新载体。聚焦乡村创意产业，重点发展音乐制作、影视动漫制作、数字游戏、数字娱乐、版权交易、新媒体等产业；聚焦创意设计，重点发展农业时尚设计、工艺美术设计、平面设计、动漫设计、展示设计等产业；聚焦乡村创意体验，重点发展文博创意、田园文创、数字演艺、乡村审美体验、农业生态观光、乡村美食品鉴、农事体验、乡村旅游等产业。鼓励农业传统优势企业借助大数据、云计算、互联网、移动通信等新技术实现转型，并向创意农业“独角兽”企业演化。

推动农业新经济与优势产业融合发展 促进“六大新经济形态”在重庆科技服务业、现代商务商贸业、都市文化旅游业三大主导产业广泛应用。将数字经济、智能经济、绿色经济融入轨道交通、电子信息、医药健康等产业，做强轨道交通全产业链，推动地理信息及大数据、军工企业集聚壮大发展，培育发展新型医药商贸、医药研发、健康养生，实现优势产业的再提升，促进重庆转型升级为智能制造强市；将数字经济、流量经济融入商务商贸业，依托“互联网＋”等新技术手段，积极植入新消费模式、新消费产品和新消费业态，大力发展以消费升级和传统商贸企业转型为代表的现代“新商贸”；将创意经济、共享经济融入城市文化旅游产业，推动以创意设计、文化娱乐、音乐传媒、动漫游戏等为代

表的文化创意产业和以游乐休闲、观光购物、美食体验为代表的具有重庆地域特色的都市旅游产业发展。推动优秀文化文物资源与新型城镇化、新农村建设紧密结合，更多融入公共空间、公共设施、公共艺术的规划设计，促进历史文脉有机融入城乡风貌。围绕红岩精神、抗战大后方、三峡文化、巫文化、巴渝特色等主题，结合重要节会、重大活动和重要展览，推出一批有特色的精品文化创意产品。到2020年，力争在全市文化创意产品开发领域培育一批市场主体、集聚一批专业人才、塑造一批品牌产品，建成形式多样、特色鲜明、富有创意、竞争力强的文化创意产品开发体系和营销体系。着力建机制，以农村土地制度改革牵引农业适度规模经营，稳妥推进农村资源变资产、资金变股金、农民变股东“三变”改革试点，促进生产合作、供销合作、信用合作“三社”融合发展，创新股权合作和利益联结机制，把产业发展落到农民增收上来，打好精准脱贫攻坚战，推动乡村生活富裕。着力培育新经济应用场景，以应用示范工程为抓手，构建与产业发展高度契合的多元化应用场景，促进新技术推广应用、新业态衍生发展、新模式融合创新和新产业裂变催生。

广泛应用信息技术　要运用大数据、物联网、图像识别等先进技术，发展交通引导、信息发布、停车管理等智慧出行服务，搭建城市交通智能化运营管理平台。全面推行“互联网＋政务服务”，着力建设智慧社区，加强信息服务自助终端等便民设施建设，推行一体化信息服务，实现重庆城乡居民生活服务“一卡通”，推进互联网、大数据与社区治理深度融合。积极推动“北斗＋”产业链建设，大力发展北斗应用产品及运营服务，推动北斗产品及服务在重庆交通运输行业、精准农业、创意农业、共享单车/汽车、移动支付、通航等领域应用，打造重庆北斗产业聚集区。聚焦新一代信息技术在物流服务、O2O超市、文化体验、生活消费等生活性服务领域的应用，大力发展以社区消费和个性消费为代表的重庆多元消费业态。进一步拓展“创业苗圃＋科技企业孵化器＋加速器”梯级众创空间载体，健全“载体＋政策＋金融”城乡创新创业服务体系，壮大企业、高校、科研院所、金融机构和政府部门协同创新力量，催化重庆新经济产业能级几何式增长。

推进部市共建乡村振兴示范市，高水平打造农业农村现代化重庆样板

与农业农村部共同推进重庆乡村振兴示范市建设，双方将以市部共建、以市为主、试点先行、示范推广、整体推进为工作路径，着力构建横向良性协调、纵向有效贯通的运行机制，推动各个相关部门充分发挥优势，紧密协作、无缝对接、形成合力，助力重庆市做好示范市创建工作。在多规融合引领发展、高质量发展乡村产业、建设新时代美丽乡村、繁荣发展乡村文化、健全现代乡村治理体系、促进城乡融合发展、全面深化农村改革等方面深度合作，全面实施乡村产业振兴行动、新时代美丽乡村建设行动、乡村文化兴盛行动、创意农业旅游提质升级行动、自治法治德治“三治结合”提升行动、富民惠民行动等“五大行动”，高水平打造农业农村现代化重庆样板，为全国实施乡村振兴战略提供重庆实

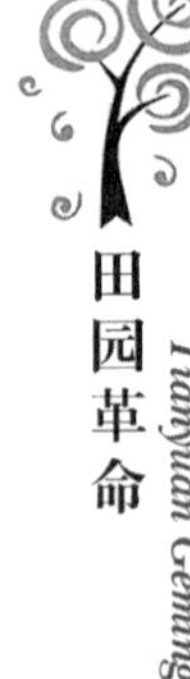

践和重庆经验。

加快建立健全城乡融合发展体制机制 要优化涉农工作体系，各地农业部门和涉农部门要以流程再造为中心，构建优质高效精准的政务工作流程体系。要着力引导社会资本投向农村、引导高端要素资源投向农业，支持农业服务业龙头企业发展。坚持“五级”书记抓乡村振兴，全面实施万家新型农业主体提升、万个景区村庄创建、万家乡村书院引领、万村善治示范、万元田打造、万村环境整治、万元农民收入新增的“七万工程”，全面推动乡村产业振兴、人才振兴、文化振兴、生态振兴、组织振兴，全力推进乡村振兴示范市建设各项工作，争当新时代乡村振兴排头兵。

坚持生态优先、绿色发展 天人共美、相生共荣的好生态，营养健康、老少咸宜的好产品，是创意农业和乡村旅游独特的吸引力和竞争力。要始终遵循绿色发展理念，推进“生态＋”战略，坚持绿色发展方式，尊天重地，保护家乡好风景，美化山水田林湖草，打造田园绿色美，决不以牺牲环境为代价去换取发展。要把“绿色＋”融入经济社会发展各方面，把修复长江生态环境作为重中之重，在五大环保行动上持续用力，筑牢长江上游重要生态屏障，让一江碧水、两岸青山的美景焕发新的风采、展现新的魅力，建设生态旅游目的地、农业品牌运营地和技术孵化地，建设世界优美乡村。

拓展农业多种功能，促进产业融合 夯实农业的基础地位，挖掘乡间尘封的优秀文化遗存，唤醒乡村沉睡的资源，激活创业创新的热情，把农业培育成令人向往的产业。要因地制宜发展重庆特色优势产业，带动传统种养产业转型升级，促进产业多样化、个性化发展；要积极拓展农业的多种功能，促进农村一二三产业融合，延长产业链、提升价值链；要加大示范创建力度，整合一批精品景点和精品线路，培育一批重庆创意农业知名品牌。

构建重庆“田园文化圈” 加大重庆乡村治理力度保护传承乡村文化，深入实施重庆“田园文化”培育提升工程，逐步形成一张覆盖市区县、乡镇（街道）、村、户的四级文化网络，全面加强文化遗产保护利用，传承传统农耕文化，培育新型田园文化，建立文化展览精品库、乡村书院和儿童画院，丰富田园文化内涵，打响田园文化品牌。要制定加快重庆文化产业发展政策和规划，培育田园文化产业；推进文化普查、文化丛书、文化展览、文化节庆、文化民生、文化精品、文化田园等七大工程，打造田园文化品牌；根据新建一批文化基础设施、保护一批文化古迹、利用一批历史文化村落、固化一批“田园重庆”文化元素、创建一批特色文化品牌、打造一批文化精品的“六个一批”要求，完善文化服务体系。坚持创新发展，利用好现代科技手段，推动“文化＋大数据智能化”“文化＋旅游”，让优秀历史文化活在当下、服务当代，将文化遗产传承下去、传播开来，建设“文化重庆”。

加大力度培育重庆田园美学经济 进一步优化山水、田园、村落等空间要素，统筹推进乡村经济建设、政治建设、文化建设、社会建设和生态文明建设。要注重对农业文化的挖掘和传承、对乡村传统肌理的尊重和保护以及老村庄的提升和复兴，避免全新重建、大拆大建，保障原住农民的参与权和受益权。要遵循乡村自身发展规律，适度开发、合理开

发、科学开发，保护田园风光、保留原始风貌、保持乡土味道，防止农村变成城市的缩小版、防止低水平重复建设。应当注重集聚现有资源要素，挖掘乡村和村民潜力，同时可吸引社会资本参与，但要避免简单地成为商业开发项目，而是要着力打造特色产业、特色生态、特色文化，塑造田园风光、田园建筑、田园生活，建设美丽乡村、宜居乡村、活力乡村。

打造具有重庆特色的中国创意农业超级IP 建设中国乡村振兴示范市，不仅要重视建设自然景观、观光设施和门票收入，发展文旅地产，通过地产增值来变现，打造游乐园、主题公园增强吸引力，积极发展旅游演艺，包括旅游目的地的驻场演出、夜间驻场演出、室内游走演出和实景演出，重视发展会展经济，以活动带动旅游，以会展带动旅游，特别是品牌大型会展、节庆、体育赛事等，带动游、购、食、住、行、乐等相关产业，推动田园文化主题旅游，举办各种主题体验，包括真人与虚拟混搭的演出，更要重视城乡文化体验中心和田园综合体建设。做好“IP＋”文章，通过挖掘优秀传统文化的故事，植入衍生品，让IP持续传播，并将IP部分转化成现场体验场景，在互联网上传播故事吸引粉丝，形成线上线下融合发展，培育文创电商、跨境电商、旅游电商，即“IP＋体验＋互联网传播＋衍生品”，打造田园流量经济。高度重视故事IP、形象IP、创意IP、电商IP、产品IP、企业IP建设，植入形象、植入产品、植入文化，形成重庆超级IP系列，建设一批以超级IP为依托的创意农业中央公园、主题公园、都市创意农业乡村旅游基地、乡村特色文化酒店和主题民宿，形成具有重庆特色的“创意农业产业园＋文创体验中心＋创意衍生品＋旅游配套＋文创电商＋IP增值”，延长产业链，增加可持续收入，让原创知识产权持续变现，让重庆田园综合体在全国脱颖而出，打造“生态优、村庄美、产业特、农民富、集体强、乡风好”的重庆田园乡村现实样板，建设“创意重庆”。

推进创意农业优美产业发展，建设中国时尚农业第一城

推进“优美＋”战略 由国家发展改革委牵头，会同教育部、文化部、科技部、农业农村部、住建部、国家旅游局等相关部委，在重庆市设立国家级乡村振兴试验区，设立重庆乡村振兴发展专项资金，推进城乡融合发展。建立“政府扶持＋市场驱动＋金融支撑”的重庆创意农业优美产业平台体系。实施农业智能经济融合发展战略，加快提高农业资源利用率、土地产出率、劳动生产率。建设以创意农业优美产业为核心的世界养心养美旅游目的地，打造“重庆创意农业嘉年华”，让城里人体验乡村生活。

推进“品牌＋”战略 把握“山水之城·美丽之地”目标定位，展现重庆“城在山水间、山水在城中”“有山有水、依山傍水、显山露水”的独特魅力，彰显生命之美、生活之美、人文之美。打好“三峡”牌，按照“共抓大保护、不搞大开发”的要求，让一江碧水、两岸青山的千年美景焕发新风采、展现新魅力；打好“山城”牌，完善城市功能、提升城市品质，让游客多视角分享山城美景，打造在国际上具有独特性的山地都市旅游品

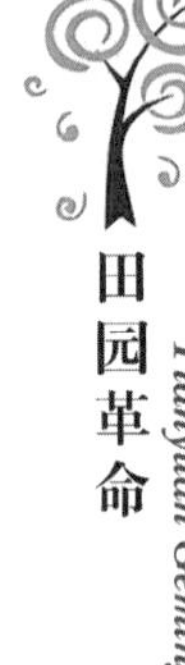

牌；打好“人文”牌，保护好利用好人文“宝贝”，让传统文化“活”在当下；打好“温泉”牌，把重庆打造成为世界一流的温泉旅游城市和温泉疗养胜地；打好“乡村”牌，把发展旅游与振兴乡村结合起来，把田园风光、秀美乡村变成聚宝盆。要牢牢把握“行千里·致广大”价值定位，展现“诗”和“远方”的结合，让人们通过旅游获得审美上、心灵上、精神上的享受，达到“天人合一、知行合一”的境界。要抓住一批具有标志性、引领性、带动性的旅游品牌，真正让游客行之顺心、住之安心、食之放心、娱之开心、购之称心、游之舒心。要推进“智能＋”战略，要把高标准农田建设成为创意农业优美产业集聚区，让农业呈现创意型、优美型价值，建设产业优、生态美、百姓富的创意生活方式，全力打造重庆旅游业发展升级版，建设世界知名旅游目的地。

推进“时尚＋”战略 组织编制重庆时尚农业展专项规划，大力发展“时尚经济”。鼓励文化科技创新，加强关键技术和核心工艺研发攻关，促进传统工艺再现、多维数据采集、3D建模打印、虚拟现实等高新科技的应用和支撑。在文化创意设计机构、高等院校文化创意设计人员中挑选优秀人才，建立农村文化创意产品研发设计智力资源库。大力培育具有重庆特色的文化创意产品品牌。加强营销资源整合力度，探索适合全市文化创意产品统筹营销策略，将农业农村文化创意产品纳入扩大城乡文化消费试点范围。建立利用市内、国内主流媒体宣传推广优秀农业文化创意产品的长效机制。积极参与农业精品文化数字产品展览推广项目，在重庆文化产业博览会上设立农业文化创意产品特展，组织重庆优秀农业文化创意产品参加国内外文化交流活动和知名展会。要注重在农业“两区”建设及农家乐休闲旅游业的基础上发展时尚农业，鼓励利用荒山、荒坡、荒滩和农村空闲地发展时尚农业，挖掘乡村农耕文化、乡土文化和民俗文化资源，结合时代发展潮流与时尚元素，赋予农业时代特色鲜明的发展主题，积极探索具有浓郁地域特色的时尚农业发展模式。

依托重庆农村自然环境、田园风光、农业设施、农耕文化等资源要素，大力培育农业时尚元素，构建形式多样的时尚农业产品和服务体系。要明确时尚农业标准体系，制订时尚农业园、时尚农家创建与考核认定标准。要结合重庆区域特色，不断创新，积极拓展时尚农业内容，丰富时尚农业内涵，创新时尚农业模式，积极打造时尚农业经营点，开展形式多样、富有特色的时尚农业活动，开发丰富多样的时尚农业创意产品，打造时尚农业区域品牌。以时尚农业园、时尚农家建设及时尚农业休闲旅游线路为载体，建成立足重庆农业特色，时尚主题鲜明，示范带动效果明显的时尚农业经营主体。因地制宜发展时尚农业，培育多元化时尚农业园区，开发时尚农业旅游产品，延伸农业产业链，积极打造重庆时尚农业特色优势产业带和产业群。要将物联网、大数据、电子商务等互联网技术应用于农业生产、加工和销售领域，改造生产环节，提高生产水平，推动一二三产业融合发展，形成完备的时尚产业链；要积极拓展农业功能，引导鼓励时尚农业与婚庆文化、养生保健、餐饮娱乐、科普教育、审美体验等产业融合发展。结合陈列展览、主题活动、馆际交流，配合流动博物馆进乡村、进社区、进校园、进军营、进企业等，开展相关创意农产品

推广营销。用好“互联网＋”营销手段，推动文化文物单位发展农村电子商务和体验式营销。到2022年，全市培育示范性时尚农业园、时尚农家100个以上，建成50条时尚农业休闲旅游精品线路；时尚农业和相关产业年产值超过50亿元，从业农民收入年均增长10％以上。

推进“康养＋”战略　大力推进重庆森林康养特色品牌建设。如武隆区开发以森林观光体验为主的观光型康养产品；在南川区打造以高山杜鹃观赏、石林探险、生态露营为特色的森林康养休闲类产品；打造缙云山自然保护区“漫步缙云”的森林体验品牌，创新生态文明教育方式。要重点布局并高标准建设武陵山、大娄山、七跃山、大巴山等力重庆城市区域相对较近区域的森林康养基地，加强森林康养中心、生态露营基地、瑜伽平台、森林浴场、静心躺椅等康养服务公共设施建设，以及停车场、厕所、休息站、供电、给排水等配套基础设施建设，加强规范运营与指导，增强森林康养基地的可进入性和吸引力。到2020年，全市发展森林康养基地50个，形成有园区、有基地、有龙头企业、有专业合作社、有森林人家的森林康养产业体系，建设“康养重庆”。

要开展农村“三变”改革试点，积极打造“股份农民”，盘活农村人、地、钱、自然资本等资源要素。在38个涉农区县各选择一个村开展“三变”改革试点，重点抓好清产核资、确权确股、承接主体、合股联营、收益分配等关键环节，发展壮大农村集体经济，探索建立符合市场经济要求的集体经济运行新机制。各区县在试点的基础上总结完善，提炼有推广价值、示范效应的操作模式，加快向面上推开，从而建立健全农村“三变”改革的长效机制，持久释放“三变”改革红利。把生态资源优势转化为绿色发展优势，培育壮大绿色农业、创意农业、时尚农业、都市旅游、特色康养、先进制造等绿色产业，以良好生态和优质服务发展农业总部经济、集聚高新技术企业和双创团队，推动占用要素资源较多、产出能力低下的产业有序转移，率先走出一条质量更高、效益更好、结构更优的发展新路。要重点解决创意农业生产重大关键技术难题，加快创意农业“走出去”步伐，推动重庆创汇农业发展。

抓好试点示范工作，重构城乡空间形态

大力实施重庆市民下乡、能人回乡、企业兴乡工程（简称“三乡”工程），在乡村“城边、景边、路边、湖边”等条件较好的地方重点引导市民下乡，在广大农区主要推进能人回乡、企业兴乡，推动城市资金、技术、人才等要素下乡激活农村资源，解决城乡发展不平衡、不充分的突出问题，变农村资源为创富资本，变乡村为创业乐园，变农民为合作股东，促进农民增收致富，有效带动农业农村发展。试点地区要做好山水田园环境、重要节点空间、公共空间、建筑和景观的详细设计，努力做出精品。

在加强专业规划设计队伍指导的同时，要注意发挥重庆乡村本土技能人才的作用，使做出来的成果能够得到群众的认可，经得起实践的检验。要注重试点质量，确保工作实

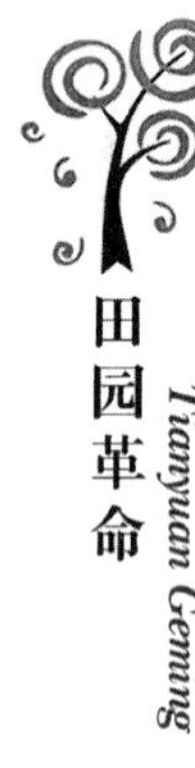

效，不能热衷于拿牌子、玩概念，更不能搞“花架子”、做表面文章，争取做一个成一个，一步一步向前走。要着力提升乡村旅游设施水平。从人性化、便利化、快捷化的角度，加强休闲旅游设施建设。要着力提升乡村旅游服务水平。为游客提供休闲、观光、体验等服务，让游客玩得放心、住得安心、花得舒心。要着力提高乡村旅游提升管理水平，创新管理理念，引进农业、旅游、人力、财务等多领域人才，实现质量效率同步提升。要打造一批“电商村”“教授村”“网红村”等创意农业名村。采取“以点带面”的工作方式，开展“重庆文创乡村扶贫经典案例”征选及推广活动，把乡村文创扶贫的典型模式和典型做法，以案例集方式提炼出来，汇编成册，并通过投票、颁奖、培训等多种方式，进行宣传和推广，促进文创扶贫先进经验及模式在乡村的广泛传播与借鉴。

围绕“吃、住、行、游、购、娱，商、养、学、闲、情、奇”等要素，丰富城乡产品供给，推进业态融合，延伸产业链条。注重全方位服务，完善“快旅慢游”服务体系，加快推进大数据智能化创新运用，提高重庆旅游美誉度和吸引力，形成重庆城与乡、人与自然、产业与生态和谐相融的新型城乡空间形态，推动生产、生活、生态有机融合。

要采取“特色镇＋创意农业名村＋现代化创意农场”“特色镇＋景区＋景点”“特色镇＋产业园＋创意农业名村”等模式，推动空间布局融合，有序合并适度扩大城镇和社区规模，提升要素集聚力、人口承载力、辐射带动力，促进产城相融、城田相融、产村相融。实施特色镇建设工程，打破原有行政区划、城镇体系和散乱布局，选择重要产业功能区、轨道交通枢纽、重要交通功能节点、有基础的建制镇等，提升建设一批具有小城市形态的特色镇，特色镇规模一般控制在 3～5 平方千米，原则上不超过 10 平方千米。坚持以“旅游＋”为导向，加快旅游与农业、工业、康养、体育等融合发展，全力培育旅游发展新业态。

重庆市建设中国创意农业之都，就是要按照习近平总书记在解决“两不愁三保障”突出问题座谈会上和在市委、市政府工作汇报会上的重要讲话精神，面向世界、面向未来，坚持创意引领、创新驱动，争取在农业创意经济前沿基础和关键核心技术创新、传统农业领域创意化转型、城乡融合发展、创意化优美化建设等方面领跑全国乃至领跑全球，为中国创意农业发展当好先锋、提供样本。充分利用全市大乡村、大田园、大生态资源优势，推进乡村观光旅游向乡村休闲度假和乡村生活体验转型升级，以游兴村，以游强镇，以游富民，促进乡村生产发展、生态优化、生活富裕，把乡村旅游业培育成全市旅游产业的重要增长点、农村经济转型升级的特色产业和惠民富民的民生产业。要坚持以交通畅达为基石，打通“主动脉”，畅通“最末梢”，助推“慢行游”，全力构建“快旅慢游”新支撑。要坚持以品牌营销为抓手，创新营销模式，讲好重庆故事，全力塑造“山水之城·美丽之地”新形象，把重庆建设成为“具有一流国际水平的全国美学经济理念和创意农业技术策源地、创意农业企业和人才集聚地、创意农业产业化发展引领地、农业优美化变革示范地、城乡和谐治理方案输出地”，建设成为特色镇与创意农业名村有机融合，千里沃田与发达水系自然交叉，绵延丘陵与壮美山峰浑然一体，农耕文明与田园风光、秀美乡村交相辉映的中国创意农业之都。

参考文献

[1] 章继刚. 中国西部中小企业发展战略研究. 北京:知识产权出版社,2005

[2] 赵弘. 中国总部经济蓝皮书——2007—2008 年:中国总部经济发展报告. 北京:社会科学文献出版社,2007

[3] 中国工商行政管理学会. 工商行政管理理论探索. 武汉:长江出版社,2007

[4] 厉无畏. 创意产业导论. 上海:学林出版社,2006

[5] 李卫东. 休闲农业创意. 北京:中国农业大学出版社,2015

[6] 李诚,柳春红. 城乡食品安全. 北京:中国农业大学出版社,2018

[7] 章继刚. 创意农业学. 成都:四川科学技术出版社, 2011

[8] 章继刚. 中国创意农业发展报告. 北京:中国科学文化音像出版社, 2010

[9] 章继刚. 创意农业学. 北京:中国科学文化音像出版社, 2009

[10] 张传伟. 创意农业如何点土成金. 郑州:河南人民出版社, 2008

[11] 邓蓉. 从农耕文化到创意农业. 北京:中国农业出版社, 2009

[12] 张一帆, 王爱玲. 创意农业的渊源及现实中的创新业态. 北京:中国农业科学技术出版社, 2010

[13] 陈国胜. 创意农业的道与术. 北京:中国农业科学技术出版社, 2016

[14] 周子琰, 姜奇平. 创意经济新论. 北京:新星出版社, 2006

[15] 刘笑冰, 何忠伟, 申强. 北京创意农业需求与发展预测. 北京:中国农业出版社, 2015

[16] 胡豹. 创意农业发展理论与实践. 北京:中国农业出版社, 2013

[17] 卜希霆, 刘荣. 创意营造学. 北京:社会科学文献出版社, 2016

[18] 尹进, 王志丹. 辽宁创意农业与三产融合问题研究. 北京:中国农业科学技术出版社, 2017

[19] 刘士勇. 阳台创意种菜一本通. 北京:中国农业出版社, 2017

[20] 罗昌智. 两岸创意经济研究报告. 北京:社会科学文献出版社, 2018

[21] 许思豪. 手工艺创意产业. 上海:上海东方出版中心, 2009

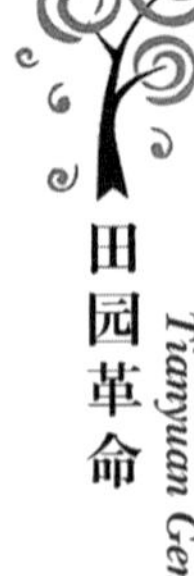

[22] 何建超. 创意乡村. 北京:人民日报出版社, 2015
[23] 康晓强. “村情通”——新时代乡村治理新模式. 北京:人民出版社, 2018
[24] 徐虹, 路科. 旅游目的地管理. 天津:南开大学出版社, 2015
[25] 徐虹, 秦达郅. 旅游经济学(第 4 版). 天津:南开大学出版社, 2016
[26] 周国民. 多媒体技术在农业中的应用. 北京:中国农业科学技术出版社, 2008
[27] 苗放, 周相兵. 面向数据体系构架初探. 北京:科学出版社, 2017
[28] 陈锡文, 罗丹, 张征. 中国农村改革 40 年. 北京:人民出版社, 2018
[29] 贺雪峰. 新乡土中国:转型期乡村社会调查笔记. 南宁:广西师范大学出版社, 2003
[30] 刘世定. 占有、认知与人际关系——对中国乡村制度变迁的经济社会学分析. 北京:华夏出版社, 2003
[31] 陆学艺. “三农论”:当代中国农业、农村、农民研究. 北京:社会科学文献出版社, 2002
[32] 陆学艺. 当代中国社会阶层研究报告. 北京:社会科学文献出版社, 2002
[33] 曹锦清. 黄河边的中国. 上海:上海文艺出版社, 2000
[34] 曹锦清, 张乐天, 陈中亚. 当代浙北乡村的社会文化变迁. 上海:上海远东出版社, 2001
[35] 李学举. 中国乡镇政权的现状与改革. 北京:中国社会出版社, 1994
[36] 徐勇. 中国农村村民自治. 武汉:华中师范大学出版社, 1997
[37] 张乐天. 告别理想——人民公社制度研究. 上海:上海东方出版中心, 1998
[38] 张厚安. 中国农村基层政权. 成都:四川人民出版社, 1992
[39] 王沪宁. 当代中国村落家族文化. 上海:上海人民出版社, 1991
[40] 梁漱溟. 乡村建设理论. 上海:上海人民出版社, 2006
[41] 温铁军. 中国农村基本经济制度研究. 北京:中国经济出版社, 2000
[42] 李健夫. 现代美学原理——科学主体论美学体系. 北京:中国社会科学出版社, 2006
[43] 郭昭第. 乡村美学——基于陇东南乡俗的人类学调查及美学阐释. 北京:人民出版社, 2018
[44] 韩飞, 林峰. 游在农家:沪地“农家游”模式解读. 北京:中国社会出版社, 2008
[45] 章必功. 中国旅游史. 昆明:云南人民出版社, 1992
[46] 孙景淼. 乡村振兴战略. 杭州: 浙江人民出版社, 2018
[47] 齐亚菲. 改造传统农业. 北京: 中国建材工业出版社, 2016
[48] 王国敏. 四川现代农业发展与新型农业经营体系创新研究. 成都: 四川大学出版社, 2015
[49] 林东川. 供给侧改革背景下四川农业产业化发展研究. 成都: 西南财经大学出版社, 2016
[50] 张放涛. 创意中原——发展文化产业的理论与实践. 开封:河南大学出版社, 2007
[51] [英] 约翰·霍金斯. 创意经济——如何点石成金. 洪庆福,孙薇薇,刘茂玲,译. 上海:

三联书店，2006
[52] [美] 马若孟. 中国农民经济. 史建云，译. 南京：江苏人民出版社，1999
[53] [美] 韩丁. 翻身——中国一个村庄的革命纪实. 韩倞，译. 北京：北京出版社，1980
[54] [加] 伊莎贝尔·柯鲁克. 十里店：中国一个村庄的群众运动. 安强，译. 北京：北京出版社，1982
[55] 屈锡华. 战旗村变迁纪实录. 成都：四川大学出版社，2013
[56] 章继刚. 中国西部农民报告. 柴达木开发研究，2003(6)
[57] 杨成万. 三大平台拓宽中小企业融资路——访民革四川省委参政议政委员章继刚. 金融投资报财经周刊，2007 年 9 月 17 日
[58] 许静. 提升区域竞争力的发展引擎——与章继刚谈"总部经济". 四川日报，2008 年 1 月 15 日(1 版)
[59] 章继刚. 创意农业：打造农业新的经济增长点. 四川日报，2008 年 2 月 26 日(10 版)
[60] 章继刚. 中国西部商机报告. 高科技与产业化，2003(11)
[61] 章继刚. 顺应新财富时代. 企业研究，2007(12)
[62] 张亮. 民革四川省委参政议政委员章继刚建议创办西部中小企业总部基地. 证券日报，2006 年 12 月 24 日
[63] 章继刚. 成都市总部经济发展思考. 企业技术进步，2006(8)
[64] 章继刚. 成都市总部经济发展研究——创办中国西部中小企业总部基地的建议. 四川经济研究，2006(8)
[65] 章继刚. 成都总部经济发展战略研究. 四川商务，2007(6)
[66] 章继刚. 四川省农村经纪人发展研究. 四川农业科技，2007(6)
[67] 章继刚. 中国农村经纪人发展研究——关于进一步促进农村经纪人发展推进社会主义新农村建设的建议. 中国农村科技，2006(9)
[68] 章继刚. 四川由品牌经济大省向品牌强省跨越. 企业技术进步，2008(4)
[69] 章继刚. 大力发展创意农业提高农产品附加值. 农村建设，2008(3)
[70] 章继刚. 实施商标兴农战略. 四川日报，2007 年 02 月 23 日(3 版)
[71] 章继刚. 创意农业发展战略研究. 农民日报，2008 年 4 月 30 日(3 版)
[72] 厉无畏. 民革副主席厉无畏：创意农业需要经营人才. 搜狐新闻，2008-03-06. http://news.sohu.com
[73] 章继刚. 打造成渝总部经济带推进成渝经济区快速发展. 四川省情，2008(09)：38-39.
[74] 肖潇. 创意农业是一种新型生活方式——专访中国创意农业研究专家章继刚. 新经济导刊，2008(9)
[75] 姚西，汪俊甫. 用创意制造更大的农业财富——访创意农业研究专家章继刚. 四川经济日报，2008 年 8 月 19 日
[76] 东方雄飞. 中国创意农业总部基地情定四川——2008 四川农业总部经济暨灾后重建

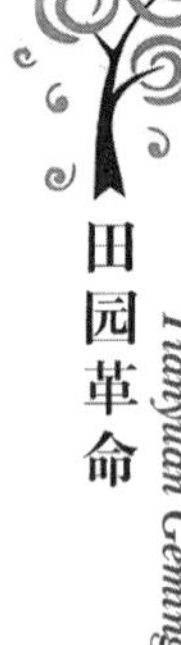

战略研讨会综述. 企业研究，2008(9)
[77] 章继刚. 创意农业在中国(上). 企业研究，2008(7)
[78] 章继刚. 创意农业在中国(下). 企业研究，2008(8)
[79] 姜成新. 企业开发、创意经营——四川农业实施灾后重建战略. 经理日报，2008 年 08 月 28 日
[80] 章继刚. 让创意农业的龙头舞起来——创新农业经营模式发展创意农业. 农产品加工，2008(9)
[81] 章继刚. 中国创意农产品美学经济研究报告. 农化市场十日讯，2009
[82] 章继刚. 中国农民增收报告. 南方农业，2009(9)
[83] 章继刚. 建设创意乡村,发展创意农业. 江西农业大学学报(社会科学版)，2009(4)
[84] 章继刚. 2009—2010 年中国创意农业投资价值研究报告. 经理日报，2009 年 12 月 24 日
[85] 章继刚. 中国创意农产品发展战略思考. 江西农业大学学报(社会科学版)，2009(8)
[86] 章继刚. 中国农民独特的增收模式——创意农业. 南方农业，2009(1)
[87] 章继刚. 创意农业:亿万农民增收致富的朝阳产业. 市场研究，2009(6)
[88] 章继刚. 创意闪亮在希望的田野. 中国农业信息，2010(4)
[89] 章继刚. 中国农村经纪人发展研究——关于进一步促进农村经纪人发展推进社会主义新农村建设的建议. 中国农村科技，2006(9)
[90] 章继刚. 加快推进四川文化产业做大做强. 中国财政，2010(19)
[91] 章继刚. 发展创意农业、建设美丽中国——2012—2013 中国创意农业体验经济发展研究报告. 成都行政学院学报，2013(1)
[92] 刘刚钰. 战旗村——打造美丽乡村“样板间”. 郫都报，2018 年 4 月 10 日
[93] 赵优. 共享农庄——圆城市人的田园梦. 海南日报，2017 年 9 月 20 日
[94] 文弦，辛东方. 成都农博会——打造都市现代农业的“开放接口”. 四川日报，2018 年 4 月 24 日
[95] 章继刚. 四川创意农业第一村的乡村振兴路径. 四川农村日报，2018 年 4 月 11 日
[96] 陈艾. 农业也走创意路小村落变 3A 级景区. 成都晚报，2013 年 11 月 3 日
[97] 白洋，赵荣昌，张渝. 总书记来到我们战旗村. 成都日报，2018 年 2 月 14 日
[98] 张渝，杨苏，李晓卉. 牢记总书记的嘱托、让战旗村的建设更上一层楼. 成都日报，2018 年 2 月 14 日
[99] 张文. 集体经营性建设用地入市试点两年,成都郫都区——荒地找到婆家、分红富了农家. 人民日报，2018 年 1 月 4 日
[100] 谭江琦，胡彦殊，梁现瑞，等. “我是人民的勤务员”. 四川日报，2018 年 2 月 14 日
[101] 张文. 四川成都战旗村——旅游红火春意浓. 人民日报，2019 年 2 月 5 日
[102] 谢光亮，孙绍建. 改革开放 40 年来，战旗村里战旗红. 中国国防报，2018 年 12 月 10 日

[103] 刘刚钰. 聚焦乡村振兴示范区建设,中央、省市媒体团探访战旗村. 郫都报,2018(39)

[104] 李力可,张海磊. 十九大一周年百姓说变化:战旗村升起“生态旗”. 新华网,2018-10-18. http://www.xinhuanet.com

[105] 郭莹. 战旗村的故事:越来越安逸　越来越巴适. 新浪网,2019-02-12. http://sc.sina.com.cn

[106] 车俊. 谱写新时代“三农”工作新篇章. 光明网,2018-01-11. http://politics.gmw.cn

[107] 钱泓睿. 田野放歌乡村振兴,成都郫都区美丽乡村音乐节诗意上演. 新华网,2018-03-17. http://big5.xinhuanet.com

[108] 许大为. 广西玉林推介“五彩田园”,春节去过“五彩年”. 央广网,2016-01-16. http://news.cnr.cn

[109] 中共郫都区委宣传部. 面向全国培养人才　四川战旗乡村振兴培训学院揭牌. 人民网,2019-02-12. http://sc.people.com.cn

[110] 蒲芸茜. 美丽乡村长啥样? 四川党建网带你去看看. 四川党建网,2015-11-20. http://www.scdjw.com.cn

[111] 闵玲艳. 被省委书记点赞! 仙居乡村振兴活化乡旅产业 秀美田园发力“美丽经济”. 浙江在线,2018-07-27. http://gotrip.zjol.com.cn

[112] 徐路易. 破解“将来谁种地”时代之问,刘晓庄委员:让农民成“专家”,让农业更“摩登”. 澎湃新闻,2019-03-06. https://www.thepaper.cn

[113] 韩长赋. 韩长赋:关于实施乡村振兴战略的几个问题. 搜狐网,2019-03-04. http://www.sohu.com

[114] 李俊如. 西厢村唱好“西厢记”. 南江县人民政府网站,2019-03-05. http://www.scnj.gov.cn/

[115] 白头镇党委. 崇州白头镇党员教育学院“化矛”“破冰”农村发展难题. 中国网,2018-12-18. http://sc.china.com.cn

[116] 张艳玲. 成都村政学院:在这里读懂乡村中国. 中国农业新闻网,2018-11-22. http://www.farmer.com.cn/

[117] 卿菡,冬辉. 全国600多位村官齐聚宝山,他们都在讨论什么. 搜狐网,2016-09-25. http://www.sohu.com

[118] 赵荣昌. 成都川西林盘学院崇州开班啦! 预计年底前培训3 600人次. 凤凰网,2018-06-11. http://sc.ifeng.com

[119] 章继刚. 全国第一所乡愁文化学院南江县乡愁文化学院揭牌暨首期开班仪式在长赤镇禹王宫举行. 搜狐网,2018-10-19. http://www.sohu.com

[120] 章继刚. 全国第一所乡村美学设计学院落户温江岷江村. 搜狐网,2018-10-16. http://www.sohu.com

[121] 张敬. 全国首家! 成都这个“企业党校”2年培训3 000多家企业. 新浪网,2018-09-

27. http://k.sina.com.cn

[122] 王军. 非公学院激活非公党建，成都非公企业学院今授牌成立. 人民网，2018-09-26. http://sc.people.com.cn/

[123] 钱泓睿. 田野放歌乡村振兴，成都郫都区美丽乡村音乐节诗意上演. 新华网，2018-03-17. http://big5.xinhuanet.com

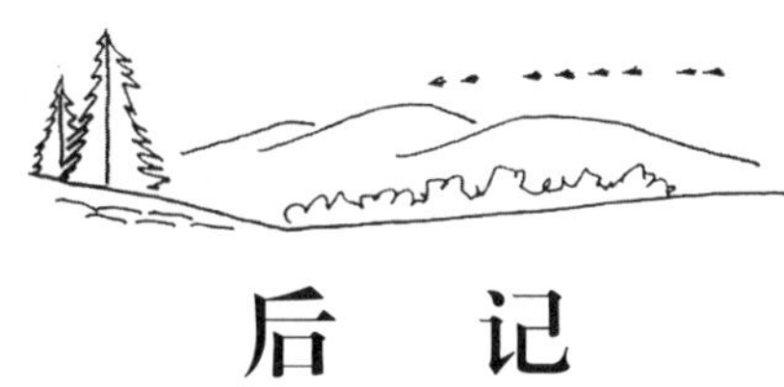

后　记

中国古代以农立国，劳动让中华儿女生生不息，几千年来，中华文化推崇劳动光荣、讴歌田园劳动美。明代著名文学家汤显祖就大力提倡“劝农兴教”，践行耕读传家。在推进乡村振兴过程中，我们应该更多发现劳动美、培育田园美，加快农业绿色化、优质化、特色化、品牌化、创意化发展，收获最充实、最生态、最美好的人生。

乡愁是乡村的灵魂。大家愿意去乡村旅游，就是希望体验岁月的沧桑，不一样的乡愁。看到青砖黛瓦、鸡犬相闻，优美的田园景象能够让人思念怀想、流连忘返。开发商只卖房子，而创意农业既培育生活方式、生产创意、推广美学、营销场景，更疗愈心灵、禅修农艺、回望乡愁。

乡愁是对土地的依恋，是袅袅炊烟留下的记忆，是绿水小溪、蛙鸣蝉叫、鸟语花香……

一方水土养一方人，文化创意多有共通之处。应着力推动创意农业和乡村旅游产业发展，依托农村绿水青山、田园风光、乡土文化等资源，以农耕文化为魂、以美丽田园为韵、以生态农业为基、以创新创造为径、以古朴村落为形，打造城乡居民望山看水忆乡愁的好去处，办好农业嘉年华，以创意守护乡愁。

如今，基于“创意农业学”这个优质IP，多领域融合共生，一个集游戏、文学、动漫、影视、戏曲、音乐、会展、教育等多种文创业务领域的创意农业学知识产权新生态正在形成。应着力打造多种文化创意产品体验的创新业态，促进创意农业学知识产权产业链的培育与传播，将作品版权资源转化为社会财富，实现版权作品市场价值，推进乡村振兴。

五千年的农耕文化，五千年的田园颂歌，打造美学田园，需要诗意般的生活；发展创意农业，需要更多更好的乡村诗歌。诗人与田园结缘，文化与乡村联姻，是乡村振兴的希望。

土地不仅可以种庄稼，还可以种出艺术品。由创意农业引发的艺术消费热，推动了一批村庄在创意景观、生态休闲、乡村艺术等方面发挥比较优势，培育咖啡屋、书吧、茶吧、艺家乐、酒吧、客栈、书院、艺术品超市、美术馆等乡村新型业态，形成“一村一品、一村一景、一村

一韵”，用较少投入打造特色明显、创意突出的乡村艺术集群，实现艺术消费的美学效应和溢出效应，带动乡村艺术产业和文创产业的发展壮大。

未来十年，乡村艺术消费将保持连年增长态势。

最美乡村建设，赋予乡村更加丰富的精神文化内涵。望得见山，看得见水，记得住乡愁，村里人不想走，城里人有时间就来村里住。把“绿水青山”变为养心养美的生态财富，真正让农村美起来、农民富起来、农业强起来。可以洗涤心灵的乡愁，让人记忆犹新的梯田石寨，牧童牵耕牛犁田的村庄，将成为人们心头越来越热烈的向往。乡愁审美与农事体验是根，创意农业是魂，促进小农户发展是本。

田园革命要让农村更像农村。

城乡一体化不是城乡一致化，新型城镇化也不是要消灭农村，而是让农村更像农村，让农村美丽起来、幸福起来。缺少了能带动农民致富的产业，新村终将成为过眼云烟，不能盲目复制城区模式、政府大包大揽、片面标新立异。应改善村容村貌和农民人居环境，为乡村生态农业、生态旅游、农家乐等服务业发展创造良好条件，推进农村产业形态优化升级。在保留“乡土味”的基础上，建设具有历史记忆、地域特色、民俗特点、乡村情趣的幸福美丽新村，建设特色浓郁的创意农业旅游景区、景观集群，建设农家乐、艺家乐等项目，推动文明生态村与乡村旅游融合发展，充分挖掘和保护古村落、古民居、古建筑、古树名木和民俗文化，顺应消费者求美、求新的时代潮流，在美学经济和乡土文化创意上做文章，走出一条让农民增收、农村增美的美丽乡村特色发展道路。

人人对诗意般的田园和神韵山水充满向往，农耕生活、田园放歌是艺术治疗的理想方式，也是养心怡神的舒心之旅。

在中国特色社会主义新时代，乡村是一个可以大有作为的广阔天地，迎来了难得的发展机遇。习近平总书记强调，改革开放以来，我国广大农民为推进工业化、城镇化做出了巨大贡献。农业发展和农村建设也取得了显著成就，为我国改革开放和社会主义现代化建设打下了坚实基础。我国拥有13亿多人口，不管工业化、城镇化进展到哪一步，城乡将长期共生并存。40年前，我们通过农村改革拉开了改革开放大幕；40年后的今天，我们应该通过振兴乡村，开启城乡融合发展和现代化建设新局面。

孟子曰：“如欲平治天下，当今之世，舍我其谁也。”在撰写本书的过程中，许多人和事感动着我，能够生在推进乡村振兴这个伟大的时代，我倍感自豪。从乡村振兴到乡村繁荣，让农村成为宜居宜业、养心养美的绿色家园，我们责无旁贷。

让我们只争朝夕，不负韶华，共同迎接美好未来。

章继刚

2020年1月2日于成都